21世纪应用型本科金融系列规划教材

金融学概论

（第四版）

刘　旸　孙开焕　主编

东北财经大学出版社
Dongbei University of Finance & Economics Press

大　连

图书在版编目（CIP）数据

金融学概论 / 刘旸，孙开焕主编 . —4 版 . —大连：东北
财经大学出版社，2023.3

（21世纪应用型本科金融系列规划教材）

ISBN 978-7-5654-4791-4

Ⅰ.金… Ⅱ.①刘… ②孙… Ⅲ.金融学-高等学校-教材

Ⅳ.F830

中国国家版本馆CIP数据核字（2023）第021100号

东北财经大学出版社出版

（大连市黑石礁尖山街217号 邮政编码 116025）

网 址：http://www.dufep.cn

读者信箱：dufep@dufe.edu.cn

大连永盛印业有限公司印刷 东北财经大学出版社发行

幅面尺寸：148mm×210mm 字数：423千字 印张：14

2023年3月第4版 2023年3月第1次印刷

责任编辑：田玉海 责任校对：孙 平

封面设计：张智波 版式设计：原 皓

定价：32.00元

第四版前言

　　"金融学概论"是高等院校经济类专业的核心课程，也是管理类专业的基础理论课程。我们结合多年讲授"金融学概论"课程的实践与经验，本着以应用为主的原则，精心编写了这部教材。随着我国金融业的逐步开放，特别是2020年以来，面对严峻复杂的国际形势和接踵而至的巨大风险挑战，迫切需要一批掌握金融理论知识、勇于创新实践的应用型经营管理人才来应对变幻莫测的金融市场的博弈与竞争。为此，在第三版的基础上，我们有针对性地进行了修订，以满足新的教学需要。

　　金融学，顾名思义，就是研究资金融通的科学。资金融通涉及货币市场与资本市场的运营、资本资产的供给与定价。利率与汇率是金融学中两个最基本的变量。货币供给与货币需求是影响这两个变量的重要因素。央行的货币政策则影响货币供给与需求。结合专业上的一些特点，本教材围绕上述主线来确定主要内容，具体特点为：

　　（1）宽基础。教材重点放在学生对基础知识、基本原理、基本技能的学习与掌握上。

　　（2）重实用。在教材编写过程中，我们力争在介绍理论的同时，通过讲述金融市场发生的金融实例，结合国内国际两个金融市场的活动，引导学生进行分析、对比和判断，培养学生独立思考的能力，使之掌握金融操作的技能，为培养应用型人才奠定基础。

（3）求新颖。随着全球经济一体化、金融全球化的深化，特别是因俄乌冲突、美联储大幅提高利率等因素影响，美元对世界主要货币汇率大幅波动，对发展中国家货币汇率冲击尤甚！截至2022年第三季度末，我国金融业机构总资产达413.46万亿元，未雨绸缪，保护我们的金融资产免受损失是当务之急。因此，在编写教材的过程中，我们有意识地在一些章节中把相应的内容加进去，让学生进行分析，同时增加了金融创新与金融监管、金融稳定与金融危机、国际金融所涉及的内外部均衡等方面的内容，力争反映世界主流的金融理论与我国金融界有关的理论研究与实践成果，让学生站在全球金融的制高点来把握企业经营。

（4）讲趣味。为了培养学生的学习兴趣，寓教于乐，每章开篇通过生动的事例切入本章需要学习的主题；同时在教材中引入大量阅读资料，内容都是鲜活的案例，目的就是希望通过这些生动的阅读资料，引发学生的学习兴趣。

青年的价值取向决定了未来整个社会的价值取向，而青年又处在价值观形成和确立的时期，抓好这一时期的价值观养成十分重要。高等教育承担着办好人民满意教育的重任，我们在介绍金融知识和技能的同时，注重坚持为党育人、为国育才，全面提高人才质量。因此，本次修订特别进行了思政建设，最突出的就是各章新增了思政课堂栏目。

本教材是集体劳动和团队合作的结晶，由大连大学刘旸与大连理工大学城市学院孙开焕两位老师主编。具体分工如下：孙开焕老师编写大纲，并修订第一章，大连理工大学城市学院张美佳老师修订第二至第四章，大连理工大学城市学院李雯老师参与修订第五至第八章，大连大学刘旸老师修订第九至第十三章，最终由刘旸老师总纂定稿。

本教材既适合高等院校金融学相关专业用作教材，也可作为金融理论研究与金融工作者的参考书。为方便教学，本书配有教学资源库（含课件、教案、教学日历、习题答案要点），选用本教材的老师请登录"www.dufep.cn"免费下载。

在编写过程中，我们参阅、借鉴了大量文献资料，这些参考文献为我们提供了丰富的素材和创作的源泉，在此向这些文献的作者表示诚挚的谢意！

由于作者水平有限，在编写过程中难免有不足之处，恳请专家和读者批评指正。

作　者
2023 年元月

目 录

第一章

货币与货币制度

学习指南

【学习目标】

货币是金融学的一个重要概念，是分析研究各种各样经济活动的基础，它贯穿整个经济活动之中。通过本章的学习，要了解货币的基本含义；货币的职能对促使经济效率提高的原因及运行机制；货币形式的演变历史；重点掌握货币的计量方法，并能够运用相关知识理论联系实际，对各种经济现象进行实际的分析。

【关键概念】

货币　交易媒介　记账单位　价值储藏　延期支付标准　国际货币
铸币税　商品货币　代用货币　信用货币　电子货币　货币计量　货币层次
狭义货币　广义货币　货币效率　货币制度　本位币　辅币　格雷欣法则

引例

数字人民币应用场景"多点开花"

多项数字人民币创新成果亮相。日前，国际清算银行（香港）创新中心、香港金融管理局、泰国中央银行、阿联酋中央银行和中国人民银行数字货币研究所联合宣布，2022年8月15日至9月23日期间，在货币桥平台上首次成功完成了基于四地央行数字货币的真实交易试点测试，来自四地的20家商业银行基于货币桥平台为其客户完成以跨境贸易为主的多场景支付结算业务。

中国人民银行负责人表示，数字人民币在支持经济发展、提升金融普惠水平、提高货币和支付体系运行效率等方面潜力巨大。下一步，对于开展试点最早的深圳、苏州、雄安、成都四地，人民银行将适时推动试点范围逐步扩大到全省。

对于数字人民币的发展，中泰证券认为，体系标准化建设将是下阶段数字人民币的发展重心。以央行为核心的数字人民币运营体系将继续推动数字身份、报文规范、二维码制、蓝牙和NFC等方面规范和标准的统一，以实现数字人民币体系与传统电子支付工具的互联互通。

"以数字人民币为核心的新业务体系和商业模式也将逐步建立，例如，在数字人民币背景下传统银行业务的创新，以及使用数字人民币后三方支付的运营逻辑变革等。"中泰证券分析。

对于数字人民币研发的下一步计划，中国人民银行数字货币研究所所长穆长春近期撰文指出，需强化科技应用，提升风险防控能力。数字人民币监管将强化监管科技应用实践，积极利用大数据、人工智能、云计算等技术丰富金融监管手段，提升跨行业、跨市场交叉性金融风险的甄别、防范和化解能力。

资料来源：王方圆. 数字人民币应用场景"多点开花"［N］. 中国证券报，2022-10-11. 此处有修改.

数字货币应该是未来发展的一种趋势。那么，什么是货币？货币是如何产生的？货币在一国经济中发挥什么作用？一国货币如何在世界经济中扮演重要的角色？它应该具有什么条件？本章将进行相应的阐述。

第一节 货币的含义

一、货币的概念

货币在日常生活中司空见惯，对于一般老百姓来说，货币可能就是"钱"。然而经济学意义上的货币并不那么简单。为了防止在今后的学习中产生混淆，我们来看看经济学家是如何看待货币的。

经济学家们通常把货币定义为一种普遍被接受的、可以用来购买商品并且可以用来清偿债务的物品。上述概念包含两层含义：①普遍可接受性，即当使用货币的时候，大家都愿意接受；②用于媒介商品交换并能支付债务。当然这一定义并不是十分精确的。从货币的本质来说，货币是商品，但又不是一般的商品，而是固定地充当一般等价物的特殊商品，并体现一定的社会关系。

要准确理解货币的含义，需要把货币和平时生活中所使用的有关货币的几个概念加以区别：

1.货币与通货

通货，即纸币和硬币，也就是人们日常生活中所用的货币。通货包括在货币的概念中，但货币的概念要远大于通货。例如，虽然支票、储蓄存款、定期存款等不能直接支付，但在一定情况下可以转换成货币进行支付，因此，支票、储蓄存款、定期存款等都属于货币的范畴。

2.货币与财富

如上所述，货币是指能够用来进行支付活动的通货、各种存款等，而财富是指具有储藏价值的各种财产的总和，是一个存量的概念，通常分为金融资产和实物资产两大类。它不仅包括货币、债券、股票、基金等金融资产，还包括住房、汽车、各种收藏品等实物资产。可见，货币只是财富的一部分。

3.货币与收入

收入是指一定时期内各种收益的总和，一般由工资、股息、利润等组成，是一个流量的概念；而货币是一个存量的概念，即某一特定时点的特定金额。假设一个人说他收入是 5 000 元，按照我们通常的理解，这指的是月收入。如果是在国外的某些国家，这可能是周薪，也可能是月薪，因此就无法判断他的收入高低。但是假设有人说他口袋里有 5 000 元的话，我们基本上就可以判断出那些钱意味着什么了。

二、货币的职能

从货币在经济体中所完成的功能，亦即所具备的职能来讲，货币大致有五种职能：交易媒介、记账单位、价值储藏、延期支付标准和国际货币。在这五种职能中，唯有交易媒介具有能够将货币与其他形式的资产加以区分的功能。

（一）交易媒介

交易媒介是指在商品和服务交易过程中货币充当购买手段，作为一种交易的工具。货币充当交易媒介，发挥流通手段的职能，可以大大节约商品和服务的交易时间，从而提高经济效率，降低交易成本。假设没有货币出现并充当交易媒介的话，进行商品和服务的交易就只能是物物交换经济。在这种经济条件下，需要他人商品和服务的人就只能用自己所拥有的商品或服务直接与他人交换。这既费时也费力，并且常常难以完成交易。

这是因为在物物交换的时候，要想完成交易，必须具备两个条件：时间巧合、需求巧合。时间巧合是指买卖双方在时间上是统一的，有人要买，恰好有人要卖；或者有人要卖，恰好有人要买。需求巧合是指买卖双方的需求恰好合适，即参加交易的商品和服务正好是双方互相需要的。要同时满足这两个条件的困难可想而知。

当我们把货币引入上述物物交换的经济当中，情况将大为改观！这时买卖双方都可以把各自的商品和服务换成货币，然后用货币去购买各自所需要的商品和服务，从而交易过程和交易时间大大减少。

用于商品和服务交易的时间就是交易成本。通过大幅度减少交易过程中所耗费的时间，人们将会有更多时间从事自己擅长的工作，分工越来越细，效率越来越高，从而能够促进整个社会经济效率的提高。所以说，货币在经济运行过程中起着至关重要的作用。

有兴趣的同学请试着讨论，在物物交换的年代，人们要如何维持生活？

（二）记账单位

记账单位又称价值标准，是指能够使用货币来衡量经济运行过程中各种商品和服务等的价值。货币充当这一职能表明货币作为一种计价货币在发挥作用。这种好处就在于商品和服务的价格一目了然，很容易进行比较计算。如果没有货币记账单位的这一职能，商品和服务的价格就必须用其他的商品来衡量，这将会使商品和服务的价值度量和使用极其繁琐。有一个数学公式可以反映这种使用的复杂程度：

假设市场上的商品种类为 n，我们需要知道的价格种类则为 $n(n-1)/2$。

假设经济中有 3 种商品，那么我们只要知道 3 种价格就可以了解它们是如何进行交换的；假设经济中有 10 种商品，那么我们就需要 45 种价格来实现这些商品的交换。想象一下，假设到超市购买商品，一般来说，超市的商品有成千上万种，如果要进行交换，这简直是不可能完成的事情，并且所耗费的时间和精力、所花费的成本也是巨大的。

当货币引入后，整个情形就发生了巨大变化：假设经济中有 3 种商品，只需要 3 种价格就可以了，这时货币的优势还没有显现出来。假设经济中有 100 种商品，那么只需要 100 种价格就可以了，而不是没有引入货币之前的 4 950 种价格。

所以，随着货币的使用，整个社会交易的过程大为简化，交易成本大幅降低，货币对经济发挥越来越重要的作用。

目前，随着全球经济一体化的推进和加快，国际贸易越来越普遍，在国际金融市场上也需要一些货币来充当国际货币的作用。现代社会，一国货币在国内充当计价货币的职能天经地义，然而，要想走出国门在世界经济中充当计价货币的职能，那就不是一件容易的事了！需要哪些条件才能做到这一点，是一个非常复杂的问题。这个问题后面我们将进一步探讨。

（三）价值储藏

价值储藏是指用货币来实现购买力的长期储存。在执行价值储藏的职能时，作为社会财富一般代表的货币退出流通领域被贮藏起来。即商品生产者卖出商品以后不随之买进商品，而是将所获得的货币贮藏起一部分，以备不时之需。

从本质上讲，发挥贮藏手段职能的货币必须既是实在的货币，又是足值的货币。货币典型的代表有金银铸币、金银条块等。在金属货币流通的条件下，货币作为贮藏手段起着货币流通中的蓄水池作用：当流通中所需要的货币量减少时，多余的金属货币便会退出流通成为贮藏货币；反之，当流通中所需要的货币量增多时，一部分贮藏货币又会重新进入流通成为流通手段。由于贮藏货币具有这种作用，所以在足价的金属货币流通的条件下，便不会产生流通中货币量过多的现象，不会发生通货膨胀。

既然货币在发挥贮藏手段职能时，必须是真实的、足值的货币，那么，为什么今天人们还常常在家里存放小额的人民币，甚至将大量的人民币储存在银行不使用呢？如何看待纸币的贮藏功能呢？

从本质上讲，纸币没有贮藏价值的功能，因为它仅仅好似一张纸，一张被赋予了法定购买力的纸，具有对商品的要求权。虽然纸币无内在价值，但有国家信誉作保证，因此在纸币价值稳定的前提下，对于个人和单位来说，具有推迟购买力贮存价值的意义；对于国家和社会来讲，纸币的贮藏和储蓄，仅仅是通过银行信用动员社会闲置资金用于社会扩大再生产的一种方式，没有价值贮藏的实际意义。

这个问题还与一个重要的经济概念——流动性——有关。经济意义上的流动性是指一项资产在变现时本金不发生损失的难易程度。由于货币本身就是交易媒介，无须转换成其他物品就可以直接进行购买活动，因此货币具有最高的流动性。而其他资产在转换为货币的过程中，都会产生交易成本。例如，一套房子想要出手时，或许需要的时间较长，而且即使出手时，我们也需要支付相应的费用。如果我们急需用钱时，有时就不得不以一个较低的价格出售。由于货币所具有的优势，即使持有货币会有些损失，大家也还是愿意持有少部分货币。

货币作为价值储藏的手段主要取决于物价水平。如果整体物价水平上涨，那么作为价值储藏功能的货币币值就降低；如果整体物价水平下降，那么作为价值储藏功能的货币币值就提高。物价水平上涨一倍，币值就贬值一半；物价水平下降一半，币值就提高了一倍。近几十年来，常常出现一国经济在遇到困难时政府通过向经济中注入货币来挽救经济的情况，结果是大量的货币充斥在流通领域中造成通货膨胀，甚至是恶性的通货膨胀，这时人们往往就会大量抛售货币，转而购买其他的资产以求保值。

（四）延期支付标准

延期支付标准是指货币在长期合同交易中作为计价支付的单位。该职能产生于商品的赊销、预付。在货币发挥流通手段职能时，商品交换必须钱货两清，没有钱拿不到货，没有货也拿不到钱，缺一不可。而货币延期支付手段职能出现后，可以通过赊销和预付的方式实现没有钱可以先进货和没有货可以先收钱。货币作为延期支付手段，可以在钱货存在时空上不均衡的情况下，更大范围地调节资金和货物的平衡，使社会生产得以顺利进行，使商品得以顺利流通，从而极大地促进了商品经济的飞速发展。

另一方面，由于很多商品生产者互相欠债，货币作为延期支付手段，从而使有些债务可以互相抵销，不再需要以货币作为流通手段，这就可以节省流通中所需要的货币量。但是，需要注意的是互相欠债的商品生产者之间便结成了一个债务链，例如，甲欠乙的钱，乙欠丙的钱，丙又欠了丁的钱……如果其中某一个商品生产者因为生产和销售困难而不能按期支付欠款，就会引起连锁反应，从而导致整个生产链条产生信用危机，严重时可能对社会经济产生严重威胁。

（五）国际货币

国际货币是指在国际金融市场上执行货币职能的货币。目前，世界上除了黄金以外，美元、欧元、英镑、日元等货币在国际金融市场上执行着全部或部分国际货币的职能。只有美元可以独霸全球金融市场，担负着国际货币中的记账单位职能，并影响关系着国计民生的各种大宗商品，如原油、大豆、矿石的价格等，其他的货币则没有这样被普遍接受的能力。

一国货币成为国际货币有许多好处，其中之一就是能取得"铸币税"收入。**铸币税原指金属货币制度下铸币成本与其在流通中的币值之差。在现代信用货币制度下，铸币税用来指货币当局依靠货币垄断权用纸制货币向居民换取实际经济资源。**由于发行纸币的边际成本几乎为零，因此，铸币税几乎相当于基础货币的发行额。当一种货币成为国际货币以后，铸币税就演化为国际铸币税，美国正是凭借着美元的国际货币地位，才可以发行纸币来购买世界上其他国家的商品和服务，可以低成本地运用外国中央银行的储备资产。

人民币国际化是我国的一项长远目标。从货币的几个主要职能来分析，现阶段人民币可以在国际金融市场上部分地完成交易媒介、价值储藏、延期支付标准职能，但人民币要完成记账的职能还有一段很长的路要走，而这恰恰是作为国际货币所需具备的一个十分重要的条件。国际货币基金组织当地时间 2015 年 11 月 30 日宣布，正式将人民币纳入 IMF 特别提款权（SDR）货币篮子，决议 2016 年 10 月 1 日生效。人民币国际化迈出第一步。

第二节　货币形式

货币是历史性的范畴。自古以来，货币的产生和发展经历了一个漫长的过程，货币文化应运而生。回顾五千年来漫长的人类货币发展史，随着经济条件和文化条件的变化，货币走过了一条从古老传统的实物货币到信用货币，进而到现代电子货币的道路。根据货币产生发展的过程，可将货币大致分为四种演变形式：商品货币、代用货币、信用货币、电子货币。

一、商品货币

商品货币也称实物货币，是指以某一种特定的物品来充当货币，它是货币最早的形式。在不同的地方，或同一地方的不同历史时期，货币的表现形式都不尽相同。例如，在美国历史上，烟草、大米、家畜、酒等都曾充当过货币；在我国历史上，曾有过以贝壳、丝绸、布帛等作为货币的时期。

实物货币是货币发展史上不可逾越的阶段。此时期的交换，是以牲畜、食品、布帛、生产工具、生活用具，及某些装饰品如玉、贝等充当等价物而开始具有货币的职能。但是由于实物货币难以保管、运输困难、难以分割等缺点，很难作为理想的货币。由于实物货币存在着上述缺点，而且随着古代冶炼技术的提高，金属作为商品参与到交换的行列中，于是导致了实物货币向金属货币的过渡。

所以贵金属和其他有价值的物品逐渐开始行使货币的职能。

二、代用货币

代用货币，是指代表实体货币的价值符号，是由政府或银行发行的代表一定成色和质量的金属货币的凭证。人们用纸币或银行券代替金属货币流通并可随时兑换成金属货币。因此代用货币又可称为兑现的钞币。早期的钞币，都是以兑换券形式出现的，凭券随时可以换取金或银，所以是兑现的钞币。

我国在宋、金和元初流通使用这种纸币，大约有三百余年时间。这期间，兑现纸币的发行，方便了工商贸易和民间支付，促进了当时的商品生产，受到民众的欢迎。但是，代用货币的发行必须有十足的贵金属准备。如果代用货币的发行超过了商品流通所需要的金银货币量，代用货币的面额所代表的金银货币量就会减少，从而引发货币贬值，物价上涨。国外最早使用代用货币的是英国。

三、信用货币

信用货币就是以信用作为担保而发行的货币。信用货币是代用货币进一步发展的产物，也是目前世界上几乎所有国家都采用的货币形态。信用货币是在不兑现的纸币流通制度下，靠政府权力强制发行的纸币，已成为纯粹的价值符号。因此其又可称为不兑现的钞币，即不再代表任何贵金属，其购买力远远大于货币币材的价值。信用货币的出现表明纸币发展已进入一个新阶段。

信用货币包括以下几种类型：

（一）现金，亦称通货

现金指由政府授权发行的不兑现的银行券和辅币，是一国的法偿货币。这里的银行券或纸币指的是不可兑现的信用货币，与代用货币截然不同。因为它是由政府发行并依靠国家权力强制流通的价值符号。当代以中央银行名义并通过信用渠道投放的银行券已经普遍代替了政府纸币行使国家统一货币的职能。

辅币一般由贱金属铸造，如银、铜、镍等，大多以铸币的形式出现，有时也以纸币作为辅币。例如，我国人民币的"角"和"分"，主要为小额交易提供找零的方便。

（二）存款货币

存款货币指在存款货币银行账户上可使用支票随时提取现金或支付

的活期存款。

进入20世纪50年代以后，信用货币主要采取非实体化的存款货币的形式，人们的货币只有一小部分以现金的形式持有，大部分以记账符号的形式存在于银行的账面上。货币的流通是以银行将付款人账户上的存款划转到收款人的账户上的方式进行的。需要付款时，付款人签发支票或用其他形式，通知银行将其存款账户上的一定款项转到收款人的账户上。

四、电子货币

电子货币是指依靠电子技术和通信手段代替传统的货币以行使货币职能的一种新形式。以计算机技术为核心的信息技术的发展，使人们的生产和生活方式产生了巨大变革，又一次推动了货币形态的发展。电子商务方兴未艾，开发出了各种电子支付手段和工具，人们利用这些支付手段和工具进行资金的划拨和转移，大大提高了结算的速度和效率。

电子货币所含范围极广，如信用卡、储蓄卡、借记卡、IC卡、消费卡、电话卡、煤气卡、电子支票、网络货币、智能卡等，几乎包括了所有与资金有关的电子化的支付工具和支付方式。

从本质上来讲，电子货币是一次货币形态的革命，而人们所说的各种各样的"电子货币"，大部分是资金支付的电子化，而非真正的电子货币的使用。例如，商场收银台设有销售终端设备（POS机）供顾客刷卡支付价款，我们用信用卡、储蓄卡在自动柜员机（ATM机）上存取款以及目前广为使用的微信支付、支付宝支付等，都是支付方式的电子化。

第三节　货币的计量

货币的计量是指如何来统计和计算流通领域中货币的数量。一个显而易见的常识告诉我们，就货币而言，假设一个经济体中货币的数量超过与经济相匹配的数量，就会使经济过热；相反，经济就会紧缩。在市场经济条件下，经济平衡这种理想的情形是比较少见的，宏观经济处于失衡当中则比较常见。尽管学界有争论，但是货币当局通过对货币的控制来调节宏观经济是目前常见的方法之一。这就需要货币当局在调控宏观经济时尽量准确地知道经济中货币的数量。但是，货币作为一种人们普遍可接受的资产用于购买商品和服务，在实际生活中，什么是货币取决于人的认识和行为。如果货币当局和有关专业人员遵循这样的定义来制定相应的货币政策或者分析经济现象，就不够精确。因此，为了统一货币的口径，方便进行货币的计量，需要对货币定义中所包含的具体资产种类做出说明。目前，各个国家及国际金融组织主要将货币划分为不同的层次，然后在各个层次上对货币进行统计计量。

所谓货币层次，是指将流通中各种货币形式按不同的口径划分为不同的层次。尽管货币层次的划分标准和方法不尽相同，但基本上是将流通中的各种货币按照流通性的不同划分为不同的层次。如前所述，货币的流通性是指一项金融资产在本金不受损失的情况下变现的难易程度。

一、国外货币层次的划分

（一）美国

美国对货币层次的划分为：

M1=通货+支票账户存款+旅行支票

M2=M1+居民储蓄存款+小额定期存款+货币市场存款账户+货币市场共同基金份额+（私立）养老基金

M1中的通货仅仅是指非银行的居民持有的纸币和硬币，不包括自动存款机或者银行金库里备用的现金。支票账户存款是指包括不付息的商业往来账户以及银行发行的旅行支票。旅行支票仅仅是指由非银行机构开立的旅行支票。

M2中的居民储蓄存款是指在任何时间可以增减存款余额的非交易型存款。小额定期存款是指存款金额在10万美元以下的定期存款。货币市场存款账户与货币市场共同基金账户类似，只不过发行方是银行。共同基金份额是指非机构型账户，居民可以在此账户开立支票。表1-1是2021年9月至2022年8月美联储的货币供应量统计数据。

表 1-1　　　　　2021年9月至2022年8月美联储的货币供应量

时间	M1（10亿美元）	M2（10亿美元）	M2增长率（%）
Sep.2021	19 899.0	20 992.4	13.013
Oct.2021	20 063.5	21 143.9	12.854
Nov.2021	20 279.9	21 349.4	12.544
Dec.2021	20 430.8	21 490.1	12.368
Jan.2022	20 585.6	21 649.8	11.755
Feb.2022	20 661.3	21 708.6	10.671
Mar.2022	20 699.2	21 739.8	9.499
Apr.2022	20 615.3	21 655.6	7.683
May.2022	20 620.8	21 684.5	6.199
Jun.2022	20 545.0	21 667.3	5.900
Jul.2022	20 516.0	21 709.6	5.280
Aug.2022	20 452.9	21 711.4	4.114

资料来源：CEIC Data.

（二）国际货币基金组织

国际货币基金组织对货币层次的划分为：

M0=现钞

M1= M0+活期存款

M2= M1+准货币

M0（现钞）：是指流通于银行体系以外的现钞，即居民手中的现钞和企业单位的备用金，不包括商业银行的库存现金。

M1（狭义货币）：由M0加上商业银行活期存款构成。

由于活期存款随时可以签发支票而成为直接的支付手段，所以它是同现金一样最具有流动性的货币。各种统计口径中的"货币"，通常是指M1。M1作为现实的购买力，对社会经济生活有着最广泛而直接的影响，因此，许多国家都把控制货币供应量的主要措施放在这一层，使之成为政策调控的主要对象。

M2（广义货币）：由M1加上准货币构成。

准货币由银行的定期存款、储蓄存款、外币存款以及各种短期信用工具如银行承兑汇票、短期国库券等构成。准货币本身虽非真正的货币，但由于它们在经过一定的手续后，能比较容易地转化为现实的货币，加大流通中的货币供应量。广义货币相对于狭义货币来说，范围扩大了，它包括了一切可能成为现实购买力的货币形式。

（三）欧洲央行

欧洲央行对货币层次的划分为：

M1=现金+活期存款

M2=M1+两年期以下定期存款

M3=M2+回购协议+货币市场基金存款+货币市场票据+两年以下债券

（四）日本

日本对货币层次的划分为：

M1=现金+活期存款（包括企业活期存款、活期储蓄存款、通知即付存款、特别存款和通知纳税存款）

M2=M1+非活期性存款+可转让性存款（CD）

M3=M2+邮局、农协、渔协、信用组织和劳动金库的存款+货币信托和贷放信托存款

L=M3+回购协议债券、金融债券、国家债券、投资信托和外国债券

日本M3中的贷放信托，有人也译作贷款信托，是指在一项信托契约条款的基础上，根据由受托者与多数人的委托者签订的信托契约，将接受的金钱主要以贷款或票据贴现的方法，统筹运用于金钱信托。

二、我国货币层次的划分

我国对货币层次的划分为：

M0=流通中现金

M1=M0+单位活期存款

M2=M1+定期存款+城乡居民储蓄存款+证券公司的客户保证金存款+其他存款

其中，**M1通常也称为狭义货币，是中国人民银行管理和调控货币流通的重点目标，M2通常也称为广义货币**。表1-2是我国2001年至2021年货币供应量统计数据。

表 1-2　　　　　　　　　我国 2001 年至 2021 年货币供应量

时间	余额（亿元）		
	M0	M1	M2
2001 年 12 月	15 688.8	59 871.6	158 301.9
2002 年 12 月	17 278.0	70 882.1	185 007.3
2003 年 12 月	19 746.23	84 118.6	221 222.8
2004 年 12 月	21 468.30	95 970.82	253 207.70
2005 年 12 月	24 031.67	107 278.57	298 755.48
2006 年 12 月	27 072.62	126 028.05	345 577.91
2007 年 12 月	30 334.32	152 519.17	403 401.30
2008 年 12 月	34 218.96	166 217.13	475 166.60
2009 年 12 月	38 246.97	221 445.81	610 224.52
2010 年 12 月	44 628.17	266 621.54	725 851.79
2011 年 12 月	50 748.46	289 847.70	851 590.90
2012 年 12 月	54 659.77	308 664.23	974 148.80
2013 年 12 月	58 574.44	337 291.05	1 106 524.98
2014 年 12 月	60 259.53	348 056.41	1 228 374.81
2015 年 12 月	63 216.58	400 953.44	1 392 278.11
2016 年 12 月	68 303.87	486 557.24	1 550 066.67
2017 年 12 月	70 645.60	543 790.15	1 690 235.31
2018 年 12 月	73 208.40	551 685.91	1 826 744.22
2019 年 12 月	77 189.47	576 009.15	1 986 488.82
2020 年 12 月	84 314.53	625 580.99	2 186 795.89
2021 年 12 月	90 825.15	647 443.35	2 382 899.56

资料来源：中国人民银行网站.

需要注意的是，运用货币供应量指标制定相应货币政策，有时会遇到一些问题：如果 M1 和 M2 发生严格的平行方向移动，那么货币当局在制定货币政策时无论使用哪一个指标都不至于发生太大的误差；如果 M1 和 M2 没有发生严格的平行方向移动，由于我们不知道究竟是 M1 计算得精确还是 M2 计算得精确，在使用货币供应量时就会面对很大的困难，决策者就很难制定出相应的货币政策。

一国货币供应量的多少影响一国国民经济，尤其是物价总水平的变化。从广义货币来看，根据著名的费雪方程式：MV=PT（近似等于名义 GDP），一国货币供应量取决于一国国内的经济规模。

从货币供应量的增速分析，一国的货币供应量每年的增量多少为宜，也是货币当局需要考虑的问题。市场经济是交易的经济，货币的作用是降低交易成本，因此货币的数量与交易的数量相当就可以。按照弗里德曼的观点，货币每年增长 3%~5%，大致等于 GDP 的增长速度。按照我国前央行副行长吴晓灵的观点，广义货币供应量增长率等于 GDP 增长率加 CPI 预计调整率加一个包含各种不可预测变量的 2%~3% 的方法来匡算。

货币效率又称金融效率，是指一国货币总量与有效经济总量的比值，即单位 GDP 所需资金的支持。与世界上的金融强国、金融大国相比，中国货币效率较低，金融业的竞争力依然不强。

阅读资料 1-1

日本首相安倍晋三首次体验扫码付款，表示"略感紧张"

据日媒报道，当地时间 2019 年 2 月 2 日，时任日本首相安倍晋三造访东京都品川区的户越银座商业街，体验使用 IC 卡的电子货币和二维码结算服务的购物方式。

安倍当天使用便利店发行的 IC 卡，在鲜鱼店购买了金枪鱼、大腹肉等生鱼片。随后，他又在鲜花店通过 iPad 二维码结算购买了玫瑰花束等。安倍向媒体谈及体验无现金结算购物的感受，称"首次体验略感紧张，但买起来真的很简单"。

习惯了被世界称赞为"先进国家"的日本，如今在提到金融服务时却深感落伍。日本媒体铺天盖地介绍中国的移动支付如何方便、如何普及，连早市、夜市都普及了扫码支付。随着二维码结算在中国的广泛普及，日本人也终于坐不住了。

随着中国游客的足迹遍布海外，中国移动支付企业走向世界的步伐也日益加快。据微信支付和蚂蚁金服数据，截至目前，微信支付和支付宝两大支付应用已在全球近40个国家和地区落地。

中国移动支付不仅改变了国人的消费方式，提升了国人的"获得感"，在国外也具有极高的关注度和美誉度，不少国家和地区争相向中国取经，中国移动支付的领先地位日益凸显。

资料来源：佚名. 安倍首次体验刷二维码购物，直言：有点小紧张［EB/OL］. ［2019-02-03］. http://www.sohu.com/a/293126726_114835.

在此，请同学们思考：如何看待我国电子货币与网上支付的快速普及与需要注意的问题？

第四节　货币制度

一、货币制度的内容

货币的产生，解决了商品交换的难题，但是货币产生以后，如何统一其价值、确定其重量和成色、如何有效地组织货币流通并充分发挥货币流通的作用等，又成了新的矛盾与问题。这就迫切要求国家制定相关的法律、法规及条例，形成完整的货币制度，来解决上述矛盾与问题。因此，货币产生以后，货币制度也就随之产生了。

货币制度，又称为"币制"，是指一个国家或地区以法律的形式确立的货币流通结构、体系及组织形式。一般来说，货币制度包括如下几个方面的内容：

（一）货币材料的确定

货币材料的确定是整个货币制度的基础，也是一种货币制度区别于另一种货币制度的依据。比如，用银、金银并用或用金，还是用纸来作为货币材料，就分别构成了银本位制、金银复本位制、金本位制及纸币本位制。

货币材料的确定并不是由各国政府任意选择的，恰恰相反，它是由客观经济发展的进程所决定的。资本主义发展初期，广泛流通的是白银，但同时黄金也开始大量进入流通，并有排除白银的趋势。这时，资本主义国家就把金银同时规定为货币金属。当黄金在流通中占据统治地位以后，各国又不得不规定黄金为货币金属。随着生产的发展和商品流通的扩大，黄金产量无法满足流通的需要，这时，各国均以纸币和银行券取代了金属货币。

（二）货币单位和价格标准

货币材料确定之后，就要规定货币单位的名称及所含货币金属的重量，也叫价格标准。在金属货币流通条件下，价格标准是铸造单位货币的法定含金量。例如，英国的货币单位定名为"镑"，根据1816年5月的金币本位法案规定，1英镑含成色11/12的黄金123.274 47格令（含7.97克）。美国的货币单位定名为"元"，根据1934年1月的法令，美元的含金量规定为13.714格令（合0.888671克）。中国在1914年的"国币条例"中曾规定货币单位的名称为"圆"，并规定每圆含纯银平均6钱4分8厘（合23.977克）。

在纸币本位制度下，货币不再规定含金量，货币单位与价格标准融为一体，货币的价格标准即是货币单位及其划分的等份，如元、角、分。

世界各国的货币单位均有不同的名称。例如，我国的货币单位是人民币元，美国的货币单位是美元，英国的货币单位是英镑，欧盟的货币单位是欧元等。

（三）本位币、辅币及偿付能力

1.本位币

本位币是一个国家的基本通货和法定的计价结算货币。本位币的铸造、发行与流通，有以下特征：

（1）自由铸造：在金属货币流通的条件下，本位币可以自由铸造。所谓自由铸造，是指每个公民都有权把货币金属送到国家造币厂请求免费铸成本位币。

（2）无限法偿：无限法偿就是本位币具有无限的法定支付能力。法律规定，在各种经济交易中，不论每次支付的金额有多大，如用本位币支付，出卖者或债权人均不能拒绝接受。

2.辅币

辅币是本位币以下的小额通货，供小额周转使用，通常用贱金属铸造。 辅币的铸造、发行与流通，有以下特征：

（1）辅币一般用贱金属铸造。辅币的面额小，且流通频繁，易磨损，因此不宜用贵金属铸造。

（2）辅币是不足值的铸币。辅币的实际价值低于其名义价值。例如，1857年，英国的铜辅币按其面值折合为6 720镑，而铸造这些铜币所用的铜只值3 492镑，相差3 228镑。

（3）辅币可以与本位币自由兑换。辅币的实际价值虽然低于名义价值，但法律规定，辅币可以按固定比例与本位币自由兑换，这样就保证了辅币可以按名义价值流通。

（4）辅币限制自由铸造。辅币不能实行自由铸造，而必须由国家用属于国库的金属来制造。因为辅币是不足值的，如果可以自由铸造，就会充塞流通领域，排挤足值的本位币。

（5）辅币是有限法偿货币。国家对辅币规定了有限的支付能力，也就是说，在一次支付行为中，在一定的金额内可以用辅币来支付，如超过一定金额，卖方或债权人可以拒绝接受。例如，美国规定，10分以上的银辅币每次的支付限度为10元；铜镍所铸造的辅币每次的支付限度为25分。

二、货币制度的演变过程

（一）银本位制

银本位制是指以白银为本位币币材的一种货币制度。在货币本位制度的演变过程中，银本位是最早的货币制度。它是与封建社会经济发展相适应的货币制度。银本位制在16世纪盛行，如墨西哥、日本、印度等国家实行过银本位制。

银本位制的基本内容有：第一，规定以一定重量与成色的白银为本位币；第二，银币可以自由铸造，政府与金融机构可以固定价格无限制购买白银；第三，公众可以自由熔化银币，政府与金融机构可以固定价格无限制出售白银；第四，银币与其他货币可以平价自由兑换；第五，白银及银币可以自由输出及输入；第六，银币为无限法偿货币，具有强制流通能力。

银本位制的最大缺点是银价不稳定，易受产银国白银政策的影响而剧烈波动，银价猛升猛跌，都会严重影响经济的稳定。价格上涨时，白银大量外流，引起物价下跌和通货紧缩，造成经济萧条；当国际白银价格下跌时，白银大量流入，造成通货膨胀，经济又会出现过度繁荣，不利于经济稳定。

西方国家随着经济的发展与交易额的增大，白银的数量渐渐不能满足交易的需要，从19世纪起，各国都先后放弃了银本位，改行双重本位制度或金本位制度。

（二）金银复本位制度

金银复本位制度是指金银两种金属同时被法律承认为货币金属，即金币和银币同时作为本位币，都可以自由铸造，都具有无限法偿能力。它于1663年由英国开始实行，随后欧洲各主要国家纷纷采用。这种本位制度在其历史发展过程中有三种不同的形态：

1. 平行本位制

平行本位制是金银两种货币按其所含金属的实际价值流通，国家对两种货币的交换比率不加规定。在这一体制里，金银比价随市场供求关系变化而经常发生变动，给大量的延期支付及债务清偿带来了混乱。另一方面，当各国市场上金银比价发生差异时，由于金银自由输出入，将使黄金流入金价较高的国家，使该国演变为金本位制；而白银将流入银价较高的国家，也使该国货币制度蜕变为银本位制。这使得平行本位制极不稳定。

2. 双本位制

双本位制是指金银两种货币由政府规定固定的比价，按法定比价流通。双本位制在19世纪曾被广泛采用，为了克服平行本位制下金银比价频繁变动的缺陷。然而，事与愿违。在双本位制下，金银供求形势不断变化，但国家官方比价不能快速依照金银实际价值比进行调整，使得金银市场比价与法定比价差别较大，导致市场上往往只有一种货币流通而非两种货币同时流通。例如，金银法定比价为1∶15，而市场比价则为1∶16，此时黄金的市价较高，这时，金币的持有者将会熔化金币到市场上去兑换白银，一经熔化，即可赚回1两白银，这样市场上持有金币的人越来越少，而白银的流通越来越多，金币会退出流通领域。反过来，若市场金银比价为1:15而法定比价为1:16，白银市价高于法定比价，市场上的银币会退出流通领域。这种现象被称为"劣币驱逐良币"。

所谓"劣币驱逐良币"，就是在两种实际价值不同而名义价值相同的货币同时流通的情况下，实际价值较高的货币（所谓良币）必然会被人们熔化、收藏而退出流通领域；而实际价值较低的货币（所谓劣币）反而充斥市场。这一规律是16世纪英国财政家汤姆斯·格雷欣首先提出来的，故又称为"格雷欣法则"。

3.跛行本位

跛行本位制是指国家规定金币可以自由铸造而银币不允许自由铸造，并且金币与银币可以固定的比例兑换。实际上，银币已经降为附属于金币的地位，起着辅币的作用。跛行本位制只是双本位制向金本位制过渡的一种中间形式而已。

（三）金本位制

金本位制是以黄金为本位币的相对稳定的一种货币制度，其内在特征保证了货币价值对内和对外的稳定，从而促进了商品生产的发展和商品流通的扩大。它在金属货币制度中占有重要地位。金本位有金币本位、金块本位、金汇兑本位三种形式，金币本位是典型的形式。

1.金币本位制

从19世纪中叶到第一次世界大战前，主要资本主义国家均采用金币本位制。其特点是：

（1）金币可以自由铸造，自由熔化，具有无限法偿能力。其他金属铸币则限制铸造。金币的自由铸造、自由熔化能够自发调节流通中的货币量，保证金币的币值与其所含黄金的价值保持一致，使金币币值与实际价值保持相符。

（2）流通中的辅币与银行券等可以自由兑换金币。

（3）黄金可以自由地输出入国境，黄金的自由输出入可保持外汇行市的相对稳定，有利于国际贸易的顺利开展。

从1818年英国开始采用金本位制开始到第一次世界大战爆发的近100年间，世界主要国家都采取这种货币制度，它对资本主义的发展起到了积极的作用，可谓是金本位的全盛时期。第一次世界大战爆发后，黄金的自由流通被禁止，银行券的自由兑换遭到破坏，各国先后放弃了金币本位制。1924—1928年间，各国为整顿币制，恢复了金本位制。但恢复的金本位制变成了一种金块本位制。

2.金块本位制

金块本位制又称"生金本位制"，是指没有金币的铸造和流通，而由中央银行发行以金块为准备金的纸币流通的货币制度。它与金币本位制的区别有：

（1）金块本位制以纸币或银行券作为流通货币，不再铸造、流通金币，但黄金仍为本位货币，货币单位仍规定含金量。

（2）金块本位制不再像金币本位制那样实行辅币和价值符号同黄金的自由兑换，而是规定黄金由政府集中储存，居民只有用一定数额以上的银行券或纸币才能按法定含金量兑换金块。例如，英国1925年规定至少需要1 700英镑的银行券才允许兑换一次金块，这样高的限额对于大多数人来说是达不到的。英、法、比、荷等国在1924—1928年间实行这种金块本位制。

3.金汇兑本位制

金汇兑本位制也称"虚金本位制"，是指以银行券作为流通货币，通过外汇间接兑换黄金的货币制度。实行这种货币制度的国家，货币不再与黄金直接发生关系，但选择一个关系密切的金本位国家，将本国货币与金本位国家的货币确定固定的比价，同时将黄金与外汇存于该金本位国家，作为汇兑基金，并随时按固定价格买卖外汇，以此维持汇率的稳定。本国居民不能用银行券直接兑换黄金，只能通过兑换外汇，从而间接兑换黄金。采用这种币制，必然使本国货币依附于与之相联系的国家的货币，本质上是一种附属的货币制度。例如，1893年印度的卢比与英镑，1903年菲律宾的比索与美元，均采用金汇兑制。

金块本位制和金汇兑本位制都是削弱了的金本位制，是不稳定的货币制度。在1929—1933年的世界经济危机后，金本位制也就被不兑现的信用货币制度所代替。

（四）信用货币制度

所谓信用货币制度，是指以不兑换黄金的信用货币——纸币为本位币的货币制度，亦称"不兑现的纸币流通制度"或"不兑现本位制"。

金本位制崩溃后，流通中的银行券丧失了直接或间接地与黄金兑换的条件，被不兑现的纸币所代替。纸币的流通是以国家信用为后盾，靠国家法律强制流通的无限法偿货币，一般由中央银行发行。

不兑现的纸币流通制度取代黄金货币本位制度，是货币制度演进的质的飞跃，它突破了商品形态的桎梏，而本身没有价值的信用货币成为流通中的一般等价物。

1.不兑现本位制的优点

（1）货币供应不受金银数量的限制，具有较大的伸缩性，它可以根据经济发展需要作出调节，对于稳定经济发展具有重大意义。

（2）纸币与贵金属脱钩，纸币对外汇率也不受国际贵金属价格的影响，通过调节本国货币供应量，可以对国内经济发展和国际收支进行调节。

（3）纸币的制作成本低，便于流通和携带。

2.不兑现本位制的缺点

（1）由于纸币供应不受黄金准备的限制，供给弹性大。有些国家为了弥补赤字，往往超量发行纸币，导致纸币贬值甚至通货膨胀，危及社会经济的安全与稳定。

（2）各国纸币与贵金属脱钩，这使得各国货币对外汇率变化波动较大，从而影响国际贸易发展与国际资本的流动。

（3）纸币本位制度的管理操作依赖于政府有效的管理控制，成功与否与管理者的知识经验与判断决策能力直接相关，过多的人为因素往往使纸币本位制度产生不稳定的因素。

思政课堂

中国这十年：金融支持实体经济实现高质量发展

2022年6月23日，中共中央宣传部举行"中国这十年"系列主题新闻发布会，邀请中国人民银行副行长陈雨露、中国银行保险监督管理委员会副主席肖远企、中国证券监督管理委员会副主席李超，国家外汇管理局副局长、新闻发言人王春英介绍党的十八大以来金融领域改革与发展情况。

※深化金融供给侧结构性改革

"党的十八大以来的十年，是中国金融业取得历史性成就的十年。"陈雨露表示，十年来，人民银行持续深化金融供给侧结构性改革，稳步扩大金融开放，统筹发展与安全，有力推动经济高质量发展。

十年来，人民银行稳健实施以我为主的货币政策，发挥好货币政策总量调节和结构调节的双重功能。2012年以来，广义货币供应量（M2）年均增速为10.8%，与名义GDP年均增速基本匹配，有力地推动了国民经济稳健发展。

"中国以温和可控的宏观杠杆率增幅支持实现了'较高增长、较低通胀、较多就业'的优化组合。"陈雨露表示，宏观杠杆率总体实现了"稳字当头"，确保国民经济运行在合理区间，也为全球经济增长作出积极的贡献，成为全球经济的重要动力源和稳定器。

这十年，人民银行以新发展理念引领金融支持实体经济实现高质量发展，大力发展绿色金融，推动绿色低碳转型，绿色贷款、绿色债券余额位居世界前列；坚持创新驱动，高技术制造业中长期贷款余额较十年前增加了近七倍；增强金融普惠共享，2022年第一季度末，普惠小微贷款余额超过20万亿元，支持小微企业和个体工商户超过5 000万户；创新金融服务全力支持打赢脱贫攻坚战，并与乡村振兴战略有效衔接；扩大金融业对外开放，基本建立准入前国民待遇加负面清单管理制度，境外主体持有境内人民币金融资产比十年前增加了2.4倍，人民币成功加入国际货币基金组织特别提款权，成为第三大篮子货币，权重从10.92%提升至12.28%。

王春英介绍，党的十八大以来，我国外汇领域改革发展稳定工作取得了重大成果：一是国际收支基本平衡、更加稳健；二是资本项目开放稳步推进，已实现较高可兑换水平；三是跨境贸易和投融资更加便利，深入推进"放管服"改革成效显著；四是统一开放、竞争有序、监管有效的外汇市场不断健全，为高效配置外汇资源和管理汇率风险创造了良好条件；五是外汇储备资产实现安全、流动和保值增值，中国特色外汇储备经营管理制度不断完善。

近年来，我国外汇储备规模保持在3万亿美元以上，截至2022年5月底，超过3.1万亿美元，连续17年稳居世界第一，成为维护国家经济金融安全重要的"稳定器"和"压舱石"。

※银行业保险业实现新的跨越式发展

肖远企表示，党的十八大以来，我国金融业发展取得举世瞩目的成就，银行业保险业实现新的跨越式发展，金融与实体经济良性循环逐步形成。过去十年，我国银行贷款和债券投资年均增速分别为13.1%和14.7%，与名义GDP增速基本匹配。同业理财、信托通道较历史峰值大幅缩减，金融脱实向虚得到扭转。保险深度从2.98%上升到3.93%，保险密度从1 144元每人上升到3 179元每人，大病保险制度从2012年建立以来已覆盖12.2亿城乡居民，农业保险为农户提供风险保障从2012年的0.9万亿元增长至2021年的4.4万亿元。普惠型小微企业贷款、普惠型涉农贷款年均增速分别达到25.5%和14.9%，大大高于贷款平均增速。

与此同时，防范化解重大金融风险取得重要成果。金融资产盲目扩张得到根本扭转，高风险影子银行较历史峰值压降约25万亿元。不良资产处置大步推进，过去十年累计消化不良资产16万亿元，一大批突出的风险隐患得到消除。金融违法与腐败行为受到严厉惩治。

"十年来，我们推出50多项银行保险开放政策。"肖远企表示，2021年，在华外资银行资本和资产均较十年前增长超过50%，在华外资保险公司资本十年间增长1.3倍，资产增长6倍。

※全面深化资本市场改革开放

"党的十八大以来，我们全面深化资本市场改革开放，加强基础制度建设，资本市场正发生深刻的结构性变化，市场体系包容性大幅提升，投融资功能显著增强，良性市场生态逐步形成。"李超介绍，十年来，我国股票市场规模增长238.9%，债券市场规模增长444.3%，两个市场均位居全球第二，股票市场投资者超过2亿，为服务高质量发展作出重要贡献。

这十年，资本市场服务实体经济的广度深度显著拓展。我国大力健全多层次市场体系，推出新三板、科创板，设立北交所，资本市场对实体经济的适配性大幅增强。

资本市场全面深化改革取得重要突破。围绕深化金融供给侧结构性改革，我国全面深化资本市场改革，基础制度更加成熟定型，实现核准制向注册制的跨越，稳步推进试点注册制，发行市场化程度、审核注册效率和可预期性大幅提升，交易、退市等关键制度得到体系化改善。

市场主体高质量发展迈上新的台阶。实体上市公司利润占规上工业企业利润的比重由十年前的 23% 增长到目前的接近 50%。证券期货经营机构的总资产十年间增长 5.5 倍，公募基金管理规模目前为 26 万亿元，十年间增长了 8 倍，行业实力大幅增强。

资本市场的国际吸引力和影响力大幅增强。行业机构外资股比全面放开，沪深港通、沪伦通启动，A 股纳入国际知名指数并不断提升比重，外资连续多年保持净流入。

资本市场法律体系"四梁八柱"基本建成。市场违法违规成本过低的局面已经得到了根本性改变。

资料来源：吴秋余.党的十八大以来，我国金融业发展取得举世瞩目的成就[N].人民日报，2022-06-24.

本章小结

1.经济学意义上的货币是指一种普遍被接受的、可以用来购买商品并且可以用来清偿债务的物品。上述概念包含两层含义：①"普遍可接受性"，即当使用货币的时候，大家都愿意接受；②用于媒介商品交换并能支付债务。货币是商品，货币的本质是商品交换的媒介和手段。但货币又不是普通的商品，而是固定的充当一般等价物的特殊商品。

2.货币在商品经济中执行五种职能：交易媒介、记账单位、价值储藏、延期支付标准和国际货币。五种职能相互联系，密不可分。其中，货币的交易媒介和记账单位是两个基本职能，其他职能都是在此基础上产生的。

3.货币按其形态大致分为商品货币、代用货币、信用货币、电子货币等主要形式。

4.市场经济是交易的经济，货币的作用是降低交易成本，货币的数量与交易的数量相当就可以，货币供应量过多或过少都会对经济造成影响。货币当局在制定货币政策时需要准确计算流通中的货币供应量，从而不至于发生太大的偏差。世界上大多数国家的货币当局在计算货币供应量时，基本上按照流通性将货币划分为不同的层次，从而在不同层次上对货币数量进行统计与计算。由于各个国家金融市场发展与金融工具运用的不同，各国货币层次的具体划分就存在差异。

5.目前我国货币供应量分为三个层次：M0、M1、M2。其中，M0是指流通中的现金；M1为狭义货币供应量；M2是广义货币供应量。随着我国金融市场的不断发展和金融体系的不断完善，愈来愈多的金融产品被开发应用，在统计广义货币供应量时一些新的问题随之而来。进一步划分我国货币供应的层次，不断完善我国货币供应量的统计与计算是一个需要认真探讨的课题。

6.货币制度，又称为"币制"，是指一个国家或地区以法律的形式确立的货币流通结构、体系及组织形式。根据货币存在的形态，货币制度经历了金属货币到现代信用货币的转变过程。金属货币制度分为银本位制、金银复本位制与金本位制。在现代信用货币制度下，金属货币完全退出了流通领域，流通中货币由纸币、硬辅币与银行存款构成。这一货币制度下货币供应的弹性大，不受贵金属产量的限制，为货币当局调节宏观经济提供了有利条件。

综合训练

1.1 单项选择题

1.下列资产中流动性最好的是（　　　　）。

A.房产　　　　　　　　　　　B.债券

C.股票　　　　　　　　　　　D.定期存单

2.劣币驱逐良币产生在（　　　　）。

A.金本位制　　　　　　　　　B.银本位制

C.金银复本位制　　　　　　　D.现代信用货币制

3.最早实行金本位制的国家是（　　　　）。

A.美国　　　　　　　　　　　B.西班牙

C.英国　　　　　　　　　　　D.荷兰

4.货币币值上升，物价总水平（　　　　）。

A.不变　　　　　　　　　　　B.上升

C.下降　　　　　　　　　　　D.无法确定

5.（　　　　）认为通货膨胀归根结底是一种货币现象。

A.亚当·斯密　　　　　　　　B.费雪

C.弗里德曼   D.凯恩斯

1.2 多项选择题

1.（   ）充当着世界货币的职能。

A.美元   B.日元

C.港币   D.韩元

2.货币制度的发展经历了哪几个阶段：（   ）。

A.银本位制   B.金银复本位制

C.金本位制   D.信用货币制

3.M2增长与（   ）因素有关。

A.经济增长   B.物价水平

C.经济规模   D.进出口

4.下列资产哪些包含在M1中：（   ）。

A.单位活期存款   B.定期存款

C.现金   D.证券公司保证金

1.3 思考题

1.什么是信用货币？其基本特征是什么？

2.什么是狭义货币与广义货币？

3.在信用货币制度条件下，为什么各国中央银行在统计和分析货币量时首先要划分货币层次？划分的依据是什么？

4.你是如何看待电子货币的？你对未来货币形式的演变有何看法？

5.M0、M1、M2发生变化意味着什么？

6.最近几年，我国货币投放量开始减少，主要表现为M2增速回落上。结合美国货币供应的情况，谈谈自己对这个问题的看法。

7.我国人民币制度的内容有哪些？

第二章

信用与信用工具

学习指南

【学习目标】

在现代商品经济中，每时每刻都会发生大量的经济活动。这些经济活动无不与资金的融通紧密相关。资金的融通以各种不同的形式（信用形式）和融资工具（信用工具）将资金从供给者手中转到资金需求者手中，从而极大地提高了经济效率。整个社会信用水平的高低关乎整个社会交易的成本。发展和创设各种符合经济需要的信用工具则会进一步完善现代公司治理等问题。通过本章的学习，要了解信用和信用工具的含义；信用的各种形式；信用评级；掌握各种不同信用工具的使用方法。

【关键概念】

信用　商业信用　银行信用　国家信用　消费信用　信用工具　汇票　本票　支票　债券　股票

引例

推进社会信用体系建设的文件发布

近日，中共中央办公厅、国务院办公厅印发了《关于推进社会信用体系建设高质量发展　促进形成新发展格局的意见》，并发出通知，要求各地区各部门结合实际认真贯彻落实。

完善的社会信用体系是供需有效衔接的重要保障，是资源优化配置的坚实基础，是良好营商环境的重要组成部分，对促进国民经济循环高效畅通、构建新发展格局具有重要意义。为推进社会信用体系建设高质量发展，促进形成新发展格局，现提出如下意见。

一、总体要求

（一）指导思想。以习近平新时代中国特色社会主义思想为指导，深入贯彻党的十九大和十九届历次全会精神，坚持系统观念，统筹发展和安全，培育和践行社会主义核心价值观，扎实推进信用理念、信用制度、信用手段与国民经济体系各方面各环节深度融合，进一步发挥信用对提高资源配置效率、降低制度性交易成本、防范化解风险的重要作用，为提升国民经济体系整体效能、促进形成新发展格局提供支撑保障。

（二）工作要求。立足经济社会发展全局，整体布局、突出重点，有序推进各地区各行业各领域信用建设。积极探索创新，运用信用理念和方式解决制约经济社会运行的难点、堵点、痛点问题。推动社会信用体系建设全面纳入法治轨道，规范完善各领域各环节信用措施，切实保护各类主体合法权益。充分调动各类主体积极性创造性，发挥征信市场积极作用，更好发挥政府组织协调、示范引领、监督管理作用，形成推进社会信用体系建设高质量发展合力。

限于篇幅，其他内容在此从略。从上文可以看到，信用社会体系建设受到国家的高度重视，本章所研究的信用、信用工具、信用形式等相关概念，将在一定程度上解释这些问题。

第一节　信用概述

一、信用的产生与发展

信用是私有制和社会分工的产物。当社会发展进入到原始社会的后期，随着生产力以及社会分工的发展，剩余产品日益增多，这就为商品交换提供了可能。由于某些原因，一部分人占有了较多的富余商品，而另一部分人却因贫穷而不得不进行借贷，这就是早期的信用。

早期的信用基本与生活有关，随着社会的发展，生产活动愈来愈普及，信用活动逐步渗透到与生产活动相关的过程中。任何社会形态中的经济单位，绝大部分不会实现长期的收支平衡。假若收支恰好相等，信用就没有存在的必要。事实上，经济单位在从事生产经营时仅依赖内部资金积累是难以保证及时扩大生产规模的；在从事商品销售活动时若固守现金交易方式也会使再生产受阻。由此，产生了以负债方式借入资金弥补扩大再生产资金的不足和运用信用交易方式实现商品价值的转移。

信用的产生使商品交换由简单的"一手交钱，一手交货"变成了更加复杂的商业活动：买卖双方在完成了商品的交换之后，还产生了一种新的关系，即借贷关系。只有按照买卖双方约定的时间借贷的货币资金偿还后，商业活动才宣告结束。实际上，这时货币已经脱离了商品本身进行独立的运动，这种独立运动与信用相结合对整个社会生产活动发挥着重要的作用。

二、信用的含义

（一）信用的概念

信用源于拉丁文，意为信任、相信、声誉等。信用大致有广义和狭义之分。广义的信用，即我们经常所讲的"诚信"，它主要是指各类主体在处理各类事务中应当"诚实""讲信用""守信誉"，它是一种处理各类社会关系的行为准则，属于道德和法律的范畴。它的主要特征体现在社会性、文化性、伦理性等方面。**狭义的信用，属于经济范畴，即以偿还本金和支付利息为基本特征的借贷行为。**具体来说就是商品和货币的所有者把商品和货币让渡给需要者（即借者）并约定一定时间由借者还本付息的行为。它体现了一种特殊的经济关系。我们所说的信用主要指经济意义上的信用，它是我们研究的重点。

（二）信用的特征

正确理解经济意义上的信用需要从如下几个方面进行分析：

1.信用是一种借贷行为

信用作为一种借贷行为，体现了买卖双方的关系，自然就有还本付息的问题。贷者把一定数量的商品或者货币贷给借者，借者在规定的期限内使用，合同到期时借方必须归还所借的商品或货币，并支付相应的利息。能否按时偿还本金和利息是衡量信用高低的标准，因此信用也体现了一定的能力和实力：能力和实力强并不代表信用水平高，但能力和实力差则一定说明信用水平差。

2.信用关系是一种债权债务关系

信用与债务是同时发生的。在借贷活动中当事人一方是债权人，他将商品或货币借出称为授信；另一方为债务人，他接受债权人的商品或货币称为受信。债务人遵守承诺按期偿还商品或货币并支付利息称为守信；债务人承担的这种在将来偿还商品和货币的义务就称为债务。任何时期内的债务总额等于信用总量。因此信用是未来偿还商品赊销或货币借贷的一种承诺，是关于债权债务的约定。

3.信用具有特殊的运动形式

在普通的商业活动中，买卖双方一旦完成交易活动，卖方向买方提供商品或服务，买方支付货币，价值进行交换，所有权发生转移，交易宣告结束。而一旦买卖双方发生信用关系，贷方提供商品或服务给借方后，尽管借方拥有对商品或服务的使用权，但是其商品或服务的所有权依然掌握在贷方手中，直到借方按期偿还后买卖关系才宣告结束。

第二节　信用形式

信用作为一种借贷行为要通过一定的形式表现出来。随着商品经济的发展和货币功能的延伸，信用的形式日趋多样化。根据信用主体的不同可主要分为商业信用、银行信用、国家信用、消费信用等四种形式。

一、商业信用

商业信用是企业之间进行商品交易时，以延期支付或预付的形式提供的信用。这种信用的具体表现方式主要有赊购赊销、分期付款、预付定金、分期预付、委托代销等。

（一）商业信用的特点

1.商业信用的主体是商品经营者

商业信用是商品生产经营者之间相互提供的信用，因而债权人和债务人都是企业生产经营者。

2.商业信用的客体是商品

商业信用是生产企业以商品的形式提供给另一个企业的，它所涉及的是商品。在发生商业信用当中包括两种行为——买卖和借贷。当企业把商品赊销给另一个企业时，商品的所有权发生变更，商品由卖方转移到买方手中。但由于买方尚未支付货款给卖方，这时买卖双方就形成了债权债务关系，直到买方到期支付本金和利息后，双方的买卖关系才结束。

3.信用规模与宏观经济景气状态基本一致

宏观经济繁荣，商品增多，商业信用就会随之扩大；宏观经济萧条，市场萎缩，商业信用也会随之缩小。

4.商业信用的风险较大

商业信用发生在企业之间，被授信的企业经营状况直接影响未来信用的履行。一旦宏观经济出现波动、经营出现困难，企业到期履行债务往往就会出现问题，可能对于授信企业一方的生产经营造成损失。

（二）商业信用的局限性

1.商业信用在授信规模上的局限性

由于商业信用是企业之间相互发生的信用，因此就受到企业资本与经营规模的限制；再加上授信企业所授信用是与再生产无关的资本，数量有限，也决定了授信的额度。

2.商业信用在授信方向上的局限性

商业信用一般是以商品形式提供的，商品的需求者就是信用的需求者，因此在授信方向上就体现在商品的生产者给予商品的需求者。

3.商业信用在授信期限上的局限性

由于企业自身的资本实力限制，授信企业所授信用一般都是短期融资，而非长期融资，期限一般较短。

4.商业信用具有对象上的局限性

工商企业一般只向与自己有经济业务联系的企业发生商业信用关系。

5.商业信用在管理和调节方面的局限性

商业信用是企业之间发生的信用，信用产生与否以及信用的规模的大小，国家无法直接参与管理。当宏观经济正常运行时，企业之间发生的信用基本能正常履行；一旦宏观经济出现问题或者经济中的某一行业经营出现问题，信用往往得不到很好履行。如果相互发生信用之间的某一企业资金链断裂，就会影响上下游参与的企业，出现连环债务危机。

二、银行信用

银行信用是银行及其他金融机构以货币形式通过存款、贷款等业务活动提供的信用。银行信用是在商业银行信用发展到一定水平时产生的，它的产生标志着一个国家信用制度的发展与完善。

（一）银行信用的特点

1.银行信用所涉及的对象是货币

银行信用所提供的是货币资金，而非商品，并且这部分货币资金是从产业生产中独立出来的资金。它可以把社会上分散的资金集中起来积聚成巨大的资金用于社会生产，同时也可以把短期的资金集中起来部分用于长期的生产建设。

2.银行信用是中介信用

银行并不拥有大量的资金进行信贷，它不过依据自身的优势地位和经营能力，把社会中暂时不用于生产消费的资金积聚起来提供给需要资金的使用者。在这个过程中，银行是信用活动的主体，充当中介的角色。

3.银行信用具有创造扩张性

商业信用在企业之间发生，并不具有扩张性；银行信用则不同，银行通过自身的业务可以产生或者扩张信用。

4.银行信用的风险较低

由于银行经营的特殊性，一般国家对银行业的监管十分严格，相对商业企业的经营而言，银行业经营比较稳健，因而出现问题较少。尤其在我国，目前进入银行业的壁垒很高，银行业基本由国家垄断，从这个意义上讲，银行所授信用的风险还是比较小的。

基于上述银行信用的特点，近几十年来，银行信用得到很大的发展，成为目前信用的主流，银行为国家经济发展提供越来越重要的作用。整个银行业经营水平的高低直接影响一国经济的正常发展与否。从这个角度来看，尽早放开银行业经营，打破垄断，鼓励竞争，对于我国经济又好又快地发展十分重要。

（二）银行信用与商业信用的关系

商业信用是银行信用的基础，银行信用是在商业信用基础上产生并发展起来的，并克服了商业信用的局限性。银行信用的出现又使商业信用进一步完善。因为商业信用工具、商业票据都有一定期限，所以当商业票据未到期而持票人又急需现金时，持票人可到银行办理票据贴现，及时取得急需的现金，商业信用就转化为银行信用。由于银行办理的以商业票据为对象的贷款业务，如商业票据贴现、票据抵押贷款等，使商业票据及时兑现，商业信用得到进一步发展。

阅读资料 2-1

吴英的罪与罚

在一个金融生态极其扭曲的时代，在一个金融和法治都需要文明外衣装饰的时代，难道不应该有更多的反思和更好的选择？

但很显然，外界对吴英死刑判决的争议，远远超越了法律本身。在吴英一审被判处死刑后，笔者曾经拿两个著名的案例和其相提并论：一是制造了美国历史上最大金融诈骗案的麦道夫，其以虚设投资项目和高收益为诱饵，骗取金融机构和个人投资者数百亿美元钱财，涉案金额高达 1 700 亿美元，被诉以证券欺诈、邮件欺诈、电信欺诈、洗钱、伪造财务报表、作伪证等 11 项刑事指控，2010 年 6 月被纽约地方法官判处 150 年监禁；二是中华人民共和国成立以来最大的金融证券案件德隆案，其被指控的罪名是非法吸收公众存款、操纵证券市场价格，这个给国家和人民造成 170 亿元人民币损失的大案主犯唐万新，却只判了 8 年，甚至在服刑期间一度"保外就医"。相对于吴英，唐万新和麦道夫该是何等的幸运。

回到事件本身，吴英作为江浙一带草根金融资金断裂的悲剧人物代表，其无非是在主流的金融机构无法给其创业提供金融支持的情况下，用当地公认的融资模式，构筑自己梦想的产业帝国而已。我一直在想，既然中国金融的知识谱系本身一直处于一个不能自圆其说的扭曲状态，既然国办的机构根本不愿意让信贷流向大量的中小企业，既然民间借贷以非法的身份尴尬地承担着民间资金主要供应者的重任，我们为什么非要通过血祭一个小小的吴英来捍卫法治的权威和尊严？如果主流的金融机构能够满足民间经济的融资需求，民间金融不可能有其生存空间。

有人说，如果吴英该死，那么那些让成千上万的中小企业倒闭的主流金融体系呢？

资料来源：马光远. 吴英的罪与罚［N］. 经济观察报，2011-09-02.

中小企业融资难是世界性难题，有兴趣的同学请思考：如何解决中小企业融资难的问题？

三、国家信用

国家信用是指国家或其附属机构作为债务人，依据信用原则向社会筹集资金的一种信用方式。 国家信用分为国内信用和国际信用两种。国内信用是指债务人从国内筹集资金的行为；国际信用是指债务人从国外筹集资金的行为。

（一）国家信用的特点

国家信用的特点主要有：

（1）国家信用的债权人是持有国家债券的单位和个人，债务人是国家或地方政府。

（2）国家信用和银行信用之间关系密切。这表现在：第一，国家信用依赖于银行信用的支持。国家信用一般由金融机构代理发行债券，并且金融机构的部分资金直接或间接投资于国家债券。第二，国家信用与银行信用在量上此消彼长。在国民收入既定的条件下，国家信用的增长要求银行信用相应收缩，否则会引起社会信用总量的膨胀。

（3）国家信用主要用于财政开支，而不直接与商品生产和商品流通的发展相联系。

（4）国家信用的风险极低。由于国家具有强制力征收税收及其他收入等，债务到期时无法履行债务的可能性很低，所以在所有的信用中，国家信用水平是最高的。即使是这样，也并不能说明国家信用就没有风险。这一点尤其需要引起重视。

第二次世界大战后，国际金融体系确立了布雷顿森林体系，美国承诺美元与黄金挂钩，1美元等于35盎司黄金。20世纪50、60年代以后，美国国际收支出现问题，到了20世纪70年代，美国已经没有能力继续维持美元对黄金的法定比价，尼克松总统宣布废除美元与黄金的法定比价，美元大幅贬值，美国国家信用在世界遭到很大打击。2008 年以来，欧元区频发动荡，西班牙、希腊、意大利等国家由于国内财政收入大幅下降，国内经济出现困难，在金融市场进一步筹资出现困难，国债收益率大幅提高，造成国家信用危机。

需要指出的是，由于我国国体的特点，无论是国家筹资还是各级政府部门的筹资（地方政府筹资被严格控制），都可以被看作国家的信用，当然信用风险极低。国外由于不同国家国体的不同，对于除国家的信用外，各级政府的信用就应该区别对待。例如，美国州、市一级政府筹资，由于偿债是以当地政府的财政收入为依据的，政府财政收入的高低，直接影响政府还本付息的能力。因此即使是政府产生的信用，也不可以被简单认为是国家信用而忽视其风险。

（二）国家信用的作用

1. 补充财政资金

利用国家信用为财政筹集资金，有利于缓解财政资金供应不足的矛盾，从而可以调节国家短期的财政收支不平衡，解决政府财政赤字。

2. 优化资源配置

通过信用调剂，让资源及时转移到需要的地方，就可以使资源得到最大限度的利用。

3. 调节国民经济

当一国经济过热时，可通过国家信用发行债券来回笼货币，以缓解通货膨胀的压力；当经济出现过冷时，政府当局同样可以利用国家信用集聚资金，推行扩张的或积极的财政政策，扩大财政支出，拉动经济增长。在现实经济生活中，国债作为货币政策最有效的工具，已成为西方发达国家实现经济发展目标的最优选择。

四、消费信用

消费信用是指企业、银行和其他金融机构向消费者个人提供的用于生活消费目的的信用，主要有商品赊销、分期付款和消费贷款。其中，商品赊销是指零售商以延期付款的方式向消费者提供的信用。分期付款是指消费者与零售商分期付款签订合同，消费者在合同规定的期限内，分期偿还贷款的信用方式。消费贷款是指银行或者其他金融机构直接贷款给消费者用于生活消费的信用方式。

第三节　信用评级

一、信用评级概述

信用评级机构是依法设立的从事信用评级业务的社会中介机构，即金融市场上一个重要的服务性中介机构，它是由专门的经济、法律、财务专家组成的对各种金融工具、企业以及国家等信用进行等级评定的组织。

信用评级机构是信用管理行业中的重要中介机构，它在经营中要遵循真实性、一致性、独立性、稳健性的基本原则，向资本市场上的授信机构和投资者提供各种基本信息和附加信息，履行管理信用的职能。评级机构组织专业力量搜集、整理、分析并提供各种经济实体的财务及资信状况、储备企业或个人资信方面的信息，比如欠有恶性债务的记录、破产诉讼的记录、不履行义务的记录、不能执行法院判决的记录等。这种信用评级行为逐渐促成了对经济实体及个人的信用约束与监督机制的形成。信用评级直接关系到被评级一方在金融市场上的融资成本。

二、三大信用评级机构

标准普尔公司、穆迪投资者服务公司和惠誉国际信用评级公司并称为世界三大评级机构。三者评级均有长期和短期之分，但有不同的级别序列。我国目前全国性评级机构主要有大公、中诚信、联合、上海新世纪4家。

1.标准普尔公司

标准普尔公司简称标普，其长期评级主要分为投资级和投机级两大类，投资级的评级具有信誉高和投资价值高的特点，投机级的评级则信用程度较低，违约风险逐级加大。

标普也对信用评级给予展望，显示该机构对于未来（通常是6个月至两年）信用评级走势的评价。决定评级展望的主要因素包括经济基本面的变化。展望包括"正面"（评级可能被上调）、"负面"（评级可能被下调）、"稳定"（评级不变）、"观望"（评级可能被下调或上调）和"无意义"。

标普也经常发布信用观察以显示其对评级短期走向的判断。信用观察分为"正面"(评级可能被上调)、"负面"(评级可能被下调)和"观察"(评级可能被上调或下调)。

2.穆迪投资者服务公司

穆迪投资者服务公司简称穆迪,其长期评级针对一年期以上的债务,评估发债方的偿债能力,预测其发生违约的可能性及财产损失概率。而短期评级一般针对一年期以下的债务。

穆迪长期评级共分九个级别:Aaa、Aa、A、Baa、Ba、B、Caa、Ca和C。其中,Aaa级债务的信用质量最高,信用风险最低;C级债务为最低债券等级,收回本金及利息的机会微乎其微。

此外,穆迪还对信用评级给予展望评价,以显示其对有关评级的中期走势看法。展望分为"正面"(评级可能被上调)、"负面"(评级可能被下调)、"稳定"(评级不变)以及"发展中"(评级随着事件的变化而变化)。

对于短期内评级可能发生变动的被评级对象,穆迪将其列入信用观察名单。被审查对象的评级确定后,将从名单中去除。

3.惠誉国际信用评级公司

惠誉国际信用评级公司简称惠誉,规模较其他两家稍小,是唯一一家欧洲控股的评级机构。

惠誉的长期评级用以衡量一个主体偿付外币或本币债务的能力。惠誉的长期信用评级分为投资级和投机级,其中,投资级包括AAA、AA、A和BBB,投机级则包括BB、B、CCC、CC、C和D。以上信用级别由高到低排列,AAA等级最高,表示最低的信贷风险;D为最低级别,表明一个实体或国家主权已对所有金融债务违约。

惠誉还对信用评级给予展望,用来表明某一评级在一两年内可能变动的方向。展望分为"正面"(评级可能被调高)、"稳定"(评级不变)和"负面"(评级可能被下调)。但需要指出的是,正面或负面的展望并不表示评级一定会出现变动;同时,评级展望为稳定时,评级也可根据环境的变化被调升或调降。

此外,惠誉用评级观察表明短期内可能出现的评级变化。"正面"

表示可能调升评级，"负面"表示可能调降评级，"循环"表明评级可能调升也可能调低或不变。

尴尬的评级公司

在一个不成熟的债券市场，很难有一个成熟的信用评级行业，而没有一个成熟的信用评级行业，也很难催生一个成熟的债券市场——这或许正是中国信用评级行业面临的尴尬现状。

"这一行的生意已经被一部分急功近利的人差不多给做坏掉了。"一位已从业十五年的国内某评级公司老总近日在与笔者闲聊时如此感叹。

他所说的急功近利，从审计署审计长刘家义2012年6月27日所作的审计报告中可见一斑。

刘家义在提及信用评级行业发展方面时表示，我国目前大多数信用评级机构规模较小，仅在国内开展业务，国际投资活动主要依靠外国信用评级机构；在国内评级市场上，一定程度存在评级机构通过虚高评级换取高收费或抢占市场份额的现象，审计抽查16家债券发行企业在信用评级及申请发债中所提供的资料，均不同程度存在弄虚作假问题。

实际上，由于国内几家主要信用评级公司均采取发行人付费的经营模式，上述现象在评级行业已是公开的秘密。据业内人士透露，为了抢一单生意，有的评级公司给发行方开出的价格甚至难以弥补业务成本，"坚持自己原则的公司只能选择放弃"。

这难免导致评级公司对发行企业的信用评级流于形式。

值得一提的是，评级虚高被认为是导致美国次贷危机爆发的一个重要原因。

基于次级贷款的RMBS（住宅房贷担保证券）和CDO（担保债务凭证）在金融危机前多数都曾得到和美国国债一样的AAA级评级，虚高评级有效链接了次级按揭贷款和二级市场，风险层层放大，最终导致危机爆发。

穆迪、标普和惠誉这三大国际性评级公司在危机后饱受诟病，这或许说明评级公司和发行企业的利益冲突一定程度上是个"世界性难题"，但这仍然难以掩盖中国评级行业本身的问题，"不管是信用评级体系还是方法论，国内的评级公司和国际评级机构相比还是差得太远。"上述老总坦陈。

从实践中看，确有一些企业为了节省发债成本或者避免获得低评级而影响发行没有对债券进行评级，评级公司再一次实质性地丧失了在市场中成长的良机。

资料来源：刘兰香. 尴尬的评级公司［N］. 21世纪经济报道，2012-07-12.

第四节　信用工具

一、信用工具概述

信用工具亦称金融工具、融资工具，就是以书面形式发行和流通，借以保证债权债务双方权利和义务具有法律效力的凭证。

随着经济的不断发展，信用在现代社会的运用越来越广泛，金融工具的种类也越来越多。

（一）信用工具的特点

1.期限性

期限性也称偿还性，指一般信用工具都有偿还期，到期债务人偿还债务，债权人收回本金和利息。一般情况下信用工具都注明债务偿还期限、本金和利息的支付方式。信用工具的偿还期限有长有短，短的按天计算，长的按年计算，以满足不同投资者的需要。比较特殊的是，股票没有偿还期限，投资者若想变现只能通过市场转让。

2.流动性

流动性有变现能力，指金融工具在金融市场迅速变为现金而不致遭受损失的能力。一般而言，金融工具的期限越短，流动性越强；反之，流动性越差。金融工具的流动性还受其他因素的影响，比如一国金融市场的完善程度、债务人的经营状况等。

3.风险性

风险性是指金融工具的本金是否会遭受损失的风险。金融工具的风险一般表现在经营风险上，即债务人不履行合约，不按期偿还本金的风险。这种风险主要取决于债务人本身的信用和经营状况。企业经营所面临的内外部经营环境经常瞬息万变，一旦企业经营出现失误，债务人就有可能出现债务违约，甚至破产倒闭，便无法按期还本付息。

4.收益性

收益性指金融工具能够给持有者带来一定的收入。金融工具的收益主要是通过收益率来反映的。通常风险性与收益性呈正相关，风险性越高，收益性越高；流动性与收益性负相关，流动性越强，收益性越小。

（二）信用工具的分类

1.按融通资金的方式划分

按融通资金的方式划分，信用工具可分为直接金融工具和间接金融工具。直接金融工具是指非金融机构，如工商企业、个人和政府发行的融资工具，包括商业票据、股票、债券、国库券等；间接金融工具是指金融机构发行的银行券、存单、保险单、各种票据等。

2.按融通资金时间的长短划分

按融通资金时间的长短划分，信用工具可分为长期金融工具和短期金融工具。融资期限在一年或一年以上的金融工具为长期金融工具，如股票、公司债券、政府债券等。融资期限在一年以内的金融工具为短期金融工具，如各种票据、信用证、信用卡、国库券等。

3.按金融工具的性质划分

按金融工具的性质划分，信用工具可分为债务性金融工具和权益性金融工具。债务性金融工具是指金融工具到期时，债务人必须还本付息；权益性金融工具是指金融工具的持有人持有的是金融资产的所有权而非债权，因此无权索要本金，如果需要套现可以在市场上转让。

4.按金融工具产生的来源划分

按金融工具产生的来源划分，信用工具可分为基础性金融工具和衍生性金融工具。基础性金融工具指以各种信用方式进行资金融通时所发行的各种金融工具。衍生性金融工具是指在基础性金融工具的基础上派生出来的新型金融工具。股票期货合约，股指期货合约，期权合约，债券期货合约都是衍生性金融工具。

二、几种主要的信用工具

（一）票据

票据是指出票人约定自己或委托付款人在见票时或指定的日期向收款人或持票人无条件支付确定金额并可转让的证券，这类票据主要有汇票、本票、支票和信用卡等。

1.汇票

汇票是出票人签发的要求付款人按指定日期向收款人（或持票人）无条件支付确定金额的一种票据。 按照出票人的不同，汇票分为银行汇票和商业汇票。

（1）银行汇票。

由银行签发的汇票为银行汇票。银行汇票是由企业或个人将款项存在银行，由银行签发给持票人持往异地办理转账结算或支取现金的票据。银行汇票具有票随人到、方便灵活、适应性强等特点，因此银行汇票在经济交易中被广泛使用。但是，企业使用银行汇票也存在一定的问题，即银行汇票的使用者必须预先把款项存到银行中，占用了企业生产的资金，对企业的生产经营造成一定的压力。

（2）商业汇票。

由商业企业签发的汇票为商业汇票。商业汇票是债权人（一般是卖方）签发的，委托债务人（一般是买方）在付款日无条件支付确定金额给收款人或持票人的一种汇票。

根据付款期限，商业汇票又分为即期汇票和远期汇票。即期汇票是见票即付的汇票。远期汇票是票面上注明付款期限，到期日付款人才予以付款的汇票。远期汇票必须经过承兑人承兑方才有效。依据承兑人的不同，远期汇票分为商业承兑汇票和银行承兑汇票。经过工商企业承兑的汇票为商业承兑汇票；经过商业银行承兑的汇票为银行承兑汇票。很显然，银行承兑汇票的风险远远低于商业承兑汇票。在承兑汇票需要贴现转让时，银行承兑汇票更受市场的欢迎。

2.本票

本票是由债务人向债权人发出的支付承诺书，承诺在约定期限内支付一定款项给债权人。 票面上注明支付金额、还款期限和地点，其特点是见票即付，无须承诺。持票人可以通过背书的方式使本票流通转让。

根据发票人的不同，本票可以分为商业本票和银行本票，目前在我国流通并使用的只有银行本票一种。

3. 支票

支票是活期存款户签发，要求银行从其活期存款账户上支付一定金额给指定人或持票人的凭证。 参与支票活动的主要有出票人、付款人和收款人三方。支票的种类很多，按照其支付方式划分，有如下几种类型：现金支票，即能够提取现金的支票；转账支票，即只能够用于转账，而不能提取现金的支票；旅行支票，是为旅行者提供用款方便的一种支票。

（二）债券

债券是一种债权债务凭证，是政府、金融机构、工商企业等债务人向债权人筹集资金时所发行的，承诺按一定利率支付利息并按照约定条件偿还本金的债权资本证券。

债券有很多分类方法。根据债券的发行主体不同，可分为政府债券、公司债券和金融债券。

1. 政府债券

政府债券是政府或政府担保的有关部门发行的债券。由中央政府发行的债券也称国债，是中央政府以债务人的身份，以国家信用为担保所发行的债券；由地方政府发行的债券也称市政债券，是地方政府以债务人身份发行的债券。目前我国对政府债券的发行有严格的限制。政府债券按照发行期限的长短分为短期债券、中期债券和长期债券。一般而言，期限在一年和一年以内的为短期债券，一年到五年之间的为中期债券，五年以上的一般为长期债券。政府债券按照票面形式也可分为无记名式国债、凭证式国债和记账式国债。无记名式国债是一种票面上不记载债权人姓名的债券，通常以实物形式出现。凭证式国债是债权人认购债券的收款凭证。记账式国债是将投资者持有的国债登记在登记公司的电脑中，投资者凭收据以证实持有国债。

2. 公司债券

公司债券一般是工商企业等营利性法人单位为筹措资金而发行的债务凭证。这种债券发行的目的是向公众筹措资金。它必须明确承诺在到期日本金和利息的支付方式和支付金额。而实际能否偿付等取决于债务人的实际经营水平以及与发行相关的担保人财务状况。

公司债券的分类方式很多，较重要的有：

（1）根据债务人在发行时是否提供抵押品，公司债券可分为抵押公司债券和无抵押公司债券。抵押公司债券发行时，发行公司必须提供一定的抵押品给负责发行的中介公司，一旦债务人到期无法还本付息，可以通过处理抵押品来偿还投资者的债务。无抵押公司债券凭公司的信用发行债券。为了保障投资者的利益不受损失，在发行这种债券时往往对发行人设置一些限制性条件。

（2）根据债券票面是否记名，公司债券可分为记名公司债券和不记名公司债券。记名公司债券是指在债券票面上注明债权人的名称、地址等信息的债券。记名公司债券转让须背书并按有关规定办理相关手续。不记名公司债券是票面上无须注明债权人等信息的债券。

（3）按照债券是否可以转让，公司债券可分为可转让公司债券和不可转让公司债券。可转让公司债券是指投资人可以根据自己的意愿在一定时期内按规定的价格和条件，将该债券转换成发行公司的其他债券。例如，如果资本市场向好或发行公司的业绩大幅改善等，可以将债券转换成发行公司的股票。不可转让公司债券是指发行人到期履行债券所规定的各种义务，债券存续期间不能转换发行公司的其他债券。

（4）根据债券是否可以提前偿还，公司债券可分为可提前偿还债券和不可提前偿还债券。可提前偿还债券是指债券发行时作出相关约定，允许发行人在债券到期前按约定价格赎回。公司债券赎回的主动权掌握在发行人手中。当市场的利率下降或者企业资金宽松等情况发生时，企业可以行使这种权利赎回债券，以降低债务成本。不可提前偿还债券只能到期还本付息。

3.金融债券

金融债券是由银行和非银行金融机构发行的债券。发行金融债券所筹集的资金一般具有专门用途，而且期限较长，这是和金融企业的经营特点相关的。

（三）股票

股票是股份公司发行的，用以证明投资者的股东身份，并据以获得股息的凭证。 股票是一种有价证券，股票一经发行，购买股票的投资者即成为股份公司的股东。同一种类的每一股份应当具有同等的权利。股东享有对股份公司的经营权、收益权,同时也承担股份公司经营的相应责任和风险。股票是一种所有权证券,它是现代企业制度和信用制度发展的结果。一国股票市场的发展离不开法治建设的发展。

股票的分类方法也很多,较重要的分类有:

1.按照股东享有的权益划分

按照股东享有的权益划分,股票可分为普通股和优先股。**普通股是指每一股份对公司财产都拥有平等权益,及对股东享有的平等权利不加以特别限制,并能随股份公司利润的大小而分取相应股息的股票。优先股是指优先于普通股股东分配公司收益和剩余财产的股票。**优先股的股息是固定的,不受股份公司经营状况的影响,因此,投资优先股的风险要小于投资普通股;但是,由于优先股的股息固定,即使股份公司盈利增加,优先股股东也不能分享公司利润增长的收益。同时,由于优先股优于普通股的上述权利,在参与股份公司的经营决策时,优先股股东没有相应的权利。

2.按照投资主体划分

按照投资主体划分,股票可分为国家股、法人股和社会公众股。国家股是以国家名义出资购买的股票。法人股是指企业法人或具有法人资格的相关单位出资购买的股票。社会公众股是指我国境内个人出资购买的股票。

3.按照股票的上市地点和所面对的投资者划分

按照上市地点和所面对的投资者分,股票可分为A股、B股、H股、N股和S股等。A股是以人民币计价发行的面向我国境内的广大投资者(不含港、澳、台地区)的股票。B股开始是面对境外投资者购买的人民币特种股票,以外币计价,后来对境内投资者开放。H股是指注册地在内地、上市地在香港联交所上市的股票。依此类推,在纽约上市的股票为N股,在新加坡上市的股票为S股。

(四)衍生金融工具

衍生金融工具是指在基础性金融工具如股票、债券的基础上派生的新型金融工具。它主要有:

1.金融期货

金融期货也称金融期货合约，是指买卖双方在有组织的交易所内以公开竞价的方式达成的，在将来某一特定时间交割标准数量金融工具的合约，主要有股指期货、外汇期货、利率期货等。

2.期权

期权是一种赋予投资者在规定期限内按双方约定的价格买进或卖出一定数量某种指定金融资产的权利的合约。根据期权交易的性质，期权可分为看涨期权和看跌期权。

3.互换

互换是一种经双方商定在一定时间内双方彼此交换支付的金融交易，主要有两种，一种是货币互换；一种是利率互换。货币互换是指交易双方交换不同币种、期限相同、等值资金的资产，目的是规避融资过程中的汇率风险。利率互换是指交易双方在币种相同的情况下，交换不同期限的利率。

4.远期协议

远期协议是指合约双方现在约定在未来某一时间按约定的价格买卖约定数量的相关资产的合约。远期协议主要有远期利率协议和远期货币协议两种。

思政课堂

中国-亚洲信用评级业高峰论坛成功举办

2022年9月8日，由亚洲信用评级协会和中诚信国际信用评级有限责任公司联合举办的"中国-亚洲信用评级业高峰论坛——中国评级行业三十年：正在进行的转型与改革"在线上成功举办。本次论坛邀请中国人民银行征信管理局副局长吴岷钢以及来自亚洲各国和欧洲的评级行业代表交流分享行业发展经验，共话亚洲信用评级行业的未来，并针对评级技术进步与评级质量提升、ESG应用、可持续发展债券发展趋势等议题进行解读。

会议由中诚信国际董事长兼总裁、亚洲信用评级协会理事闫衍和亚洲信用评级协会秘书长山蒂·达姆乐主持。中国人民银行征信管理局副局长吴岷钢、亚洲信用评级协会主席增田笃和中诚信集团董事长、创始人毛振华出席并致辞。

吴岷钢表示，2021年以来，中国人民银行会同相关监管部门持续加大监管力度，从加强评级方法体系建设、完善公司治理和内部控制机制、强化信息披露等方面对评级行业提出了明确要求，同时将评级选择权交还市场，这标志着评级行业发展进入新阶段，提升本土信用评级机构公信力和话语权正当其时。2022年是评级行业对内改革、对外开放的关键时点，冀望以此次峰会为契机，以开放、包容、国际化的视角，共同探讨行业改革和发展中的重要议题。

亚洲信用评级协会作为亚洲区域唯一的信用评级机构国际组织，目前成员覆盖了来自14个国家和地区的27个评级机构，其中也包括来自中国内地的主要评级机构。吴岷钢表示，希望能够借此机会加强中国本土评级机构与亚洲评级同行的交流，不仅向亚洲展示中国资本市场和信用评级行业的巨大发展、变化，也期待亚洲各国和地区评级业同行相互借鉴经验、交流学习、共商合作，共同谋划亚洲评级行业的崭新未来。

吴岷钢强调，信用评级机构是国际货币金融体系中至关重要的枢纽之一。促进信用评级行业的健康发展，不仅有利于提升债券市场服务实体经济的现实能力，也是提升中国债券市场在风险定价和标准制定方面的话语权和主动权，维护国家金融安全的重要内容。中国人民银行将继续秉持开放态度，持续推动中国信用评级行业的国际交流与合作，为推动评级行业的转型发展贡献力量。

论坛分为上下半场进行，上半场主要聚焦宏观经济与中国评级行业发展、ESG应用与可持续债券发展。上海财经大学校长、中国宏观经济论坛（CMF）联合创始人刘元春发表《全球滞胀下的金融冲击》主旨演讲。中诚信国际董事长兼总裁、亚洲信用评级协会理事闫衍发表《中国评级行业三十年：正在进行的转型与变革》主旨演讲，回顾了中国信用评级行业三十余年的发展历程，剖析当前评级行业转型发展面临的内外部环境，并对新形势下中国评级行业的健康发展之路进行展望。大公国际总裁应海峰发表《ESG在债券投资和信用评级中的实践与应用》主旨演讲。圆桌讨论环节，与会专家学者围绕中国可持续发展相关债券的发展与趋势进行了深入研讨，并从多角度、多方面提出了一系列针对中国可持续发展债券高质量发展的建议。

会议下半场主要关注评级技术进步、全球评级行业发展。中诚信国际副总裁吕寒发表《评级技术进步与质量提升——基于中国的实践》主旨演讲。亚洲信用评级协会副主席法希姆·艾哈迈德发表《亚洲国内信用评级行业发展的观察》主旨演讲。评级机构首席执行官圆桌论坛环节，来自亚洲各国信用评级机构的首席执行官和欧洲信用评级行业的代表围绕评级行业发展话题进行了深入探讨。中诚信国际国际业务评级总监张婷婷发表《中国资本市场的双向开放：熊猫债市场的发展机遇》主旨演讲。最后，来自中诚信国际、东方金诚、联合资信、上海新世纪和天风证券的行业专家聚焦房地产行业的特点及未来走势开展圆桌讨论。

资料来源：中国人民银行征信管理局. 中国-亚洲信用评级业高峰论坛成功举办［EB/OL］.［20 22-09-09］. http://www.pbc.gov.cn/zhengxinguanliju/128332/128352/4655103/index.html.

本章小结

1.信用是一种借贷行为、借贷关系，具有道德层面、法律层面和经济层面的含义，在经济生活中具有重要地位。道德层面和法律层面的含义主要是指诚信，一种行为准则；经济层面的含义是指以偿还本金和支付利息为基本特征的借贷行为。信用有商业信用、银行信用、国家信用、消费信用等几种。

2.信用评级机构是依法设立的从事信用评级业务的社会中介机构。经过一百多年的发展，目前世界上著名的评级机构有标准普尔公司、穆迪投资者服务公司和惠誉国际信用评级公司。三大评级机构的业务各有侧重：标普侧重于企业评级，穆迪侧重机构融资，而惠誉则更侧重于金融机构的评级。我国信用评级发展的历史较短，目前全国性主要的评级机构有大公、中诚信、联合、上海新世纪4家，经营实力相比世界三大评级机构还有很大的差距。

3.信用关系的建立需要通过金融工具。信用工具亦称金融工具、融资工具，就是以书面形式发行和流通，借以保证债权债务双方权利和义务具有法律效力的凭证。信用工具一般具有期限性、流动性、收益性与风险性等特征。

4.金融工具按照不同的划分方法有不同种类。按融通资金的方式划分，可分为直接金融工具和间接金融工具。按金融工具的性质划分，可分为债务性金融工具和权益性金融工具。按金融工具产生的来源划分，可分为基础性金融工具和衍生性金融工具。

5. 常见的几种主要的金融工具有票据、债券和股票。票据主要有汇票、本票和支票。债券主要有政府债和公司债。股票主要有普通股和优先股。

综合训练

2.1 单项选择题

1. 商业票据的发行人主要是（　　）。

A. 中央银行　　　　　　　　　B. 商业银行

C. 大型公司　　　　　　　　　D. 地方政府

2. （　　）是由出票银行签发的、承诺在见票时无条件支付票面金额给收款人或持票人的票据。

A. 银行汇票　　　　　　　　　B. 商业汇票

C. 商业本票　　　　　　　　　D. 支票

3. （　　）是由银行和非银行金融机构发行的债券。

A. 国债　　　　　　　　　　　B. 企业债券

C. 金融债券　　　　　　　　　D. 市政债券

4. 我国以人民币计价发行的股票为（　　）。

A. A 股　　　　　　　　　　　B. B 股

C. H 股　　　　　　　　　　　D. S 股

5. 在基础性金融工具上派生的金融工具是（　　）。

A. 金融期货　　　　　　　　　B. 商品期货

C. 利率互换　　　　　　　　　D. 期权

2.2 多项选择题

1. 商业票据主要有（　　）。

A. 汇票　　　　　　　　　　　B. 本票

C. 支票　　　　　　　　　　　D. 公债

2. 下列（　　）是消费信用。

A. 分期付款　　　　　　　　　B. 信用卡

C.租赁　　　　　　　　　D.出口信贷

3.（　）是世界三大评级机构。

A.标准普尔　　　　　　　B.大公国际

C.穆迪　　　　　　　　　D.惠誉

4.金融工具主要的特征是（　　）。

A.收益性　　　　　　　　B.风险性

C.流动性　　　　　　　　D.偿还性

5.商业汇票经银行承兑后其信用形式是（　　）。

A.商业信誉　　　　　　　B.银行信用

C.国家信用　　　　　　　D.消费信用

2.3　思考题

1.目前，我国经济生活中主要的信用有哪些？

2.为什么说信用问题与成本密切相关？

3.金融工具有哪些特点？

4.债券与股票有什么区别？

5.如何理解股票是现代企业制度和信用制度发展的结果？

6.如何理解金融工具涉及公司治理等问题？

第三章

利息与利率

学习指南

【学习目标】

利息是指在一定时期内，资金拥有人将使用资金的自由权转让给借款人后所得到的报酬。利率是指借贷期内所形成的利息额与所贷资金额的比率。在金融学、经济学、财务管理等领域都要对这两个概念进行详细的说明。通过本章的学习，要了解利息的来源与本质，理解货币时间价值的基本含义；理解终值与现值、到期收益率、基准利率、名义利率与实际利率的含义；掌握单利计息法和复利计息法，掌握利率的决定理论与影响因素；掌握利率的作用；了解我国利率市场化改革的相关内容。

【关键概念】

利息 利率 单利 复利 名义利率 实际利率 市场利率公定利率 官定利率 固定利率 浮动利率 终值 年金 利率市场化

> 引例
>
> **人民银行、银保监会阶段性放宽部分城市首套住房贷款利率下限**
>
> 2022年9月29日，人民银行、银保监会发布通知，决定阶段性调整差别化住房信贷政策。符合条件的城市，可自主决定在2022年

底前阶段性维持、下调或取消当地新发放首套住房贷款利率下限。

这一政策措施的出台，有利于支持城市政府"因城施策"用足用好政策工具箱，促进房地产市场平稳健康发展。在当地政策范围内，银行和客户可协商确定具体的新发放首套住房贷款利率水平，有利于减少居民利息支出，更好地支持刚性住房需求。

通知具体内容为，为坚持房子是用来住的、不是用来炒的定位，全面落实房地产长效机制，因城施策用足用好政策工具箱，更好支持刚性住房需求，促进房地产市场平稳健康发展，按照国务院有关部署，现就阶段性调整差别化住房信贷政策有关事项通知如下：

一、对于2022年6—8月份新建商品住宅销售价格环比、同比均连续下降的城市，在2022年底前，阶段性放宽首套住房商业性个人住房贷款利率下限。二套住房商业性个人住房贷款利率政策下限按现行规定执行。

二、按照"因城施策"原则，符合上述条件的城市可根据当地房地产市场形势变化及调控要求，自主决定阶段性维持、下调或取消当地首套住房商业性个人住房贷款利率下限，人民银行、银保监会派出机构指导省级市场利率定价自律机制配合实施。

在金融学、财务管理学、经济学上，利率都是一个极为重要的概念，那么究竟什么是利率？什么是单利与复利？利率是如何决定的？本章将进行相关问题的阐述。

资料来源：中国人民银行货币政策司．［EB/OL］．［2022-09-29］．http：//www.pbc.gov.cn/ goutongjiaoliu/113456/113469/4671913/index.html.

第一节　利息与利率概述

一、利息定义

利息是指在一定时期内，资金拥有人将使用资金的自由权转让给借款人后所得的报酬。利息是债务人对债权人因为资金被借用而牺牲了当前消费以及机会成本的一种补偿。

在西方国家，通常把利息称之为货币资本的"价格"，相应地，"借贷"也可用"买卖"的说法来表达。这是一种习惯说法，并非理论论证的结果。在中国，历来没有这种习惯。借贷就是借贷而不说买卖；利息就是利息而不说成价格。不过，我们应了解其他地区和文化对利息的习惯说法，以便于交流。

现在，贷出款项收取利息已经成为很自然的事情。货币因贷放而会增值的概念也已深植于人们的经济观念之中。但是，历史上对于利息却曾经有过否定的看法。例如，在改革开放以前，我们国内便有观点认为利息是剥削。但是，即使在"大跃进"和1966—1976年期间，利息也未被取消，可见利息的存在具有其合理性。随着社会由自然经济向商品货币经济的全面发展过渡，人们日益正视利息的存在。

通常，一笔资金经过一段时间的投资之后会产生利息。我们将初始投资的金额称为本金，将该投资所经历的时间段称为投资期，而将经过一段时间后回收的总金额称为积累值或终值。显然，积累值与本金的差额就是这段时间投资所产生的利息。例如，某人将10 000元存入为期3年的储蓄账户，3年后该账户内有款10 500元。这笔10 000元的初始投资金额称为本金，3年后账户内的总金额10 500元称为积累值，而积累值与初始投资额的差额500元（10 500-10 000）就是利息。

二、西方古典经济学派的利息理论

在现代经济生活中，人们对于利息并不陌生。但是，利息的本质究竟是什么，这个问题却被争论了几百年。我们首先来了解一下西方古典经济学派的利息理论。

17世纪英国古典政治经济学创始人威廉·配第（1633—1687）指出，利息是同地租一样公道、合理，符合自然需要的东西。他说："假如一个人在不论自己如何需要，在到期之前却不得要求偿还的条件下，则他对自己所受到的不方便可以索取补偿，这是不成问题的。这种补偿，我们通常叫作利息。"他认为，利息是"因暂时放弃货币的使用权而获得的报酬"；杜尔阁也认为，索取利息是正确的。他的论证是："对贷款人来说，只要货币是他自己的，他就有权要求利息。而这种权利是与财产所有权分不开的"，这种权利即私有权。

明确劳动是财富源泉和利润为工人所创的价值的亚当·斯密，对利息曾这样说明："以资本贷人取息，实无异由出借人以一定部分的年产物，让予借用人。但作为报答这种让予，借用人须在借用期内，每年以较小部分的年产物，让予出租人，称作利息；在借期满后，又以相等于原来由出借人让给他的那部分年产物，让予出借人，称作还本。"

利息，通过对其来源的剖析，可以看出，在典型的资本主义社会中，它体现了借贷资本家与产业资本家共同占有工人剩余价值以及他们瓜分剩余价值的关系。

三、近现代西方学者的利息理论

纳索·威廉·西尼尔（1790—1864）认为，人的本性是懒惰的，劳动是人牺牲闲暇的结果。资本是人放弃财产的非生产性使用，或有意识地选择未来的产品而放弃目前使用的结果。西尼尔提出了著名的"节欲论"。节欲是西尼尔提出的术语，用来指资本家放弃眼前的享乐，即节制眼前消费的欲望。而资本则是节欲的结果，是人类意志上最艰苦的努力之一。他认为，价值的生产有劳动、资本和自然（土地）三种要素，其中，劳动者的劳动是对于安乐和自由的牺牲，资本家的资本是对眼前消费的牺牲。产品的价值就是由这两种牺牲生产出来的。劳动牺牲的报酬是工资，资本牺牲的报酬是利润，二者也构成生产的成本。"节欲论"把利息看作货币所有者为积累资本放弃当前消费而"节欲"的报酬。西尼尔认为，"利润的定义是节制的报酬"。由于资本来自储蓄，要进行储蓄就必须节制当前的消费和享受，利息就来源于对未来享受的等待，是对为积累资本而牺牲现在享受的消费者的一种报酬。

凯恩斯（1883—1946）则认为，利息"乃是一特定时期以内，放弃周转流动性的报酬"。凯恩斯指出，作为价值尺度的货币具有两种职能，其一是交换媒介或支付手段，其二是价值储藏。货币需求就是人们宁愿牺牲持有生息资产（如各种有价证券）会取得的利息收入，而把不能生息的货币保留在身边。至于人们为什么宁愿持有不能生息的货币，是因为与其他的资产形式相比，货币具有使用方便、灵活的特点，是因为持有货币可以满足三种动机，即交易动机、预防动机和投机动机。交易动机是指人们为了应付日常交易的需要而持有一部分货币的动机；预防动机是人们为了预防意外的支付而持有一部分货币的动机，即人们需要货币是为了应付不时之需，如为了支付医疗费用、应付失业和各种意外事件等；投机动机是人们为了抓住有利的购买生息资产（如债券等有价证券）的机会而持有一部分货币的动机。凯恩斯把人们对货币的需求称为流动偏好，表示人们喜欢以货币形式保持一部分财富的愿望或动机。

四、马克思关于利息来源与本质的理论

虽然西方经济学家对于利息的本质提出了众多观点，但是他们都没有深入分析利息产生的真正原因，因此未能将利息与利润区别开来。只有马克思真正地揭示了利息的本质：利息是工人创造的剩余产品价值的一部分，即利润的一部分。马克思针对资本主义经济中的利息指出："贷出者（借贷资本家）和借入者（产业资本家）双方都是把同一货币额作为资本支出的。但它只有在后者手中才执行资本的职能。同一货币额作为资本对两个人来说取得了双重的存在，这并不会使利润增加一倍。它所以能对双方都作为资本执行职能，只是由于利润的分割。其中归贷出者的部分叫作利息。"因此，利息实质上是利润的一部分，是剩余价值的特殊转化形式。

在现实生活中，利息已经被人们看作收益的一般形态：无论贷出资金与否，利息都被看作资金所有者理所当然的收入——可能取得的或将会取得的收入；与此相对应，无论借入资金与否，经营者都总是把自己的利润分为利息与企业主收入两部分，似乎只有扣除利息所余下的利润才是经营的所得。于是利息率就成为一个尺度，如果投资回报率不大于利息率则根本不需要投资；如果扣除利息所余利润与投资的比甚低，则说明经营的效益不高。

利息之所以能够转化为收益的一般形态，马克思通过细致地分析，发现主要是由于以下几个原因：

第一个原因，也是最重要的原因，在于借贷关系中利息是资本所有权的果实这种观念被广而化之，取得了普遍存在的意义。在货币资本的借贷中，贷者之所以可以取得利息，在于他拥有对货币资本的所有权；而借入者之所以能够支付利息，在于他将这部分资本运用于生产的过程之中，形成了价值的增值。一旦人们忽略整个过程中创造价值这个实质内容，而仅仅注意货币资本的所有权可以带来利息这一联系，货币资本自身天然具有收益性的概念，便根植于人们的观念之中。

第二个原因在于，利息虽然就其实质来说是利润的一部分，但同利润率有一个极明显的区别：利润率是一个与企业经营状况密切联系因而事先捉摸不定的量；而利息率则是一个事先极其确定的量，无论企业家的生产经营情形如何，都不会改变这个量。因此，对于企业主来说，"一旦利息作为独特的范畴存在，企业主收入事实上就只是总利润超过利息的余额所采取的对立形式"。利息率的大小，在其他因素不变的条件下，直接制约企业主收入的多少。在这个意义上，用利息率衡量收益，并以利息表现收益的观念及做法，就不奇怪了。

第三个原因来自于利息的悠久历史。信用与利息，早在"资本主义生产方式以及与之相适应的资本观念和利润观念存在以前很久"就存在了，货币可以提供利息，早已成为传统的看法。因此，无论货币是否作为资本使用，人们毫不怀疑，它都可以带来收益。

五、利率的定义与分类

利息率，是指借贷期内所形成的利息额与所贷资金额的比率，日常简称为利率。

现实生活中的利息率都是以某种具体形式存在的。例如，3个月期贷款利率、1年期储蓄存款利率、6个月期公债利率、可转让大额定期存单利率、贴现利率，等等。随着金融活动的日益发展，金融活动方式的日益多样化，利息率的种类也日益繁多。例如，据《中国金融年鉴（1997）》所载，1996年中国实行的利率就达百种以上，其中，有中国人民银行基准利率、有金融机构法定存贷款利率、有全国统一同业拆借市场利率、有各种外汇存贷款利率、还有各种债券利率，等等。市场经济国家的利率种类更为繁多，通常可从各国中央银行的刊物上查找到。

经济学家在著述中谈及的利率及利率理论，通常是就形形色色、种类繁多的利率综合而言的。有时用"市场平均利率"这类的概念，也是一个理论概念而不是指哪一种具体的统计意义上的数量概念。有一个"基准利率"的概念经常可以见到。基准利率是指在多种利率并存的条件下起决定作用的利率。所谓起决定作用的意思是：这种利率变动，其他利率也相应变动。因而，了解这种关键性利率水平的变化趋势，也就可以了解全部利率体系的变化趋势。基准利率，在西方国家传统上是以中央银行的再贴现利率为代表，但实际上也不限于这一种。在中国，是指中国人民银行对商业银行贷款的利率。

在利率这个大系统中，按照不同的标准可以划分出多种多样不同的利率类别。以下对几种主要利率类别进行介绍。

（一）单利和复利

在实务中常用的利息度量方法有两种：单利和复利。为了区分二者，我们先看个例子。

【例3-1】某人有现金100元，他面临三种储蓄方式：（1）以2年期利率4%储蓄2年，到期领取本息；（2）以1年期利率2%储蓄2年，每年末领取年度利息；（3）以1年期利率2%储蓄2年且将第1年末所获得的利息并入第2年的本金，在2年储蓄结束后才一次性领取本息。试从利率金额的角度比较这三种储蓄方式的差异。

解：仅仅从利率数值的比较上看，第一种方式的利率较高，其他两种方式的利率相同且低于第一种方式。这样看来第一种方式较好，而其他两种方式似乎相同且劣于第一种方式。然而，实际情况是否如此，我们进一步考虑便知：

在第一种方式下所获利息为100×4%=4（元）。

在第二种方式下每年所领取的利息均为2元，2年储蓄所获利息总额为4元，与第一种方式在利息总额上相等。

在第三种方式下，第1年末积累值（本利和）为102元，所获利息为2元（但并不领取，而是计入第2年的本金继续积累生息）；第2年初的储蓄本金为102元，导致第2年末的积累值为102×（1+2%）=104.04（元），一次性领取的利息总额为4.04元，比前两种方式多获利息0.04元。所以从领取的利息总额来看，第三种方式最好，所获利息最多，而前两种方式无差异。

可见，从三种储蓄方式的比较结果来看，利息的多少不仅仅取决于利率的大小，还取决于度量期长度（以2年为度量期还是以1年为度量期）和投资方式（各年利息是直接领取还是计入下年本金继续积累生息）。

事实上，例3-1中前两种投资属于单利计息方式，第三种投资方式则属于复利计息方式。下面分别讨论单利和复利。

1.单利

单利计息方式是指每期利息仅以初始本金为基础来计息，各期利息并不并入下期本金。

单利方式下各期所获利息为该期单利率与初始本金的乘积。

【例3-2】某人将100元投资3年，各年的单利分别为3%、4%和5%，试计算该投资在各年获得的利息金额以及第3年末的积累值。

解：由于单利方式，各年末的利息只以初始本金为基础来计息，所以各年所获利息分别为3元、4元和5元。因此，该投资在第3年末的积累值为100+3+4+5=112（元）。也可以直接计算，即100×（1+3%+4%+5%）=112（元）。

由于在单利计息方式下，各期利息并不计入下期本金继续积累生息，人们常常将这种方式描述为"利上无利"。

实务中，单利计息方式的应用十分有限。单利计息方式通常只适用于短期借贷。对于较长期的借贷，如果一期所生利息不能计入下期本金，显然损害了债权人的利益。这时，债权人必然定期取走利息，或者取出本息再将其转入下期来放贷，造成借贷行为的短期化。由于单利计息方式非常简便，银行为使单利计息方式适用于长期借贷而设置了多档次的单利率，例如1年期、2年期和3年期单利率。

2.复利

复利计息方式是指将每期的利息都并入下期本金，以便在下一个计息期继续生息。

复利方式下各期所获利息为该期复利率与该期本金的乘积。

【例3-3】某人将100元投资3年，各年的复利率分别为3%、4%和5%，试计算该投资在各年获得的利息金额以及第3年末的积累值。

解：由于复利方式，各年末的利息只以当年本金为基础来计息，按式（3.2）来直接计算，即：

100×（1+3%）×（1+4%）×（1+5%）=112.476（元）

关于复利方式，历史上有一个著名的"72法则"，它是指以1%的年复利率来计息，经过72年，本金将会翻倍。尽管该公式在1%下得到的结果并不是准确的72（实际是69.66），但它在很大的利率范围内可以产生相当准确的结果，见表3-1。

表 3-1

利率（%）	"72法则"值（年）	准确值（年）
4	18	17.67
5	14.4	14.21
6	12	11.90
7	10.29	10.24
8	9	9.01
9	8	8.04
10	7.2	7.27
12	6	6.12
18	4	4.19

复利方式与单利方式的资金积累速度因其积累时间而存在不同情形。由于：

$$(1+i)^t \begin{cases} > 1 + i \cdot t ; & t > 1 \\ = 1 + i \cdot t ; & t = 1 \\ < 1 + i \cdot t ; & 0 < t < 1 \end{cases} \tag{3.1}$$

所以，当积累时间为多个度量期时，复利方式资金积累的速度高于单利方式，这就是人们常常描述的"利上有利""利滚利""驴打滚"；当积累时间为一个度量期时，复利方式与单利方式没有差别；当积累时间短于一个度量期时，复利方式的资金积累速度低于单利方式。

实务中，投资期达到或超过一个度量期的长期金融业务几乎全部使用复利方式，许多短期金融业务也常常使用复利方式。而单利方式只是偶尔用于短期业务，或者用于短于一个度量期的复利的近似计算。

过去多年来，在我国有一个奇怪的现象：承认利息客观存在的必要性，却不承认复利。似乎单利可以接受，但一提复利，立即就与"利滚利""驴打滚"联系起来，似乎是剥削、是罪恶。其实，无论是单利还是复利，都是利息的计算方法，而无论是哪种方法计算出来的利息，都是劳动者所创造的价值。在资本主义社会，那是资产阶级占有剩余价值；在社会主义社会则是归社会支配的剩余劳动产品。采用不采用哪种方法都不会改变利息的社会经济性质。就形式来看，利息的存在，就是承认了资金可以只依其所有权取得一部分社会产品的分配权利。如果承认这种存在的合理性，那就必须承认复利存在的合理性。因为按期结出的利息属于贷出者所有，假定认为这部分所有权不应取得分配社会产品的权利，那么本金的所有权也就不应取得这种权利。简言之，否定复利，也必须否定利息本身；否则，只不过表明是自己在制造混乱。以我国储蓄利率为例可以非常清楚地说明这个问题。比如，定期1年的储蓄利率必须保证按这样的利率所计算出来的1年的利息要大于按活期储蓄利率用复利方法所计算出来的1年的利息；定期3年的储蓄利率必须保证按这样的利率所计算出来的3年利息要大于按1年定期储蓄利率用复利方法计算出来的3年的利息，等等。否则人们就不会存定期储蓄，更不会存期限长的定期储蓄。

应该说，复利较之单利，是更能符合利息定义的计算利息的方法。不过对短期信用来说，单利也有其方便之处。

阅读资料3-1 ▬▬▬▬▬▬▬▬▬▬▬▬▬

24美元买下曼哈顿！

24美元买下曼哈顿！这并不是一个荒唐的痴人说梦，而是一个流传已久的故事，也是一个可以实现的愿望，更是一个老生常谈的投资方式，但是做得到的人不多。

故事是这样的：1626年，荷属美洲新尼德兰省总督Peter Minuit花了大约24美元从印第安人手中买下了曼哈顿岛。而到2000年1月1日，曼哈顿岛的价值已经达到了约2.5万亿美元。以24美元买下曼哈顿，Peter Minuit无疑占了一个天大的便宜。

但是，如果转换一下思路，Peter Minuit也许并没有占到便宜。如果当时的印第安人拿着这24美元去投资，按照11%（美国近70年股市的平均投资收益率）的投资收益计算，到2000年，这24美元将变成238万亿美元，远远高于曼哈顿岛的价值2.5万亿美元，几乎是其10倍。如此看来，Peter Minuit是吃了一个大亏。是什么神奇的力量让资产实现了如此巨大的倍增？

是复利。长期投资的复利效应将实现资产的翻倍增值。爱因斯坦就说过，"宇宙间最大的能量是复利，世界的第八大奇迹是复利"。一个不大的基数，以一个即使很微小的量增长，假以时日，都将膨胀为一个庞大的天文数字。那么，即使以像24美元这样的起点，经过一定的时间之后，假设你能按照上述收益率进行投资的话，你也一样可以买得起曼哈顿这样的超级岛屿。

（二）名义利率与实际利率

所谓名义利率，是央行或其他提供资金借贷的机构所公布的未调整通货膨胀因素的利率，即利息（报酬）的货币额与本金的货币额的比率。例如，张某在银行存入100元的一年期存款，一年到期时获得5元利息，利率则为5%，这个利率就是名义利率。

在借贷过程中，债权人不仅要承担债务人到期无法归还本金的信用风险，而且要承担货币贬值的通货膨胀风险。名义利率虽然是资金提供者或使用者现金收取或支付的利率，但人们应当将通货膨胀因素考虑进去。如果发生通货膨胀，投资者所得的货币购买力会下降，因此投资者所获得的真实收益必须剔出通货膨胀的影响。实际利率与名义利率的划分，正是从这个角度作出的。**实际利率，是指物价不变，从而货币购买力不变条件下的利息率。**例如，假定某年物价没有变化，某甲从某乙处取得1年期的10 000元贷款，年利息额500元，实际利率就是5%。

名义利率与实际利率存在着下述关系：

（1）当计息周期为一年时，名义利率和实际利率相等，计息周期短于一年时，实际利率大于名义利率。

（2）名义利率不能完全反映资金时间价值，实际利率才真实地反映了资金的时间价值。

（3）以 i 表示实际利率，r 表示名义利率，p 表示价格指数，那么名义利率与实际利率之间的关系可以通过如下的过程进行推导：

假设 S_n 为按名义利率计算的本利和，S_r 为按实际利率计算的本利和，二者之间的关系可以表达为：

$S_n = S_r (1+p)$

设 A 为本金，则：

$S_n = A (1+r)$；$S_r = A (1+i)$；$A (1+r) = A (1+i)(1+p)$；$1+r = (1+i)(1+p)$

$$r = (1+i)(1+p) - 1$$
$$i = \frac{1+r}{1+p} - 1 \qquad\qquad (3.2)$$

当通货膨胀率较低时，可以简化为 $i \approx r-p$。

（4）名义利率越大，周期越短，实际利率与名义利率的差值就越大。

例如，如果银行一年期存款利率为2%，而同期通胀率为3%，则储户存入的资金实际购买力在下降。因此，扣除通胀成分后的实际利率才更具有实际意义。仍以上例，实际利率为2%-3% ＝-1%，也就是说，存在银行里是亏钱的。在中国经济快速增长及通胀压力难以消化的长期格局下，很容易出现实际利率为负的情况，即便央行不断加息，也难以消除。所以，只有实际利率为正时，资金才会从消费和投资逐步回流到储蓄。

（三）市场利率、公定利率与官定利率

市场利率与公定、官定利率是依据利率是否按市场规律自由变动的标准来划分的。

1.市场利率

市场利率是指在借贷货币市场上由借贷双方通过竞争而形成的利息率。这种利息率能灵敏反映资金供求状况。市场利率是借贷资金供求状况的指示器。资金供应小于需求，市场利率上升；资金供应大于需求，市场利率下降。例如，1996年1月3日，我国全国统一银行间同业拆借交易网络开始运行，诞生了全国银行间同业拆借利率，是我国目前较有代表性的市场利率。也就是说，我们现在的纯贷款利率不是市场利率而是同业拆借利率。

2.公定利率

公定利率是指由金融银行公会确定的各会员国必须执行的利息率。由非政府部门的民间金融组织，如银行公会等所确定的利率就是行业公定利率。这种利率对其会员银行也有约束性。

3.官定利率

官定利率是指由一国政府通过中央银行而确定的各种利息率。例如，中央银行对各商业银行和金融机构的再贴现率。官定利率是国家调节经济的重要经济杠杆，对市场利率起着导向作用。例如，国家提供的利率高了，意味着国家采取紧缩型政策，控制投资和消费。国家提供的利率低了，意味着国家采取扩张型政策，刺激投资与消费。

官定利率和行业公定利率都程度不同地反映了非市场的强制力量对利率形成的干预。我国目前以官定利率为主，绝大多数利率仍是由中国人民银行制定、报国务院批准后执行。市场利率范围有限，主要是在同业拆借等领域。发达的市场经济国家，以市场利率为主，同时有官定、公定利率，但官定、公定利率与市场利率无显著脱节现象。发展中国家和地区基本介于上述两类情况之间，既有较大范围的官定或行业公定利率，也有一定规模的市场利率，并且两者的对比状况各国之间有较大差异。例如，韩国在1969年9月以前，一直由政府确定利率上限；中国台湾地区在1975年修订银行法时规定"各种存款的最高利率，由中央银行定之，各种放款利率由银行公会议定其幅度，报请中央银行核定实行"，等等。

（四）固定利率与浮动利率

根据在借贷期内是否调整，利率可分为固定利率与浮动利率。

1.固定利率

固定利率是指在借贷业务发生时，由借贷双方确定的利率，在整个借贷期间内，利率不因资金供求状况或其他因素变化而变化，保持稳定不变。我国的存款利率采用固定利率。

2.浮动利率

浮动利率是指在借贷业务发生时，由借贷双方共同确定的利率，可以根据市场变化情况进行相应调整的利率。

3.固定利率与浮动利率的特点

固定利率的利息率固定不变，因此计算简单，简便易行。但借贷期限较长，利率变动大时，借贷双方希望调整利率，因此在长期借贷关系中利率为浮动利率。例如，借款期限为5年，如果市场上名义利率是1.98%，通货膨胀率3%，则实际利率为负。在这种情况下，存活期存款时，如果存入5年期的，存款利率不变，就是一种损失，此时，借贷双方就可以协商，如在5年中每半年调整1次，根据市场利率变化而调整。例如，市场利率4%，借贷双方约定为4%，5年期。借贷合同签订后，资金市场紧张，利率上升，借出方仍按4%收取利息，就会遭受损失。相反，当利率下降时，借入方按较高的利率支付就会有损失。

浮动利率利息计算复杂，增加管理费用，借款人的利息负担加重，但减少借贷双方所承担的利率变化风险。利率下降时，由于调整利率，借款方不会支付较高的利息。利率上升时，由于调整利率，贷款方不会有损失。例如，欧洲货币市场上的浮动利率调整期限一般为3到6个月，所依据的基准利率为伦敦市场银行间同业拆借利率。

（五）基准利率与非基准利率

按利率在金融市场中的地位可划分为基准利率与非基准利率。基准利率指在利率体系中起主导和决定作用，带动和影响其他利率的利率。大多数国家的基准利率为中央银行再贴现率，非基准利率则为其他利率。

1.伦敦同业拆借利率与联邦基金利率

（1）伦敦同业拆借利率。

伦敦同业拆借利率（Lodon Interbank Offered Rate，Libor）早已被看作国际货币市场基准利率。Libor是大型国际银行愿意向其他大型国际银行借贷时所要求的利率。它是在伦敦银行内部交易市场上的商业银行对存于非美国银行的美元进行交易时所涉及的利率。Libor常常作为商业贷款、抵押、发行债务利率的基准。

（2）联邦基金利率。

联邦基金利率（Federal Funds Rate）是美国最重要的基准利率。美国联邦基金利率是指美国重要的货币市场——联邦基金市场上的同业拆借市场利率，其最主要的是隔夜拆借利率。这种利率的变动能够敏感地反映银行之间资金的余缺，美联储瞄准并调节同业拆借利率就能直接影响商业银行的资金成本，并且将同业拆借市场的资金余缺传递给工商企业，进而影响消费、投资和国民经济。

2.中国货币市场中的基准利率

为提高金融机构的自主定价能力，指导货币市场产品定价，稳步推进利率市场化，完善货币政策调控机制，中国人民银行决定建立报价制的中国货币市场基准利率。2007年1月4日，中国基准利率雏形亮相，这个由全国银行间同业拆借中心发布的"上海银行间同业拆放利率"正式运行。

上海银行间同业拆放利率（Shanghai Interbank Offered Rate）简称Shibor，是中国中央银行着力培育的市场基准利率。Shibor是由货币市场上人民币交易相对活跃、定价能力强、信用等级高的银行报价形成的，是单利、无担保、批发性利率。

Shibor报价银行团现由18家商业银行组成，包括工、农、中、建、邮储及国开行等6家国有大型商业银行，交行、招商、光大、中信、兴业、浦发等6家全国性股份制银行，北京银行、上海银行、华夏银行、广发银行、民生银行等5家城市商业性银行和汇丰银行等1家外资银行。此18家报价银行是公开市场一级交易商或外汇市场做市商，在中国货币市场上人民币交易相对活跃、信息披露比较充分的银行。

全国银行间同业拆借中心授权Shibor进行报价计算和信息发布。每个交易日全国银行间同业拆借中心根据各报价行的报价，剔除最高、最低各2家报价，对其余报价进行算术平均计算后，得出每一期限的Shibor，并于11：30通过上海银行间同业拆放利率网对外发布。

Shibor的形成机制与在国际市场上普遍作为基准利率的Libor的形成机制非常接近。

（六）长期利率与短期利率

长期利率与短期利率的划分是以信用行为的期限长短为划分标准的。例如，贷款有短期和长期之别，存款有活期与定期之别，债券可以划分为短期债券、长期债券乃至无期债券，等等。相应地，利率也不同。一般地，1年以内的信用行为，通常叫短期信用，相应的利率就是短期利率；1年以上的通常称为长期信用，相应的利率就是长期利率。短期利率与长期利率之中又各有期限长短不同之分。总的来说，较长期的利率一般高于较短期的利率。但在不同种类的信用行为之间，由于有种种不同的信用条件，也不能简单对比。至于同一类之间，较短期的利率则总是低于较长期的利率。

（七）年利率、月利率与日利率

年利率是按年计算的利率，通常用百分数表示；月利率是按月计算的利率，通常用千分数表示；日利率是按天计算的利率，通常用万分数表示。三者之间的关系可以表示为：

年利率=12×月利率=365×日利率

西方国家习惯以年利率为主，我国则习惯采用月利率。

（八）利率的应用

1.终值与现值

我们将初始投资的金额称为本金，将该投资所经历的时间段称为投资期，而将经过一段时间后回收的总金额称为积累值或终值。实务中，我们常常需要计算现在应投资多少，才能在若干度量期后获得所期望的积累值。这时，我们需要将所期望的积累值换算到现在。换算的过程称为折现，换算的结果称为现值。

现值和折现的概念在金融领域有广泛的应用，掌握好这个概念有利于理解收支平衡的实现过程。

从严格的意义上讲，"积累值"只与过去的资金额有关，体现的是过去一笔资金的现在价值；"现值"则只与未来的资金额有关，体现的是未来一笔资金的现在价值。"积累值"与"现值"的本质联系在于它们都是对资金价值的度量，区别在于度量的时刻不同。

现值与积累值的概念可以扩展到多笔不同时刻的投资，这时现值等于多笔本金的现值之和，积累值等于多笔本金的积累值之和。

现值的观念有很久远的历史。现代银行有一项极其重要的业务，即收买票据的业务，其收买的价格就是根据票据金额和利率倒算出来的现值。这项业务叫"贴现"，现值也称贴现值。

现值的计算方法不仅可用于银行贴现票据等类似业务方面，而且有很广泛的运用领域。比如，用来比较各种投资方案时，现值的计算是不可缺少的。在现实生活中，一个项目的投资很少是一次性的，大多是连续多年陆续投资。不同方案不仅投资总额不同，而且投资在年度之间的分配比例也不同。如果不运用求现值方法，把不同时间、不同金额的投资换算为统一时点的值，则根本无法比较。

2.年金

年金（annuity）是指一系列按照相等时间间隔支付的款项。年金在经济生活中有很广泛的应用，例如零存整取的银行存款、住房按揭贷款的分期偿还、期缴房租、购物分期付款、养老金给付、分期交纳保险费等。

年金通常分为两大类别：确定年金（annuity-certain）和生存年金（life annuity）。在确定时期内支付确定金额的年金称为确定年金，例如零存整取的银行存款、住房按揭还款、分期交纳房租、购物分期付款等，其特点是支付次数、支付金额均为确定的；以年金支付人或受领人生存为条件的年金称为生存年金，例如寿险中的养老金给付、分期交付的保费等，其特点是尽管支付金额是确定的，事先约定的支付次数只是最多的可能支付次数，当支付人或受领人死亡时支付就会停止。

年金的最初形式是以一年为时间间隔支付的一系列款项。随着年金在实际生活中以及理论研究上的不断深入，年金不再以一年为限。年金中涉及的其他方面（如付款额、利率、时间间隔等）也可以产生许多变化。

第二节 利率的作用

一、利率与储蓄

利率在经济生活中的作用，主要体现在对于储蓄及投资的影响上。我们先分析利率对储蓄的作用。由于个人储蓄通常构成社会总储蓄的主要部分，故以它为代表加以说明。其作用有正反两个方面：储蓄总额相对于利率的提高，可以是增加，也可以是减少；储蓄总额相对于利率的下降，可以是减少，也可以是增加。一般将储蓄随利率提高而增加的现象称为利率对储蓄的替代效应，将储蓄随利率提高而降低的现象称为利率对储蓄的收入效应。替代效应表示人们在利率水平提高的情况下，愿意增加未来消费——储蓄——来替代当前消费。这一效应反映了人们有较强的增加利息收入从而增加财富积累的偏好。收入效应表示人们在利率水平提高时，希望增加现期消费，从而减少储蓄。这一效应则反映了人们在收入水平由于利率提高而提高时，希望进一步改善生活水准的偏好。

一般来说，一个社会中总体上的储蓄利率弹性究竟是大是小，最终取决于上述方向相反的两种作用相抵后的结果。由于相互抵消，尽管利率的收入效应与替代效应分别来看都很强，但利率的弹性却有可能很低。至于储蓄利率弹性的方向——正或负，显然也取决于收入效应与替代效应的相互作用结果。

以上分析仅就一般情况而言。如果一个社会的收入水平很低，人们的收入仅够维持温饱或略有剩余，那么再高的利率也难以使储蓄的比重提高。1979年以前，我国居民的货币收入水平就很低，而且有如下的经济背景：市场供给低于市场需求，要稳定绝大部分由国家规定的物价水平和有限基本生活资料的平均分配，主要的消费品或实行计划供应，或实行凭票供应，或实行限量供应。在这种情况下，虽然工资水平相当低，但往往有些货币收入无法支用，于是有了结余——想支用而无法支用的结余。对于这样的结余，人们称为"强制储蓄"。显然，强制储蓄与利率水平的高低也没有多大的关系。

由于可选择的财产形式有限，多年来我国居民的储蓄表现为以储蓄存款为主，利率对于储蓄的作用，也主要通过储蓄存款的相应变化体现出来。观察20世纪90年代以来中国人民银行调整利率对储蓄存款的变化可以发现，1990—1991年连续3次下调利率并未引起储蓄明显下降和消费明显上升，1996年两次降息也同样未明显改变储蓄的增长速度。因此，至少按当时的情况看，我国储蓄的利率弹性不大。然而超过一定的临界点，如实际利率显然为负时，也会有极其强烈的反应。1988年全国零售物价指数上升18.5%，上半年人们已能判断这样的形势难以避免。当时储蓄利率仅为年利率7.2%。于是当年秋季引发了挤提储蓄存款的局面。当政府很快采取了按物价指数保值的储蓄办法后，挤提储蓄的势头才得以扭转。1994年、1995年又曾出现类似的苗头，但因采取措施及时，没有重复1988年的情况。

二、利率与投资

利率变化对投资所起的作用，是通过厂商对资本边际效益与市场利率的比较形成的。如果资本边际效益大于市场利率，则可以诱使厂商增加投资；反之则减少投资。但是同样幅度的利率变化以及利率与资本边际效益的比对于不同厂商投资的影响程度可以是不同的。比如，在劳动力成本——工资——不随利率下降而降低的情况下，对劳动密集型的投资，利率弹性就小些；对资本密集型的投资，利率弹性就会大些。另外，期限较长的固定资产投资的利率弹性会大些。存货投资的利率弹性则较复杂。由于存货的增减更主要地取决于产品销售及其他成本，利息成本只是影响因素之一，因此，需有较大幅度的利率变化，才能引致存货投资量的明显变化。

以上分析仅就一般市场经济环境而言。改革开放以前我国的国有企业处于计划的直接管理之下，投资的规模基本与利率无关。改革开放后，尽管商品价格、商品生产与流通的集中计划管理色彩逐渐淡化，但到目前为止，完善的市场机制仍处于完善的过程之中，这不能不影响我国投资利率弹性的提高。

三、利率在微观经济活动中的作用

在收入不变的条件下，利率的上升会使人们减少即期消费，增加储蓄。利率的变动影响金融资产的价格，进而会影响人们对金融资产的选择，利率的变动会引起股票、债券等金融资产市场价格的相应调整，这些价格的调整会让人们重新权衡手持现金、储蓄存款、债券、股票等各类金融资产的收益率水平，进而对自己的资产组合进行相应的调整，以获得更大的投资收益。利息是利润的一部分，任何一个企业都要从利润中拿出一部分去偿还利息，所以，利率的变化会刺激企业加速资金流动，从而获取高额利润，以在偿还利息后还能得到较理想的利润。另外，利率的变动影响企业投资决策和经营管理，利率是企业融入资金的成本，当企业投资收益率不变而利率上升时，其支付利息后的收益将伴随着利率的上升而下降，企业则会相应减少投资。同时商业银行给工业企业贷款时，都需要对企业的信用及资产状况进行分析，保证贷款的收回，这就要求工业企业能够保持较高的信用及资产状况，无形中贷款对工业企业有了一个约束的作用。

四、利率在宏观经济调控中的作用

利率在宏观经济调控中的作用是与利率在微观经济活动中的作用分不开的，主要体现在以下几点：

1.积累资金

利率水平提高，人们把资金借出，得到的报酬高了，人们就会推迟消费，而把资金借出以获取更多的报酬。这样，消费资金变成积累资金。

2.调节宏观经济

货币的供给量影响了人们的收入水平与投资、消费需求。货币供给量的增加，导致了人们的投资、消费需求都会增加，如果投资、消费需求超过了一段时期内商品的供应能力，就可能引起通货膨胀。如果货币供应量过多，会通过利率调节，利率下降会使人们增加消费。利率对货币供应量的这种影响，在不改变货币供应量的前提下，通过提高或降低利率来调节经济。如果供给大于需求，而且中央银行不想改变总的货币供给量，那么只能调整利率，以达到改变需求的目的。于是，中央银行只能通过降低利率来刺激人们对货币供应量的需求。如果供给小于需求，那么提高利率就会使所有存款人的报酬增加，这样需要货币资金的人就减少了，因为借用资金会支付更多的利息，成本增加，所以货币需求量就会下降。

3.媒介货币向资金转化

当所有的存款人都能获得利息回报时，人们会把资金存入银行，银行把资金贷给需要资金的企业，这样，媒介资金向货币资金转化。

4.分配收入

无论是商业银行给企业贷款，还是个人存入银行的货币，都可以获取利息，而利率的变化，影响了人们的利息收入，这也在一定程度上影响了收入的分配。

第三节　利率的影响因素

确定合理的利率水平是运用利率杠杆调节经济的关键环节。但是利率的确定不是任意的，必须遵循客观规律的要求，综合考虑决定和影响利率水平的各种因素，并根据经济发展战略和资金供求情况灵活调整。决定和影响利率的因素非常复杂，制定和调整利率水平时主要应考虑社会平均利润率、资金供求情况、国家经济政策、银行成本、物价水平及国际利率水平、国际经济环境等因素。

一、社会平均利润率

利息是企业利润的一部分。利率不能超过平均利润率，否则，如果利息高到足以取走企业的全部利润，借款人的利润不足支付利息，企业将不会借款，借贷行为就不会发生。因此，在一般情况下，利率的最高界限是社会平均利润率。至于利率的最低界限，是波动而不确定的，但不会是零。因为，利率如果为零，就意味着贷款人无利可图，他就不会出借货币，借贷行为亦无法发生。所以，利率总是在社会平均利润率与零之间上下波动。

从理论上分析，应以社会平均利润率作为制定利率的依据。但是在实际工作中，由于我国长期以来价格水平、技术装备、交通能源、资源状况的差异，同一生产部门不同企业间的盈利差别很大，企业间的利润水平相当悬殊。在价格体系不合理、经济关系没有理顺的条件下，以平均利润率作为制定利率的依据显然存在不合理的因素。所以只有在良好的经济环境中，企业在同等的条件下竞争，这时以平均利润率作为利率制定的依据才具有意义。根据我国经济发展现状与改革实践，我国的利率水平要适应大多数企业的负担能力。也就是说，利率总水平不能太高，太高了大多数企业承受不了；同样，利率总水平也不能太低，太低了不能发挥利率的杠杆作用。

二、资金供求情况

某一时刻具体的市场利率则由货币市场的供求状况决定。货币供求每时每刻都在变化，一般地，当借贷资本供不应求时，借贷双方的竞争结果将促进利率上升；相反，当借贷资本供过于求时，竞争的结果必然导致利率下降。在我国市场经济条件下，由于作为金融市场上的商品的"价格"——利率，与其他商品的价格一样受供求规律的制约，因而资金的供求状况对利率水平的高低仍然有决定性作用。

三、国家经济政策

自中华人民共和国成立到1978年，我国的利率基本上属于管制利率类型，利率由国务院统一制定，由中国人民银行统一管理，在利率水平的制定与执行中，要受到政策性因素的影响。例如，1949年至1978年，我国长期实行低利率政策，以稳定物价、稳定市场。1979年到1995年间，对一些部门、企业实行差别利率，体现出政策性的引导或政策性的限制。可见，我国社会主义市场经济中，利率不是完全随着信贷资金的供求状况自由波动，它还取决于国家调节经济的需要，并受国家的控制和调节。1979年开始探索的利率市场化，在2000年左右实现了突破性进展，2015年，存款利率的市场化已基本实现。

四、银行成本

银行作为经营存、放、汇等金融业务，以利润为经营目标的特殊企业，要赚取利润就必须讲究经济核算，其成本就必须全部通过其收益得到补偿。银行的成本主要有两类：一是借入资金的成本，即银行吸收存款时对存款人支付的利息；二是业务费用。银行要经营业务须拥有房屋、设备等固定资产，必须雇用劳动力，在经营过程中也要花费必要的支出等。因此银行在确定利率水平时要对成本因素给予足够的考虑。

五、物价水平

物价的变动和利率的变动本来是两种完全独立的运动。但是在现代信用货币流通的条件下，各国流通的货币均是纸币，流通中的货币量大大超过货币需求量就会产生通货膨胀，引起货币贬值、物价上涨。由于价格具有刚性，变动的趋势一般是上涨，因而怎样使得自己持有的货币不贬值或遭受贬值后如何取得补偿，是人们普遍关心的问题。国家为了稳定物价往往会通过调整利率来调节货币供应量，同时物价上涨、货币贬值，必然给资本的贷出者造成本金和利息的损失，使存款人所得的实际利率低于名义利率。所以，名义利率水平与物价水平具有同步发展的趋势，物价变动的幅度制约着名义利率水平的高低，因此，在确定利率时必然要考虑物价因素对利息和本金的影响。

六、国际利率水平

在现代经济中，世界各国的经济联系越来越密切，国际利率水平对一国国内利率水平的影响也越来越大，这种影响是通过资金的国际流动来实现的。当国际市场利率高于国内利率时，国内货币资本流向国外；反之，如果本国利率水平高于外国利率水平，汇率稳定，人们发现把货币存入本国获取的利息会比存入国外银行获取的利息高，于是，人们把货币存入本国，引起本国货币供给增加，从而导致本国利率下降。不论国内利率水平是高于还是低于国际利率，在资本自由流动的条件下，都会引起国内货币市场上资金供求状况的变动，从而引起国内利率的变动。此外，由于资金的国际流动必然影响国际收支状况，因此又会影响本国通货的对外价格，从而直接影响本国的对外贸易。因此一国政府在调整国内利率时必须考虑国际利率水平。

七、国际经济的环境

改革开放以后，我国与其他国家的经济联系日益密切。在这种情况下，利率也不可避免地受国际经济因素的影响，表现在以下几个方面：①国际资金的流动，通过改变我国的资金供给量影响我国的利率水平；②我国的利率水平还受国际商品竞争的影响；③我国的利率水平，还受国家的外汇储备量的多少和利用外资政策的影响。

阅读资料3-2 ▬▬▬▬▬▬▬▬▬▬▬▬▬▬▬▬▬▬▬▬▬

地下钱庄

地下钱庄是民间对从事地下非法金融业务的一类组织的俗称，是地下经济的一种表现形态。根据地区的不同，地下钱庄从事的非法业务有很多，比如：非法吸收公众存款、非法借贷拆借、非法高利转贷、非法买卖外汇以及非法典当、私募基金等。其中，又以非法买卖外汇和充当洗钱工具最为人熟知。根据1998年6月30日国务院颁布施行的《非法金融机构和非法金融业务活动取缔办法》第三条的规定："非法金融机构，是指未经中国人民银行批准，擅自设立从事或者主要从事吸收存款、发放贷款、融资担保、外汇买卖等金融业务活动的机构。"因此，地下钱庄属非法金融机构。

地下钱庄在国外也有多种表现形态。在美国、加拿大、日本等地的华人区称为"地下银行"，主要从事社区华人的汇款、收款业务。类似地下钱庄的组织机构在亚洲还有很多，一些地下钱庄在印度、巴基斯坦已发展成为网络化、专业化的地下银行系统。

日常生活中，如果一种活动在非法进行，就往往被称为"地下活动"。"地下活动"多发生在经济领域，从20世纪80年代开始，中国东南沿海地区出现了一些民间金融组织，它们通过高息揽存吸纳民间闲散资金，然后靠放贷来获取利润。由于中国对民间资本从事金融活动有严格的进入管制，这些组织因其经营活动的非法性获得了一个专有名词：地下钱庄。

作为金融服务的非法中介机构，地下钱庄通常的操作手法是，换汇人在境内将人民币交给地下钱庄，地下钱庄则通过境外合伙人将外汇打入换汇人所指定的境外账户。现在，地下钱庄已经演变为获取非法收入的洗钱工具，在沿海地区更成为资本猖獗外逃的一个重要渠道。

中国金融网指导委员会指导专家易宪容表示，非法的地下钱庄对中国金融市场及实体经济的影响与冲击是十分巨大的。这些非法涌入的外资还会进入中国国内股市炒作套利。泡沫经济所造成的巨大损失最终只能让中国国内来承担了。在中国结售汇制度下，央行收进一单位外币就得用一单位的人民币基础货币卖出。当大量非法外资涌入中国市场时，央行就得大量卖出人民币，从而使金融市场上的流动性泛滥，投资过热、资产的价格快速上涨及通货膨胀率上升，严重地冲击了中国实体经济。更为严重的是，伴随着地下钱庄的出现，贩毒、走私、洗黑钱等严重的犯罪活动也进一步滋生发展。如何让地下钱庄走出地面，也是政府的重要课题。这些非正式的金融交易为什么会出现？并非仅是打击取缔就能一了百了。在坚决严厉打击的同时，我们也需要检讨现行正式金融制度的缺陷，通过完善正式的金融制度来改变目前非正式金融组织出现的条件。只有这样，才能够治本。

第四节　我国的利率市场化

一、利率市场化的定义

所谓利率市场化，是指中央银行放松对商业银行利率的直接控制，把利率的决定权交给市场，由市场主体自主决定利率，中央银行则通过制定和调整再贴现率、再贷款率以及公开市场买卖有价证券等间接调控手段，形成资金利率，使之间接地反映中央银行货币政策的一种机制。简言之，利率市场化是指由资金市场的供求关系来决定利率水平，政府放弃对利率的直接行政干预。

利率管理体制是指一个国家或地区金融管理当局或中央银行利率管理的权限、范围、程度和措施及利率传导机制的总称，它是一个国家或地区经济管理体制的重要组成部分，是利率政策发挥作用的基础。利率市场化是相对于利率管制而言的。在利率管制情况下，利率由央行统一制定。各商业银行和非银行金融机构不能根据资金供求和本身资金的运营情况自主地确定存贷款利率及各种金融资产的利率。在利率市场化情况下，利率则是由各个金融机构根据金融市场供求状况和央行的指导性信号，自主地确定利率大小和调整利率的时机，央行只是通过预定年度货币政策计划，制定和调整法定准备金率、再贷款利率、再贴现利率，进行公开市场业务操作及其他指导性窗口等，借助货币市场的内在运行机制，向金融机构传导央行的信贷、利率政策信号，从而间接影响金融市场的利率水平。

因此，利率市场化主要就是指发展中国家的利率管理体制在由国家制定并管制利率向央行管理下市场利率体制的转变过程中，政府逐步放松金融管制，培育和创新市场主体，健全和完善金融市场交易规则，逐步放松直至取消利率管制的一个动态过程。在这一过程中，实行在央行的计划指导和宏观控制下，利率由借贷双方根据资金市场供求状况来自主决定，从而形成央行管理下由市场机制决定的市场均衡利率。央行的计划指导是指央行通过预定年度货币政策计划，制定和调整法定准备金率、再贷款利率、再贴现利率等基准利率，央行公开市场业务操作及其他指导性窗口等来对市场利率进行指导，央行的宏观控制是指央行依据金融法律、法规以及必要的行政手段，对商业银行和非银行金融机构的经营行为进行金融监控。

二、利率市场化的内涵

利率市场化有着丰富的内涵，至少应包括金融交易主体享有利率决定权、利率的数量结构、期限结构和风险结构应由市场自发选择、中央银行间接影响金融资产利率的权力等方面的内容。

1.金融交易主体享有利率决定权

现代经济学理论认为，利率是货币金融商品的价格，由货币供给与需求的均衡所决定。所以，利率市场化的真正含义是指在利率管理机制上，赋予商业银行和其他金融机构相当充分的自主权，而不是传统的集中指令管理，把商业银行和其他金融机构的存贷款利率决定权交给市场，由市场上资金的供求状况来决定市场利率，市场主体可以在市场利率的基础上根据不同金融交易各自的特点自主决定利率。金融交易主体应该有权对其资金交易的规模、价格、偿还期限、担保方式等具体条件进行讨价还价，讨价还价的方式可能是面谈、招标，也可能是资金供求双方在不同客户或者服务提供商之间反复权衡和选择。

2.利率的数量结构、期限结构和风险结构应由市场自发选择

同任何商品交易一样，金融交易同样存在批发与零售的价格差别。但与其他交易不同的是，资金交易的价格还应该存在期限差别和风险差别。利率计划当局既无必要也无可能对利率的数量结构、期限结构和风险结构进行科学的测算。相反，金融交易的双方应该有权就某一项交易的具体数量（或称规模）、期限、风险及具体利率水平达成协议，从而为整个金融市场合成一个具有代表性的利率数量结构、期限结构和风险结构。

3.同业拆借利率或短期国债利率将成为市场利率的基本指针

显然，从微观层面上来看，市场利率比计划利率档次更多，结构更为复杂，市场利率水平只能根据一种或几种市场交易量大、为金融交易主体所普遍接受的利率来确定。根据其他国家的经验，同业拆借利率或者短期国债利率是市场上交易量最大、信息披露最充分，因而也是最有代表性的市场利率，它们将成为制定其他一切利率水平的基本标准，也是衡量市场利率水平涨跌的基本依据。

4.政府（或中央银行）享有间接影响金融资产利率的权力

利率市场化主要是为了解决利率的形成机制问题，即利率的形成应该由市场而不是政府或一国的货币当局（即中央银行）来决定。但是，利率市场化并不排斥政府的调控作用，并不主张放弃政府的金融调控，正如市场经济并不排斥政府的宏观调控一样，在整个利率管理中也仍有一定程度的国家控制和干预成分。在利率市场化条件下，中央银行在放松对商业银行利率的直接控制的同时一般加强了间接调控，通过制定和调整再贴现利率、再贷款利率及公开市场操作等间接手段形成资金的利率，间接地反映货币当局的政策意图。例如，通过公开市场操作影响资金供求格局，从而间接影响利率水平；或者通过调整基准利率影响商业银行资金成本，从而改变市场利率水平。在金融调控机制局部失灵的情况下，可对商业银行及其他金融机构的金融行为进行适当方式和程度的窗口指导，但这种手段不宜用得过多，以免干扰金融市场本身的运行秩序。

在我国目前的状况下，利率市场化可被动态地看作从现行单一的计

划利率机制向国家宏观调控和限制下的市场利率机制方向变化的过程。其最终目标是要实现市场机制在信用资金价格决定上的基础作用，由此形成以基准利率为中心、市场利率为主体，既具有国家宏观调控功能，又具有市场自我调节功能的一种利率管理系统，从而调节社会信用资金供求，并引导资金的合理流动。就利率市场化的政策定位而言，我国市场化的利率体系应形成以央行再贷款和再贴现利率为基准利率，以国债利率和同业拆借利率为基础利率，以商业银行存款利率为主体、以其他金融机构利率为补充，由市场资金供求状况决定的利率体系。

三、我国利率市场化的进程

利率市场化是我国金融改革的重要内容。我国早期的改革侧重于理顺商品价格。20世纪90年代后期以来，开始强调生产要素价格的合理化与市场化。资金是重要的生产要素，利率是资金的价格，利率市场化是生产要素价格市场化的重要方面。我国的利率市场化是在借鉴世界各国经验的基础上，按照党中央、国务院的统一部署稳步推进的。1992年党的十四届三中全会《关于建立社会主义市场经济体制若干问题的决定》中指出："中央银行按照资金供求状况及时调整基准利率，并允许商业银行存贷利率在规定的幅度内自由浮动。"1993年12月《国务院关于金融体制改革的决定》进一步提出："中国人民银行制定存、贷款利率上下限，进一步理顺存款利率、贷款利率和有价证券利率之间的关系；各类利率要反映期限、成本、风险的区别，保持合理利差；逐步形成以中央银行利率为基础的市场利率体系。"这一改革安排，大体勾画出了我国利率改革的一个框架，是我国利率市场化的指导思想。

（一）利率市场化改革的进程

1.银行间同业拆借市场利率先行放开

银行间同业拆借市场利率是整个金融市场利率的基础，我国利率市场化改革以同业拆借利率为突破口。

（1）放开银行间拆借利率的尝试。

1986年1月7日，国务院颁布《中华人民共和国银行管理暂行条例》，明确规定专业银行资金可以相互拆借，资金拆借期限和利率由借贷双方协商议定。此后，同业拆借业务在全国迅速展开。针对同业拆借市场发展初期市场主体风险意识薄弱等问题，1990年3月出台了《同业拆借管理试行办法》，首次系统地制定了同业拆借市场运行规则，并确定了拆借利率实行上限管理的原则，对规范同业拆借市场发展、防范风险起到了积极作用。

（2）银行间拆借利率正式放开。

1995年11月30日，根据国务院有关金融市场建设的指示精神，人民银行撤销了各商业银行组建的融资中心等同业拆借中介机构。从1996年1月1日起，所有同业拆借业务均通过全国统一的同业拆借市场网络办理，生成了中国银行间拆借市场利率（CHIBOR）。至此，银行间拆借利率放开的制度、技术条件基本具备。1996年6月1日，人民银行《关于取消同业拆借利率上限管理的通知》明确指出，银行间同业拆借市场利率由拆借双方根据市场资金供求自主确定。银行间同业拆借利率正式放开，标志着利率市场化迈出了具有开创意义的一步，为此后的利率市场化改革奠定了基础。

2.放开债券市场利率

（1）国债发行的市场化尝试。

1991年，国债发行开始采用承购包销这种具有市场因素的发行方式。1996年，财政部通过证券交易所市场平台实现了国债的市场化发行，既提高了国债发行效率，也降低了国债发行成本，全年共市场化发行国债1 952亿元。在发行方式上，采取了利率招标、收益率招标、划款期招标等多种方式。同时根据市场供求状况和发行数量，采取了单一价格招标或多种价格招标。这是我国债券发行利率市场化的开端，为以后的债券利率市场化改革积累了经验。

（2）放开银行间债券回购和现券交易利率。

1997年6月5日，人民银行下发了《关于银行间债券回购业务有关问题的通知》，决定利用全国统一的同业拆借市场开办银行间债券回购业务。借鉴拆借利率市场化的经验，银行间债券回购利率和现券交易价格同步放开，由交易双方协商确定。

（3）放开银行间市场政策性金融债、国债发行利率。

1998年以前，政策性金融债的发行利率以行政方式确定，由于在定价方面难以同时满足发行人、投资人双方的利益要求，商业银行购买政策性金融债的积极性不高。1998年，鉴于银行间拆借、债券回购利率和现券交易利率已实现市场化，政策性银行金融债券市场化发行的条件已经成熟。同年9月，国家开发银行首次通过人民银行债券发行系统以公开招标方式发行了金融债券，随后中国进出口银行也以市场化方式发行了金融债券。

（二）存、贷款利率市场化

存、贷款利率市场化的思路是"先外币、后本币；先贷款、后存款；先长期、大额，后短期、小额"。

1.积极推进境内外币利率市场化

1996年以来，随着商业银行外币业务的开展，各商业银行普遍建立了外币利率的定价制度，加之境内外币资金供求相对宽松，外币利率市场化的时机日渐成熟。2000年9月21日，经国务院批准，人民银行组织实施了境内外币利率管理体制的改革：一是放开外币贷款利率，各项外币贷款利率及计结息方式由金融机构根据国际市场的利率变动情况以及资金成本、风险差异等因素自行确定；二是放开大额外币存款利率，300万元（含300万元）以上美元或等额其他外币的大额外币存款利率由金融机构与客户协商确定。

2002年3月，人民银行将境内外资金融机构对境内中国居民的小额外币存款，统一纳入境内小额外币存款利率管理范围。

2003年7月，境内英镑、瑞士法郎、加拿大元的小额存款利率放开，由各商业银行自行确定并公布。小额外币存款利率由原来国家制定并公布7种减少到境内美元、欧元、港币和日元4种。

2003年11月，小额外币存款利率下限放开。商业银行可根据国际金融市场利率变化，在不超过人民银行公布的利率上限的前提下，自主确定小额外币存款利率。赋予商业银行小额外币存款利率的下浮权，是推进存款利率市场化改革的有益探索。2004年11月，人民银行在调整境内小额外币存款利率的同时，决定放开1年期以上小额外币存款利率，商业银行拥有了更大的外币利率决定权。

随着境内外币存、贷款利率逐步放开，中资商业银行均制定了外币存贷款利率管理办法，建立了外币利率定价机制。各行还根据自身的情况，完善了外币贷款利率的分级授权管理制度，如在国际市场利率基础上，各商业银行总行规定了其分行的外币贷款利率的最低加点幅度和浮动权限，做到了有章可循，运作规范。

2.稳步推进人民币贷款利率市场化

（1）人民币贷款利率市场化的初步推进。

1987年1月，人民银行首次进行了贷款利率市场化的尝试。在《关于下放贷款利率浮动权的通知》中规定，商业银行可根据国家的经济政策，以国家规定的流动资金贷款利率为基准上浮贷款利率，浮动幅度最高不超过20%。

1996年5月，为减轻企业的利息支出负担，贷款利率的上浮幅度由20%缩小为10%，下浮10%不变，浮动范围仅限于流动资金贷款。在连续降息的背景下，利率浮动范围的缩小，造成银行对中小企业贷款的积极性降低，影响了中小企业的发展。为体现风险与收益对等的原则，鼓励金融机构大力支持中小企业发展，经国务院批准，人民银行自1998年10月31日起将金融机构（不含农村信用社）对小企业的贷款利率最高上浮幅度由10%扩大到20%；农村信用社贷款利率最高上浮幅度由40%扩大到50%。

为调动商业银行发放贷款和改善金融服务的积极性，从1999年4月1日起，贷款利率浮动幅度再次扩大，县以下金融机构发放贷款的利率最高可上浮30%。从9月1日起，商业银行对中小企业的贷款利率最高上浮幅度扩大为30%，对大型企业的贷款利率最高上浮幅度仍为10%，贷款利率下浮幅度为10%。农村信用社浮动利率政策保持不变。

在贷款利率逐步放开的同时，为督促商业银行加强贷款利率浮动管理，人民银行于1999年转发了建设银行、上海银行的贷款浮动利率管理办法，要求商业银行以此为模板，制定各行的贷款浮动利率管理办法、编制有关模型和测算软件、建立利率定价授权制度等。2003年，人民银行再次强调，各商业银行和城乡信用社应进一步制定完善的贷款利率定价管理制度和贷款利率浮动的管理办法。经过几年的努力，各商业银行和部分城乡信用社基本建立起根据成本、风险等因素区别定价的管理制度。

（2）人民币贷款利率市场化持续前进。

2003年至2005年，人民银行在推进贷款利率市场化方面迈出了重要的三步：

第一步，2003年8月，人民银行在推进农村信用社改革试点时，允许试点地区农村信用社的贷款利率上浮不超过贷款基准利率的2倍。

第二步，2004年1月1日，人民银行决定将商业银行、城市信用社的贷款利率浮动区间上限扩大到贷款基准利率的1.7倍，农村信用社贷款利率的浮动区间上限扩大到贷款基准利率的2倍，金融机构贷款利率的浮动区间下限保持为贷款基准利率的0.9倍不变。同时明确了贷款利率浮动区间不再根据企业所有制性质、规模大小分别制定。

第三步，2004年10月29日，人民银行报经国务院批准，决定不再设定金融机构（不含城乡信用社）人民币贷款利率上限。

考虑到城乡信用社竞争机制尚不完善，经营管理能力有待提高，容易出现贷款利率"一浮到顶"的情况，因此仍对城乡信用社人民币贷款利率实行上限管理，但其贷款利率浮动上限扩大为基准利率的2.3倍。所有金融机构的人民币贷款利率下浮幅度保持不变，下限仍为基准利率的0.9倍。至此，我国金融机构人民币贷款利率已经基本过渡到上限放开、实行下限管理的阶段。

与此同时，贷款利率浮动报备制度初步建立，各商业银行和城乡信用社通过报备系统，定期向人民银行反馈贷款利率的浮动情况。利率浮动情况报备制度的建立，既有利于主管部门及时掌握全国范围内的利率浮动情况，提高决策的科学性和准确性，也有利于金融机构建立集中统一的数据采集、分析系统，完善自身的利率管理体系，将贷款利率管理融入经营管理的大局中去。

2003年以来，人民银行连续三次扩大金融机构贷款利率浮动区间，为推进利率市场化改革、促进金融机构健康发展、加强和改善宏观调控起到积极作用，主要体现在：

一是使贷款利率更好地覆盖风险溢价。风险溢价直接关系到解决中小企业和民营企业贷款难的问题。目前，部分小企业经营状况不稳，社会诚信体系不健全，对小企业的贷款风险相对较大。贷款定价限制的逐步放开使贷款利率能够反映贷款风险状况，更好地覆盖风险溢价，从而鼓励商业银行等金融机构更多地为中小企业和民营企业提供金融服务。

二是在金融生态逐步改善的过程中，使金融机构有能力利用利息收入弥补贷款损失。金融生态即微观层面的金融环境，包括法律、社会信用体系、会计与审计准则、中介服务体系、企业改革的进展和银企关系等诸多方面。金融生态的好坏直接关系到贷款风险的大小和新增不良贷款的比例。我国金融生态的改善不可能一蹴而就，将是一个历时相当长的过程。因此，对贷款风险溢价的覆盖需求也是长期客观存在的，利率浮动区间的扩大能够使贷款利率覆盖贷款风险，使金融机构的贷款损失能从利息收入中弥补。

三是能够培养我国金融机构的产品定价能力。随着经济全球化的推进和金融一体化的加深，我国金融业的竞争大大加剧。对于商业银行而言，人民币业务的全面开放使其面临严峻的挑战。由于我国利率长期处于管制状态，商业银行的自主定价能力比较薄弱，而且没有积累这方面的保险和系统性数据，包括分类的企业违约率状况及产生原因的数据。逐步扩大利率浮动区间，可以培养商业银行的自主定价能力，提高其管理资产负债的能力，使其逐步成为有国际竞争力的金融机构。

四是实现宏观调控中的"区别对待、有保有压"。社会主义市场经济要求优化资源配置，对于金融机构发放贷款来说，就是要求依据企业财务状况和风险状况，贷款定价有所不同。扩大贷款利率浮动区间后，金融机构对不同风险的客户群进行分析和把握，在此之上，实现对贷款及其价格的区别对待、有保有压、优化资源配置，从而也实现了推进利率市场化改革的重要目标。

（3）人民币贷款利率市场化完成。

2007年1月4日，中国人民银行正式推出上海银行间同业拆放利率，培育货币市场基准利率体系，提高金融机构自主定价能力。上海银行间同业拆放利率（Shanghai Interbank Offered Rate，Shibor），是由信用等级较高的银行组成报价团自主报出的人民币同业拆出利率计算确定的算术平均利率，是单利、无担保、批发性利率。中国人民银行成立Shibor工作小组，依据《上海银行间同业拆放利率（Shibor）实施准则》确定和调整报价银行团成员、监督和管理Shibor运行、规范报价行与指定发布人行为。全国银行间同业拆借中心授权Shibor的报价计算和信息发布。Shibor与货币市场发展已经形成了良性互动的格局。Shibor在市场化产品定价中得到广泛运用，金融市场正在形成以Shibor为基准的定价群，各种利率之间的比价关系日趋合理、清晰。

2012年6月8日，中国人民银行宣布在存款基准利率下调的同时，金融机构存款利率浮动区间的上限调整为基准利率的1.1倍。以此为标志，存款利率市场化改革进入实质阶段。

自2013年7月20日起中国人民银行全面放开金融机构贷款利率管制。具体为：一是取消金融机构贷款利率0.7倍的下限；二是取消票据贴现利率管制；三是取消农村信用社贷款利率2.3倍的上限。通过这些措施，我国基本上实现贷款利率的市场化定价。

2013年9月，市场利率定价自律机制成立暨第一次工作会议召开，提出有序推进利率市场化工作的三项任务：一是建立市场利率定价自律机制；二是开展贷款基础利率报价工作；三是推进同业存单发行与交易。这些举措，促使金融机构货币、信贷等金融市场利率进行自律管理，为金融机构信贷产品市场化定价提供参考，同时也为稳妥有序推进存款利率市场化创造了条件。

为了完善金融市场基准利率体系，指导信贷市场产品定价，人民银行宣布从2013年10月25日起正式运行贷款基础利率集中报价和发布机制。贷款基础利率（loan prime rate，LPR）是商业银行对其最优质客户执行的贷款利率，其他贷款利率可在此基础上加减点生成。贷款基础利率的集中报价和发布机制是在报价行自主报出本行贷款基础利率的基础上，指定发布人对报价进行加权平均计算，形成报价行的贷款基础利率报价平均利率并对外予以公布。此次正式运行贷款基础利率定价在利率市场化方面有许多积极意义：第一，有利于形成市场化的定价基准。第二，可以有效反映整个市场的资金供求情况。第三，有利于提高信贷产品定价效率和透明度。

3.持续推进人民币存款利率市场化

利率管制是金融抑制的常见措施，低利率导致金融市场发展滞后，市场失灵。相比贷款利率市场化，存款利率市场化需要更加谨慎，因为存款利率市场化对于银行的产权约束机制和经营体制要求较高，一旦引起价格恶性竞争，可能导致存款搬家，影响金融体系安全。

1999年，央行从风险相对可控的机构间批发市场进行存款利率市场化的初步尝试，允许商业银行对保险公司试办长期大额协议存款，利率水平由双方协商确定。此后逐步扩大上浮幅度，在2012年、2014年和2015年分别将存款利率上限扩大至1.1倍、1.2倍和1.5倍。2015年10月，放开存款利率上限条件已经成熟，银行资产端和负债端基本实现市场化定价。央行放开对商业银行、农村合作信用机构的利率浮动上限，标志着利率市场化步入新阶段。

存款利率下限于2004年已放开，但11年后上限才基本放开，之所以如此谨慎，是因为存款利率上限的放开会导致商业银行为了吸引客户，非理性提高利率，引发恶性竞争。此外，在2013年前，贷款利率下限仍未放开，如果此时再放开存款上限的话，银行利润不可避免地面临急剧下降的风险。

4.中国利率市场化进程

中国利率市场化改革已历30余载，动力与阻力并存，本着"货币市场利率—债券市场利率—外币利率—人民币存贷款利率"的基本顺序逐步改革，2015年彻底放开存款名义利率上限成为我国基本完成利率市场化的标志。目前，我国利率市场化进程进入到新的阶段，加速培育Shibor或其他市场基准利率成为深入推进的必要条件，同时，货币政策调控需要跟上利率市场化改革的步伐，政策利率和市场基准利率的传导方式需厘清，中介目标由数量型转变为利率型，操作目标需进一步完善。

综上所述，目前继续深入推进利率市场化改革仍面临一定挑战。首先，传导终端的存贷款利率仍存在隐性的管控，其中存款端以价格管制为主，贷款端以数量管制为主，但这些管制都使存贷款偏离均衡、利率传导不畅。其次，传导终端的贷款与债券的数量管制不仅存在，而且标准不统一，人为割裂了直接融资与间接融资的替代性。再次，银行间与银行外市场、直接融资与间接融资市场不仅存在一定割裂，发展还极度不平衡。最后，货币政策转型后将如何确认操作目标也尚无定论。

上述挑战实质上都是利率传导机制中的摩擦与阻力，因此未来深化改革的核心便是逐一击破、打通利率传导机制：用动态存款保险费率、动态资本充足率等市场化的监管指标逐步替代存款利率隐性管制；将目前零散的数量管制整合为统一的监管考核标准；培育合理的基准利率作为货币政策操作目标，引导市场预期；大力发展非银行金融机构与直接融资渠道。

央行：继续深入推进利率市场化改革

2022年9月20日，中国人民银行货币政策司发表文章《深入推进利率市场化改革》。文章指出，利率市场化改革是金融领域最重要的改革之一。党的十九大以来，按照党中央决策部署，人民银行持续深化利率市场化改革。重点推进贷款市场报价利率（LPR）改革，建立存款利率市场化调整机制，以改革的办法推动实际贷款利率明显下行。完善中央银行政策利率，培育形成较为完整的市场化利率体系。同时，坚持以自然利率为锚实施跨周期利率调控，发挥市场在利率形成中的决定性作用，为经济高质量发展营造适宜的利率环境。

在推动贷款和存款利率进一步市场化方面：一是推动LPR改革。文章表示，目前，LPR已经成为银行贷款利率的定价基准，金融机构绝大部分贷款已参考LPR定价。LPR由银行报价形成，可更为充分地反映市场供求变化，市场化程度更高，在市场利率整体下行的背景下，有利于促进降低实际贷款利率。LPR改革以来，企业贷款利率从2019年7月份的5.32%降至2022年8月份的4.05%，创有统计以来最低水平。二是建立存款利率市场化调整机制。文章表示，随着存款利率市场化机制的逐步健全，2022年9月中旬，国有商业银行主动下调了存款利率，带动其他银行跟随调整。这是银行加强资产负债管理、稳定负债成本的主动行为，显示存款利率市场化改革向前迈进了重要一步。

在健全市场化利率形成和传导机制方面，一方面持续完善央行政策利率体系，目前我国已形成以公开市场操作利率为短期政策利率和以中期借贷便利利率为中期政策利率、利率走廊机制有效运行的央行政策利率体系；另一方面，建设较为完整的市场化利率体系和利率传导机制。经过近30年的持续推进，我国的市场化利率体系不断建设完善，培育了以质押式回购利率、上海银行间同业拆借利率（Shibor）等为代表的货币市场基准利率，国债收益率曲线趋于成熟，存贷款利率市场化程度也日益增强。在此情况下，人民银行通过货币政策工具调节银行体系流动性，释放政策利率调控信号，在利率走廊的辅助下，引导市场基准利率充分反映市场供求变化，并通过银行体系最终传导至贷款和存款利率，形成市场化的利率形成和传导机制，调节资金供求和资源配置，实现货币政策目标。

在以自然利率为锚实施跨周期利率调控方面，文章指出，我国货币政策始终坚持以我为主，以静制动，引导市场利率水平稳中有降，效果较好。目前我国定期存款利率为1%至2%，贷款利率为4%至5%，真实利率略低于潜在实际经济增速，处于较为合理水平，是留有空间的最优策略。

在坚持发挥市场在利率形成中的决定性作用方面，文章指出，推动利率市场化改革，必须始终坚持发挥市场在利率形成中的决定性作用。

贷款方面，人民银行充分尊重商业银行对贷款利率的定价权和利率的浮动权，由银行综合考虑借款人信用风险、贷款期限等因素与其协商确定贷款利率。目前我国贷款利率市场化程度已经比较高，贷款差异化定价已经比较普遍。

存款方面，人民银行亦遵循市场化、法治化原则，由商业银行自主定价。随着存款利率由行政管制走向市场化，存款产品也由单一化走向差异化。在传统活期存款和定期存款的基础上，银行根据存款人类型、期限、金额等要素，开发出不同的存款产品，例如大额存单、结构性存款等，满足不同客户需要，不同银行、不同产品、不同期限的存款利率定价有所不同。

下一步，人民银行将继续深入推进利率市场化改革，持续释放LPR改革效能，加强存款利率监管，充分发挥存款利率市场化调整机制重要作用，推动提升利率市场化程度，健全市场化利率形成和传导机制，优化央行政策利率体系，发挥好利率杠杆的调节作用，促进金融资源优化配置，为经济高质量发展营造良好环境。

资料来源：中国人民银行货币政策司. 央行：继续深入推进利率市场化改革[N]. 证券日报，2022-09-21.

本章小结

1.利息是指在一定时期内，资金拥有人将使用资金的自由权转让给借款人后所得到的报酬。

2.利息率是指借贷期内所形成的利息额与所贷资金额的比率，简称为利率。

3.在实务中常用的利息度量方法有两种：单利和复利。单利计息方式是指每期利息仅以初始本金为基础来计息，各期利息并不并入下期本金。复利计息方式是指将每期的利息都并入下期本金，以便在下一个计息期继续生息。

4.在利率这个大系统中，按照不同的标准可以划分出多种多样的利率类别。

5.决定和影响利率的因素非常复杂，制定和调整利率水平时主要应考虑社会平均利润率、资金供求情况、国家经济政策、银行成本、物价水平及国际利率水平、国际经济环境等因素。

6.利率的作用包括利率与储蓄、利率与投资、利率在微观经济活动中的作用、利率在宏观经济调控中的作用等几个方面。

7.所谓利率市场化，是指中央银行放松对商业银行利率的直接控制，把利率的决定权交给市场，由市场主体自主决定利率，中央银行则通过制定和调整再贴现率、再贷款率以及公开市场买卖有价证券等间接调控手段，形成资金利率，使之间接地反映中央银行货币政策的一种机制。

8.利率市场化有着丰富的内涵，至少应包括金融交易主体享有利率决定权、利率的数量结构、期限结构和风险结构应由市场自发选择、中央银行间接影响金融资产利率的权力等方面的内容。

综合训练

3.1 单项选择题

1.（   ）认为利息"乃是一特定时期以内，放弃周转流动性的报酬"。

A.亚当·斯密   B.凯恩斯

C.马克思   D.威廉·配第

2.（   ）是指一系列按照相等时间间隔支付的款项。

A.年金   B.本金

C.利息   D.保险

3.当借贷资本供不应求时，借贷双方的竞争结果将促进利率（　　）。

A.下降　　　　　　　　　　B.不变

C.上升　　　　　　　　　　D.不确定

4.我们将初始投资的金额称为（　　），将该投资所经历的时间段称为投资期，而将经过一段时间后回收的总金额称为（　　）。

A.本金积累值　　　　　　　B.本金利息

C.利息积累值　　　　　　　D.保险本金

5.利率变化对投资所起的作用，是通过厂商对（　　）与市场利率的比较形成的。

A.成本　　　　　　　　　　B.积累值

C.名义利率　　　　　　　　D.资本边际效益

3.2　多项选择题

1.按市场规律自由变动的标准来划分，利率可以分为（　　）。

A.市场利率　　　　　　　　B.公定利率

C.官定利率　　　　　　　　D.浮动利率

2.利率市场化有着丰富的内涵，至少应包括（　　）等方面的内容。

A.金融交易主体享有利率决定权

B.利率的数量结构、期限结构和风险结构应由市场自发选择

C.中央银行间接影响金融资产利率的权力

D.政府（或中央银行）享有间接影响金融资产利率的权力

3.按照凯恩斯的观点，人们储存货币是出于（　　）动机。

A.交易动机　　　　　　　　B.谨慎动机

C.投机动机　　　　　　　　D.投资动机

4.利率在宏观经济调控中的作用主要有（　　）。

A.积累资金　　　　　　　　B.调节宏观经济

C.媒介货币向资金转化　　　D.分配收入

5.Shibor是（　　）。

A.伦敦同业拆借利率　　　　B.上海同业拆借利率

C.美国联邦基金利率　　　　D.香港同业拆借利率

3.3 思考题

1.利率在宏观经济调控中的作用有哪些?

2.决定利率的因素有哪些?

3.利率市场化的内涵有哪些?

4.利率在微观经济活动中的作用有哪些?

5.什么是利率市场化?

6.古典利率的主要观点是什么?

第四章

外汇与汇率

学习指南

【学习目标】

随着国际贸易的发展，国际上参与经济活动的各方对资金的融通需求需要大家借助于外汇。利率作为一国国内资金的价格，是经济生活中的一个重要的经济变量；汇率作为外汇资金的价格，借助于汇率把国与国的商品和服务价格进行转换，在国际金融中同样是一个重要的经济变量。通过本章的学习，要掌握外汇的概念、种类和外汇的构成；掌握外汇汇率的概念、标识方法和汇率的种类；理解决定汇率的基础及影响汇率变动的因素以及汇率变化对一国经济的影响；了解我国的汇率制度的发展与改革。

【关键概念】

外汇　汇率　直接标价法　间接标价法　美元标价法　基本汇率　套算汇率　固定汇率　官方汇率　市场汇率　买入汇率　卖出汇率　现钞汇率　电汇汇率　信汇汇率　票汇汇率　即期汇率　远期汇率　同业汇率　商业汇率　一价定律

2020 年人民币汇率走势

2020 年，人民币汇率以市场供求为基础，有升有贬，弹性增强，在合理均衡水平上保持基本稳定。2020 年末，中国外汇交易中心（CFETS）人民币汇率指数为 94.84，较 2019 年末上升 3.8%。2020 年，境内人民币汇率双向浮动，弹性显著增强。人民币兑美元等全球主要货币有升有贬，其中人民币对美元、日元和英镑的中间价分别较 2019 年末升值 6.9%、1.3% 和 2.9%，人民币对欧元中间价较 2019 年末贬值 2.6%。2020 年，人民币对美元汇率中间价最高为 6.52，最低为 7.13，波动幅度 6 080 个基点，年化波动率为 4.5%。243 个交易日中 140 个交易日升值、103 个交易日贬值。最大单日升值幅度为 1.0%（670 点），最大单日贬值幅度为 0.8%（530 点）。2020 年末，人民币对美元汇率中间价 6.52，较上年末升值 6.9%，对美元汇率收盘价为 6.54，较上年末升值 6.5%。境内人民币汇率走势如图 4-1 所示。

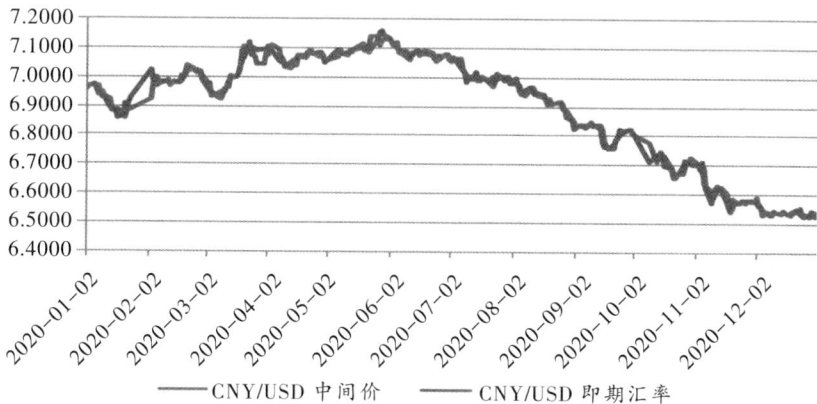

图 4-1 境内人民币汇率走势

汇率决定是一个十分复杂的学术问题，本章寄希望通过相关理论知识的学习，使读者了解影响汇率的一些因素，从而对汇率有一个大致的判断。

第一节 外汇

一、外汇的概念

外汇是以外币表示的可以用于国际结算并能兑换成其他形式的外币资产和支付手段。国与国之间的经济、政治、军事和文化等的交往一般而言都会形成对外应收或应付的资金往来（即债权或债务），为了使国际债权、债务关系得到最终的清偿，即国际结算，就需要动用支付手段来结清这些债权、债务，这些可以用的支付手段即外汇。

外汇是一个很广泛的概念，外汇包括外币，但外币未必就是外汇。一国货币是否是外汇大致需要满足如下几个条件：第一，是外币或外币表示的资产，即非本币。第二，自由兑换，即这种外币或外币资产能自由兑换成本币资产。第三，普遍可接受，这种外币资产在国际经济往来中被绝大多数国家普遍接受和使用。

外汇有动态和静态两种含义。动态的外汇是指它是一种国际汇兑行为，即把一国货币兑换成为另一国货币，借以清偿国际债权、债务关系的一种专门性经营活动。从这个意义上来讲，外汇等同于国际结算。静态的外汇是指它是一种以外币表示的支付手段，用于国际结算。

外汇还有广义和狭义两种含义。广义的外汇是指各国外汇管制法令所称的外汇，即各国持有的一切对外债权。狭义的外汇，即我们前述所说的外汇定义，指以外币表示的可以用于国际结算的支付手段。

根据我国2008年8月修订的《中华人民共和国外汇管理条例》第三条，外汇是指下列以外币表示的可以用作国际清偿的支付手段和资产：①外国货币现钞，包括纸币、铸币；②外币支付凭证，包括票据、银行存款凭证、银行卡等；③外币有价证券，包括政府债券、公司债券、股票等；④特别提款权；⑤其他外汇资产。显然，我国外汇管理局对外汇的定义属于狭义和静态的概念范畴。

国际货币基金组织对外汇作出的定义属于广义的外汇范畴："外汇是货币行政当局（中央银行、货币管理机构、外汇平准基金组织及财政部）以银行存款、财政部国库券、长短期政府证券等形式所保有的在国际收支逆差时可以使用的债权。"

二、外汇的种类

1.按照外汇是否可以自由兑换划分

按照外汇是否可以自由兑换,外汇可分为自由外汇和记账外汇。自由外汇指不需要国家外汇管理局批准,在国际金融市场上可以自由兑换成别的国家(或地区)的货币,或可以向第三国办理支付的,以外币表示的不同形式的支付手段。自由外汇又称双边外汇,指不经货币发行国批准,就不能自由兑换或对其他国家进行支付的外国货币及其支付凭证,是协定双边结算制度的产物。例如,我国曾在对东欧、朝鲜和古巴等国家的贸易中使用过记账外汇。其原因主要是进行贸易的国家缺乏外汇所致。记账外汇的特点是,第一,由双方决定这种外汇的汇率、记账方法与运用范围;第二,协议项下的年度收支差额,可以结转到下一年度或以双方同意的外汇支付;第三,只能在双方之间使用,不能自由兑换。

2.按照外汇来源和用途划分

按照外汇来源和用途,外汇可分为贸易外汇与非贸易外汇。贸易外汇是指由商品的进出口贸易所引起收付的外汇。非贸易外汇是指一切与进出口贸易无关的外汇收付。

3.按照外汇买卖交割期划分

按照外汇买卖交割期,外汇可分为即期外汇与远期外汇。即期外汇又称为现汇,是指外汇买卖成交后即日收付或在两个营业日内办理交割的外汇。远期外汇又称为期汇,是买卖双方按事先商定的汇价签订合同,并预约在未来的某一天办理实际交割的外汇。

三、外汇的作用

1.促进国际贸易的飞速发展

在金银充当主要国际支付手段时期,大量黄金的运输很不方便,同时还会浪费大量的人力、物力和财力,国际社会承担了纯粹的流通费用。当以外汇充当国际支付手段,可以利用电汇、信汇或票汇的方式清偿国际债权、债务关系和实现资金的国际转移。这样做既节约了流通费用,同时也加快了资金的流通,方便了结算工作,促进了国际贸易的发展。

2.实现购买力在国际转移

外汇是国际购买手段，能够扩大商品流通的范围、加快商品流通的速度。如果一国持有大量的外汇，就意味着握有大量的国际购买力。该国可以用所持有的外汇在国际市场上购买本国所需要的各种商品、劳务。外汇成为国际购买手段而被各国普遍接受，实现各国购买力相互的转换。

3.调节国际资金供求的不平衡

世界经济的发展是不平衡的，由此产生了各国资金余缺不一的状况，因而产生了国家之间资金余缺调剂的需要，只有外汇这种国际支付手段，才能实现并加速资金的国际周转，促进各国投资活动与资本转移，推动国际经济贸易关系的发展。

4.作为国际储备平衡各国的国际收支

外汇是国际储备手段，是一种重要的储备资产，各国都将其作为调节国际收支、维护汇率稳定、提高国家对外信誉的重要保证。在一般情况下，一国的外汇储备越多，表明该国的国际清偿能力越强。

5.作为衡量一国经济实力和经济地位的标准

外汇代表一国的国际购买力，更本质地说，代表一国所拥有的债权。外汇越多，意味着该国越有实力作用于国际金融市场，从而表明一国的国际经济地位在增强。同时，外汇增多，意味着该国外汇储备相应地增加，促使本币对外比值上升，并在国际市场上成为硬通货（hard currency），从而说明该国货币的国际地位增强。当然，超过合理水平的外汇储备也给外汇管理带来问题。

第二节　汇率

一、汇率及汇率的标价方法

（一）汇率的概念

汇率是外汇汇率的简称，又称汇价、外汇牌价或外汇行市，是两个国家货币之间的比率，它反映一国货币的对外价值。

在外汇市场上，汇率是以五位数来表示的。例如：

欧元/美元（EUR/USD）1.1194，即1欧元=1.1194美元

美元/日元（USD/JPY）120.20，即1美元=120.20日元

英镑/美元（GBP/USD）1.5393，即1英镑=1.5393美元

美元/人民币（USD/CNY）6.3639，即1美元=6.3639元

汇率的最小变动单位为1点，即万分之一点，简称汇率点、基点。按照国际惯例，通常用三位英文字母来表示一国货币的名称，如上所示。

（二）汇率的标价方法

外汇的价格不同于其他商品的价格。其他商品的价格只能用对应的货币来表示或来标价，而不能反过来。外汇的买卖却不然。外汇买卖的双方都是货币，都具有表示商品或对方货币价格的功能，即本币或外币都可以用来表示对方货币的价格，具有价值尺度的功能。由于两种货币都可以作为计算对方货币价格的标准，究竟用哪种货币来表示另一种货币的价格呢？这就涉及汇率的标价方法问题。目前国际上采用三种基本标价方法。

1.直接标价法

直接标价法是以一定单位的外国货币为标准来折算一定数额本国货币的方法。在直接标价法下，外国货币的数量保持不变，本国货币数量随外国货币或本国货币的币值的变化而变化。如果一定单位的外币折合本币的数量增加，则说明外币升值，本币贬值，即外汇汇率上升，本币汇率下降。反之，如果一定单位的外币折合本币的数量减少，则说明外币贬值，本币升值，即外汇汇率下降，本币汇率上升。目前，我国和世界上绝大多数国家都实行直接标价法。

2.间接标价法

间接标价法是以一定单位的本国货币为标准折合成若干数额的外国货币的方法。在间接标价法下，本国货币的数量保持不变，外国货币数量随本国货币或外国货币的币值的变化而变化。如果一定单位的本币折合外币的数量增加，则说明本币升值，外币贬值，即本币汇率上升，外汇汇率下降。反之，如果一定单位的本币折合外币的数量减少，则说明本币贬值，外币升值，即本币汇率下降，外汇汇率上升。目前世界上只有少数几个国家采用间接标价法，如英国、美国、澳大利亚，以及欧元

区的欧元。其中，英镑对其他国家的货币的汇率都采用间接标价法，美元除了对欧元、英镑、澳元等少数货币外，对其他货币的汇率均采用间接标价法。

直接标价法与间接标价法没有本质的区别，仅仅是站在不同的角度看待汇率的问题。例如，同样的汇率，在英美以外的国家来看就是直接标价法，而在这两个国家来看就是间接标价法。所不同的是，站在不同角度上汇率上升或下降的含义有所不同。所以，在引用某种货币的汇率和说明其汇率升降时，必须交代清楚，以免发生混淆。

直接标价法与间接标价法是一种互为倒数的关系。

3.美元标价法

美元标价法是指以一定单位的美元为标准来计算可兑换多少其他货币的汇率表示方法。其实质就是采用美元间接标价法。第二次世界大战后，随着美国在世界舞台崛起，以及国际金融市场之间外汇交易量的迅猛增长，美元在各大国际金融市场、国际金融期货、期权市场得到普遍的采用，美元逐渐成为世界主要商品的计价货币和各国的主要储备货币。美元标价法是为了便于进行国际交易，基于美元的广泛使用而在银行之间报价时采用的一种汇率表示法。

二、汇率的种类

从不同的角度划分，汇率有许多种类。

1.按确定汇率的不同方法划分

按确定汇率的不同方法划分，汇率可分为基本汇率和套算汇率。

基本汇率，是本国货币与国际金融市场上的几大主要货币对比制定出来的汇率。由于外汇种类繁多，不可能一一为本国货币制定出对所有货币的汇率。因此，各国往往选定一种在本国对外经济交往中最常见、使用频繁的主要货币，制定出本国货币与它之间的汇率，这就是基本汇率。基本汇率一经确定，就成为本国货币与其他货币确定汇率的依据，本币与其他任何一种货币的汇率，均可以通过这一基本汇率套算出来。

基本汇率的确立首先要确定国际货币或称为关键货币（key currency）。通常，被选作关键货币的货币必须具备以下条件：在国际上可以自由兑换、在国际经济交往中最经常、最被普遍接受使用、本国国际收支中使用最多、外汇储备中所占比重最大的货币。一般来说，各国都把美元选为关键货币，制定出本国货币对美元的基本汇率。

套算汇率，又称"交叉汇率"，指两种货币以第三种货币（一般为关键货币）为中介，间接推算出来的汇率。根据本国基本汇率和其他国家货币的基本汇率换算出本国货币对其他国家货币汇率。由于世界主要外汇市场上只公布美元标价法下的外汇汇率，而不直接公布其他货币之间的汇率，为了换算出各种货币之间的汇率，必须通过各种货币兑美元的汇率进行套算。

套算汇率有两大作用：可以为一些在外汇市场上影响较小的货币提供计算基础，进行相互交易；同时可以为外汇投机或套利提供一种新的可选择的方法。在当今国际主要外汇市场只公布按美元标价法计算的外汇汇率的情况下，更显示出它的重要作用。

2.按国际汇率制度的演变划分

按国际汇率制度的演变划分，汇率可分为固定汇率和浮动汇率。

固定汇率，指两国货币的汇率基本固定，汇率的波动被限制在较小的幅度之内。其特点是在规定的幅度内具有相对稳定性。

在金本位制度下，汇率的决定基础是两国铸币含金量的对比，汇率的波动受黄金输送点的限制，是金本位制下的固定汇率制。第二次世界大战后布雷顿森林体系的以美元为中心的汇率制度，根据两国货币法定含金量的对比决定汇率，各国政府有义务通过干预外汇市场，保证汇率波动不超过一定的限度，其本质是纸币流通中的固定汇率制。

浮动汇率，指各国货币之间的汇率波动不受限制，而主要根据供求关系决定自由涨跌的汇率。外币供大于求，意味着外币贬值，而本币相对升值即外币汇率下跌；相反，外币供不应求，则意味着外币升值和本币相对贬值，呈现外币汇率上浮。

3.按对外汇管理的宽严程度划分

按对外汇管理的宽严程度划分，汇率可分为官方汇率和市场汇率。

官方汇率，又称法定汇率，是指由国家货币当局（如中央银行、国家外汇管理机构）所确定、调整并公布的汇率。一切外汇交易都必须按照这一汇率进行。例如，我国国家外汇管理局公布的外汇牌价就属于官方汇率。在外汇管理制比较严格的国家，由于禁止外汇自由市场的存在，没有市场汇率，官方汇率就是外汇买卖的实际汇率。

从世界范围看，官方汇率有时是单一汇率，即一个国家只存在一个官方汇率；而有些国家由于特殊的经济需要，有时会颁布两种以上的汇率，即实行复汇率制。例如，有些发展中国家将汇率分别制定为较低的贸易汇率和较高的金融汇率，以达到奖出限进、控制资本的流动、进而改善国际收支的目的。

市场汇率，由外汇市场上供求关系的变化决定的汇率。外汇管制较松或不实行外汇管制的国家，官方宣布的汇率往往只起中心汇率的作用（名义汇率），实际外汇交易则是按市场汇率进行的。市场汇率一般不能脱离官方汇率过大，否则，货币当局一般会运用各种手段直接或间接地介入外汇市场，干预市场汇率。当政府无力干预时，就会被迫宣布货币升值或贬值。

4.按银行买卖外汇的角度划分

按银行买卖外汇的角度划分，汇率可分为买入汇率、卖出汇率、中间汇率和现钞汇率。

买入汇率，又称买入价，是外汇银行从同业银行或客户手中买进外汇时所使用的汇率。其实质是外汇银行买进外汇时付给客户的本币数。

卖出汇率，又称卖出价，是外汇银行向客户或同业银行卖出外汇时所使用的汇率。其实质是外汇银行卖出外汇从客户手中收取的本币数。

由于外汇买卖是以外汇银行为中心进行的中介交易，所以一般采用的是双向价，即一般银行都会同时报出一种货币的买价和卖价。按照低买高卖的商业一般原则和营利目的，一般买价低、卖价高，两者的价差为1‰到5‰，而且根据标价法的不同，银行所标出的买入汇率与卖出汇率的表示方法不同。在直接标价法下，前面较小的数为买入价，后面较大的数为卖出价；在间接标价下，买入价和卖出价意义正好相反。

【例4-1】某日，人民币外汇牌价为USD1=CNY6.3043/6.3807（直接标价法）。

该价格中，前一价格表示：银行买进1美元，支付给客户6.3043元人民币（买入价）；后一价格则表示：银行卖出1美元，银行要收取客户6.3807元人民币（卖出价）。

银行收益=6.3807-6.3043=0.0764（元人民币）

【例4-2】 某日伦敦外汇牌价为GBP1=USD1.5385/97（间接标价法）。

对于英国的外汇交易银行而言，前一价格（卖价）：银行卖出1.5385美元时，向客户收取1英镑。后一价格（买价）：银行买进1.5397美元时，需向客户支付1英镑。

银行收益=1.5397-1.5385=0.0012（美元）

中间汇率，也叫中间价，是买入价和卖出价的算术平均数。中间汇率一般是银行同业之间买卖外汇时使用的价格，所以也称同业买卖汇率（inter-bank rate），同业买卖汇率的买卖差价要小于银行与客户的买卖差价。西方外汇市场的牌价报的通常都是中间价，套算汇率也是通过中间价套算的。

现钞汇率，是银行收兑外币现钞时所使用的汇率。把外币现钞兑换成本币，就出现了买卖外汇中外币现钞的兑换率。由于外币现钞一般不能在本国流通，银行买入现钞后要运送到国外才能使用或取得外币利息，而在运输中要花费一系列的费用，包括运费、保险费和邮程利息并承担一定的风险。这样，银行在对待买入现钞时，要低于外汇汇率（现钞买价=电汇买价-运费-保险费-邮程利息）；而卖出外币现钞时则等于外汇汇率。

5.按银行汇兑外汇的方式划分

按银行汇兑外汇的方式划分，汇率可分为电汇汇率、信汇汇率、票汇汇率。

电汇汇率，是指经营外汇业务的银行在售出外汇后，用电报或电传通知其国外的分行代理行付款给收益人所使用的一种汇率。电汇付款快，银行无法占用客户资金头寸，同时国际电报的费用较高，所以电汇汇率是最贵的一种汇率。但同时电汇的资金调拨速度快，能加速国际资金周转，可以规避外汇汇率波动所带来的风险，所以在外汇交易中占绝对比重。

信汇汇率，是指银行售出外汇后，开立付款委托书，以信函的方式通过邮局寄给付款地银行或代理行解付时所用的汇率。由于信函寄达时间长，付款速度较慢，银行可以在一段时间内占用客户的资金获取利息，而且成本低于电汇，所以信汇汇率要比电汇汇率低。

票汇汇率，是指银行在卖出外汇时，开立一张由其国外分支机构或

代理行付款的汇票交给汇款人，由其自带或寄往国外取款。票汇汇率一般比电汇汇率低。票汇汇率有即期票汇汇率和远期票汇汇率。

6.按外汇交易的交割期限划分

按外汇交易的交割期限划分，汇率可分为即期汇率与远期汇率。

外汇买卖成交后都要在某一营业日进行两种货币的收与付，即交割（delivery）。从成交日到交割日的时间间隔有长有短，因汇率随时随地都在变动，加上各国的清算制度和外汇操作技术的差异，也会经历短暂的汇率风波，所以交割的实际期限不同也就有不同的汇率。

即期汇率，又称现汇汇率，是指外汇买卖双方成交后，在当日或两个营业日之内交割款项时使用的汇率。在外汇牌价未注明远期字样的，都是即期汇率。

远期汇率，是指外汇交易双方签订远期外汇合约，规定在未来的某一时间（一般以 30~90 天为期限）进行外汇交割的汇率。到了交割期，协议双方都按预定的汇率、币种、金额进行清算，不受市场实际汇率变动的影响。签订远期外汇交易主要是规避汇率风险。远期汇率与即期汇率一样，都受交割时货币供求因素的影响，即期汇率是确定远期汇率的基础，两者变动的方向一般是一致的。

7.按银行外汇业务的往来对象来划分

按银行外汇业务的往来对象来划分，汇率可分为同业汇率和商业汇率。**同业汇率，是银行与银行之间买卖外汇时所使用的汇率。商业汇率，是银行与商人及客户之间买卖外汇时所使用的汇率。一般而言，商业汇率要高于同业汇率。**

第三节　汇率的影响因素

一、汇率决定的基础

货币具有或者代表一定的价值。两种货币所具有的或所代表的价值比即汇价，这是汇率的一般表述。从本质上说，货币所具有或代表的价值是决定汇率的基础。换言之，汇率的实质在于两种货币所具有的或所代表的价值量的比率。不同时期，两种货币的兑换比率即汇率有差异，是因为不同时期两种货币所代表的价值量不同所致。在不同的货币制度下，货币所具有或代表的价值量不同，决定汇率的基础也有所不同。

1.在金本位制下

在金本位下各国货币的含金量的比称为铸币平价，它是汇率决定的基础。汇率波动的幅度不会偏离铸币平价太远，汇率是比较稳定的。因为一国在金本位制下，进行国际支付或结算不外乎外汇和黄金两种手段可供选择，加之黄金的价值是相对比较稳定的，所以实际汇率就不会偏离铸币平价太远。如果由于汇率变动而以外汇结算方式对进行交易的某一方不利时，他通常会采用直接运送黄金的办法来结算，这样也就约束了汇率波动的幅度。

2.在信用货币制下

纸币是作为金属货币的代表出现的。由于纸币所代表的金属货币具有价值，因此在纸币制度下，各国政府都参照过去流通的金属货币的含金量用法令规定纸币的金平价，所以，两国纸币的金平价应当是决定汇率的依据。

但是，实行纸币流通的国家普遍存在纸币贬值的现象，纸币的法定金平价与实际所代表的含金量严重脱节。而且，很多国家利用外汇管制等手段，人为地维持不符合纸币价值的汇率，因而使纸币的对内价值和对外价值严重脱节。

现在，对于纸币条件下汇率的决定基础有各种理论，如利率平价理论、国际收支理论、资产市场理论等，其中由瑞典经济学家卡塞尔（G.Cassel）提出的购买力平价理论是西方国家汇率理论中最具影响力的理论之一。这种理论认为，按一定比率用本币购买外币，也就是购进了外币的购买力。所以，两国的货币之间的兑换率是由两国货币的购买力决定的。汇率的基础是各国纸币的购买力形式表现的价值，即：在既定的世界市场价格水平上购买商品的能力，也就是现实购买力的比较。

购买力平价理论的前提是一价定律。**一价定律是指在自由贸易的条件下，世界上同一件商品不论在什么地方出售，扣除运费后，价格都是相同的。**一价定律是就个别的商品而言的，如果一价定律制约了绝大多数商品的价格水平，这就是购买力平价。一价定律之所以成立，是因为有套利活动的存在。

购买力平价理论有绝对购买力平价和相对购买力平价。

（1）绝对购买力平价。

绝对购买力平价理论是指在某一时点上，两国购买力（或物价水平）之比决定两国货币之间的汇率。绝对购买力平价理论的公式为：

$$R = \frac{P_a}{P_b} \tag{4.1}$$

其中：R 为绝对购买力平价下的汇率；P_a 为 A 国的一般物价水平；P_b 为 B 国的一般物价水平。

（2）相对购买力平价。

相对购买力平价理论是将汇率在一段时间内的变动归因于两国货币购买力或物价水平在这段时间内的相对变化，即在一定时期内，汇率的变化要与同一时期两国货币购买力或物价水平的相对变化成比例。当两国的购买力比率发生变化时，两国货币之间的汇率就必须作出调整。相对购买力平价理论的公式为：

$$R_1 = R_0 \times \frac{P_{a1}/P_{a0}}{P_{b1}/P_{b0}} \tag{4.2}$$

其中：R_1 为相对购买力平价下的汇率，R_0 为本国基期均衡汇率，P_{a0}、P_{b0} 分别代表 A、B 两国基期物价指数，P_{a1}、P_{b1} 分别代表 A、B 两国报告期物价指数。

购买力平价理论产生至今，对世界上许多国家研究汇率理论以及制定汇率政策产生了重要影响，在汇率理论中占有重要地位，并且现在仍被人们用来预测长期汇率趋势，它有一定的合理性与重要意义。首先，利用两国物价变化来阐述汇率的变化，该理论的研究方向是正确的。其次，论证了纸币条件下汇率的决定基础，阐明了货币的对内贬值必然导致货币的对外贬值，解释了汇率变化的长期原因。

但是，购买力平价理论也有明显的缺陷，具体表现在以下几个方面：第一，该理论存在的前提一价定律与现实存在一定的出入，事实上，由于各国政府的干预和歧视税率等因素，一价定律并不能完全发挥作用。第二，汇率的计算存在技术困难，例如，各国的物价指数成分、指数的基期不可能完全相同，因此不同国家的物价指数很难有可比性。第三，该理论在阐述购买力决定汇率的同时，没有考虑影响汇率的其他因素，有一定的片面性。例如，就美国钢材与中国钢材来说，商品同质，相对价格决定汇率；但是美国汽车和中国汽车不是完全同质的，其前提假设就不是合理的。第四，各个国家都有一些不适宜进行国际贸易的商品及服务，这些商品及服务完全受国内的经济条件所限制，有可能背离购买力平价。特别是随着一国经济的发展，服务业在经济中的比重愈来愈大，因而也影响购买力平价理论。

阅读资料4-1 ▬▬▬▬▬▬▬▬▬▬▬▬▬▬▬▬▬▬▬▬▬▬▬▬▬▬▬▬

巨无霸指数

1986年，《经济学人》杂志发表了所谓的"巨无霸汉堡包指数"（The Big Mac Index）。它是一个非正式的经济指数，用以测量两种货币的汇率在理论上是否合理。该指数建立在不同国家不同的货币购买力之上，衡量的方法很简单：因为世界各地基本上都有麦当劳的餐馆，而每家麦当劳又总有一种招牌式的商品——巨无霸汉堡包。各地生产汉堡包的材料都是一样的，所以各地不同的售价就可以用来进行比较汇率的水平。2011年7月，一个巨无霸汉堡包在美国的售价大致是4.07美元，在阿根廷大致是20比索；用阿根廷比索价格来除以美元价格，则得到一个购买力评价结果：1美元等于4.91比索，而实际的比索对美元的汇率是每美元4.13比索，这意味着比索对美元的汇率有20%的高估。最后则是经GDP调整后的各地区货币对美元高估或低估的情况。我们可以发现，未经GDP调整以前人民币对美元低估了约44%，调整以后人民币对美元的汇率基本处于均衡水平。

2015年1月，一个巨无霸汉堡在智利的售价为2 100比索，按美元对比索1：627.49计算，这个巨无霸汉堡在美国的售价应为3.35美元，但根据在美国的实际售价计算，则美元对智利比索汇率应为1 438.41，因此，智利比索价值被低估。2015年1月的巨无霸指数见表4-1，显示了用汉堡包的价格的购买力评价标准来衡量的美元对各地区货币的高估或低估的情况。

表4-1

Region	local_price	dollar_ex	dollar_price	dollar_ppp	dollar_valuation
Argentina	28	8.61	3.25	5.85	−32.11
Australia	5.3	1.23	4.32	1.11	−9.84
Brazil	13.5	2.59	5.21	2.82	8.70
Britain	2.89	0.66	4.37	0.60	−8.81
Canada	5.7	1.23	4.64	1.19	−3.14
Chile	2 100	627.49	3.35	438.41	−30.13
China	17.2	6.21	2.77	3.59	−42.19
Colombia	7 900	2 364.98	3.34	1 649.27	−30.26
Costa Rica	2 150	536.09	4.01	448.85	−16.27
Czech Republic	70.45	24.13	2.92	14.71	−39.06
Denmark	34.5	6.42	5.38	7.20	12.23
Egypt	16.93	7.35	2.30	3.53	−51.91
Euro area	3.68	0.86	4.26	0.77	−10.98
Hong Kong China	18.8	7.75	2.43	3.92	−49.37
Hungary	860	271.39	3.17	179.54	−33.84
India	116.25	61.62	1.89	24.27	−60.61
Indonesia	27 939	12 480.0	2.24	5 832.78	−53.26
Israel	17.5	3.93	4.45	3.65	−7.14
Japan	370	117.77	3.14	77.24	−34.41
Malaysia	7.63	3.62	2.11	1.59	−55.94
Mexico	49	14.63	3.35	10.23	−30.07
New Zealand	5.9	1.31	4.49	1.23	−6.21
Norway	48	7.62	6.30	10.02	31.46
Pakistan	300	100.74	2.98	62.63	−37.83
Peru	10	3.01	3.32	2.09	−30.60
Philippines	163	44.41	3.67	34.03	−23.37
Poland	9.2	3.71	2.48	1.92	−48.18

Region	local_price	dollar_ex	dollar_price	dollar_ppp	dollar_valuation
Russia	89	65.23	1.36	18.58	−71.51
Saudi Arabia	11	3.76	2.93	2.30	−38.87
Singapore	4.7	1.33	3.53	0.98	−26.40
South Africa	25.5	11.48	2.22	5.32	−53.62
Korea	4 100	1 083.30	3.78	855.95	−20.99
Sri Lanka	350	131.88	2.65	73.07	−44.59
Sweden	40.7	8.19	4.97	8.50	3.73
Switzerland	6.5	0.86	7.54	1.36	57.49
Thailand	99	32.61	3.04	20.67	−36.61
Turkey	9.25	2.33	3.96	1.93	−17.24
UAE	13	3.67	3.54	2.71	−26.11
Ukraine	19	15.82	1.20	3.97	−74.93
US	4.79	1.00	4.79	1.00	0.00
Uruguay	113	24.43	4.63	23.59	−3.42
Venezuela	132	52.10	2.53	27.56	−47.11
Vietnam	60 000	21 380	2.81	12 526.1	−41.41
Austria	3.39	0.86	3.93	0.71	−18.00
Belgium	3.7	0.86	4.29	0.77	−10.50
Estonia	2.9	0.86	3.36	0.61	−29.85
Finland	4.1	0.86	4.75	0.86	−0.83
France	3.9	0.86	4.52	0.81	−5.66
Germany	3.67	0.86	4.25	0.77	−11.23
Greece	3.05	0.86	3.53	0.64	−26.22
Ireland	3.49	0.86	4.04	0.73	−15.58
Italy	3.85	0.86	4.46	0.80	−6.87
Netherlands	3.45	0.86	4.00	0.72	−16.55
Portugal	3	0.86	3.48	0.63	−27.43
Spain	3.65	0.86	4.23	0.76	−11.71

二、影响汇率的因素

一般来说，影响汇率的基本因素是供求关系：当一种外汇的供给大于需求时，外汇汇率下降；当供给小于需求时，外汇汇率上升。实际上，决定和影响外汇汇率的因素有很多，有些因素在一个较长的时期内对汇率产生影响，有些因素影响汇率的短期波动。下面，我们将分别讨论各种因素对汇率变化的影响。

（一）影响汇率的长期因素

1.经济增长

如果一个国家的经济大幅增长，则该国经济活动活跃，居民收入提高，消费能力增强。良好的经济环境吸引大量外资流入，对本币的需求加大，因此导致本币汇率上涨，外汇汇率下降。衡量一国经济增长的速度因国而异，对于一些发展中国家而言，7%左右的增长速度可能就是比较不错的，对于一些发达国家而言，3%左右的增长速度可能就是一个不错的速度。

2.物价水平

一般而言，物价水平上涨，导致一国产品和服务的国际竞争力下降，从而出口减少，进口增加，使国际收支产生逆差。逆差使外汇市场上对外汇的需求增加，从而导致外汇汇率提高，本币汇率下降。同时，物价水平上涨，通货膨胀率较高，反映该国的实际利率水平较低。投资者为了获取高投资回报，会将资本抽逃出去，资本的大规模流出也会给一国的国际收支带来负面影响，进而对该国货币的汇率产生负面影响。

3.生产率

生产率提高直接导致该国可贸易的产品的价格下降，从而增加在国际市场的竞争力。竞争力的增加使对该国产品的需求增加，进而使本国货币汇率提高，外汇汇率下降。

（二）影响汇率的短期因素

1.利率水平

利率水平的高低对资本的流入和流出产生直接的影响。在一国资本账户不加管制的情况下，如果该国利率相对提高，持有该种货币的利息收益增加，将吸引国际短期资本流入，对本币需求增加，从而导致本币汇率提高，外汇汇率下降；反之外汇汇率上升。因此，可以说"利率升，货币强；利率降，货币弱"。

2.国际收支

如果一国国际收支出现顺差，外汇流入，对本币需求增加，从而导致本币汇率提高，外汇汇率下降。如果一国国际收支出现逆差，对外汇需求增加，从而导致外汇汇率提高，本币汇率下降。

3.中央银行对汇率的干预

由于汇率对一国的经济活动会产生直接或间接的影响，因此，各国中央银行为了避免汇率对国内经济造成不利的影响，往往在外汇市场对汇率进行干预，即在外汇市场买卖外汇，使汇率按照中央银行的意愿稳定在一定范围内，从而有利于本国经济的发展。需要指出的是，中央银行在外汇市场干预汇率，只能是本国货币的汇率大幅偏离其"均衡汇率水平"的情况下，否则的话，就可能引起相关国家的不满，以至于产生贸易纠纷等影响两国经贸关系的情况。

4.市场投机心理预期

在外汇市场上，投机交易占整个外汇交易的力量不可忽视。由于投机者获取市场信息的来源不一，一旦市场形成一种趋势，心理预期往往左右汇率的走势，造成汇率在短期内剧烈波动。

5.政治因素

国际或国内大的政治、军事等突发事件，对汇率变动有着不可忽视的作用。例如，苏联解体、美国进军伊拉克、英国脱欧、新冠肺炎疫情全球流行、俄乌战争等政治军事事件，无一例外地对世界外汇市场主要货币的汇率产生重大影响。

6.偶然因素

大的、猝不及防的天灾，如地震、洪灾等偶然因素，也会对外汇市场的汇率产生影响。例如，日本的阪神地震、"3·11"大地震对日元汇率的影响。

三、汇率变动对经济的影响

在浮动汇率下，一国汇率受通货膨胀、利率水平、国际收支状况、资本流动等国内经济因素和世界经济形势的影响而频繁波动。与此同时，汇率作为经济的重要变量，其变动对国内外经济也有着广泛而深远的影响。

1.对进出口贸易的影响

在其他条件相对变化不大的情况下，一国汇率变化对进出口贸易将会产生一定的影响，并相应增加进出口贸易的风险。例如，如果本币贬值、外币升值，而国内物价水平变化不大，则出口产生的利润相应增加，有利于企业增加出口、减少进口。所以，一般情况下，本币贬值有助于出口，抑制进口。相反，本币升值则有利于进口，不利于出口。

2.对物价水平的影响

汇率波动不仅影响进出口商品的国内价格，还影响国内其他商品的价格。本币贬值及外币升值，导致进口商品的出口商品在国内的价格提高，相应导致其他商品价格的提高，从而带动整个物价水平的上涨。相反，本币升值即外币贬值，可以带动整个物价水平的降低。

3.对就业的影响

汇率的变化可以直接影响一国的进出口贸易，它对一国的产出及就业也会产生重要影响。一般来说，本币贬值有助于出口，抑制进口，增加国内总需求，从而带动一国国民收入的增长，并提高国内的就业水平；相反，就会降低国内的就业水平。

4.对资本流动的影响

汇率波动对一国的资本流动直接产生影响，当本币贬值即外币升值时，本国资本为了防止货币贬值的影响，纷纷流到国外。相反，本币升值即外币贬值，则会引起大量国外资本流入国内。

5.对国际储备的影响

汇率变化主要影响一国外汇储备的数量和实际价值。当本币贬值即外币升值时，就会使保值性和投机性资本大量外流造成一国外汇储备的减少；相反，则增加一国外汇储备。另外，目前世界上各国所持有的外汇储备中的绝大部分都是以外汇储备的形式所保有的，如果储备货币的汇率发生变动，必然会影响一国国际储备的价值，从而造成外汇储备的风险损失与收益。

阅读资料4-2

人民币加入 SDR 货币篮子

近年来，中国政府在积极促进人民币国际化，通过多年的不断努力，人民币国际化终于迈向了一个新的历程。2015年12月1日，国际货币基金组织投票决定，批准人民币加入特别提款权（SDR）货币篮子并成为第三大货币，2016年10月1日正式实施。至此，人民币成为后布雷顿森林体系时代首个被纳入SDR篮子的新兴市场国家货币，成为继美元、欧元、日元和英镑后，特别提款权中的第五种货币，正式登上国际货币的舞台。人民币作为第五种货币在国际货币体系中与美元、欧元、日元、英镑共同承担储备货币的职责。自此，特别提款权货币篮子相应扩大至美元、欧元、人民币、日元和英镑，权重分别为41.73%、30.93%、10.92%、8.33%和8.09%。

特别提款权亦称"纸黄金"，最早发行于1970年，是国际货币基金组织根据会员国认缴的份额分配的，可用于偿还国际货币基金组织债务、弥补会员国政府之间国际收支逆差的一种账面资产。会员国在发生国际收支逆差时，可用它向基金组织指定的其他会员国换取外汇，以偿付国际收支逆差或偿还基金组织的贷款，还可与黄金、自由兑换货币一样充当国际储备。

人民币加入SDR货币篮子对于我国来说意义深远。国际金融危机以来，我国始终是全球经济发展的重要推动力量。从2010年开始，我国经济总量超过日本，成为世界第二大经济体。2013年，我国进出口贸易总额达到4.16万亿美元，首次超过美国，成为世界第一贸易国。当前，人民币业务离岸清算已经拓展至全球22个国家和地区，实现了五大洲清算网络的全覆盖。我国政府也在积极调整人民币中间价形成机制，削减人民币汇率中间价与市场价的偏离程度，推动建立跨境人民币支付系统，现在已经在美国、英国、德国、法国等地成立了离岸人民币清算银行。

人民币加入SDR货币篮子意味着人民币国际化进程的加快，市场化也必将成为人民币的最终命运。同时，人民币加入特别提款权货币篮子整体有利于提高我国在国际货币体系中的话语权，有利于统筹国内和国外经济两个大局，有利于深化我国经济转型发展和金融体系改革。普通居民亦将由于人民币的国际化而享受更多的使用和服务便利，有利于促进我国居民的对外交流。

央行：深入推进汇率市场化改革

党的十八大以来，按照党中央、国务院决策部署，人民银行稳步深化汇率市场化改革，不断完善以市场供求为基础、参考一篮子货币进行调节、有管理的浮动汇率制度，人民币汇率市场化水平不断提高，市场供求在汇率形成中发挥决定性作用，汇率弹性不断增强，双向波动成为常态，人民币汇率在合理均衡水平上保持了基本稳定。实践证明，这是适合中国国情的汇率制度安排，有效发挥了宏观经济和国际收支自动稳定器功能。

一、汇率市场化改革不断深入

一是不断完善人民币对美元汇率中间价形成机制，提高规则性、透明度和市场化水平。2015年8月，增强中间价的市场化程度和基准性，做市商参考上日银行间外汇市场汇率收盘价、综合考虑外汇市场供求情况以及国际主要货币汇率变化提供中间价报价。2015年12月，中国外汇交易中心发布人民币汇率指数系列，引导市场更多从一篮子货币视角全面客观看待人民币汇率。2016年2月，明确"收盘价+一篮子货币汇率变化"的人民币对美元汇率中间价形成机制。2017年5月，外汇市场自律机制核心成员讨论提出在"收盘价+一篮子货币汇率变化"的报价模型中加入"逆周期因子"，以适度对冲市场情绪的顺周期波动。2020年10月，中间价报价行陆续淡出使用逆周期因子。规则清晰、透明公开、市场主导的中间价形成机制沿用至今。

二是不断增强人民币汇率弹性，有序扩大汇率浮动区间。2005年汇改以后，人民银行因势利导择机扩大汇率浮动区间，不断增强汇率弹性。2007年5月，银行间即期外汇市场人民币对美元交易价日浮动幅度从2007年的千分之三逐步扩大至目前的百分之二。

三是建立健全外汇宏观审慎管理制度，维护外汇市场稳定和国际收支平衡。建立远期售汇业务的外汇风险准备金制度，通过价格手段引导市场主体基于实需背景合理安排远期结售汇，树立"风险中性"理念。建立并完善跨境融资宏观审慎管理制度，使市场主体跨境融资水平与宏观经济热度、整体偿债能力和国际收支状况相适应，控制杠杆率和货币错配风险。2016年本外币一体化的全口径跨境融资宏观审慎管理开始实施。动态调节外汇存款准备金率，优化金融机构外汇资金运用。以上制度安排旨在维护国际收支平衡，可根据宏观审慎需要和外汇供求形势变化对相关参数进行灵活调整。

四是推进外汇市场发展，建立外汇市场自律机制。丰富外汇市场产品体系，扩展市场参与主体，推进市场对外开放，完善外汇市场基础设施，逐渐形成了功能完善的多层次外汇市场体系，市场主体多元化外汇需求得到更好满足，市场化价格形成和传导机制不断完善。外汇市场自律机制和中国外汇市场指导委员会（CFXC）共同构成中国外汇市场自律体系，推动中国外汇市场从过去以他律为主转向他律和自律并重。近年来，人民银行、外汇局持续加强汇率风险管理宣导，引导企业和金融机构树立"风险中性"理念，指导金融机构基于实需原则和风险中性原则积极为中小微企业提供汇率避险服务，降低中小微企业汇率避险成本。

二、汇率市场化改革成效显著

一是人民币汇率形成由市场起决定性作用。人民银行已退出常态化干预，人民币汇率由市场供需决定，在发挥价格信号作用的同时，提高了资源配置效率。同时，市场化的人民币汇率有助于提高货币政策自主性，人民银行主要根据国内经济金融形势实施稳健的货币政策，平衡了国际收支，促进了内外部均衡。

二是人民币汇率双向浮动、弹性增强。人民币可兑换程度不断提升，汇率双向浮动特征明显，年化波动率保持在3%~4%，较好发挥了宏观经济和国际收支自动稳定器的作用。在中美经贸摩擦、新冠肺炎疫情暴发和全球蔓延、世界经济衰退、全球通胀和发达经济体收紧货币政策等多轮重大冲击考验中，人民币汇率均能迅速调整，并在较短时间内恢复均衡，有效发挥了对冲冲击的作用。

三是人民币汇率在合理均衡水平上保持了基本稳定。汇率稳定不是固定在具体数值，而是在动态变化中实现均衡。2005年汇改以来至2022年8月，人民币对美元、欧元、日元中间价分别累计升值约20%、45%、47%，同期国际清算银行（BIS）公布的人民币名义有效汇率和实际有效汇率指数分别升值49%和52%。2022年以来，人民币汇率在合理均衡水平上保持基本稳定，中国外汇交易中心（CFETS）人民币汇率指数较2021年末基本持平。人民币对美元汇率有所贬值，但贬值幅度明显小于同期美元指数升值幅度；人民币对欧元、英镑、日元明显升值，是目前世界上少数强势货币之一。

四是人民币汇率形成的外汇市场基础更加牢固。面对复杂的外部形势，人民银行加强预期管理和引导，外汇市场预期保持平稳，中间价、在岸价、离岸价实现"三价合一"，避免了汇率超调对宏观经济的冲击。外汇市场深度和广度不断拓展，可交易货币超过40种，交易品种涵盖国际主流外汇交易产品，2012年以来交易量增长了三倍，2021年达到了36.9万亿美元。市场承受冲击能力明显增强，银行间外汇市场供求基本平衡。衍生品产品体系不断完善，已涵盖远期、外汇掉期、货币掉期和期权等国际外汇市场基础产品体系，有效满足了市场主体各类汇率避险需求，市场主体适应人民币汇率波动能力不断提升。2022年上半年，企业利用远期、期权等外汇衍生品管理汇率风险规模达到7 558亿美元，同比增长29%，外汇套保比率比上年全年上升4.1个百分点，达到26%。

三、人民币汇率在合理均衡水平上保持基本稳定有坚实基础

疫情暴发后，中国率先成为2020年全球唯一实现经济正增长的主要经济体，经济韧性不断增强。近期我国经济总体延续恢复发展态势，在全球高通胀的背景下保持了物价的基本稳定，贸易顺差持续保持高位，2022年前8个月贸易差额5 605亿美元，同比增长57%。随着宏观政策效应显现，经济基本盘将更加扎实，这是汇率平稳运行最大的基本盘。坚持实施正常货币政策，政策空间充足，工具箱丰富。同时，人民币的趋势是明确的，人民币资产是安全的，未来世界对人民币的认可度会不断增强。人民币汇率形成机制适合中国国情，可以充分发挥市场和政府"两只手"的作用，经受住了多轮外部冲击的考验，人民银行积累了丰富的应对经验，能够有效管理市场预期，为汇率稳定提供坚实保障。从近年来走势看，人民币对美元双边汇率和美元指数没有一一对应关系，美元升值、人民币更强的情形也曾经出现过。前两次人民币对美元汇率"破7"后，随着市场形势变化，汇率重新回7元下方，市场供求始终起着决定性作用，外汇市场有能力实现自主平衡。必须认识到，在市场化的汇率形成机制下，汇率的点位是测不准的，双向波动是常态，不会出现"单边市"。

下一步，人民银行将坚持以习近平新时代中国特色社会主义思想为指导，按照党中央、国务院的统一部署，全面贯彻新发展理念，坚持以市场供求为基础、参考一篮子货币进行调节、有管理的浮动汇率制度，坚定不移深化汇率市场化改革，增强人民币汇率弹性，更好发挥汇率调节宏观经济和国际收支自动稳定器作用。持续推进多层次外汇市场体系建设，进一步提高外汇市场的深度和广度，引导企业和金融机构树立风险中性理念。综合施策，稳定预期，坚决抑制汇率大起大落，保持人民币汇率在合理均衡水平上的基本稳定。

资料来源：中国人民银行货币政策司. 深入推进汇率市场化改革［EB/OL］.［2022-10-11］. http://www.pbc.gov.cn/zhengcehuobisi/20221011.html.

本章小结

1.外汇是以外币表示的可以用于国际结算并能兑换成其他形式的外币资产和支付手段。外汇具有以下特点：外币性、可偿还性、可自由兑换性。

2.汇率是外汇汇率的简称，又称汇价、外汇牌价或外汇行市，是两个国家货币之间的比率，它反映一国货币的对外价值。

3.目前国际上主要使用三种汇率标价方法：一是直接标价法，即以一定单位的外国货币为标准来折算一定数额本国货币的方法。在直接标价法下，外国货币的数量保持不变，本国货币数量随外国货币或本国货币的币值的变化而变化。二是间接标价法，即以一定单位的本国货币为标准折合成若干数额的外国货币的方法。在间接标价法下，本国货币的数量保持不变，外国货币数量随本国货币或外国货币的币值的变化而变化。三是美元标价法，即以一定单位的美元为标准来计算可兑换多少其他货币的汇率表示方法。

4.汇率按照不同的标准可以分为不同的种类：按确定汇率的不同方法划分，有基本汇率和套算汇率；按国际汇率制度的演变划分，有固定汇率和浮动汇率；按对外汇管理的宽严程度划分，有官方汇率和市场汇率；按银行买卖外汇的角度划分，有买入汇率、卖出汇率、中间汇率和现钞汇率；按照银行汇兑外汇的方式划分，有电汇汇率、信汇汇率、票汇汇率；按外汇交易的交割期限划分，有即期汇率与远期汇率；按银行外汇业务的往来对象来划分，有同业汇率和商业汇率。

5.购买力平价理论是现代经济学中一种最有影响力的长期汇率决定理论。两国的货币之间的兑换率是由两国货币的购买力决定的。汇率的基础是各国纸币的购买力形式表现的价值，即：在既定的世界市场价格水平上购买商品的能力，也就是现实购买力的比较。

6.影响汇率的因素分为长期因素和短期因素。影响汇率的长期因素主要有经济增长、物价水平和生产率；影响汇率的短期因素主要有利率、国际收支、汇率政策、市场投机心理、政治因素和偶然因素等。

7.汇率作为经济的重要变量，其变动对进出口贸易、物价水平、就业、资本流动以及国际储备等方面有广泛而深刻的影响。

综合训练

4.1 单项选择题

1.下列资产中不是外汇的是（　　　）。

A.美元 　　　　　　　　　　B.特别提款权

C.欧元 　　　　　　　　　　D.第纳尔

2.下列汇率中成本最低的是（　　　）。

A.电汇汇率 　　　　　　　　B.信汇汇率

C.票汇汇率 　　　　　　　　D.无法确定

3.其他条件一定的情况下，货币升值，则商品的价格（　　　）。

A.上升 　　　　　　　　　　B.不变

C.下降 　　　　　　　　　　D.不一定

4.影响汇率的长期因素包括（　　　）。

A.GDP 　　　　　　　　　　B.利率

C.预期 　　　　　　　　　　D.突发事件

5.购买力平价学说与（　　　）紧密相关。

A.利率 　　　　　　　　　　B.生产力

C.物价水平 　　　　　　　　D.不好说

4.2 多项选择题

1.（   ）的货币采取的是浮动汇率制。

A.美国　　　　　　　　　　B.日本

C.中国　　　　　　　　　　D.韩国

2.远期汇率的主要目的是（   ）。

A.保值　　　　　　　　　　B.投机

C.银行调整头寸　　　　　　D.规避风险

3.影响汇率的长期因素是（   ）。

A.经济增长　　　　　　　　B.物价水平

C.经济规模　　　　　　　　D.进出口

4.以下因素导致本币升值的有（   ）。

A.国内通货紧缩　　　　　　B.贸易顺差

C.资本外流　　　　　　　　D.降低进口关税

5.截至 2021 年一季度末，人民币储备在国际货币基金组织标明币种中居于（   ）。

A.第 3 位　　　　　　　　　B.第 4 位

C.第 5 位　　　　　　　　　D.第 6 位

4.3 思考题

1.简述外汇汇率的标价方法？

2.简述购买力平价理论的主要内容。

3.影响长期汇率变化的主要因素有哪些？

4.影响短期汇率变化的主要因素有哪些？

5.汇率变动对一国经济有哪些影响？

第五章

金融市场

学习指南

【学习目标】

金融市场是交易货币、产权、证券和各种金融衍生品的场所，成功的金融市场具有保护产权、降低交易成本和提高透明度等特性。通过本章的学习，要了解金融市场的基本含义、基本分类、基本功能等；重点掌握货币市场的相关内容，并能够运用相关理论，解释经济生活中的经济现象；同时对我国金融市场的建设提出相应的建议。

【关键概念】

金融市场　货币市场　同业拆借市场　商业票据市场　贴现　转贴现　再贴现　短期政府债券市场　大额可转让定期存单　回购协议市场　资本市场　证券发行市场　证券流通市场

引例

22家上市银行业绩预喜　国际资本关注A股银行股

Wind数据显示，截至2022年3月6日记者发稿时，已有22家上市银行公布2021年业绩快报，全部实现预喜。其中19家银行的归母净利润增速达到两位数，占比超八成。国际资本对于A股银行股也予以更多重视，两只千亿市值的银行股被新纳入富时中国 A50 指数成分股。

2022 年 3 月 3 日，上海银行发布 2021 年业绩快报，成为又一家业绩预喜的上市银行。数据显示，该行 2021 年实现营业收入 562.30 亿元，同比增长 10.81%；归属于母公司股东的净利润 220.42 亿元，同比增长 5.54%。资产质量方面，截至 2021 年 12 月末，该行资产总额达 2.65 万亿元，同比增长 7.76%；不良贷款率为 1.25%，同比上升 0.03 个百分点；拨备覆盖率 301.13%，同比下降 20.25 个百分点。

营收方面，除了厦门银行，其余 21 家上市银行全部实现预增。

从业绩规模来看，招商银行、兴业银行、中信银行 2021 年的营收位列上市银行前三位，且均在 2 000 亿元以上，招商银行以 3 312.34 亿元的营收规模居首。招商银行也是目前为止唯一一家归母净利润超过 1 000 亿元的上市银行，2021 年全年归母净利润为 1 199.22 亿元。兴业银行、中信银行紧随其后，2021 年归母净利润分别为 826.80 亿元和 556.41 亿元。

业绩增速方面，有 11 家上市银行的营收同比增速超 10%，19 家上市银行的归母净利润同比增速超 10%。其中，宁波银行以 28.24% 的营收增速、江苏银行以 30.72% 的归母净利润增速位列榜首。值得注意的是，厦门银行作为目前唯一一家营收同比减少的上市银行，其归母净利润的增速也达到了 18.65%。

整体来看，上市银行 2021 年业绩"成绩单"表现亮眼。值得注意的是，海外资本近期对于 A 股上市银行股的关注度也有所提升。当地时间 2022 年 3 月 2 日，国际知名指数编制公司富时罗素宣布了富时中国 50 指数、富时中国 A50 指数等的年度审核变更结果。本次调整中，富时 A50 指数新纳入两只千亿市值的银行股，分别是宁波银行和邮储银行。

与此同时，海外最大中国股票基金——安联神州 A 股基金 1 月加仓招商银行。截至 2022 年 1 月 31 日，该基金持有招商银行市值达 3.18 亿美元，加仓幅度为 10.10%。另一只海外中国股票基金，摩根基金-中国 A 股机遇 A（累计）人民币的前十大重仓股中也出现了银行股的身影，分别是招商银行、宁波银行。此外，最新公布的挪威政府全球养老基金 2021 年持仓中，也出现了建设银行、工商银行和招商银行，持仓市值均位列前十。

资料来源：罗逸姝. 22家上市银行业绩预喜 国际资本关注A股银行股〔EB/OL〕.〔2022-03-07〕. http://www.news.cn/fortune/2022-03/07/c_1128444496.htm.

那么何谓金融市场？金融市场的功能是什么？金融市场的交易对象是什么？金融市场有哪些分类？以及如何建立一个高效、公开、公平、公正的金融市场，等等，本章将进行相应的阐述。

第一节　金融市场概述

一、金融市场的概念及分类

（一）金融市场的概念

所谓金融市场，就是指通过金融工具进行资金融通的场所与行为的总和。金融市场是市场体系中的一个重要组成部分，它既有市场体系的共性，也有自身的特点，这些特点奠定了金融市场在市场体系中的重要地位。大家知道，现代经济需要大量的投资来生产商品和提供服务来满足消费者的需要，进而提高整个社会的生活水平。投资所需要的资金往往超过单个企业或政府等的支付能力，需要通过借贷的方式来筹措资金，这时，金融市场的存在就为投资者开辟了新的资金来源：投资者通过在金融市场上出售金融工具，可以迅速地从购买金融工具的人或机构手中筹集到巨额资金。正是金融市场的存在，使得资金从盈余者手中的储蓄过渡到资金需求者手中成为投资，从而使整个社会的经济活动得以延续和扩张。按照不同的标准，金融市场可以有不同的分类。

（二）金融市场的分类

1.按照融通资金的期限划分

金融市场按照融通资金的期限可以分为货币市场和资本市场。货币市场又称为短期金融市场，其融资期限通常在1年或1年以内；资本市场又称为长期金融市场，其融资期限通常在1年以上。

2.按照融通资金的方式划分

金融市场按照融通资金的方式可以分为直接融资市场和间接融资市场。直接融资市场是指资金供求双方借助于金融工具直接实现资金的转移与融通，而不需要金融中介；间接融资市场是指资金供求双方通过金融中介来完成资金的融通活动。

3.按照金融工具的发行和流通划分

金融市场按照金融工具的发行和流通可以分为一级市场和二级市场。一级市场也称为初级市场或发行市场，是有价证券初次发行的市场；二级市场也称为流通市场，是已发行证券的交易市场，其主要功能是为证券投资者提供流动性。

4.按照金融交易的场地和空间划分

金融市场按照金融交易的场地和空间可以分为有形市场和无形市场。有形市场是指有固定的交易场所，在组织严密的场所进行的金融交易活动；无形市场是指没有固定的场所，交易双方通过电话、电报、电传、传真、互联网等进行的金融交易活动。

5.按照金融交易合约的性质划分

金融市场按照金融交易合约的性质可分为现货市场、远期市场、期货市场和期权市场。现货市场是指交易双方成交后，立即或在一两个交易日内办理交割。远期市场是指买卖双方成交后，于未来某一特定日期，按特定价格办理交割。期货市场是交易双方达成协议或成交后不立即交割，而在未来一定时间内进行交割。期权市场是指买卖双方按成交协议签订合约，允许买方在支付一定的期权费用后，取得在特定时间内按协议价格买进或卖出一定数量证券的权利。

二、金融市场的参与者

金融市场的参与者通常由交易主体和管理部门构成。

（一）金融市场交易主体

金融市场交易主体是指参与金融市场交易的个人和机构。金融市场交易主体是决定金融市场运行是否高效的关键因素。

从参与动机来看，金融市场的主体主要有投资者、投机者、筹资者、套期保值者和套利者。当然，随着金融市场的变化，参与市场交易的动机也可能发生变化，或者可能同时有不同的动机。

按参与身份划分，金融市场的主体主要有个人和家庭、工商企业、政府部门和金融中介。

1.个人和家庭

个人和家庭一般是金融市场的资金供给者。个人的货币收入大于支出的部分可以在金融市场上用于各种投资。他们可以根据投资目的不同而选择不同的金融资产。例如，有的人投资以安全性为第一原则，就选择购买债券。这些债券风险小但利率也较低；有的人投资目的是获取高额利息或红利收入，他就可以选择股票或一些低级债券，相应地承担的风险也大；有些人的资金闲置时间很短，可以投资于短期的国库券、存单或活期存款这些资产，利率低但变现性很强。

当然，个人和家庭有时也是金融市场上的资金需求者。例如，有时个人会有暂时性资金流动性短缺，这时可以通过短期信贷来弥补资金缺口，如旅游信贷、装修信贷等消费信贷。有时个人会有中长期的资金需求，如购买住房等耐用消费品，这时可以通过申请抵押贷款等方式从金融市场上获取资金。总体而言，个人和家庭主要是金融市场的资金供给者，而充当资金需求者的情况较少。

2.工商企业

工商企业在一般情况下是金融市场的资金需求者。短期来看，企业需要通过市场筹集短期资金弥补流动资金不足、提高企业财务杠杆比例增加盈利；长期来看，企业需要筹措长期资金用于扩大再生产和经营规模。

另外，工商企业有时也会充当金融市场的资金供给者。当企业资金有盈余时，可以利用金融市场进行投资，并视其资金闲置长短选择不同的信用工具，或投资于货币市场或投资于证券市场取得收益。

3.政府部门

政府部门在金融市场上通常是资金的需求者。当政府的税收等收入不足以弥补财政预算时，政府为了弥补财政赤字或刺激经济增长，就会利用国家信用工具来筹措资金，它在短期金融市场上发行短期政府债券——国库券，在长期金融市场上发行公债券等。由于政府债券的大量发行，每个银行、企业及个人都或多或少地拥有国债，因此政府部门对金融市场影响很大，在金融市场占有重要的地位。

政府部门有时也是资金的供给者。它通过地方财政、国有企业等公共部门向民间特定的领域和政策性金融机构提供稳定资金，来调整经济结构或影响整个经济活动的规模。尽管财政资金的投放有时不通过金融市场进行，但财政资金的供应可以改变金融市场上的资金供求关系及市场利率预期，因此政府仍然可以认为是金融市场的资金供给者之一。

4.金融中介

金融中介是在金融市场中充当交易媒介，从事交易或促成交易完成的机构，是金融市场运行的主导力量。例如，商业银行是金融市场上资金的最大供应者：它从社会吸收存款后，再将资金贷给企业，除此以外，还对客户提供各种票据贴现，也对有价证券进行投资。同时商业银行也通过吸收存款以及发行金融债券、定期存单等形式筹集资金，成为资金的需求者。各类专业银行则通常通过发行股票、债券的方式筹集资金，除一部分用于专门的放款外大部分用于有价证券投资。其他金融机构也通过各种方式从金融市场筹集资金或者向金融市场供给资金。

中央银行则是商业银行最后贷款人，它通过再贷款与再贴现的方式解决商业银行放款来源不足的问题；同时，它还通过公开市场操作在金融市场上购入和出售有价证券，扮演资金供应者与需求者的双重角色。当然，在这些活动中，中央银行更重要的是以资金供求的调节者和金融市场的管理者身份出现的。

（二）管理部门

金融市场的管理部门主要有政府监管机构和一些行业组织。无论是政府监管机构还是行业自律组织，在市场发挥的主要作用都是加强监管。金融市场功能是否齐全、资源配置能力如何，投资者的权益能否得到保护，很大程度上取决于金融市场法律制度建设完善程度与行业自律水平。法律是金融市场良性运转的基石，如果没有政府制定严格的监管体系，市场参与者的利益就得不到有效的保护；同样，如果没有行业组织的自律来增进商业上的道义和诚实，就会大大增加维护市场建设的成本，增加金融市场风险，破坏金融市场的稳定。

1.政府监管机构

政府监管机构是指国家及各级政府制定金融市场相关法律、法规的相应部门。例如，监督商业银行运营的《中华人民共和国商业银行法》（以下简称《商业银行法》）、监督证券业运营的《中华人民共和国证券法》、监督保险业运营的《中华人民共和国保险法》等，都是国家层面制定的法律，由相关部门监督执行；地方性法规一般由地方政府或其指定的部门依据国家相关法律制定，如中国人民银行在全国设立分支机构监督执行相关的金融政策。上海证券交易所归属中国证监会直接管理，它致力于创造透明、开放、安全、高效的市场环境，切实保护投资者权益，其主要职能包括：提供证券交易的场所和设施、制定证券交易所的业务规则、接受上市申请，安排证券上市，组织、监督证券交易，对会员、上市公司进行监管，管理和公布市场信息等。证监会主要是围绕新股发行体制改革、退市改革、鼓励现金分红并完善投资者回报机制，吸引长期资金入市和大力培育机构投资者与改善股市投资者结构，倡导理性投资及坚持价值投资和防止炒新、炒小、炒差等保护投资者合法权益的政策措施，打击老鼠仓等违法违规行为和保护投资者合法权益，积极推动证券业和证券公司创新发展等方面，发挥市场的监管职责。

2.行业组织

行业组织一般是一些民间非营利组织，也有一些是半官方半民间的非营利组织，其主要职责是协助政府有关部门管理相关金融市场的交易活动。

行业组织在弥补政府监管的不足的同时，可以有效发挥自身的特点，减少政府犯错的概率，有效降低监管市场的成本。但由于种种原因，相对于发达国家成熟的金融市场，我国金融市场中成立的行业自律组织较少，管理金融市场的功能较弱，发展的空间很大。

例如，美国证券市场的监管机构除了美国证券交易委员会外，还有美国全国证券交易商协会，其主要的市场管理职能有：建立会员制度；提供电子计算机化的统计系统、报价系统和转账清算系统，并利用该系统监视场外交易中各种证券交易量和证券交易价格的变化，防止不法交易的发生；贯彻执行证券交易委员会的管理政策和规定；监督、检查会员的日常经营活动。

三、金融市场的功能

金融市场的功能是指金融市场在经济生活中所发挥的重要作用。一一般来说，金融市场有六大功能：筹集资金功能、资源配置功能、价格发现功能、风险管理功能、公司治理功能及调节经济功能。

（一）筹集资金功能

金融市场的筹集资金功能是指其通过向个人和家庭、工商企业和政府提供资金融通服务，资金从资金盈余者手中过渡到资金需求者手中。它是金融市场最基本的功能。

在直接融资情况下，资金需求者通过向金融市场的资金盈余者出售金融工具，直接从后者手中获取资金，这些金融工具代表了对借款者未来收益或者资产的求偿权。对于贷款者而言，这些金融工具质量的高低是影响其价格的重要因素，因此，对于购买者的专业知识要求较高。

在间接融资情况下，资金盈余者向金融中介融出资金，金融中介再把融进的资金贷给资金需求者。对于资金盈余者而言，金融中介经营水平的高低是影响其融出资金成本的重要因素。对于金融中介而言，资金需求者的信用高低则是影响其贷款利率水平的重要因素。

（二）资源配置功能

金融市场的资源配置功能是指其促进资金合理流动，实现资源优化配置和有效利用的功能。其含义一是指通过资金筹集功能将资金从缺乏生产性投资机会的人手中转移到拥有此类机会的人手中，有效地配置资本，从而提高整体经济的产出水平和效率；二是指利用资源生产出来的产品既能满足社会需要，同时又不过多超过社会需求而造成资源的浪费。在市场经济条件下，资源的合理配置主要是通过市场机制来实现的。一旦市场对某种产品产生较大的需求，产品的价格就会上升，价格的上升直接作用于企业，使企业调整产品结构和数量，从而达到供需平衡。

金融市场不仅可以促进资源的合理运用，而且可以促进企业有效地利用资源。利率是金融市场的资金成本，金融市场的利率基本上是一种均衡利率，大致反映资金的供求关系。一个企业如果想借入资金，就必须支付相应的利息后依旧有利可图，在利息的压力下，企业必然会改善经营管理、加快资金周转、节约资金，以期取得最大的效益。

（三）价格发现功能

金融市场的价格发现功能主要是指期货市场通过公开、公正、高效、竞争的期货交易运行机制，形成具有真实性、预期性、连续性和权威性价格的过程。

因为期货价格与现货价格的走势基本一致并逐渐趋同，所以今天的期货价格可能就是未来的现货价格，这一关系使世界各地的套期保值者和现货经营者都利用期货价格来衡量相关现货商品的近、远期价格发展趋势，利用期货价格和传播的市场信息来制定各自的经营决策。这样，期货价格成了世界各地现货成交价的基础。当然，期货价格并非每时每刻都能准确地反映市场的供求关系，但这一价格克服了分散、局部的市场价格在时间上和空间上的局限性，具有公开性、连续性、预期性的特点。应该说它比较真实地反映了一定时期世界范围内供求关系影响下的商品或金融工具的价格水平。

（四）风险管理功能

金融市场的风险管理功能是指金融市场为工商企业、居民和家庭以及政府提供了防范人身、财产和经营风险的手段。无论如何，金融市场的风险都只能被转移，并没有消失。因此，通过金融市场的风险补偿机制，金融市场的参与者可以有效地规避风险、转移风险。这种风险补偿机制，一是保险机构通过出售保险单实现的；二是金融市场提供套期保值、组合投资的条件和机会；三是政府的存款保险制度、各种风险基金等也为市场参与者起到了风险补偿作用。

（五）公司治理功能

金融市场的公司治理功能是指公司的出资者通过金融市场对经营者进行控制，以确保出资者收益的方式。公司治理的核心问题是公司的独立问题。如果公司不独立，出资人的利益很难得到有效保护。通过金融市场的监督，可以促使公司完善法人治理，提高公司的独立性。

（六）调节经济功能

金融市场的经济调节功能是指调节货币供应量从而达到调节社会总需求和总供给的功能。

金融市场为政府实现其充分就业、低通胀和经济持续增长的目标提供了货币政策的环境和渠道。货币当局主要通过一些货币政策来实现对宏观经济的调控：如果金融市场货币量较多，则意味着社会总需求比较旺盛，经济出现"过热"状况，货币当局就会紧缩银根，减少货币供给，降低经济增长的速度；如果金融市场货币量不足，社会总需求疲软，经济不景气，货币当局就会增加货币的供给，从而增加社会总需求，促进经济回升。

第二节 货币市场

货币市场是融资期限在一年以内的短期资金交易市场。在这个市场上用于交易的工具形形色色，交易的品种十分丰富。

货币市场有以下几个突出特征：第一，交易期限短。资金借贷期限较短的只有一天甚至半天（如同业间的隔夜拆借），长的不超过一年。第二，资金借贷主要是为满足短期性、临时性的需要。第三，流动性高。由于货币市场工具的期限很短，市场利率变动造成的价格波动很小，价格较其他金融资产更加稳定。一旦市场发生变化，投资者可以快速变现规避风险，从而为投资者提供了较高的流动性。第四，交易主体机构化。货币市场的交易主体包括政府、政府机构、中央银行、金融机构、工商企业、居民个人等。其中，个人的交易比例非常低，整个市场的交易基本被机构所控制。第五，市场参与主体具有多重性角色。货币市场的交易主体主要有投资者、筹资者、套期保值者、套利者和监管者等。这几类主体不是截然分开的，常常是一个交易者同时充当几类角色。第六，交易的高效性。货币市场是世界上最有效率的市场之一。它的效率反映在市场的广度（交易者和交易工具多样化）、深度上（市场活跃程度）。

货币市场按照交易的内容和方式可分为同业拆借市场、商业票据市场、短期政府债券市场、大额可转让定期存单市场和回购协议市场。

一、同业拆借市场

（一）同业拆借市场的概念和特点

1.同业拆借市场的概念

同业拆借市场又叫同业拆放市场，是指银行与银行之间、银行与其他金融机构之间进行短期（1年以内）、临时性资金拆出拆入的市场。其目的主要是调剂头寸和临时性资金余缺。在美国，这一市场被称为联邦基金市场。

2.同业拆借市场的特点

（1）严格的市场准入限制。

同业拆借市场有着很严格的市场准入条件，一般只在金融机构或某类金融机构之间进行，非金融机构或非经国家相关部门批准的金融机构是不能进入同业拆借市场的。从这个意义上讲，凡是进入同业拆借市场的金融机构可以被认为是经过政府管理部门背书的，有相当高的信用。但是，有些国家在特定时期，对进入同业拆借市场的金融机构的限定存在着不同，如有些国家允许所有的金融机构进入同业拆借市场，而监管较为苛刻的国家只允许商业银行进入同业拆借市场。

（2）资金借贷的期限很短。

同业拆借市场的资金借贷期限一般比较短，最短为几个小时或隔夜，经常性的为1天、2天或1周，通常不超过1个月。借贷基本上是为轧平头寸、补足存款准备金或减少超额准备金所进行的短期资金融通。

（3）交易手段比较先进，交易手续简便，成交时间较短。

同业拆借市场的参与者主要通过电话进行联系，以协商方式达成交易，然后通过各自的中央银行自动划账清算；或者直接向资金交易中心提出供求和报价，由资金中心进行撮合成交，并进行资金交割划账。

（4）交易金额较大，且基本以信用交易为主。

参加同业拆借市场交易的参与者基本是金融机构，并且市场中没有交易数额的限制，通常交易的金额巨大。另外，交易一般不需要以担保或抵押品作为借贷条件，完全是一种协议和信用交易方式，双方都以自己的信用作担保，严格遵守交易协议。

（5）利率由供求双方议定。

同业拆借利率由交易双方协商议定，能充分反映资金供求关系，是一种高度市场化的利率。通常，同业拆借利率作为货币市场上其他利率定位的重要参考利率。中央银行在实现其货币政策目标时，也往往要通过公开市场操作来控制同业拆借利率，进而影响市场利率。

可变的基准：Libor 报价员的游戏潜规则

交易员："请在今天报尽可能高的3个月期利率。"

报价者："5.37可以吗？"

交易员："5.36就够了。"

短短几个来回，却能随意"改变"当天 Libor（伦敦同业拆借利率）与 Euribor（欧洲银行间欧元同业拆借利率）基准利率报价，让巴克莱资本等大型投行背负"操纵和错误报告 Libor 和 Euribor 基准利率"的恶名。

每个交易日，英国银行家协会（BBA）向报价银行搜集十余种货币拆借成本报价，并得出当天 Libor，这一貌似公平的交易规则，实际让投行有机可乘。

美国商品期货交易委员会（CFTC）调查显示，2005—2009 年，有14 位巴克莱的 Libor 衍生品交易员先后 257 次试图贿赂利率报价员操纵 Libor 与 Euribor 以获得好处。

一位巴克莱衍生品交易员曾在 2006 年 3 月 10 日向利率报价员发邮件直言："我真的需要在周一有个非常非常低的 3 个月期利率，最好（巴克莱的报价）能被踢出局。我们这个交易部门约有 80 亿美元的单子，利率每降低 0.1 个基点，对我们都是巨大的帮助。所以，4.9 或更低那就最好了。"

"过低的 Libor 报价，容易引起监管部门的注意，成为今后调查的证据。"一位投行人士透露，而巴克莱并不是直接操纵 Libor，而是利用自身偏低的报价去影响其他投行报价员对资金供求关系的判断——当某家大型投行报出一个低于预期的 Libor 时，其他人会以为这家银行手里有充足资金可供拆借，不少人会跟进调低 Libor 报价，让自身融资成本更具竞争力。于是，Libor 就这样"人为"地被调低。

"通常人为操纵幅度不会超过 2~3 个基点。"上述投行人士说，哪怕刻意调高/低一个基点，也能让投行在金融衍生品市场赚进数亿美元的收益。

2011 年第四季度，仅美国的 230.8 万亿美元衍生品未结清余额中，五家投行（摩根大通、美银、花旗、高盛和汇丰）共占据95.7%份额，主要是与Libor挂钩的各类利率互换交易。一旦投行失去对Libor利率曲线图的控制导致利率大幅走高或走低，则会给自身带来巨额投资亏损。

"投行衍生品交易员需要利率报价员的配合，让Libor利率曲线走势有利于投行的利率互换等衍生品交易方向。"他表示。

资料来源：陈植. 可变的基准：Libor报价员的游戏潜规则［N］. 21世纪经济报道，2012-07-03.

（二）同业拆借市场的类型

1.银行同业拆借市场

银行同业拆借市场主要是银行同业之间短期资金的拆借市场。银行在日常的经营活动中会经常发生头寸不足或盈余，这时双方就通过同业拆借来解决资金的问题。

2.短期拆借市场

短期拆借市场又称为通知放款市场，主要是商业银行和非银行金融机构之间短期资金的拆借市场。由于一些非银行的金融机构（如券商）在经营中会发生资金需求，这时往往会用手中的债券、股票等有价证券作为抵押品向银行借款，到期偿还。如果到期无法偿还，商业银行就有权出售担保品，以减少银行风险。

二、商业票据市场

商业票据市场是指票据发行、流通及转让的市场，主要有承兑市场、贴现市场和其他票据市场。

（一）商业票据承兑市场

如前所述，汇票是出票人签发的要求付款人按指定日期向收款人（或持票人）无条件支付确定金额的一种票据。按照出票人的不同，汇票分为银行汇票和商业汇票。银行汇票不存在承兑的概念，只有远期商业汇票经过付款人承兑的汇票称为承兑汇票。远期商业汇票之所以出现承兑，是因为远期商业汇票的持有者在汇票未到期前，由于资金周转的原因，不得不将商业汇票变现。从法律的角度讲，商业票据只有承兑后才具有法律效力，才能作为市场上合格的金融工具转让流通。其中，由工商企业承兑的商业汇票是商业承兑汇票；由银行承兑的商业汇票是银行承兑汇票。商业汇票一经银行承兑后，承兑行就成为到期付款的第一责任人，而出票人只负第二责任，其信用就由商业信用转变为银行信用，在市场流通转让就会更受欢迎。

（二）商业票据贴现市场

商业票据贴现市场是指商业票据的转让市场，由商业票据的贴现、转贴现、再贴现组成。在商业票据市场上进行转让的票据主要是银行承兑汇票。

1.贴现

贴现是指远期承兑汇票持有人在汇票到期前在贴现市场上转让，受让人扣除贴现息后将票款付给出让人的行为。从贴现银行的角度讲，实际上是以现款购买未到期汇票上的债权，等汇票到期时收回本金的行为。贴现金额及贴现利息的计算公式为：

贴现金额=银行承兑汇票面额−贴现利息

贴现利息=银行承兑汇票面额×贴现日距到期日的天数×贴现率÷360

2.转贴现

转贴现是指商业银行在资金临时不足时，将已经贴现但仍未到期的票据，交给其他商业银行或贴现机构给予贴现，以取得资金融通。

3.再贴现

再贴现是中央银行通过买进商业银行持有的已贴现但尚未到期的商业汇票，向商业银行提供融资支持的行为。对中央银行而言，再贴现是买进票据，让渡资金；对商业银行而言，再贴现是卖出票据，获得资金。再贴现是中央银行的一项主要的货币政策工具。中央银行可以通过提高或降低再贴现率来影响金融机构向中央银行借款的成本，从而影响货币供应量和其他经济变量。

（三）其他票据市场

其他票据市场主要有融资性票据市场和中央银行票据市场。

1.融资性票据市场

融资性票据市场是指无真实交易背景、单纯以融资为目的而发行的票据。一般来说，商业票据是由于商品交易行为而产生的一种债权债务关系凭证，属于商业信用工具。随着经济的发展，商业汇票不限于在商业信用中使用，而是逐步演变为一种在金融市场上筹集资金的工具。

商业票据的发行人主要是一些信誉卓著的大型企业和金融公司，其购买者主要是商业银行、保险公司、投资公司、工商企业等。在发达的市场经济国家的商业票据市场上，目前流通的基本是融资性票据。

2.中央银行票据市场

中央银行票据是中央银行为调节商业银行超额准备金而向商业银行发行的短期债务凭证。它由中央银行发行，商业银行持有，其直接作用是吸收商业银行部分流动性。央行票据与金融市场各发债主体发行债券具有根本不同的性质。各发债主体发行债券，同时增加自身的资产和负债，发行债券的目的是筹集资金，即增加可用资金。例如，财政部发行国债，目的是增加可用资金，进而使财政支出的规模得以扩大。中央银行发行央行票据，目的不是扩大其资产运用规模，而是吸收商业银行部分流动性，减少商业银行可贷资金，中央银行在资产和负债总量上都是不变的，它们在性质上完全不同。中央银行票据是货币政策管理手段，国债是政府筹资的工具。

三、短期政府债券市场

短期政府债券市场主要是指短期国库券的发行与交易市场。如前所述，政府债券有短期和长期之分，而且多以中长期为主，短期政府债券，是政府部门以债务人的身份承担到期偿还一年以内本息的债务凭证，这里主要介绍短期政府债券市场。

在货币市场，政府是一个重要的资金需求者。政府发行短期政府债券一般有两个目的：第一，满足政府部门短期资金周转的需要，政府部门弥补长期收支差额，可通过发行中长期债券来筹措，但政府收支也有季节的变动，每一年度的预算即使平衡，其间可能也有一段时间资金短缺，需要筹措短期资金以资周转。这时，政府部门就可以通过发行短期债券以保证临时性的资金需要。此外，在长期利率水平不稳定时，政府不宜发行长期债券，因为如果债券利率超过将来的实际利率水平，政府将承担不应承担的高利率；而如果预期利率低于将来实际利率水平，债券价格将跌至票面之下，影响政府债券的销售。在这种情况下，最好的办法就是先按短期利率发行债券，等长期利率稳定后再发行中长期国债。第二，为央行在公开市场上提供可操作的工具。短期政府债券是央行进行公开市场操作的极佳品种，是连接财政政策与货币政策的契合点。目前，由于政府短期债券的发行数额增长很快，其在货币政策调控上的意义，有时超过了平衡财政政策的目的。

在短期政府债券的发行上，美国的历史最为悠久，最早始于1929年。美国短期债券是以拍卖方式发行的，包括定期发行和不定期发行两种情况。定期发行的债券主要用来弥补财政的常年性赤字。其中，3个月和6个月期的债券每周发行一次，拍卖数量通常在前一个星期二的下午宣布，1年期（52周）的短期政府债券每四周发行一次，宣布日是在前一个星期五。通过不定期方式发行的短期政府债券主要为弥补日常的税收失衡而筹措资金。

短期政府债券的发行价格一般采用贴现价格，即以低于票面的价格发行，到期时按票面价格偿还。票面价格与发行价格的差额，即是投资者的利息。短期政府债券发行价格的计算公式如下：

发行价格=面值×（1−贴现率×期限/360）

例如，短期政府债券的票面金额为1 000元，3个月期限，贴现利率为6%，则：

发行价格=1 000×（1−6%×90/360）=985（元）

由于短期政府债券具有违约风险极小、流动性强、适销性好、收入免税等特点，非常受投资者，特别是商业银行等金融机构的欢迎。

四、大额可转让定期存单市场

大额可转让定期存单是由商业银行发行的、可以在市场上转让的存款凭证。第一张大额可转让定期存单是由美国花旗银行于1971年创造的。其目的是稳定存款、扩大资金来源。由于当时市场利率上涨，活期存款无利或利率极低，现行定期储蓄存款亦受联邦条例制约，利率上限受限制，存款纷纷从银行流出，转入收益高的金融工具。为了吸引客户，商业银行推出可转让大额定期存单，购买存单的客户随时可以将存单在市场上变现出售。由于大额可转让定期存单利率较高，又可在二级市场转让，对于吸收存款大有好处，于是，这种新的金融工具诞生了。大额可转让定期存单除对银行起稳定存款的作用、变银行存款被动等待顾客上门为主动发行存单以吸收资金、更主动地进行负债管理和资产管理外，存单购买者还可以根据资金状况买进或卖出，调节自己的资金组合。后来，英国、日本等国家的商业银行也先后开办了这种业务，而且发行额增加很快，成为货币市场中优良的信用工具。

五、回购协议市场

回购协议市场是指通过证券回购协议进行短期货币资金借贷所形成的市场。证券回购协议是指证券资产的卖方在卖出一定数量的证券资产的同时与买方签订在未来某一特定日期按照约定的价格购回所卖证券资产的协议。回购协议是20世纪70年代从美国开始逐步发展起来的一种新的货币市场上的信用工具。

回购协议实际上是一笔以证券为质押品而进行的短期资金融通。证券的卖方以一定数量的证券为抵押进行短期借款，条件是在规定期限内再购回证券，且购回价格高于卖出价格，两者的差额即为借款的利息。

在证券回购协议中，作为标的物的主要是国库券等政府债券或其他有担保债券，也可以是商业票据、大额可转让定期存单等其他货币市场工具。

证券回购在货币市场中的作用是：证券回购交易增加了证券的运用途径和闲置资金的灵活性；回购协议是中央银行进行公开市场操作的重要工具。

第三节　资本市场

一、资本市场的定义与特点

资本市场是交易期限在1年以上的长期金融交易市场。资本市场的交易对象主要是政府中长期国债、公司债券和股票等有价证券，其功能在于满足工商企业的中长期投资要求和政府弥补财政赤字的资金需要。

资本市场的主要特点是：①融资期限长，至少在1年以上，也可以长达几十年，甚至无到期日。②流动性相对较差，在资本市场上筹集到的资金多用于解决中长期融资需求，故流动性和变现性相对较弱。③风险大而收益较高，由于融资期限较长，发生重大变故的可能性也大，市场价格容易波动，投资者需承受较大风险。同时，作为对风险的报酬，其收益也较高。

二、证券的发行市场与流通市场

依据资本市场的功能，资本市场可以分为证券的发行市场和流通市场。

（一）证券的发行市场

1.证券发行市场的概念

证券发行市场又称"一级市场"或"初级市场"，是发行人以筹集资金为目的，按照一定的法律规定和发行程序，向投资者出售新证券所形成的市场。证券发行市场实际上包括各个经济主体和政府部门从筹划发行证券、证券承销商承销证券到认购人购买证券的全过程。证券发行市场使股票、债券等证券数量和种类不断增加，把大量的社会闲散资金聚集起来转变成资本，集中体现了证券市场筹集资金的功能。在发行过程中，证券发行市场作为一个无形的市场，其买卖成交活动并不局限于一个固定的场所，而是由投资银行组成承销团承购新发行证券，然后通过承销商的相关渠道给社会各界投资者。

2.证券的发行方式

按照发行对象的不同，可以将证券发行方式划分为公募发行和私募发行两大类。公募发行，又称公开发行，是指以不特定的广大投资者为证券发行的对象，按统一的条件公开发行证券的方式。公募发行一般数额较大，发行人通常委托证券承销商代理发行，因而发行成本较高。公募发行须经过严格的审查，发行过程比较复杂，但信用度较高且流通性较好；私募发行，又称不公开发行，是指以特定的投资者为对象发行证券的发行方式。私募发行的数额一般较小，发行程序也比较简单，所以发行人不必委托中介机构办理推销，可以节省手续费开支，降低成本。但由于私募发行不经过严格的审查和批准，所以一般不能公开上市，流动性较差。

按照有没有发行中介的参与，可以将证券发行方式划分为直接发行和间接发行。直接发行，又称自营发行，是指发行人不委托其他机构，而是自己直接面向投资人发售证券的方式。这种发行方式的特点是：发行量小，社会影响面不大，内部发行不须向社会公众提供发行人的有关资料，发行成本较低，投资人大多是与发行人有业务往来的机构。直接发行方式由于没有证券承销商的参与，一旦发行失败，则风险全部由发行人承担；间接发行，又称委托代理发行，是指发行人委托证券承销商代其向投资人发售证券的方式。发行人为此需支付代理费用给承销商，而承销商则需承担相应的发行责任和风险。间接发行根据受托券商对证券发行责任的不同，又可以分为以下两种具体方式：一是代销，即证券承销商代理发行人发售证券，发行期结束时将收入的资金连同未售出的证券全部退回给发行人的证券发行方式；二是包销，即证券承销商将发行人的证券按照协议全部购入或者在承销期结束时将售后剩余证券全部自行购入的承销方式。

（二）证券的流通市场

1.流通市场的概念

证券流通市场又称"二级市场"或"次级市场"，是已发行的证券通过买卖交易实现流通转让的市场。证券的流通市场一般分为证券交易所市场和场外交易市场。

2.证券交易所市场和场外交易市场

（1）证券交易所交易。

证券交易所是由证券管理部门批准的，为证券的集中交易提供场所和设施，有组织和监督证券公开、公正、公平交易，实行自律性管理的法人。证券交易所有两种组织形式：会员制（不以营利为目的的法人团体）和公司制（以营利为目的的公司法人）。目前，大多数国家（包括我国）的证券交易所采用会员制。

证券交易所作为证券买卖的场所，它本身并不参与证券交易，只是一个公开的拍卖市场。能够进入证券交易所参与交易的是取得交易所会员资格的经纪人和交易商。交易所会员资格的取得具有种种严格的限制。证券交易所的会员分为两大类：一类为经纪人，另一类为证券交易商。经纪人代理客户买卖证券收取佣金。交易商一方面代理客户买卖证券，另一方面也用自有资金进行自营，赚取买卖差价。

交易所交易的程序基本如下：

首先，投资者需要在经纪人处开立资金账户，建立投资者和经纪人之间的委托代理关系。

其次，投资者需要通过委托经纪人在证券交易所买卖证券。委托指令有多种形式：整数委托和零数委托（订单数量）；买进委托和卖出委托（方向）；买空和卖空；市价委托和限价委托；止损订单和止损限价订单；当日委托、当周委托、无期限委托、开市和收市委托（委托时效）。证券交易所在证券交易中接受报价的方式主要有：口头报价、书面报价、网络报价。

再次，交易所通过竞价成交。所谓竞价成交，是指对同一种证券有多个买方和卖方，交易所的交易机制确保买卖双方在"价格优先"和"时间优先"的原则上使合适价格的出价者撮合成交。

最后，办理交割和过户。所谓交割，是指买方付款取得证券与卖方交付证券收款的手续。过户手续仅对记名证券购买人而言，即买卖记名证券的投资者，必须要通过证券登记机构办理投资者变更手续。投资者只有在办理过名手续后，方可取得相应的投资权益。

（2）场外交易。

场外交易，又称柜台市场、店头交易，是指在证券交易所以外、由证券买卖双方协商议价成交的证券交易市场的总称，其组织方式采取做市商制度。

我国改革开放后在场外市场建设方面还处于起步阶段，而国外发达国家在这方面起步较早。目前，美国的场外交易市场主要包括全美证券商协会自动报价系统（NASDAQ）、场外交易市场公告板（OTCBB）、粉单（PinkSheets）市场以及第三市场、私募证券转让市场等。

1971年，全美证券业协会（NASD）创建全美证券商协会自动报价系统，形成了场外市场的高端市场。全美证券商协会于1990年6月设立OTCBB市场，为未能在NASDAQ上市的公司股票提供自动报价。粉单市场也是一个为股票交易提供互联网电子报价的系统，挂牌公司不仅有公众公司，也有不按照证券交易法律进行持续信息披露义务的非公众公司。第三市场供投资者在场外交易上市证券以降低交易成本。私募证券转让市场包括地方柜台市场和PORTAL市场，其中，PORTAL市场是限售期未满私募证券的流通市场。

第四节　黄金市场

一、黄金市场概述

（一）黄金市场概况

黄金市场是专门进行黄金买卖的交易场所。黄金市场是一个全球性的市场，目前全世界有40多个国际黄金市场。伦敦、苏黎世、纽约等是世界上国际性黄金交易市场所在地；巴黎、布鲁塞尔、香港等是世界上区域性黄金交易市场所在地。

（二）黄金市场的参与者

黄金市场的参与者主要有国际金商、银行、基金、机构和个人投资者以及中介等。其中，国际金商依据自身对市场的判断进行买卖，并承担投资风险；银行一部分从事自营业务，一部分代客买卖和结算；基金根据对市场的分析进行投资投机活动；机构和个人既包括专门出售黄金的公司，如各大金矿、黄金生产商、黄金制品商（如各种工业企业）、首饰行以及私人购金收藏者等，也包括专门从事黄金买卖的投资公司、个人投资者等；中介是专门从事代理非交易所会员进行黄金交易，并收取佣金的经纪组织。

二、世界六大黄金市场

（一）伦敦黄金交易市场

伦敦黄金市场历史悠久。其发展历史可追溯到300多年前。1804年，伦敦取代荷兰阿姆斯特丹成为世界黄金交易的中心，1919年伦敦金市正式成立，每天进行上午和下午的两次黄金定价。由五大金行定出当日的黄金市场价格，该价格一直影响纽约和中国香港的交易。1982年以前，伦敦黄金市场主要经营黄金现货交易。1982年4月，伦敦期货黄金市场开业。目前，伦敦仍是世界上最大的黄金市场。

（二）苏黎世黄金交易市场

苏黎世黄金市场，在第二次世界大战后趁伦敦黄金市场两次停业发展而起，苏黎世市场的金价和伦敦市场的金价一样受到国际市场的重视。苏黎世黄金市场没有正式组织结构，而是由瑞士三大银行——瑞士银行、瑞士信贷银行和瑞士联合银行——负责清算结账，三大银行不仅为客户代行交易，而且黄金交易也是这三家银行本身的主要业务。

（三）纽约和芝加哥黄金交易市场

纽约和芝加哥黄金市场是20世纪70年代中期发展起来的，主要原因是1977年后美元贬值，美国（主要是以法人团体为主）为了套期保值和投资增值获利，使得黄金期货迅速发展起来。美国黄金市场以做黄金期货交易为主，其所签订的期货合约可长达23个月，黄金市场每宗交易量为 100 盎司，交易标的为 99.5% 的纯金，报价是美元。

（四）香港黄金交易市场

香港黄金市场已有 90 多年的历史，其形成以香港金银贸易所的成立为标志。1974 年，香港特区政府撤销了对黄金进出口的管制，此后香港金市发展极快。

（五）东京黄金交易市场

东京黄金市场于 1982 年成立，是日本政府正式批准的唯一黄金期货市场，会员绝大多数为日本的公司。黄金市场以每克日元叫价，交收标准金成色为 99.99%，重量为 1 公斤，每宗交易合约为 1 000 克。

（六）新加坡黄金交易市场

新加坡黄金所成立于 1978 年 11 月，目前时常经营黄金现货和 2、4、6、8、10 个月的 5 种期货合约，标准金为 100 盎司的 99.99% 纯金，设有停板限制。

思政课堂

2022 年 7 月份中国金融市场运行情况

一、债券市场发行情况

2022 年 7 月份，债券市场共发行各类债券 48 590.3 亿元。国债发行 10 535.8 亿元，地方政府债券发行 4 063.1 亿元，金融债券发行 7 629.6 亿元，公司信用类债券发行 11 386.9 亿元，信贷资产支持证券发行 97.4 亿元，同业存单发行 14 645.0 亿元。

截至 2022 年 7 月末，债券市场托管余额为 141.9 万亿元。其中，国债托管余额 23.5 万亿元，地方政府债券托管余额 34.5 万亿元，金融债券托管余额 32.8 万亿元，公司信用类债券托管余额 32.2 万亿元，信贷资产支持证券托管余额 2.5 万亿元，同业存单托管余额 14.4 万亿元。商业银行柜台债券托管余额 432.2 亿元。

二、债券市场运行情况

7 月份，银行间债券市场现券成交 23.5 万亿元，日均成交 11 205.9 亿元，同比增加 21.8%，环比增加 4.4%；单笔成交量在 500 万～5 000 万元的交易占总成交金额的 43.5%，单笔成交量在 9 000 万元以上的交易占总成交金额的 49.4%，单笔平均成交量 4 991 万元。交易所债券市场现券成交 3.7 万亿元，日均成交 1 760.2 亿元，同比增加 36.3%，环比减少 21.9%。商业银行柜台市场债券成交 17.7 万笔，成交金额 236.5 亿元。

三、债券市场对外开放情况

截至 2022 年 7 月末，境外机构在中国债券市场的托管余额为 3.6 万亿元，占中国债券市场托管余额的比重为 2.5%。其中，境外机构在银行间债券市场的托管余额为 3.5 万亿元；分券种看，境外机构持有国债 2.3 万亿元、占比 66.2%，政策性金融债 0.8 万亿元、占比 23.9%。

四、货币市场运行情况

2022 年 7 月份，银行间货币市场成交共计 146.5 万亿元，同比增加 37.8%，环比增加 4.7%。其中，质押式回购成交 131.4 万亿元，同比增加 38.2%，环比增加 4.7%；买断式回购成交 4 135.1 亿元，同比增加 10.9%，环比减少 23.8%；同业拆借成交 14.6 万亿元，同比增加 35.3%，环比增加 5.6%。交易所标准券回购成交 32.9 万亿元，同比增加 6.0%，环比减少 4.9%。

2022 年 7 月份，银行间质押式回购月加权平均利率为 1.33%，环比下降 24 个基点；同业拆借月加权平均利率为 1.35%，环比下降 21 个基点。

五、票据市场运行情况

2022 年 7 月份，商业汇票承兑发生额 2.1 万亿元，贴现发生额 1.6 万亿元。截至 7 月末，商业汇票承兑余额 18.3 万亿元，贴现余额 12.4 万亿元。

2022 年 7 月份，签发票据的中小微企业有 9.0 万家，占全部签票企业的 92.4%，中小微企业签票发生额 1.4 万亿元，占全部签票发生额的 64.0%。贴现的中小微企业 9.3 万家，占全部贴现企业 96.7%，贴现发生额 1.1 万亿元，占全部贴现发生额 71.4%。

六、股票市场运行情况

2022 年 7 月末，上证指数收于 3 253.2 点，较上月末下跌 145.4 点，跌幅为 4.3%；深成指收于 12 266.9 点，较上月末下跌 629.3 点，跌幅为 4.9%。7 月份，沪市日均交易量为 4 188.2 亿元，环比减少 16.6%；深市日均交易量为 5 881.3 亿元，环比减少 2.4%。

七、银行间债券市场持有人结构情况

截至 2022 年 7 月末，银行间债券市场的法人机构成员共 3 890 家，全部为金融机构。按法人机构统计，非金融企业债务融资工具持有人共计 2 201 家。从持债规模看，前 50 名投资者持债占比 51.1%，主要集中在基金公司、国有大型商业银行（自营）和股份制商业银行（代客）；前 200 名投资者持债占比 81.9%。单只非金融企业债务融资工具持有人数量最大值、最小值、平均值和中位值分别为 75、1、11、11 家，持有人 20 家以内的非金融企业债务融资工具只数占比为 91%。

2022 年 7 月份，从交易规模看，按法人机构统计，非金融企业债务融资工具前 50 名投资者交易占比 50.8%，主要集中在证券公司（自营）、城市商业银行（自营）和股份制商业银行（自营），前 200 名投资者交易占比 83.3%。

资料来源：中国人民银行. 2022 年 7 月份金融市场运行情况〔EB/OL〕.〔2022-08-24〕. http://www.pbc.gov.cn/jinrongshichangsi/147160/147171/147173/4640481/index.html.

本章小结

1.所谓金融市场，就是指通过金融工具进行资金融通的场所与行为的总和。金融市场是市场体系中的一个重要组成部分，它既有市场体系的共性，又有自身的特点，这些特点奠定了金融市场在市场体系中的特殊地位。金融市场可以按照不同的标准进行分类：按照融通资金的期限划分，可以分为货币市场和资本市场；按照融通资金的方式划分，可以分为直接融资市场和间接融资市场；按照金融工具的发行和流通划分，可以分为一级市场和二级市场；按照金融交易的场地和空间划分，可以分为有形市场和无形市场；按照金融交易合约的性质划分，可分为现货市场、远期市场、期货市场和期权市场。

2.金融市场交易主体是指参与金融市场交易的个人和机构。金融市场交易主体是决定金融市场运行是否高效的关键因素。从参与动机来看，金融市场的主体主要有投资者、投机者、筹资者、套期保值者和套利者；从参与的身份划分，金融市场的主体主要有个人和家庭、工商企业、政府部门和金融中介。

3.一个成熟的金融市场具有筹集资金功能、资源配置功能、价格发现功能、风险管理功能、公司治理功能及调节经济功能等。

4.货币市场是融资期限在1年以内的短期资金交易市场。其主要特征有：交易期限短、短期融资比重高、流动性好、交易主体机构化、市场参与多重性、交易高效性等。货币市场用于交易的工具主要有：国库券、工商企业的商业票据、银行的票据、可转让的大额存单、回购协议等。

5.资本市场是交易期限在1年以上的长期金融交易市场。资本市场的主要特点是：融资期限长、流动性相对较差、收益较高。资本市场用于交易的工具主要有中长期国债、股票等。证券发行市场又称"一级市场"或"初级市场"，是发行人以筹集资金为目的，按照一定的法律规定和发行程序，向投资者出售新证券所形成的市场。证券交易市场又称"二级市场"或"次级市场"，是已发行的证券通过买卖交易实现流通转让的市场。证券的流通市场一般分为证券交易所市场和场外交易市场。证券交易所是最重要、最集中的市场。场外交易市场是在证券交易所之外的，由证券买卖双方协商议价成交的证券交易市场的总称，其组织方式采取做市商制度。

6.黄金市场是专门进行黄金买卖的交易场所。黄金市场是一个全球性的市场，目前全世界有40多个国际黄金市场。伦敦、苏黎世、纽约等是世界上国际性黄金交易市场所在地；巴黎、布鲁塞尔、香港等是世界上区域性黄金交易市场所在地。

综合训练

5.1　单项选择题

1.2008年美国雷曼公司破产倒闭的导火索发生在（　　　）。

A.同业拆借市场 　　　　　　B.资本市场

C.外汇市场 　　　　　　D.黄金市场

2.Libor是（　　　）。

A.美国联邦基金利率 　　　　　　B.伦敦同业拆借利率

C.欧洲央行再贴现率 　　　　　　D.中国同业拆借利率

3.改革开放后建立的沪深交易所是我国历史上（　　　）尝试建立资

本市场。

A.第一次   B.第二次

C.第三次   D.第四次

4.大额可转让存单首次在（   ）出现。

A.美国   B.英国

C.荷兰   D.无法确定

5.央行逆回购是向金融市场（   ）。

A.释放资金   B.回收资金

C.稳定市场   D.无所谓

5.2 多项选择题

1.金融市场赖以发展的基础是（   ）。

A.诚信   B.法治

C.行业自律   D.政策

2.金融市场的主要功能是（   ）。

A.融资   B.企业上市

C.资源配置   D.调节经济

3.资本市场用于交易的工具主要有（   ）。

A.长期债券   B.股票

C.黄金   D 外汇

4.世界上国际性的黄金市场有（   ）。

A.纽约   B.伦敦

C.香港   D.上海

5.3 思考题

1.为什么要研究金融市场？

2.为什么说诚信与法治是金融市场发展的基础？

3.金融市场的功能是什么？

4.金融市场是如何分类的？

5.同业拆借市场的特点是什么？

6.简述现代金融市场的发展趋势。

第六章

金融机构

学习指南

【学习目标】

金融机构既是货币、信用活动与金融市场的参加者和经营者，也是其组织者，在金融活动中处于非常重要的地位，各种金融活动在很大程度上都要经过各种金融机构来办理。通过本章的学习，要了解金融机构的含义、性质与职能，了解西方国家和我国金融机构体系的基本构成，掌握非银行金融机构的主要业务及发展趋势，理解国际金融机构的宗旨及基本概况。

【关键概念】

金融机构　交易成本　逆向选择　道德风险

引例

金融机构应有更多"投行思维"

第四届中国国际进口博览会（简称"进博会"）于2022年11月5日至10日在上海举办，低碳绿色是特色看点之一。

针对如何提高绿色投资积极性等问题，在2022年11月5日的第四届虹桥国际经济论坛"绿色金融助力可持续发展"分论坛上现场，北京绿色金融与可持续发展研究院院长、中国金融学会绿色金融专业委员会主任马骏在接受《国际金融报》记者专访时指出，要丰富绿色金融产品，提升投资者绿色偏好，以吸引更多绿色资金入市；要强化金融机构、企业和产品层面的绿色信息披露；转型金融需要解决四大问题，也需要一批示范项目。

马骏对记者表示，机构投资者目前是绿色投资的主体，未来需要创造各种渠道让更多的个人投资者参与。银行机构的产品创新很重要，要提供居民能够参与的绿色金融产品，如绿色储蓄、绿色理财产品、绿色信用卡等。也可以把现成的绿色金融产品，包括绿色股票和债券，做成基金等形式卖给零售客户，这些都是需要从供给端来设计的。

※设立绿色金融标准

马骏多次向《国际金融报》记者强调信息披露的重要性。央行已发布了对金融机构环境信息披露的指南，要求银行等金融机构披露绿色投融资产生的环境效益、棕色投资对环境的负面影响、环境压力测试等信息。如果披露出来的数字很难看，机构会面临来自监管、舆论、投资者压力。"目前这个指南还是框架性、原则性的指引，以后需要出台更具可操作性的披露模板，也需要逐步走向强制要求。"马骏说。

※金融赋能企业转型

"双碳"政策下，传统高碳企业进行绿色转型面临成本、技术路径等压力。对于金融机构而言，绿色低碳投资市场巨大，但转型风险也是巨大挑战。

在马骏看来，碳中和过程中，高碳企业要向低碳或零碳业务转型，否则会有很大可能被市场淘汰。高碳企业如果被市场淘汰，从金融角度而言，参与的银行贷款则出现坏账，股权投资估值因此下降。

现在，金融机构都十分关注转型风险，也希望规避这些风险，而规避转型风险不应该等于"停止向高碳企业的所有活动提供融资"。作为G20可持续金融工作组的共同主席，马骏说，"G20已呼吁，国内也应该认真研究的一个问题是，如何建立一个转型金融的框架，让更多的金融资源支持高碳企业向低碳转型的活动"。

马骏认为，包括银行在内的金融机构更应该引导、帮助企业的低碳转型，而不是等待企业想好了转型方案再找上门来申请资金。金融机构应该有更多的"投行思维"，而不仅仅是"银行思维"。

资料来源：朱灯花. 中国金融学会绿色金融专业委员会主任马骏：金融机构应有更多"投行思维"[N]. 国际金融报，2021-11-15（007）.

什么是金融机构？金融机构是如何产生和发展的？金融机构存在的必要原因有哪些？西方国家和我国金融机构体系是如何构成的？这些问题我们将在本章进行阐述。

第一节　金融机构概述

一、金融机构的含义

关于金融机构的含义，有广义和狭义之分。

一般将狭义的金融机构定义为金融活动的中介机构，即在间接融资领域中作为资金余缺双方交易的媒介，专门从事货币、信贷活动的机构，主要指银行和其他从事存贷款业务的金融机构。该类金融机构与货币的发行和信用的创造联系密切，主要是中央银行和商业银行等金融机构。

广义的金融机构则是指所有从事金融活动的机构，包括直接融资领域中的金融机构、间接融资领域中的金融机构和各种提供金融服务的机构。

直接融资领域中金融机构的主要作用是充当投资者和筹资者之间的经纪人，即代理买卖证券，有时本身也参加证券交易，如证券公司和投资银行等。

对金融机构的认识，是随着现代市场经济体系中金融机构的发展而逐步深化的。早期从铸币兑换业演变而来的金融机构（即银行），主要从事货币的汇兑和存贷款业务。后来，随着金融市场的迅速发展，产生了直接融资领域中的金融机构。20世纪50年代，由于金融业的激烈竞争，产生了各种从事金融服务性业务的金融机构。因此，金融机构的含义也逐步拓宽，由简单的金融中介机构变为广泛从事各种金融活动的机构。在一个发达的信用经济体系中，以中央银行为中心，商业银行为主体，各类银行和非银行的金融中介机构并存，构成现代世界各国的金融机构体系。

二、金融机构的产生

早期的金融机构主要是以银行业的形式存在的。银行业是一个非常古老的行业。早在古代的巴比伦和中世纪的一些文明国家，尤其是古罗马，银行就已经存在。中国古代也曾有钱庄、银号、票号等从事汇兑、放债收息的机构，但一直未能实现向现代银行的转化。

近代银行业起源于文艺复兴时期的意大利，当时的意大利处于欧洲各国国际贸易的中心地位，成为银行的发源地。当时的银行除了买卖外汇以外，还经营活期存款和定期存款业务。银行一词的起源便来自于意大利语"banca"，即商业交易所用的桌子或长凳，因为金融业要设立一些特殊的柜台接待顾客。

在货币产生以后，随着商品交换的发展，出现了兑换、保管和借贷货币等经营货币的业务。在前资本主义社会，封建割据，货币铸造分散，铸币的重量、成色不统一，为适应贸易需要，为完成支付行为，必须进行货币兑换。商人们到异地去购买货物，必须先把本地铸币换成外地或外国铸币，或兑成金银随身带去。在出售商品以后，还需把外地或外国铸币再换成本地或本国铸币，或兑成金银带回。长此以往，逐渐从商人中分离出一种专门从事货币兑换的商人，他们最初只是单纯办理铸币的兑换业务，从中收取手续费。

铸币兑换商人最初只是单纯兑换铸币而收取手续费，并不办理信用业务。但是，随着铸币兑换的日益频繁和数量的不断增加，铸币兑换业就逐步转变为银行业了。因为经常往来于各地的商人，为了避免自己保存货币与长途携带货币的风险，就把自己的货币交给铸币兑换商人保管，并委托他们办理支付和汇兑。由于保管业务和汇兑业务的发展，在铸币兑换商人手中积聚起大量的货币，这些货币就成为他们放款的基础。这样，铸币兑换业就发展成为银行业，既办理货币兑换，又经营货币的存、放、汇业务。这样，货币兑换业就发展成为既办理兑换，又经营货币存款、贷款、汇款等业务的早期银行了。

在古希腊和古罗马时代，已有委托存款、汇款及兑换货币等活动，但这些还只是货币兑换业性质，还没有办理放款业务。中世纪时期，商业逐渐发达，欧洲的国际贸易以意大利为中心。一些专门经营货币业务的机构得到了很大发展，银行业务逐渐兴起。

11世纪，意大利的威尼斯、热那亚已成为重要的国际贸易中心，往来的各国商人非常多，交易也非常频繁，因而市场上的货币种类也比较繁杂，流通手段、支付手段的多样化有碍于贸易的顺利进行，为适应这一复杂情况，一部分商人就分离出来，专门从事货币兑换业务，方便了贸易活动，促进了贸易的发展。

16世纪，意大利就已出现了银行业。例如，1580年威尼斯银行成立，1593年米兰银行成立。此后，世界商业中心由意大利移至荷兰及欧洲北部，17世纪初，1609年荷兰成立阿姆斯特丹银行，1621年德国成立了纽伦堡银行，1629年又成立了汉堡银行。

这些银行除了经营货币兑换、接受存款、划拨款项等业务之外，也发放贷款。但这时它们所经营的贷款业务仍带有高利贷性质，而且贷款对象主要是政府和拥有特权的企业，大多数工商业企业仍不能得到信用的支持。

在英国，早期银行则是通过金匠业发展而来的。17世纪中叶，英国的金匠业极为发达。这是由于发现美洲大陆后，有大量的金银流入英国，人们为了防止被盗，需要把金银放到安全的地方保管。当时，金匠业拥有坚固的保险柜和其他安全设施，他们受顾客委托代为保管金银货币，签发保管凭条。他们还可按顾客的书面要求，将其保管的金银划拨给第三方，省去顾客提现和支付的麻烦。

起初，这些收据只能作收回保管物证件之用，但久而久之，它们辗转流通而发展为变相的支付工具，即银行所发行钞票的前身。此外，金匠也可遵照顾客的书面指示，将其保管的金银移交给第三方，这种书面文件也是银行支票的前身。

在长期积累的经验中，金匠们发现，所有的顾客在同一时间来要求兑现的可能性极小，因此他们并不需要经常维持十足的贵金属准备，可以保持一定比例的金币作准备即可，其余的贵金属可贷出去以赚取利息，这便构成现代银行部分储备制的起源。

随着英国资本主义经济发展的需要，金匠业的业务也随之发生了重大变化。

第一，保管凭条演变为银行券。金匠业为保管金银货币给顾客签发的保管凭条，原只作为保管物品的证明，到期可据以提现。后来，由于交易日益频繁，提现支付的金额和次数大量增加，为方便支付，节约费用，久而久之，人们就直接用保管凭条——金匠券进行支付。这样，金匠券逐渐演变为银行券。可见，保管凭条是银行券的原始形式。

第二，保管业务的划款凭证演变为银行支票。金匠业为开展保管业务，根据顾客的书面要求，为顾客保管金银货币而签发的这种书面指令，只是一种划款凭证，第三方可据以支取款项。以后由于保管业务发展为存款业务，这种划款凭证也就随之演变为银行支票。

第三，十足准备金转变为部分准备金。金匠业起初对所收存的金银货币保有百分之百的现金准备，发放贷款完全利用自有资本，后来，十足的保证准备金制度演变为部分准备金制度。这一转变，使早期银行具有了信用媒介、增减货币量的功能。

早期银行的贷款大部分借给政府，并具有高利贷的性质。这对一般的工场手工业主和商人来说几乎没有获得贷款的可能，即使获得贷款也会因高额利息而无利可图，这一状况显然不能适应资本主义经济发展的需要。整个 17 世纪的欧洲各国对此呼声强烈，纷纷要求降低利率，使生息资本从属于商业资本和产业资本。

1694 年，英国国王威廉三世帮助商人们在英格兰建立起第一个现代银行——英格兰银行。英格兰银行以工商企业为主要业务对象，发放低于平均利润率的低利贷款，并为它们提供各种金融服务，这适应了新兴资本主义工商企业发展的需要。它的正式利率一开始就规定为 4.5% ~ 6%，大大低于早期银行业的贷款利率。英格兰银行的建立标志着现代银行业的兴起和高利贷在信用领域的垄断地位被打破。

能够适应资本主义经济发展需要的现代银行是通过两种途径形成的：一种是原有高利贷性质的银行业适应经济发展的需要，调整放款原则而逐渐转变为现代的银行；另一种是根据资本主义原则组织的股份制银行。其中，后一种是现代银行组建的标准类型。18世纪以后，欧洲其他国家效仿英国纷纷建立起现代银行。

当西方国家先后建立起现代银行业时，中国信用领域内占统治地位的仍是高利贷性质的票号和钱庄。早在一千多年前的唐代，中国已经出现兼营银钱的机构，如邸店、质库等。后来又有了宋代专营银钱交易的钱馆、钱铺；明代的钱庄、钱肆；清代的票号和汇票庄等。这些金融机构虽然还不是真正意义上的银行，但是已经具备银行的一些性质。中国出现的真正意义上的银行是在近代外国资本主义入侵之后。直到1845年，中国才出现了第一家新式银行——丽如银行，它是由英国人开办的。由中国民族资本创办的第一家银行是中国通商银行，成立于1897年5月27日，总行设在上海，它是受官僚买办集团控制的股份制银行。之后的中国民族资本银行逐步增加。1904年，成立了官商合办的户部银行（1903年叫大清银行，1912年改称中国银行）；1907年，设立了交通银行。据统计，到1946年时全中国共有各类银行3489家，其中民族资本银行有1043家，其中较有影响的、由民族资产阶级经营的较大的商业银行有：南四行，即上海商业储蓄银行、浙江实业银行、新华信托储蓄银行和浙江兴业银行；北四行，即盐业银行、金城银行、中南银行和大陆银行；小四行：中国实业银行、中国国货银行、中国通商银行和四明银行；非银行金融机构则主要集中在天津、汉口、广州、上海、南京、济南等一些大城市。由于中国民族资本主义的软弱，民族资本银行先天不足，难以成长。他们投入民族工业的资金微乎其微，而且一直主要从事公债、地产等投机活动。

阅读资料6-1 ━━━━━━━━━━━━━━━━━━━━━━━━━━━━

英格兰银行

英格兰银行（香港称英伦银行）现在是英国的中央银行，它负责召开货币政策委员会（Monetary Policy Committee，简称MPC），对英国国家的货币政策负责。

英格兰银行成立于1694年，最初的任务是充当英格兰政府的银行，这个任务至今仍然有效。英格兰银行大楼位于伦敦市的 Threadneedle

（针线）大街，因此它有时候又被人称为"针线大街上的老妇人"或者"老妇人"。

英格兰银行是世界上最早形成的中央银行，是各国中央银行体制的鼻祖。1694年，英格兰银行根据英王特许成立，股本120万镑，向社会募集。成立之初即取得不超过资本总额的钞票发行权，主要目的是为政府垫款。1833年英格兰银行取得钞票无限法偿的资格。1844年，英国国会通过《银行特许条例》（即《比尔条例》），规定英格兰银行分为发行部与银行部；发行部负责以1 400万镑的证券及营业上不必要的金属贮藏的总和发行等额的银行券；其他已取得发行权的银行的发行定额也规定下来。此后，英格兰银行逐渐垄断了全国的货币发行权，至1928年成为英国唯一的发行银行。与此同时，英格兰银行凭其日益提高的地位承担商业银行间债权债务关系的划拨冲销、票据交换的最后清偿等业务，在经济繁荣之时接受商业银行的票据再贴现，而在经济危机的打击中则充当商业银行的"最后贷款人"，由此而取得了商业银行的信任，并最终确立了"银行的银行"的地位。随着伦敦成为世界金融中心，因应实际需要，英格兰银行形成了有伸缩性的再贴现政策和公开市场活动等调节措施，成为近代中央银行理论和业务的样板及基础。1933年7月设立"外汇平准账户"代理国库。1946年之后，英格兰银行被收归国有，仍为中央银行，并隶属财政部，掌握国库、贴现公司、银行及其余的私人客户的账户，承担政府债务的管理工作，其主要任务仍然是按政府要求决定国家金融政策。英格兰银行总行设于伦敦，职能机构分政策和市场、金融结构和监督、业务和服务三个部分，设15个局（部）。同时英格兰银行还在伯明翰、布里斯托、利兹、利物浦、曼彻斯特、南安普敦、纽卡斯尔及伦敦法院区设有8个分行。

英格兰银行享有在英格兰、威尔士发钞的特权，苏格兰和北爱尔兰由一般商业银行发钞，但以英格兰发行的钞票作准备。作为银行的最后贷款人，英格兰银行保管商业银行的存款准备金，并作为票据的结算银行，对英国的商业银行及其他金融机构进行监管。作为政府的银行，英格兰银行代理国库，负责稳定英镑币值及代表政府参加一切国际性财政金融机构。因此，英格兰银行具有典型的中央银行的"发行的银行、银行的银行、政府的银行"的特点。

英格兰银行的领导机构是理事会，由总裁、副总裁及16名理事组成，是最高决策机构，成员由政府推荐，英王任命，至少每周开会一次。正副总裁任期5年，理事为4年，轮流离任，每年2月底离任4人。理事会选举若干常任理事主持业务。理事会下设五个特别委员会：常任委员会、稽核委员会、人事和国库委员会以及银行券印刷委员会。理事必须是英国国民，65岁以下，但下院议员、政府工作人员不得担任。

三、金融机构存在的必要性

（一）交易成本

交易成本，即从事金融交易所花费的时间和金钱，是那些有余钱要贷的人们面临的主要问题。比如说，某人需要5 000元来扩大他的营业场所，而你也知道这是一个很好的投资机会。你有资金，也想贷给他，但是，为了保护你的投资，你必须聘请一位律师为你准备一份合同，写清楚该人应付给你多少利息、何时支付以及何时归还你的本金。得到这样一份合同要花去你1 000元，计入贷款的交易成本之后，你就会认识到，从这笔贷款，你可能得不到预期的收益，甚至亏本。于是，你就会拒绝向此人贷款。

这个例子说明：小额储蓄者和小额贷款者可能会被排斥在金融市场之外，从而难以从中获利。那么，有什么人能帮助你摆脱这种困境呢？答案是金融机构。

金融中介机构能够大大降低交易成本，因为它们有降低成本的专长，而且，因为它们规模巨大，能够得到足够的规模经济的好处，就是说，当交易规模增大时，平摊在每一元钱上的成本就降低了。例如，银行知道怎样找到一个好律师，他能够拟出一份贷款合同，而且该合同可以反复使用，这样，每项交易的法律成本就降低了。再有人想贷款时，银行不会再花1 000元去准备一份新的合同。银行会花8 000元雇一位高水平律师，这位律师能够提供一份严谨的合同，可供2 000笔贷款使用，于是每笔贷款的成本便降到了4元。在每笔贷款的成本只有4元的情况下，金融中介机构向借款者发放5 000元贷款便是有利可图的了。

（二）信息不对称：逆向选择和道德风险

金融市场中存在着交易成本，是金融中介机构和间接金融在金融市场上发挥如此重要作用的一部分原因。另外的原因是，在金融市场上，在作出准确决策时，市场的某一方并不了解这个市场的另一方。这种情况叫作信息不对称。例如，对于贷款项目的潜在收益和风险，借款者通常比贷款者要了解得更多一些。因信息缺乏而在金融制度上造成的问题可能发生在两个阶段：交易之前和交易之后。

在交易之前，信息不对称造成的问题会导致逆向选择。**金融市场上的逆向选择指的是：那些最可能造成不利（逆向）结果即造成信贷风险的借款者，常常就是那些寻找贷款最积极，而且是最可能得到贷款的人。**由于逆向选择使得贷款可能招致信贷风险，贷款者可能决定不发放任何贷款，即便市场上有信贷风险很小的人。例如，在融资过程中，所有的借款人都会尽力展现他们自己有很高的绩效和较低的风险。由于缺乏对各种潜在借款人信息的准确掌握，贷款人容易按平均风险的利率，甚至较高的利率发放贷款。在这种情况下，好的借款人感觉受到损失，不好的借款人则感觉从中获利。因此，好的借款人将会离开融资市场，融资市场上仅留下质量不高的借款人，最终导致融资市场萎缩。

道德风险是在交易发生之后由信息不对称所造成的问题。**金融市场上的道德风险，指的是借款者可能从事从贷款者的观点来看不希望看到的那些活动的风险，因为这些活动使得这些贷款很可能不能归还。**由于道德风险降低了贷款归还的可能性，贷款者可能决定宁愿不贷款。

经济社会中有了金融中介机构就可以防范这些问题的发生。有了金融中介机构，小额储蓄者就可通过把钱贷给可信赖的中介机构，来把资金投入金融市场。金融中介机构比起单个的个人来说，在甄别贷款风险、防范由逆向选择造成的损失方面，其经验和办法要丰富得多。此外，金融中介机构之所以有较高的收益，还因为它们在监督贷款者从而减少由道德风险造成的损失方面有着专长。结果是，金融中介机构能够在向贷款者和储蓄者提供大量服务和利息收益的同时仍能获得利润。

（三）降低风险

金融机构可以通过多样化降低风险。"不要把鸡蛋放在一个篮子里"，这是金融市场上广为人知的一句谚语，意思是应该进行多样化投资。但是如果你只有一个鸡蛋，你又怎能把它放在不同的篮子里呢？而且即便你有很多鸡蛋，当你把它放到不同的篮子里后，就意味着你要同时照看好几只篮子，你的精力是否够呢？因此，单个的投资者要实现投资的多样化有一定的困难。金融中介机构却不受这些限制，它有足够的资金和人力来实现投资（贷款）的多样化，从而可降低风险。

（四）流动性转换

由于单个的资金盈余单位随时都可能从一个盈余单位变成短缺单位，因此它很难对短缺单位进行长期的资金融通。但是金融中介机构却可以突破这一限制，在保证盈余单位资金流动性的同时，满足短缺单位资金占用长期性的要求。由于金融中介机构集中了很多短期资金，在某些资金被提走后，可以通过吸收新的资金进行补充，所以它能够发放长期贷款。以国外的商业银行为例，它接受的存款一般都是短期的，其中有不少是活期存款和1年以内的定期存款，但是它发放的贷款的期限则要长得多，有的可达到15~30年。

四、金融机构的功能

金融机构通常提供以下一种或多种金融服务：

（1）在市场上筹资从而获得货币资金，将其改变并构建成不同种类的更易接受的金融资产，这类业务形成金融机构的负债和资产。这是金融机构的基本功能，行使这一功能的金融机构是最重要的金融机构类型。

（2）代表客户交易金融资产，提供金融交易的结算服务。

（3）自营交易金融资产，满足客户对不同金融资产的需求。

（4）帮助客户创造金融资产，并把这些金融资产出售给其他市场参与者。

（5）为客户提供投资建议，保管金融资产，管理客户的投资组合。

上述第一种服务涉及金融机构接受存款的功能；第二种和第三种服务是金融机构的经纪和交易功能；第四种服务被称为承销功能，提供承销的金融机构一般也提供经纪或交易服务；第五种服务则属于咨询和信托功能。

第二节 西方国家的金融机构体系

现代金融机构体系包括众多的金融机构。西方国家传统的划分方法是，将所有的金融机构分为四大类，即中央银行、商业银行、专业银行和非银行金融机构。现代西方经济学界则将中央银行和商业银行以外的专业银行和其他金融机构通称为非银行金融机构。按照这种观点，金融机构体系由三部分构成，即中央银行、商业银行和非银行金融机构。

一、中央银行

中央银行是一国金融机构体系的核心，处于领导地位。中央银行是在商业银行的基础上发展形成的。中央银行不以营利为目的，而以金融管理事业为己任。它是一个国家的金融管理机构，它集中全国的货币发行，执行国家或政府的货币金融政策，集中商业银行和其他金融机构的支付准备，并在金融危机时作为商业银行和其他金融机构的最后贷款人。

二、商业银行

在实行市场经济体制的国家，商业银行是金融体系的主体。

商业银行是办理各种存款、放款和汇兑业务的银行。其特点是：活期存款在所吸收的各种存款中占相当比重，且是唯一能接受活期存款的银行，所以通常被称为"存款银行"。

因为商业银行的业务可以派生出存款，增加货币供应量，所以西方国家都非常重视对商业银行行为的调控和管理。

第二次世界大战以后，随着银行业竞争的日益加剧，商业银行的业务种类有所增加，长期贷款和投资业务的比重逐步增加。目前，世界各国的商业银行在与非银行金融机构的激烈竞争中，不断扩大业务范围，逐步发展成为综合性银行，被称为"金融百货公司"。

美国的商业银行分为国民银行和州银行。向联邦政府注册并接受联邦政府管理的银行，称为"国民银行"；向州政府注册并接受州政府管理的银行，称为"州银行"。国民银行的规模一般较大，州银行的规模一般较小。

英国商业银行称为"清算银行"，六家清算银行（巴克莱银行、劳合银行、米特兰银行、国民西敏士银行、联合银行和格林德莱银行）垄断了全国的商业银行业务。

德国的商业银行主要有三大银行，即德意志银行、德累斯顿银行和商业银行。

日本的商业银行分为城市银行和地方银行，其中最大的几家银行包括第一劝业银行、富士银行、三菱银行、住友银行和三和银行等。

三、非银行金融机构

（一）概况

非银行金融机构又称其他金融机构。非银行金融机构与银行的区别在于不以吸收存款作为其主要资金来源，而是以某种特殊方式吸收资金，并以某种特殊方式运用其资金，且从中获取利润。

这类金融机构包括：储蓄银行、投资银行（证券公司）、进出口银行、开发银行、不动产抵押银行、外汇专业银行、保险公司、信用合作社、消费信贷机构、财务公司、贴现行等。

从现代金融发展观点来看，非银行金融机构在整个金融机构体系中是非常重要的组成部分，它的发展状况是衡量一国金融体系是否成熟的重要标志之一。能否与银行性金融机构构成一个平衡而有竞争性的金融体系，使其在经济发展中更有活力，是非银行金融机构发展中的重要内容。

（二）具体类别

1.储蓄银行

储蓄银行是以吸收居民小额存款为主要资金来源的信用机构。它把居民分散、零星的货币收入动员起来，转化为货币资本，用于支持资本主义企业的生产和流通。

世界第一家地方储蓄银行是1817年由慈善团体在荷兰建成的。英、德等国也于18世纪末和19世纪初相继设立储蓄银行。就经营组织形式而言，西方国家的储蓄银行既有私营的，也有公营的，有的国家绝大部分储蓄银行都是公营的。

储蓄银行资金运用的方式主要有：发放不动产抵押贷款，投资于政府公债、企业股票和债券，多余资本转存商业银行等。

储蓄银行的类型有：互助储蓄银行、信托储蓄银行、储蓄会、储蓄与放款协会、储金局、邮政储蓄系统等。互助储蓄银行属于互助储金性质的银行，它将存户资金集中起来，以优惠的条件再贷给存户。这种银行最早在美国建立，至今已很普遍。信托储蓄银行是存款者将资金存入银行后，可指定用途，也可不指定用途。储金局为原苏联储蓄银行名称，为国家集中闲散资金。储蓄会为中国早期办理有奖储蓄的金融机构，如1936年成立的中央储蓄会，到1945年已停止营业。储蓄与放款协会是一种办理储蓄和住宅贷款的金融机构，旨在为私人购买、修缮或新建住宅提供贷款。邮政储蓄系统是非银行系统的，由邮政部门设立的开展储蓄业务的机构，以吸收闲散资金，补充银行系统储蓄网点的不足。中国的邮政储蓄系统主要为国家集中闲散资金，作为国有银行信贷资金的一种来源。

储蓄银行所汇集起来的储蓄存款余额较为稳定，所以主要用于长期投资。例如，发放不动产抵押贷款（主要是住房贷款）；投资于政府公债、公司股票及债券；对市政机构发放贷款等。有些国家明文规定必须投资于政府公债的比例，西方国家早期的储蓄银行，其吸收的存款主要用来购买政府债券和由政府担保的证券，有的也投资于房地产，其闲置资金则转存于商业银行，赚取利息。

在西方不少国家，储蓄银行大多是专门的、独立的。对储蓄银行也大多有专门的管理法令。其主要内容一方面是旨在保护小额储蓄人的利益，另一方面则是规定它们所集聚的大量资金的投向。储蓄银行的业务活动所受到的约束，如不得经营支票存款，不得经营一般工商贷款等，近些年来已有所突破。有些储蓄银行已经经营过去只有商业银行才能经营的许多业务。

2.投资银行

投资银行是专门对工商企业办理投资和长期信贷业务的银行。投资银行的名称，通用于欧洲大陆及美国等工业化国家，英国称商人银行，中国和日本称证券公司，德国称私人承兑公司，法国称实业银行，泰国称金融证券公司，新加坡称商人银行或证券银行。

较早建立的英国的商人银行是伦敦巨商为海外贸易活动融通资金而设立的银钱商号。它的鼻祖是18世纪中叶英国的承兑所。当时英国向海外殖民地扩张势力，对外贸易发达，客观上需要服务于对外贸易的融资机构。于是，产生了兼营部分融资业务的商行或商人事务所，这一机构为商人、尤其是为国际贸易商人承兑汇票、收取手续费，故称为承兑所或承兑银行。之后，它的业务不断扩展，还从事新证券的发行、认购和资产管理、公司融资、投资顾问等业务，逐渐发展成为现在的商人银行。

美国的投资银行最早起源于19世纪初的一些经销政府债券和贴现企业票据的商号。美国在19世纪初及南北战争以后，债券市场初具规模，而且一些工业企业为了满足发展的资金需要，发行了许多票据，于是需要一种新的商号来为这些票据提供贴现便利，以资助企业融通资金。于是，一些专门经营票据融资的商号便产生了。19世纪七八十年代，由于扩建铁路的需要，投资银行认购铁路公司的股票和债券，然后再售给美国和欧洲的投资者。直到20世纪初，这种转手销售仍是美国筹集新资本的重要途径，为美国一些大企业筹集了大量的资金，并与工业企业保持着密切的联系。美国钢铁公司和通用汽车公司的组建，都与投资银行密切相关。

投资银行的资金来源主要依靠发行自己的股票和债券来筹集；即便有些国家的投资银行被允许接受存款，也主要是定期存款。此外，它们也从其他银行取得贷款，但都不构成其资金来源的主要部分。

当今，西方发达国家，如美国、英国、日本、法国、荷兰、德国等国，投资银行在各自国家和全球经济中都具有举足轻重的地位和影响。

中国第一家投资银行是于1995年8月正式挂牌开业的中国国际金融公司，这也是中国第一家中外合资投资银行。随着金融业和证券业的发展，国内许多证券公司、信托投资公司和其他金融机构都开始把发展目标定位在国际投资银行上。

3.进出口银行

进出口银行是对国际贸易进行资金融通的专业银行。各国进出口银行多为官方金融机构，其资本由政府拨付。

日本称其为"日本输出入银行"，该行总裁、副总裁由内阁总理大臣直接任命。日本输出入银行的资本全部由政府供给，1950年创立时只有150亿日元，到1985年3月底已达9 673亿日元。其基本任务是推进日本出口贸易，资助短缺原材料的进口，并配合外交活动加强对外经济联系。行政上受大藏省领导，业务上与通产省、外务省和经济企划厅关系密切。

法国称其为"法国对外贸易银行"，是股份公司形式的半官方专业银行，1947年，在法国政府的倡议下，由法国各大银行参加对外贸易银行的股份。各大银行的参股比例是：法兰西银行持股24.5%，信托储蓄银行持股24.5%，全国农业信贷金库持股10%，巴黎国民银行持股8%，里昂信贷银行持股8%，兴业银行持股8%。1963年，经济合作中央金库也参股其中。

美国称其为"美国进出口银行"，也是由美国财政出资特设的专业银行，1934年创立时，联邦政府拨付了10亿美元的资本。美国进出口银行主要经营对外贸易方面的金融业务，同时对外国政府和公私企业提供贷款。为了控制信用投放，国会对该行的贷款规定了最高额度。

德国则称其为"德国出口信贷银行"，由该国的主要商业银行合资组成，持有该行股份的银行共有58家，其中德意志银行的股份最多，占全部资本的26.3%。

4. 开发银行

开发银行是以促进本国经济和建设发展为目标的专业银行。例如，日本开发银行的经济目标是，通过对企业进行长期贷款，支持重点产业发展和新兴产业的开发，以弥补民间金融机构的长期资金不足。开发银行多为官方金融机构，其资本全部由政府出资，此外，还可向政府借款和发行债券。日本开发银行成立初期，资本只有100亿日元。2008年10月，日本开发银行解散，成立日本政策投资银行，总资产为14万亿日元（约合1 538.8亿美元），贷款余额为12万亿日元（约合1 320亿美元），资本比率为18.69%。政府借款和发行债券的最高限额为资本金和资本准备金总额的10倍。

5. 不动产抵押银行

不动产抵押银行是专门办理以土地、房屋等不动产作抵押放款业务的专业银行。这种放款一般期限较长，属于长期信贷。作为抵押品的资产主要是不动产，如土地和房屋，但有时也接受股票、债券和商品等动产作为贷款抵押品。它的资金是靠发行不动产抵押债券筹集的。它先用自己的资金在当地发放不动产抵押贷款，然后将这种债权转售给其他金融机构，从中获取利差。因此，它是借款者和其他金融机构的中介人。

不动产抵押银行的业务对象在西方国家大体可分为两类：一类是办理以土地为抵押的长期放款，主要贷给土地所有者或购买土地的农场主；另一类是办理以城市房屋为抵押的长期放款。贷款的对象是房屋所有者或经营建筑业的资本家，主要贷给房屋所有者或经营建筑业的企业。

法国的房地产信贷银行、德国的私人抵押银行和公营抵押银行等，均属此类。这类银行，除土地、房屋外，也接受股票、债券和黄金作为贷款的抵押品。抵押银行的贷款资金来源主要是靠发行不动产抵押证券。

中国没有专设的抵押银行，而是在《中华人民共和国商业银行法》、《中华人民共和国担保法》以及《贷款通则》等法规中阐释了抵押贷款条款。抵押的财产必须是有担保价值和能转让的，一般指表示财产所有权和债权的各种有价证券（包括股票、债券以及各种有价值票据等），动产和不动产（包括房屋、建筑物、运输工具、机械设备、电器产品、原材料等）。归国家所有的土地和矿藏等自然资源不得作为抵押物。

6.外汇专业银行

外汇专业银行是专门经营外汇业务的专业银行，如日本的东京银行。外汇专业银行大多是按股份制形式成立的民间金融机构，其资金来源除发行股票和吸收存款以外，还可发行债券作为筹集资金的辅助手段。

7.保险公司

保险公司是经营保险业务的经济组织。它依靠投保人所交纳的保险费而聚集起大量的保险基金。这种资金主要用于长期投资，特别是用于购买公司债券，成为工商业追加资本的一个重要来源。

保险是一种经济补偿措施（制度），是为弥补在生产和生活中发生的意外（如房屋失火、船舶沉没、飞机失事、车祸伤人等）给人们带来的不同程度的经济损失，并使生产不致中断、生活有所保障而通过订立合同采取的一种补偿措施。

保险公司的资金来源是从投保人（要求保险的客户）那里收取的保

险费，集中起来建立保险基金，一旦有某一投保人发生意外，保险公司将在契约（保险合同）规定的责任范围内担负损失的补偿责任。保险公司收入的保险费，除支付赔偿款和业务开支外，剩余的款项形成一笔巨大资金以备巨额赔款的支付需要，这笔款项在未用作赔偿之前，可以进行投资。这笔资金比银行存款还稳定，运用起来更可靠，因而往往被运用到有价证券的投资方面。

保险公司分为人寿保险公司及火灾和伤害保险公司，此外，还有存款保险公司。

人寿保险公司是对投保人死亡提供保险的金融机构，大多采取股份制形式，也有互助形式。第二次世界大战以后，美国人寿保险公司有很大的发展，成为除商业银行和储蓄放款协会以外最大的金融机构。在日本，人寿保险公司称为"生命保险公司"，其设立无论是互助形式还是股份制形式，资本金和基金都必须在 3 000 万日元以上，互助公司中要有100名以上的员工。

火灾和伤害保险公司主要是对各种灾害造成的财产损失，以及对由于投保人对第三方的财产损失而引起的责任提供保险，又称"火害保险公司"，包括除人寿保险以外的所有其他形式的保险业务。美国的火灾和伤害保险公司大多采取股份制形式，也有互助形式。日本的火灾与伤害保险公司称为"损害保险公司"，都是以股份公司形式存在。英国和德国保险公司的特点是，兼营人寿保险业务和火灾与伤害保险业务。

目前，在西方国家，保险已非常广泛，特别是人寿保险公司发展最快，已成为西方国家重要的金融机构。在美国，保险公司是金融市场上最大的借贷资本供应者之一。

8.信用合作社

信用合作社是由个人集资联合组成，以互助为主要宗旨的合作金融机构，简称"信用社"。各国的信用社名称有所不同。美国称为"信用社"，日本称为"信用协同组合"，德国则称为"信用合作银行"。

信用合作社在建立初期是直接为小商品生产者服务的，因为在现代社会化大生产条件下，小商品生产者很难取得大银行贷款的支持，而正常的生产和流通又需要解决资本不足的困难，于是他们以交纳股金和存款的方式组织这样一种信用机构，满足自身的资金融通需求及其他金融服务性需求。

它的资金来源于社员的股金和存款，贷款主要用于解决社员的资金需要。这种信用机构在有些国家比较发达。例如，近年来美国的信用社有很大发展，其金融资产的年增长率达15%，其所发放的短期消费信贷在全国占有一定比重。又如日本，农业信用组合是农村唯一的信用机构，参加者占全国农户的90%左右。其资金除向农民社员贷款外，还用于购买政府债券或转存到其他信用机构。

根据信用社会员的构成，各国的信用社大致可以分为三种类型：职业信用社、社团信用社和居住区信用社。职业信用社的会员是同一企业或同一行业的雇员，如渔业生产信用社、林牧业生产信用社、农业生产信用社等；社团信用社是由宗教和专业团体的成员组成，如小工商业者信用社、劳动者信用社等；居住区信用社是由居住在同一地区的居民所组成，如农村信用社、城市信用社等。信用社的最高权力机构是会员代表大会，主要决定章程的修改、业务发展计划的制订、董事会和监事会的选举等重大事项。董事会是信用社的执行机构，负责具体事务的管理和业务经营活动，如审批入会申请、选举经理、制定贷款政策等。监事会是信用社的监察组织，主要监督检查信用社的财产和经营管理。

9.消费信贷机构

消费信贷机构是指对消费者个人购买耐用消费品提供贷款的专业金融机构。消费信贷机构是为刺激生产、促进消费而建立的一种信用组织。消费信用机构对以分期付款方式出售商品的商店给予贷款，也直接向居民发放贷款。其资金来源主要是从商业银行取得借款。

德国的消费信贷机构是消费信贷银行，又称分期付款银行，在第二次世界大战后得到迅速发展；法国的消费信贷机构是由法国的银行和企业销售部门发起成立的。消费信贷机构本身并不吸收存款，它的资金主要来源于商业银行。它们往往依附于某大财团的大银行，为推销该财团的产品服务。

消费信贷机构主要有两种：各种消费信用公司和典当业。消费信用公司的资金来源主要是向商业银行借款，其运用则是以分期付款方式贷款给商业部门，也可以对一般居民发放这种贷款。典当业实际是一种带有一定程度高利贷性质的金融组织。其资金来源也是向大银行的借款，资金运用则是以物品为抵押的放款；其放款对象多是贫困的居民，放款的特点是利息高、期限短、条件较为苛刻。第二次世界大战后，资本主义国家的消费信用迅速扩大，经营消费信用的机构也有很大发展。目前，许多国家都有消费信用机构的分支网点。

10.财务公司

财务公司是经营部分银行业务的非银行金融机构。其中，有的专门经营抵押放款业务；有的专门吸收大额定期存款进行贷款或投资；有的由产业集团各公司集资而成，并主要为集团内企业提供信贷和金融服务等。其业务范围大多是为购买耐用消费品提供分期付款形式的贷款和抵押贷款业务。在当代，西方国家财务公司的业务范围已逐步扩大，除上述业务以外，一些大的财务公司还经营外汇、联合贷款、包销证券、财务及投资咨询服务等。

11.贴现行

贴现行是英国特有的一种金融机构，在英国的金融体系中处于中心地位。目前，英国共有11家贴现行，组成了一个专业化集团，它们均采取股份有限公司的形式。在英国，工商企业不直接向商业银行办理票据贴现，商业银行也不得直接向中央银行申请再贴现，而是通过贴现行办理票据贴现和再贴现业务。贴现行是英格兰银行最后贷款的唯一金融机构，因为只有这样，才能保证贴现行如期偿还银行的贷款，从而确保整个金融体系的正常运行。

阅读资料6-2 ▬▬▬▬▬▬▬▬▬

美国次贷危机中的保险

次贷即"次级抵押贷款"（subprime mortgage loan），具有高风险、高收益的性质，是指一些贷款机构向信用较差和收入不高的借款人提供的贷款。与传统意义上的标准抵押贷款的区别在于，次级抵押贷款对贷款者信用记录和还款能力要求不高，贷款利率相应地比一般抵押贷款高很多。那些因信用记录不好或偿还能力较弱而被银行拒绝提供优质抵押贷款的人，会申请次级抵押贷款购买住房。

在房价不断走高时，次级抵押贷款生意兴隆。即使贷款人现金流并不足以偿还贷款，他们也可以通过房产增值获得再贷款来填补缺口。但当房价持平或下跌时，就会出现资金缺口而形成坏账，导致贷款违约、银行面临倒闭，金融市场的系统风险增加。

许多投资银行为了赚取暴利，采用20~30倍资金杠杆操作。假设银行A自身资产为30亿美元，30倍杠杆就是900亿美元。也就是说，银行A以30亿美元资产为抵押去借900亿美元的资金，假如投资盈利5%，那么A就获得45亿美元的盈利，这是150%的暴利。反过来，假如投资亏损5%，那么银行A赔光了全部资产还欠15亿美元。

由于杠杆操作高风险，所以按照规定，银行不进行这样的冒险操作。所以就有人想出一个办法，把杠杆投资拿去做"保险"，这种保险就叫CDO（Collateralized Debt Obligation）。比如，银行A为了逃避杠杆风险就找到了机构B。机构B可能是另一家银行，也可能是保险公司，诸如此类。A对B说，你帮我的贷款做违约保险怎么样，我每年付你保险费5 000万美元，连续10年，总共5亿美元，假如我的投资没有违约，那么这笔保险费你就白拿了，假如违约，你要为我赔偿。A想，如果不违约，我可以赚45亿美元，这里面拿出5亿美元用来做保险，我还能净赚40亿美元。如果有违约，反正有保险来赔。所以对A而言这是一笔只赚不赔的生意。B是一个精明的人，没有立即答应A的邀请，而是回去做了一个统计分析，发现违约的情况不到1%。如果做100家的生意，总计可以拿到500亿美元的保险金，如果其中一家违约，赔偿额最多不过50亿美元，即使两家违约，还能赚400亿美元。A、B双方都认为这笔买卖对自己有利，因此拍板成交，皆大欢喜。B做了这笔保险生意之后，C在旁边眼红了。C就跑到B那边说，你把这100个CDO单子卖给我怎么样，每个合同给你2亿美元，总共200亿美元。B想，我的400亿美元要10年才能拿到，现在一转手就有200亿美元，而且没有风险，何乐而不为，因此B和C马上就成交了。这样一来，CDO被划分成一块块的CDS，像股票一样流到了金融市场之上，可以交易和买卖。实际上C拿到这批CDS之后，并不想等上10年再收取200亿美元，而是把它挂牌出售，标价220亿美元。D看到这个产品，算了一下，400亿美元减去220亿美元，还有180亿美元可赚，这是"原始股"，不算贵，立即买了下来。一转手，C赚了20亿美元。从此以后，这些CDS就在市场上反复地炒，市场总值最高峰时炒到了62万亿美元。

上面 A、B、C、D、E、F……都在赚大钱，那么这些钱到底从哪里冒出来的呢？从根本上说，这些钱来自 A 以及同 A 相仿的投资人的盈利。而他们的盈利大半来自次级贷款。

房价涨到一定的程度就涨不上去了，后面没人接盘。此时房产投机人急得像热锅上的蚂蚁。房子卖不出去，高额利息要不停地付，终于到了走投无路的一天，把房子甩给了银行。此时违约就发生了。此时 A 感到一丝遗憾，大钱赚不着了，不过也亏不到哪里，反正有 B 做保险。B 也不担心，反正保险已经卖给了 C。那么现在这份 CDS 保险在哪里呢？在 G 手里。G 刚从 F 手里花了 300 亿美元买下了 100 个 CDS，还没来得及转手，突然接到消息，这批 CDS 被降级，其中有 20 个违约，大大超出原先估计的 1% 到 2% 的违约率。每个违约要支付 50 亿美元的保险金，总支出达 1 000 亿美元。减去 G 收到这 500 亿美元保险金，加上 300 亿美元 CDS 收购费，G 的亏损总计达 800 亿美元。虽然 G 是全美排行前 10 名的大机构，也经不起如此巨大的亏损。因此 G 濒临倒闭。

如果 G 倒闭，那么 A 花费 5 亿美元买的保险就泡了汤，更糟糕的是，A 赔光全部资产也不够还债，因此 A 也面临破产危险。除了 A 之外，还有 A2，A3，…，A20，统统要倒闭。因此 G，A，A2，…，A20 一起来到美国财政部长面前，一把鼻涕一把眼泪地游说，G 万万不能倒闭，它一倒闭大家都完了。财政部长心一软，就把 G 给国有化了，此后 A，…，A20 总计 1 000 亿美元的保险金全部由美国纳税人支付了。

资料来源：唐喜乐. 次贷危机和金融危机通俗讲解版［EB/OL］.［2018-10-17］. https://www.douban.com/group/topic/4413445.

第三节　我国金融机构体系的构成

一、我国的金融机构体系的发展

改革开放以前，我国实行的是"大一统"的国家银行体系，中国人民银行是全国信用活动的中心，既行使金融管理和货币发行的职能，又从事借贷、储蓄、结算和外汇等业务经营活动。改革开放以后，陆续恢复、设立了一些新的银行和非银行金融机构，同时，专业银行实现了商业化改革。

我国目前的金融体系是以中央银行为核心、国有商业银行为主体，多种金融机构并存的格局。这一体系的形成，经历了以下几个过程：

1.改革开放前的"大一统"模式下的金融体系

这是一种高度集中的、以行政管理办法为主的单一的国家银行体系。其特点是：

（1）在银行设置上，全国只有中国人民银行一家办理全部银行业务，下设众多分支机构，遍布全国，统揽一切银行信用。

（2）中国人民银行集货币发行和信贷业务于一身，既执行中央银行职能，又兼办普通银行的信贷业务。

2.1979—1982年的金融机构体系

这一时期，打破了长期存在的人民银行一家金融机构的格局，恢复和建立了独立经营的专业银行：中国农业银行、中国人民建设银行（1996年3月改名为中国建设银行）、中国银行，与中国人民银行一起构成了多元化银行体系。

3.1983—1993年的金融机构体系

从1983年起，金融机构方面进行了如下改革：决定中国人民银行专门行使中央银行职能；专设中国工商银行，承办原来中国人民银行办理的信贷及城镇储蓄业务；增设交通银行等综合性银行、广东发展银行等区域性银行；设立一些非银行金融机构，如中国人民保险公司。

4.1994年至今的金融机构体系

1994年，国务院决定进一步改革金融体制。改革的目标之一是建立在中央银行宏观调控下的政策性金融与商业性金融分离、以国有商业银行为主体的多种金融机构并存的金融机构体系。为此，1994年以来金融机构体系改革的主要措施有：分离政策性金融与商业性金融，成立三大政策性银行；国家四大专业银行向国有商业银行转化；建立以国有商业银行为主体的多层次商业银行体系。1995年组建了第一家民营商业银行——中国民生银行；同年在清理、整顿和规范已有的城市信用社基础上，在各大中城市开始组建城市合作银行，1998年更名为城市商业银行；大力发展证券投资基金等非银行金融机构；不断深化金融业的对外开放。

为了加强对金融机构的监管，1992年成立了中国证券业监督管理委员会，1998年成立了中国保险业监督管理委员会，2003年成立了中国银行业监督管理委员会，形成了"分业经营、分业监管"的基本框架。2018年，银监会与保监会合并，成立中国银行保险监督管理委员会。

二、我国的金融机构体系的构成

目前，我国现行的金融机构基本由中央银行、商业银行、政策性银行、专业银行、非银行金融机构和外资、侨资、合资银行六大部分组成。这里，仅就主要的金融机构简单地作以介绍。

（一）中央银行

我国的中央银行是中国人民银行。中国人民银行是1948年12月1日在华北银行、北海银行、西北农民银行的基础上合并组成的。从中华人民共和国成立到1978年的30年间，中国人民银行既行使中央银行职能，又办理具体银行业务。

1979年到1983年，随着经济体制和金融体制改革的深化，我国的中央银行体制也发生了深刻的变化。陆续恢复和建立的银行和金融机构，如中国农业银行、中国银行、中国人民建设银行（1996年3月改名为中国建设银行）、中国人民保险公司等，分担了中国人民银行承担的部分金融业务。但中国人民银行仍然兼办工商信贷和储蓄业务，这就不可避免地削弱了对金融的宏观控制和管理。同时，我国参加了国际货币基金组织和世界银行等国际金融机构以后，国际金融活动也日益频繁，需要有一个名副其实的中央银行代表我国政府参加国际金融活动。

为了适应形势发展的需要，国务院于1983年9月17日决定，成立中国工商银行办理有关工商信贷和储蓄业务。从1984年1月1日起，中国人民银行作为我国的中央银行，专门行使中央银行职能。

1995年3月18日，第八届全国人民代表大会第三次会议通过了《中华人民共和国中国人民银行法》（以下简称《中国人民银行法》），这样，中国人民银行作为中央银行以法律的形式被确定下来。

中国人民银行是我国的中央银行，是领导和管理全国金融的国家机关。中国人民银行履行下列职责：

（1）制定和实施货币政策，保持货币币值稳定；

（2）发行人民币，管理人民币流通；

（3）依法对金融机构进行审批、监督和管理，维护金融业的合法、稳健运行；

（4）维护支付、清算系统的正常运行；

（5）持有、管理、经营国家外汇储备和黄金储备；

（6）代理国库和其他金融业务；

（7）负责金融业的统计、调查、分析和预测；

（8）代表我国政府从事有关的国际金融活动。

中国人民银行实行行长负责制，在国务院领导下独立开展业务。中国人民银行总行设在北京，根据需要设立分支机构，对分支机构实行集中统一领导和管理。总之，中国人民银行所履行的职责既体现了中央银行的一般职责，也反映了中国人民银行在国务院领导下，制定和实施货币政策，对金融业实施监督和管理的特殊要求。

（二）商业银行

改革开放以来，为了适应经济发展和经济体制改革的需要，加强金融服务，充分发挥银行在国民经济中的作用，1986年7月，国务院决定重新组建交通银行，并将总行由北京迁至上海，重新组建后的交通银行于1987年4月1日正式对外营业。它是中华人民共和国成立以来第一家综合性的股份制商业银行。其后，各地相继成立的商业银行有中信实业银行（后改名为中信银行）、招商银行、深圳发展银行（后来重组为平安银行）、福建兴业银行、广东发展银行、中国光大银行、华夏银行、上海浦东发展银行和中国民生银行等。

随着金融体制改革的深入，专业银行加速了向商业银行转轨的进程。1995年5月10日，第八届全国人民代表大会常务委员会第十三次会议通过了《商业银行法》，这标志着我国基本完成了中国工商银行、中国农业银行、中国银行和中国人民建设银行四大专业银行向商业银行的转轨，并初步形成了现代商业银行体系。

商业银行是我国社会主义金融体系的主体，现在正朝着多样化的业务方向发展。我国的商业银行有三种类型：一是按股份制模式组建的商业银行，如交通银行、中兴实业银行、光大银行、华夏银行、浦发银行和股本来自民间的民生银行等。二是国有专业银行转轨而成的商业银行，如中国工商银行、中国银行、中国建设银行和中国农业银行。三是合作性质的商业银行，如由原城市信用合作社合并而成的城市商业银行。虽说我国商业银行以盈利性、流动性、安全性为经营原则，实行自主经营、自担风险、自负盈亏、自我约束的经营机制，但与规范化商业银行的要求还有一定距离。特别是，还需进一步提高以资产质量为中心的风险防范体系，以相互制约、防错防弊为基本要求的清算保管体系，以资金、成本和利润三大指标为内容的财务分析体系。

根据《商业银行法》，我国商业银行可经营以下全部或部分银行业务，这些业务主要是：

（1）吸收公众存款；

（2）发放短期、中期和长期贷款；

（3）办理国内结算；

（4）办理票据贴现；

（5）发行金融债券；

（6）代理发行、兑付、承销政府债券；

（7）买卖政府债券；

（8）从事同业拆借；

（9）买卖、代理买卖外汇；

（10）提供信用服务及担保；

（11）代理收付款项；

（12）提供保险箱服务；

（13）经中国人民银行批准的其他业务。

（三）政策性银行

政策性银行是指由政府创立或参股，不以营利为目的，为贯彻政府经济方针政策而从事政策性金融业务的银行。我国于1994年成立了三家政策性银行，它们是国家开发银行、中国农业发展银行、中国进出口银行。

（1）国家开发银行。

国家开发银行是经国务院批准，于1994年3月正式成立的中国第一家政策性银行。国家开发银行注册资本为500亿元人民币，由财政部核拨，总行设在北京。国家开发银行的主要任务是：

① 按照国家法律、法规和方针、政策，向国内外筹集资金；

② 向国家基础设施、基础产业和支柱产业中的大中型基本建设和技术改造的政策性项目及其配套工程发放政策性贷款；

③ 办理建设项目贷款条件评审、咨询和担保等业务；

④ 为重点建设项目物色国内外合资伙伴，提供投资机会和投资信息。国家开发银行实行独立核算，自主、保本经营，权责利相统一，建立投资约束和投资风险责任机制，在金融业务上接受中国人民银行的指导和监督。

（2）中国农业发展银行。

中国农业发展银行是直属国务院领导的政策性金融机构，总行设在北京。其注册资本为200亿元人民币，其中一部分从中国农业银行、中国工商银行现有信贷基金中划转，其余部分由财政部划拨。

中国农业发展银行的主要任务是：筹集农业政策性信贷资金；承担国家规定的农业政策性金融业务；代理财政性支农资金的拨付，为农业和农村经济发展服务。中国农业发展银行实行独立核算，自主、保本经营，企业化管理，在业务上接受中国人民银行的指导和监督。

（3）中国进出口银行。

中国进出口银行成立于1994年4月26日，当年7月1日正式挂牌营业。中国进出口银行注册资本为33.8亿元人民币，由国家财政拨给。总部设在北京，不设营业性分支机构，根据业务需要，在个别城市设派出机构。

中国进出口银行的任务是：执行国家产业政策和外贸政策，为扩大我国机电产品和成套设备等资本性货物出口提供政策性金融支持。中国进出口银行实行自主、保本经营，企业化管理。在业务上接受财政部、商务部（以前为对外贸易经济合作部）、中国人民银行的指导和监督。

各政策性银行的行长、副行长均由国务院任命。

（四）其他金融机构

我国除中央银行、商业银行和政策性银行以外的其他金融机构主要有以下几种。

（1）保险机构。

改革开放以前，我国只有一家保险公司，即中国人民保险公司。中国人民保险公司成立于1949年10月20日。起初隶属于中国人民银行，1952年改为隶属于财政部。1959年起，因停办国内保险业务，专营涉外保险业务，划归中国人民银行领导，对外仍称中国人民保险公司，内部则称为中国人民银行国外业务管理局国外保险业务处。1980年，中国人民保险公司恢复办理国内保险业务，使中国的保险业进入新的发展阶段。以后，又成立了中国人寿保险公司，专营人寿保险业务。目前，我国保险公司的业务险种达400余种，大致可分为财产保险、责任保险、保证保险、人身保险四大类及保险机构之间的再保险。1995年10月1日，《中华人民共和国保险法》开始施行。

保险机构包括保险经营机构和保险中介机构。

①保险经营机构。

保险经营机构是指依法成立的在保险市场上提供各类保险商品，分散和转移他人风险并承担经济损失补偿和保险给付义务的法人组织。

按照分业经营原则，分为人寿保险公司、财产保险公司及再保险公司；按照组织形式的不同，可分为国有独资保险公司和股份有限保险公司；按照经营性质的不同，可分为商业保险公司和政策性保险公司。

商业保险公司是指按照商业原则经营，以营利为目的的保险企业。所谓商业原则，是指保险公司的经济补偿以投保人交付保险费为前提，具有有偿性、公开性和自愿性，并力图在损失补偿和保险金给付之后有一定的盈余。政策性保险公司是指由政府或政府机构发起或出资，经营某种特定政策性保险业务的机构，如中国出口信用保险公司。

②保险中介机构。

保险中介机构是指介于保险经营机构之间或保险经营机构与投保人之间，专门从事保险业务咨询与招揽、风险管理与安排、价值衡量与评估、损失鉴定与理算等中介服务活动，并从中依法获取佣金或手续费的单位。我国的保险中介机构主要有三类：保险代理机构（专业与兼业）、保险经纪公司、保险公估机构。

（2）信托投资公司。

信托投资公司是一种以受托人的身份，代人理财的金融机构。它与银行信贷、保险并称为现代金融业的三大支柱。我国信托投资公司的主要业务有：经营资金和财产委托、代理资产保管、金融租赁、经济咨询、证券发行以及投资等。根据国务院关于进一步清理整顿金融性公司的要求，我国信托投资公司的业务范围主要限于信托、投资和其他代理业务，少数确属需要的经中国人民银行批准可以兼营租赁、证券业务和发行一年以内的专项信托受益债券，用于进行有特定对象的贷款和投资，但不准办理银行存款业务。信托业务一律采取委托人和受托人签订信托契约的方式进行，信托投资公司受托管理和运用信托资金、财产，只能收取手续费，费率由中国人民银行会同有关部门制定。因此信托投资公司业务特点为收益高、责任重、风险大、管理复杂等。

信托投资公司主要从事投资银行业务，如代理证券发行、经济咨询、金融租赁及投资等。我国最早的信托投资公司是于1979年10月4日在北京成立的中国国际信托投资公司，20世纪80年代，各省市、各专业银行也纷纷成立信托投资公司，一时多达800家。这些信托投资公司在为经济部门提供各种金融服务的同时，也出现了盲目竞争和违规经营等严重问题，给金融业带来了风险。为了保证金融业的健康发展，1983年初，中国人民银行制定了《关于办理信托业务的若干规定》，1986年又颁布了《金融信托投资机构管理暂行规定》，对信托业进行规范管理。1995年，中国人民银行要求银行系统所办的信托投资公司与银行在机构、资金、财务、业务、人事和行政等方面彻底脱钩。

（3）财务公司。

我国的财务公司，是由企业集团内部各成员单位入股，向社会募集中长期资金，为企业技术进步服务的金融股份有限公司。

财务公司的主要业务包括吸收集团成员的存款，发行财务公司债券，对集团成员发放贷款，办理同业拆借业务，对集团成员单位产品的购买者提供买方信贷等。

财务公司的定位是筹集中长期资金，用于支持企业技术改造，而企业集团成员所需短期资金转由商业银行贷款支持。我国的财务公司是由企业集团内部成员入股，为企业向社会公开募集中长期资金的金融机构。我国第一家财务公司于1984年在深圳成立，以后迅速发展。根据中国银保监会发布的银行金融机构法人名单，截至2022年3月31日，我国共有255家企业集团财务公司。财务公司与商业银行不同的是，财务公司不得从企业集团之外吸收存款，也不得向企业集团之外发放贷款。

（4）租赁公司。

租赁公司的业务分为经营性租赁和融资性租赁。融资性租赁又称为金融租赁，具有租赁和融资的双重性质。中国租赁有限公司是中国首家租赁公司，成立于1987年，以后又成立了10余家租赁公司。

（5）证券公司。

证券，指政府部门批准发行和流通的股票、债券、基金、存托凭证和有价凭证。主要的证券机构有证券公司、证券交易所、登记结算公司。

证券公司，又称证券商，主要业务有：推销政府债券、企业债券和股票，代理买卖和自营买卖已上市流通的各类有价证券，参与企业收购、兼并，充当企业财务顾问等，如华夏证券有限公司、中国国泰君安证券有限公司等。

证券交易所，是不以营利为目的，为证券的集中和有组织的交易提供证券交易的场所和设施，并履行相关职责，实行自律性管理，如上海证券交易所和深圳证券交易所。

登记结算公司，是确保证券交易的过程准确和资金及时、足额到账的机构。

（6）信用合作社。

我国的城市和农村信用合作社是群众性合作制金融组织，是对国家银行体系的必要补充和完善。它的本质特征是：由社员入股组成，实行民主管理，主要为社会提供信用服务。城市信用合作社是城市合作金融组织，是由个体工商户和城市集体企业入股组建的，入股者民主管理，主要为入股人提供金融服务，是具有法人地位的金融机构。目前，我国部分城市的信用合作组织已经通过合并、改组成为地方城市商业银行。农村信用合作社是由农民和集体经济组织自愿入股组成，由入股人民主管理，主要是为入股人服务的具有法人资格的金融机构。其业务主要是：办理个人储蓄；办理农户、个体工商户、农村合作经济组织的存贷款；代理银行委托业务及办理批准的其他业务。我国农村信用合作社是农村群众性的合作金融组织。它的基本任务是：按照国家经济和金融政策，帮助农民、专业户、承包户以及农村合作经济组织，解决生产、经营等方面的资金需要，支持农村商品经济的发展。

我国城市信用社是集体金融组织，是实行独立核算、自主经营、自负盈亏、资金自求平衡的经济实体。其主要业务是为集体企业、个体工商户办理存贷款和结算汇兑，办理城市居民储蓄存款，从事代办保险及其代收、代付、代保管业务。

1995年12月29日，经中国人民银行批准，上海98家城市信用合作社改组成为上海城市合作银行，该行由上海市区两级财政、2 400余家企业和4万余名个人股东共同投资，注册资金为16亿元人民币，是上海第一家拥有个人股东的地方股份制商业银行。

（7）邮政储蓄部门。

中华人民共和国成立以后，我国邮政部门长期以来未办理储蓄业务，直到1986年，经国务院批准，邮政部门才恢复办理储蓄业务，并组建了邮政储汇机构。其主要业务是办理个人储蓄、个人汇兑和结算业务等。到1996年年底，全国邮政储蓄机构达3万个，邮政汇兑机构达4万个。2016年，中国邮储银行在香港交易所主板上市，正式登陆国际资本市场，完成"股改—引战—上市"三步走的改革目标。

（8）境内外资金融机构。

自20世纪80年代开始，我国以积极、审慎的态度引进外资金融机构。银行业方面，截至2017年末，共有外资银行业营业性机构209家（法人银行39家、外资新型农村金融机构17家、外资非银行金融机构31家、外国银行分行122家），外资银行总资产3.24万亿元，同比增长10.76%；2017年全年外资银行净利润146.46亿元，同比增长14.59%。保险业方面，共有保险业营业性机构71家（外资保险公司56家、保险中介机构14家、资管子公司1家），外资保险公司总资产1.03万亿元，同比增长13.33%；2017年全年保险保费收入2 140.06亿元，同比增长35.7%。

1996年底，我国批准设在上海浦东并符合条件的外资银行试点经营人民币业务，至1997年第一季度，共有9家外资银行获准试点开办人民币业务。截至2018年6月末，外资银行在华设立41家外资法人银行、115家外国银行分行和156家代表处，营业性经营机构总数为1 005家，在华外资银行资产总额同比增长7.56%。2019年5月，郭树清接受采访时说，将取消外资银行开办人民币业务审批，允许外资银行开业时即可经营人民币业务。外资金融机构正在日益成为我国社会主义金融体系中的一个重要组成部分。

（9）典当行。

典当行是为私人企业和个人提供临时性质押贷款的金融机构。1987年，在温州、沈阳等地出现了典当业。1996年，中国人民银行颁布了《典当行管理暂行办法》，规定了典当行的最低资本限额为500万美元，并且至少要有8个股东。

阅读资料6-3 ▬▬▬▬▬▬▬▬▬▬▬▬▬▬▬▬▬▬▬▬▬▬▬▬▬▬▬▬

亚投行

亚投行全称为亚洲基础设施投资银行（Asian Infrastructure Investment Bank，AIIB），是政府间性质的亚洲区域多边开发机构，也是全球首个由中国倡议设立的多边金融机构。亚投行重点支持基础设施建设，成立宗旨在于促进亚洲区域的建设互联互通化和经济一体化的进程，并且加强中国及其他亚洲国家和地区的合作。2015年12月25日，亚投行正式成立，总部设在北京。

亚投行意向创始成员国确定为57个，其中域内国家37个、域外国家20个。法定资本1 000亿美元，中国出资50%，为最大股东。治理结构分理事会、董事会、管理层三层。理事会是最高决策机构，每个成员在亚投行有正副理事各一名。董事会有12名董事，其中域内9名，域外3名。管理层由行长和5位副行长组成。时任中国财政部部长楼继伟被选举为亚投行首届理事会主席，金立群当选亚投行首任行长。

亚投行2016年开业运营时共有57名创始成员。其后两年间亚投行先后进行了7次扩容，批准了36个成员的加入申请，包括比利时、加拿大、匈牙利、爱尔兰、阿富汗、希腊、智利、阿根廷等多个国家。

截至2017年12月，亚投行已展开24个投资项目，项目贷款总额为42亿美元，主要涉及能源、交通、城市基础设施等领域。这些项目都位于亚洲，包括菲律宾、印度、巴基斯坦、孟加拉国、缅甸、印度尼西亚等国，内容涉及贫民窟改造、防洪、天然气基础设施建设、高速公路/乡村道路、宽带网络、电力系统等方面。

2017年12月11日，亚投行公布首个对华项目，批准2.5亿美元贷款用于"北京空气质量改善和煤改气"项目。亚投行表示，该项目覆盖大约510个村，连接大约21.7万户家庭的天然气输送管网等工程，能有效降低北京地区的空气可悬浮细颗粒物浓度、减少碳排放、减少煤炭消耗，从而改善北京地区空气质量和环境质量。

2017年6月29日，三大国际评级机构之一的穆迪发布公告，给予亚投行Aaa的信用评级，评级展望为"稳定"。这是穆迪评级标准里的最高级别。穆迪表示，该评级是对亚投行当前和未来信用状况进行整体评估后得出的。给予亚投行最高信用评级主要是考虑到其稳固的治理架构，包括风险管理政策、资本充足水平和流动性等因素。

在随后的一个月时间里，亚投行又接连收到了其他两大机构——惠誉和标普的评级，水平同样是AAA的最高评级。亚投行司库瑟伦·埃尔贝克在接受采访时对此评论说："这一评级对我们在国际资本市场的地位至关重要。它把我们同世界银行和国际货币基金组织放在同一水平上。"

亚投行的存在具有重要意义。首先，有利于加快推进亚洲基础设施建设和互联互通建设。亚洲国家特别是新兴市场和发展中国家的基础设施建设融资需求巨大，特别是近来面临经济下行风险增大和金融市场动荡等严峻挑战，要动员更多资金进行基础设施建设，以保持经济持续稳定增长，促进区域互联互通和经济一体化。据亚洲开发银行估算，2010—2020年10年间，亚洲需要新投入8万亿美元用于基础设施建设，每年需要7 500亿美元用于国家和地区间的基础设施建设才能支撑目前经济增长的水平。其次，有利于共同应对国际金融危机、经济转型升级和经济稳定增长。成立亚洲基础设施投资银行可以增强中国与亚洲各国之间区域经济发展的内生动力，维护区域金融的稳定，维护亚洲地区金融和经济稳定。最后，有利于加速亚洲经济一体化进程。有利于推动以亚欧大陆桥、泛亚铁路和公路等重点基础设施项目为龙头的区域互联互通建设，推进南新经济走廊、孟中印缅经济走廊、中巴经济走廊建设，加快GMS合作、东北亚合作、东盟一体化建设、上海合作组织等区域合作发展，加快亚洲经济一体化进程。

资料来源：李保旭. 亚投行 [EB/OL]. [2016-09-28]. https://www.yidaiyilu.gov.cn/ zchj/rcjd/958.htm.

十万亿级金融"航母"正式入列　招商金控扬帆新征程

2022年9月18日，深圳，一场简短而庄重的公司设立揭牌仪式在前海嘉里中心圆满完成。

至此，国务院国资委体系内首家央企金融控股公司、粤港澳大湾区首家金融控股公司——招商局金融控股有限公司（以下简称"招商金控"）正式揭牌。

招商金控历史底蕴深厚、综合实力强大，是当之无愧的金融"航母"。

公开资料显示，招商金控母公司是创立于1872年，开办过中国第一家银行、第一家保险公司的招商局。

招商金控监管口径下风险并表及参股重要性机构总计约670家。2022上半年，招商局金融业务净利润733亿元，同比增长5.7%；总资产规模10.4万亿元，管理资产规模（AUM）超19万亿元。

招商金控的设立，翻开了招商局金融业务高质量发展的崭新篇章，将为建设创新引领、协同驱动、特色鲜明、国内领先的金融控股集团注入强劲动力。

招商金控探索、布局、做实金控之路，是百年招商孕育的新成果。

为推动金融控股公司规范发展，有效防控金融风险，更好地服务实体经济，2020年9月，《国务院关于实施金融控股公司准入管理的决定》和《金融控股公司监督管理试行办法》同步印发，标志着金融控股公司正式进入规范监管时代。

截至2022年10月，人民银行共受理了5家公司设立金融控股公司的行政许可申请，其中3家已获批，分别是中国中信金融控股有限公司、北京金融控股集团有限公司和深圳市招融投资控股有限公司（即"招商金控"）。

与之前已落地的两张金控牌照模式不同，招商金控模式不是在体系内另设新主体，也不是招商局集团整体申请成为金控公司，而是直接在集团现有子公司基础上设立。

媒体注意到，从2021年12月31日申请获得受理，到2022年8月31

日正式获批设立，招商金控仅历时8个月就正式落定。这与招商局集团较早就参与国内金控公司监管规范化的进程密不可分。

20世纪90年代，我国确立了"分业经营、分业监管"的金融行业监管格局，同时开始探索金融控股公司框架下综合经营的监管模式。招商局推进多元战略布局，打造了质量优、效益佳的金控集团。1999年，招商局金融集团成立，自此有了金融专业化管理平台。

2017年，中央明确严格规范金融综合经营和产融结合。2018年初，国务院金融委在北京、上海、深圳、杭州、南京各选择了1家企业开展金控模拟监管试点。招商局是唯一一家总部在香港的系统重要性实体，由中国人民银行深圳市中心支行在总行指导下开展模拟监管试点。

招商金控对招商局旗下多级金融股权架构进行整合，基本达到股权清晰、可穿透、可识别的要求。招商局金融科技有限公司还承担了信息系统开发的重任，为人民银行金控监管信息系统的建设奠定了基础。

招商金控获批设立，其作用与意义同样非凡。招商金控是国务院国资委体系内首家央企金融控股公司，也是粤港澳大湾区首家金控公司。

深圳市委副书记、市长覃伟中在招商金控揭牌致辞中表示，深圳将以招商金控设立为新契机，充分发挥前海深港现代服务业合作区的示范引领作用，全面加强双方在科技金融、绿色金融、普惠金融、跨境金融、财富管理、风险管理等领域合作，携手为建设粤港澳大湾区国际金融枢纽作出更大贡献。

作为百年招商局的第25任掌门人和首家央企金控的第一任董事长，缪建民指出："招商金控这张全新金融牌照，是招商局百年金融发展史孕育出的最新成果，也是深圳改革开放的最新成果。"

资料来源：罗知之. 十万亿级金融"航母"正式入列 招商金控扬帆新征程［EB/OL］.［2022-10-10］. http：//finance. people. com. cn/n1/2022/1010/c1004-32542203.html.此处为节选.

本章小结

1.狭义的金融机构定义为金融活动的中介机构，即在间接融资领域中作为资金余缺双方交易的媒介，专门从事货币、信贷活动的机构，主要指银行和其他从事存贷款业务的金融机构。该类金融机构与货币的发行和信用的创造联系密切，主要是中央银行和商业银行等金融机构。广义的金融机构则是指所有从事金融活动的机构，包括直接融资领域中的金融机构、间接融资领域中的金融机构和各种提供金融服务的机构。

2.金融机构存在的必要性是由于交易成本的存在、信息不对称（逆向选择和道德风险）的存在以及出于降低风险与流动性转换等原因。

3.金融市场上的逆向选择是指，那些最可能造成不利（逆向）结果即造成信贷风险的借款者，常常就是那些寻找贷款最积极，而且是最可能得到贷款的人。金融市场上的道德风险是指，借款者可能从事从贷款者的观点来看不希望看到的那些活动的风险，因为这些活动使得这些贷款很可能不能归还。

4.金融机构的主要功能有接受存款的功能、经纪和交易功能、承销功能、提供经纪或交易服务、咨询和信托功能等。

5.改革开放以前，我国实行的是"大一统"的国家银行体系，中国人民银行是全国信用活动的中心，既行使金融管理和货币发行的职能，又从事借贷、储蓄、结算和外汇等业务经营活动。改革开放以后，陆续恢复、设立了一些新的银行和非银行金融机构，同时，专业银行实现了商业化改革。

6.目前我国现行的金融机构基本由中央银行、商业银行、政策性银行、专业银行、非银行金融机构和外资、侨资、合资银行六大部分组成。

7.现代西方经济学界则将中央银行和商业银行以外的专业银行和其他金融机构通称为非银行金融机构。按照这种观点，金融机构体系由三部分构成，即中央银行、商业银行和非银行金融机构。

综合训练

6.1 单项选择题

1.近代银行业起源于（   ）。

A.意大利   B.英国

C.法国   D.中国

2.1845年，中国出现的第一家新式银行是（　　　）。

A.丽如银行　　　　　　　　　　B.上海商业储蓄银行

C.浙江实业银行　　　　　　　　D.新华信托储蓄银行

3.在交易之前，信息不对称造成的问题会导致（　　　）。

A.道德风险　　　　　　　　　　B.逆向选择

C.投机风险　　　　　　　　　　D.流动性风险

4.在实行市场经济体系的国家，（　　　）是金融体系的主体。

A.中央银行　　　　　　　　　　B.证券公司

C.政府　　　　　　　　　　　　D.商业银行

5.（　　　）是经营保险业的经济组织。

A.银行　　　　　　　　　　　　B.证券公司

C.保险公司　　　　　　　　　　D.财务公司

6.2　多项选择题

1.金融机构存在的原因包括（　　　）。

A.交易成本　　　　　　　　　　B.信息不对称

C.降低风险　　　　　　　　　　D.流动性转换

2.金融机构体系由（　　　）构成。

A.中央银行　　　　　　　　　　B.商业银行

C.非银行金融机构　　　　　　　D.保险公司

3.以下属于非银行金融机构的有（　　　）。

A.储蓄银行　　　　　　　　　　B.投资银行

C.进出口银行　　　　　　　　　D.开发银行

4.金融机构的主要功能有（　　　）。

A.接受存款　　　　　　　　　　B.经纪和交易

C.承销　　　　　　　　　　　　D.提供经纪或交易服务

5.金融机构存在的必要性包括（　　　）。

A.交易成本　　　　　　　　　　B.信息不对称

C.降低风险　　　　　　　　　　D.流动性转换

6.3　思考题

1.什么是金融机构？

2.什么是道德风险？

3.金融机构的功能有哪些?

4.什么是逆向选择?

5.金融机构存在的必要性有哪些?

6.我国除中央银行、商业银行和政策性银行以外的其他金融机构主要有哪些?请列举三个进行简要介绍。

第七章

商业银行

学习指南

【学习目标】

商业银行在经济中扮演着多重角色，是现代经济活动中最重要的金融机构之一。通过本章的学习，要了解商业银行的产生与发展；掌握商业银行的性质与职能；理解商业银行的主要业务；重点掌握商业银行的经营原则及其相互关系；了解商业银行未来发展的趋势。

【关键概念】

商业银行　商业银行资本　负债业务　资产业务贷款　中间业务　表外业务　安全性　流动性　盈利性　国际化

引例

中信集团与中信银行

中国中信集团有限公司（原中国国际信托投资公司）是在邓小平支持下，由荣毅仁于1979年创办的。成立以来，公司充分发挥经济改革试点和对外开放窗口的重要作用，在诸多领域进行了卓有成效的探索与创新，成功开辟出一条通过吸收和运用外资、引进先进技术、设备和管理经验为中国改革开放和现代化建设服务的创新发展之路。

2002年，中国国际信托投资公司进行体制改革，更名为中国中信集团公司，成为国家授权投资机构。2011年，中国中信集团公司整体改制为国有独资公司，更名为中国中信集团有限公司（简称中信集团），并发起设立了中国中信股份有限公司（简称中信股份）。2014年8月，中信集团将中信股份100%股权注入香港上市公司中信泰富，实现了境外整体上市。

中信集团按照"践行国家战略、助力民族复兴"的使命要求，以"打造卓越企业集团、铸就百年民族品牌"为发展愿景，以"深化国企改革、加强科技创新和融入区域战略"为工作主线，深耕综合金融、先进智造、先进材料、新消费和新型城镇化五大业务板块，致力于成为践行国家战略的一面旗帜，国内领先、国际一流的科技型卓越企业集团。2020年，中信集团连续第12年上榜美国《财富》杂志世界500强，位居第126位。

中信银行股份有限公司综合实力进一步增强。公司金融业务主要指标位居中型商业银行前列；零售银行业务客户基础不断扩大。截至2012年末，中信银行总资产2.96万亿元，同比增长7%；在央行两次降息和主动增提拨备的前提下，实现净利润310.3亿元，同比增长0.7%；不良贷款率0.7%；拨备覆盖率达288.3%，抵御风险能力进一步增强；在银行间债券市场发行总额200亿元人民币次级债券，资本充足率提升至13.4%，在满足监管要求的同时，为改善资本结构、加快实施巴塞尔新资本协议打下了坚实基础；加强与中信集团金融类子公司的合作，开展客户资源共享、产品交叉设计和交叉销售合作，为客户提供增值服务。

中信银行国际有限公司抓住香港离岸人民币业务高速发展机遇，与中信银行股份有限公司紧密合作，适时推出多样化的人民币产品及服务，在为客户提供有效的投资保值增值解决方案的同时，带动了非利息收入和整体收益的持续增长。全年实现营业收入37.2亿港币，同比增长8.7%；拨备前利润19.1亿港币，同比增长8%。

资料来源：根据中信集团官网资料整理.

那么，什么是商业银行？商业银行是如何产生的？它在一国经济中发挥什么作用？它的性质、职能和主要业务又如何？本章将进行相应的阐述。

第一节　商业银行概述

一、商业银行的产生与发展

（一）商业银行的产生

商业银行（commercial bank）是以经营工商业存贷款为主要业务，以获取存贷差利润为目的的货币信用经营企业。

商业银行是信用经济发展的产物，是在货币经营业的基础上逐步发展形成的。bank 一词起源于古法语单词 banque 和意大利语单词 banca，意为长凳或货币交易桌。据说在文艺复兴时代的意大利，货币经纪人通常坐在桌子旁边或在商业区的小商店里进行钱币兑换，帮助有需要的人把外国货币兑换成本国货币，而这种交易用的长板凳逐渐成为货币交易的一种象征。

汉语中的"银行"则指专门从事货币信用业务的机构。之所以有"银行"之称，则与我国经济发展的历史相关。在我国历史上，白银一直是主要的货币材料。"银"往往代表的就是货币，而"行"则是对大商业机构的称谓。把办理与银钱有关的大金融机构称为银行，最早见于太平天国洪仁玕所著的《资政新篇》。1840 年鸦片战争以后，外国金融机构随之侵入，"银行"就成为英语 bank 的对应中文翻译。

现代商业银行起源于中世纪的意大利。当时，威尼斯因其特殊的地理位置而成为世界贸易中心，各国商人带着各种铸币云集威尼斯进行买卖。为了顺利完成商品交换，商人们必须进行货币兑换，于是出现了专门从事货币交换而收取手续费的商人，即货币兑换商，这是货币经营业的最初形式。最早的银行是建于 1171 年的威尼斯银行。此后，在欧洲及其他一些国家也相继出现了从事存放款业务的银行，包括 1272 年佛罗伦萨的巴尔迪银行，1310 年的佩鲁齐银行以及 1397 年的麦迪西银行等等。早期的银行贷款主要以政府为服务对象，而且具有高利贷性质。

以工商业贷款为主要业务的商业银行，是随着资本主义生产关系的产生而出现的。18、19 世纪产业革命成功，资本主义制度得到了基本确立。到 1694 年，英格兰银行的成立，标志着现代商业银行的产生。

（二）商业银行的发展

1.商业银行形成的途径

西方各国商业银行产生的社会条件和发展环境各不相同，但基本上是通过以下途径发展起来的：

（1）从旧的高利贷银行转变而来。

这是随着资本主义经济的发展逐步转变为资本主义银行。银行发展之初由于资本主义生产关系尚未建立，贷款利率非常高，所以具有高利贷性质。但随着经济的发展，高额的利息影响了资本家的利润，此时的高利贷银行面临着贷款需求锐减的困境和关闭的威胁。为了自身的利益，高利贷银行顺应时代的变化，降低贷款利率，转变为商业银行。这种转变是早期商业银行形成的主要途径。

（2）根据资本主义原则以股份制方式组建。

大多数商业银行是以股份制方式建立的。1694年，最早建立资本主义制度的英国，最先成立了世界上第一家股份制银行——英格兰银行。当时英格兰银行的贴现率是4.5%~6%，大大低于早期银行业的贷款利率，动摇了高利贷银行在信用领域的垄断地位。英格兰银行的组建模式被推广到欧洲其他国家，商业银行开始在世界范围内得到普及。现代商业银行在商品经济发展较快的国家和地区得到了很快发展，但在不同国家商业银行的名称各不相同，如英国称之为"存款银行""清算银行"；美国称之为"国民银行""州银行"；日本称之为"城市银行""地方银行"，等等。

2.商业银行发展的模式

商业银行在历史发展过程中，主要形成了两种不同类型的银行。

第一类是以英国式为代表的原始意义上的商业银行。这类银行的经营活动主要受"商业贷款理论"支配，资金融通具有明显的商业性质，其业务主要集中于"自偿性贷款"，"商业银行"也因此得名。

另一类是以德国式银行为代表的综合性、多功能银行。这类商业银行和投资银行没有严格区分，它可以接受各种形式和数量的存款，为工商企业和消费者提供多种形式的贷款和多样化的金融服务。近几十年来，由于商品经济的发展客观上要求商业银行提供多样化的投融资方式、手段和多样化的金融服务，上述两类银行的界限已经逐渐消失，各国商业银行的业务范围都在不断扩展，向着全能化和多样化的方向发展，除存贷款外，证券投资和黄金外汇买卖也占有重要地位。同时开展长期信贷、消费信贷、对外贷款、保险、咨询、信息服务及电子计算机服务等多种业务，商业银行已成为"百货公司"式的综合性、多功能银行。

阅读资料7-1 ▬▬▬▬▬▬▬▬▬▬▬▬▬▬▬▬▬▬▬▬▬▬▬▬▬▬▬▬

商业银行的类型

商业银行的主要类型包括职能分工型和全能型。

1.职能分工型

在法律规定金融机构只能分别经营某种金融业务的情况下，商业银行主要经营短期工商信贷业务。职能分工型的代表是美国的银行体系。由于大萧条时期对银行滥用证券活动的指责，1933年美国国会通过《格拉斯-斯蒂格尔法案》，容许商业银行承销新发行的政府债券，但禁止承销公司证券和从事经纪商活动，同时禁止投资银行从事商业银行业务，还禁止银行从事保险及其他被认为有风险的非银行业务。日本、中国大陆和中国台湾地区都参照这种经营模式来管理银行体系。但随着经济和金融业本身的发展，放松管制，混业经营的要求越来越强烈，日本、中国台湾和美国都先后放松了对银行业业务经营范围的管制。

2.全能型

商业银行可以经营一切银行业务，存款、放款及证券业务、保险业务或其他投资银行业务。全能型银行的主要代表是德国、荷兰、瑞士的银行体系。银行可以从事银行、证券、保险业务的经营，并可以持有工商业公司的股份。

介于两者之间的是英国式综合银行，包括英国、加拿大、澳大利亚等国的银行体系，这些国家的银行可以经营证券承销，普遍地设立分支机构，但是与保险和工商业结合较少。

二、商业银行的性质与职能

(一)商业银行的性质

商业银行是以追求利润最大化为经营目标，以金融资产和金融负债为经营对象，为客户提供多功能、综合性服务的金融企业。

从商业银行的历史和定义中，可以看出商业银行的性质具体表现为以下方面：

1.商业银行是企业

商业银行是经营货币信用业务的企业。作为企业，商业银行和其他工商企业一样，以获取利润作为其经营的目标。商业银行一方面吸收社会闲置资金，另一方面又以贷款或投资的形式将吸收来的货币资金投放于社会再生产，并从中取得利息收益。无论是何种社会制度下的商业银行、何种资本结构的商业银行，银行利润的来源都是相同的，都是追求利润最大化的企业。

2.商业银行是金融企业

商业银行又不同于一般的工商企业。因为，商业银行经营的对象不是以使用价值形态存在的商品，而是特殊的商品——货币。而且，商业银行以贷款形式向工商企业提供的货币资金也未改变资金的所有权，只是以支付利息为代价的资金使用权的暂时让渡。而工商企业的商品销售以后，则发生所有权的转移，商品不再归出售企业所有。

3.商业银行是特殊的金融企业

商业银行与其他金融机构相比也存在很大的差异。首先，与中央银行相比，它的服务对象非常广泛，包括工商企业、公众、政府及其他金融机构，经营目标是利润最大化。而央行只向政府和金融机构提供服务，其业务活动目的不是盈利，而是保证宏观经济的正常运行。其次，与其他金融机构相比，商业银行提供的金融服务更全面、范围更广，能够进行信用创造，素有"金融百货公司"的称号。

（二）商业银行的职能

商业银行是金融体系的重要组成部分，其所创造的信用和所提供的金融服务，已成为经济正常运行的重要保证，它的主要职能有：

1.信用中介

商业银行的这一职能是通过负债业务把社会上经济主体的闲置资金集中到银行，再通过资产业务将集中的资金投向各经济部门而体现出来的。商业银行的信用中介职能改变的只是货币资金的使用权，并没有改变货币资金的所有权。通过信用中介职能，商业银行可以将小额资金汇集成巨额资本、将短期资本转化为长期资本、将消费资金转化为生产资金，从而实现货币资金的高效配置。

2.支付中介

支付中介指商业银行利用活期存款账户，为客户办理各种货币结算、货币收付、货币兑换和转移存款等业务活动。在现代经济中，商业银行已成为支付体系的中心。

商业银行为客户办理支付、结算业务时，主要方式是账户间的划拨和转移，从而最大限度地节约现钞使用和降低流通成本，加快结算过程和货币资本的周转，为社会化大生产的顺利进行提供前提条件。在现代经济中，各种经济活动如商品交易、对外投资、国际贸易等所产生的债权债务关系，最终都要通过货币支付来清偿。而现金支付手段所造成的局限性和不方便是显而易见的，取而代之的是以银行为中心的非现金支付手段。商业银行代理客户收付和转移资金，对国民经济的运行具有重要的意义。

3.信用创造

商业银行的信用创造包括两层意思：一是信用工具的创造；二是信用量的创造。

早期的商业交易以金属货币为流通手段和支付手段，现代商业银行则创造出信用工具来执行流通手段和支付手段的职能。商业银行最初创造的信用工具是银行券，在中央银行独揽货币发行权后，商业银行支票逐步成为现代经济社会最主要的支付工具。在经济发达国家，经济交易的90%是以支票为支付工具的。目前，信用卡和电子货币等信用支付手段也变得越来越重要了。

商业银行吸收的存款，根据日常经验留足备付准备金和法定准备金后，可以基于盈利动机，利用超额准备金进行贷款和投资，形成存款的增加和信用的扩张。此项过程在商业银行系统内的延伸不但创造了存款，也扩张了贷款，从而创造了信用。

在20世纪70年代到80年代的金融创新浪潮中，除了商业银行以外，储蓄机构和其他金融机构也纷纷开办了有息支票存款业务，因此也或多或少地具有了创造存款和信用扩张的能力，但由于商业银行接受存款和提供金融服务的能力远远超过其他金融机构，所以在创造存款和扩张信用等方面，商业银行仍然起着主要作用。

4.金融服务

随着社会生产的日益多样化、复杂化以及现代经济的逐步发展，社会经济主体对金融服务提出了越来越高的要求，一些原本由工商企业自身完成的业务现在都转交给商业银行办理，如代发工资、代理支付、信息咨询等。而随着现代信息技术的发展，商业银行也具备了为客户提供更好服务的条件，同时，商业银行也通过开展广泛的金融服务来扩展自己的资产负债业务，赚取更多的利润。

（三）商业银行在国民经济中的作用

（1）通过贯彻中央银行货币政策来调节经济。中央银行的货币政策工具一般不能直接作用于企业，而是通过商业银行来对企业施加影响，如再贴现率、法定存款准备金率等。

（2）商业银行经常要根据国家经济政策和产业政策的要求，有针对性地确定贷款投向，实行贷款倾斜，以达到优化经济结构的目的。

（3）通过办理消费信贷业务来调节和引导消费。商业银行向个人消费者提供信用，可以大大提高消费者的支付能力，这样既能将消费者的远期消费转变为即期消费，刺激全社会的消费需求，也能扩大企业的产品销售，促进生产的发展。

（4）通过对外筹资来调节国际收支逆差。

第二节 商业银行的主要业务

一、商业银行的资本和负债业务

（一）商业银行的资本业务

商业银行是以经营存贷款为主要业务，以赚取存贷差利润为主要经营目标的特殊的金融企业。商业银行同其他企业一样，在开展业务时必须垫付一定的资金，在进一步扩展业务时也需要增加适当的资本来应对风险，这就是商业银行资本。在现代商业银行的经营管理中，商业银行资本是银行一切活动的基础。

商业银行资本是其所有者实际投入银行用于经营活动的各种资金、财产和物资的总和。按照《巴塞尔协议Ⅲ》的规定，商业银行资本可以分为一级资本和二级资本两部分。一级资本包括核心一级资本和其他一级资本。其中，核心一级资本只包括普通股和留存收益。《巴塞尔协议Ⅲ》规定，少数股东权益、递延所得税、对其他金融机构的投资、商誉等不得计入核心一级资本。其他一级资本主要是永久性优先股等。二级资本包括未公开储备、重估储备、普通贷款损失准备、带有债务性质的混合资本工具以及长期次级债务。

根据《巴塞尔协议Ⅲ》的要求，商业银行的核心一级资本充足率不得低于4.5%；一级资本充足率不得低于6%；资本留存缓冲由普通股（扣除递延税项及其他项目）构成，用于危机期间吸收损失，不得低于2.5%；全部核心一级资本（核心一级资本加资本留存缓冲）充足率不得低于7%；总资本充足率（CAR），即资本占风险加权资产的比率必须达到8%；总资本充足率与资本留存缓冲率之和不得低于10.5%；逆周期资本缓冲率需要在0至0.25%之间。

（二）商业银行的负债业务

商业银行的负债业务即商业银行的资金来源业务，包括自有资本和吸收外来资金，后者才是银行真正的负债业务。

1.存款负债

存款是企业、政府、家庭和个人对商业银行的债权，是商业银行负债的主要组成部分。商业银行的存款按其性质和支取方式分为活期存款、定期存款和储蓄存款三种。

（1）活期存款。

活期存款是指存款客户可以随时提取和支付的存款。活期存款的资金主要是用于交易和支付用途的款项，企业、个人、政府机关和金融机构都可以在商业银行开立活期存款账户，商业银行彼此之间也可以开立这种性质的账户，这称为往来账户。

（2）定期存款。

定期存款是指事先约定存款期限，到期才能提取的存款。储户如需提前支取，将蒙受利息损失。定期存款的资金是近期不支用或作为价值储存的款项。由于定期存款的时间较长，到期前一般不能提前支取，所以定期存款的利息高于活期存款。

（3）储蓄存款。

储蓄存款主要是针对居民个人积蓄货币和取得利息收入之需而开办的一种存款业务。这种存款通常由银行发给储户存折或储蓄卡，以作为存款和提款的凭证，一般不能据此签发支票，支用时只能提取现金或转入储户的活期存款账户。储蓄存款储户通常限于个人和非营利组织，近些年也逐渐发展到一些企业。

2.借入负债

（1）同业拆借。

同业拆借是商业银行常用的获取短期资金的简便方法。由于商业银行在日常经营中有时会出现暂时的资金闲置，有时又会发生临时性的资金不足，同业拆借市场刚好满足了资金供求双方的需要。通常，同业拆借要在会员银行之间通过商业银行资金拆借系统完成。表7-1是2021年中国人民银行统计的同业拆借市场相关数据。

表7-1　　　　全国银行间同业拆借市场交易期限分类统计表　　金额单位：亿元

时间	1天		7天		30天		90天	
	交易量	加权平均利率（%）	交易量	加权平均利率（%）	交易量	加权平均利率（%）	交易量	加权平均利率（%）
2021.01	86 058	1.66	8 458	2.71	346	2.82	394	3.80
2021.02	63 844	1.94	7 930	2.64	198	3.06	367	3.64
2021.03	109 142	1.95	8 989	2.51	238	3.27	421	4.04
2021.04	90 299	1.94	9 389	2.44	254	3.23	485	3.69
2021.05	82 386	2.04	8 201	2.38	226	3.03	413	3.71
2021.06	86 677	2.07	7 915	2.57	285	3.19	477	3.83
2021.07	97 460	2.03	8 934	2.45	253	3.00	638	3.45
2021.08	90 450	2.03	7 957	2.44	261	2.91	512	3.42
2021.09	78 213	2.09	9 061	2.54	284	2.94	504	3.55
2021.10	66 579	1.98	7 000	2.45	242	3.14	613	3.34
2021.11	100 606	1.98	8 563	2.44	198	3.05	602	3.48
2021.12	108 439	1.95	11 552	2.43	264	3.18	752	3.43
2021年累计	1 060 152	—	103 946	—	3048	—	6 177	—

资料来源：中国人民银行网站.

（2）向中央银行借款。

商业银行为了满足资金需求，还可以从中央银行取得借款。向中央银行借款分为两种：一种是直接借款，也称再贷款；另一种为间接借款，即再贴现。一般情况下，向中央银行借款只能用于调剂头寸、补充储备的不足和资产的应急调整，而不能用于贷款和证券投资。

（3）国际金融市场融资。

国际金融市场融资是指商业银行利用国际金融市场来获取所需资金，最典型的例子就是欧洲货币市场。所谓欧洲货币，实际上是境外货币，是以外币表示的存款账户，经营离岸国际金融业务的市场称为欧洲货币市场。由于各国的贸易大量以美元计价结算，"欧洲美元"就成为欧洲货币市场的最主要货币。当今世界的欧洲货币市场已经从欧洲扩展到亚洲、非洲和拉丁美洲，形成了一个全球性的大市场。

（4）发行中长期金融债券。

金融债券是商业银行等金融机构为筹措资金而发行的一种债务凭证。对于债券购买者而言，它是一种债权凭证，可以从发行者那里取得利息收入，到期收回本金。对于商业银行而言，它可以筹措资金，是一项重要的资金来源。金融债券可以分成资本性金融债券和一般性金融债券。资本性金融债券是为了弥补商业银行资本不足而发行的；一般性金融债券则是商业银行为筹集用于长期贷款、投资等业务的资金而发行的。

二、商业银行的资产业务

商业银行的资产业务，是指商业银行将通过负债业务所积聚起来的货币资金加以应用的业务。资产业务是商业银行取得收入的主要途径。

（一）现金资产

1.库存现金

库存现金指商业银行为应对储户提取现金和商业银行日常开支而保留的现金。库存现金是没有收益的资产，因此，在保证支付的前提下，商业银行应尽可能地减少库存现金的数量。

2.存款准备金

存款准备金包括法定存款准备金和超额存款准备金两部分。根据各国银行法的要求，商业银行必须对每一单位的活期存款（支票存款）保持一定的份额作为存款准备金。法律所规定的比率即为法定存款准备金率，超出法定准备金外，商业银行持有的应付日常流动性需要的那部分现金就是超额准备金。

3.银行同业存款

银行同业存款是商业银行存放在其他商业银行的资金，主要目的是方便自身清算业务。在国外，许多小规模的商业银行会将其资金存放在大规模的商业银行中，以换取包括支票收款、外汇交易以及购买债券等多种服务。

4.托收未达款

托收未达款指商业银行应收的清算款项。在办理转账结算业务中，由其他商业银行转入本行的款项，在尚未收到前，即为托收未达款。这些款项是本行对其他银行的资金要求权，短期内即可收回，因而也被视为现金。

（二）贷款业务

贷款是商业银行最主要的资产业务。**贷款是商业银行将货币资金的使用权以一定条件为前提转让给客户，并约期归还的资产运用方式。**国际上商业银行贷款资产占总资产的比率为60%左右。贷款按照不同的划分方式，可以分为以下几类：

1.按时间长短分

按时间长短，贷款分为短期贷款、中期贷款和长期贷款。短期贷款是指贷款期限在1年（含1年）以下的贷款，其特点是流动性强且风险小。中期贷款是贷款期限在1年（不含1年）以上、5年（含5年）以下的贷款。长期贷款是贷款期限在5年（不含5年）以上的贷款，其特点是金额多、流动性弱且风险高。

2.按对象和用途分

按对象和用途，贷款分为工商业贷款、农业贷款和消费贷款。工商业贷款是商业银行为工商企业的生产或销售需要而发放的贷款，这是商业银行的传统业务，商业银行具有较大的优势。农业贷款主要是为满足农业生产的融资需求而发放的贷款。消费贷款是发放给消费者个人，主要用于购买汽车等耐用消费品的贷款，一般以消费者所购买的耐用消费品为抵押，采取分期付款的方式偿还。信用卡贷款也是消费贷款的一种形式，当持卡人的支出金额超过其在发卡行的支票存款余额（即信用卡透支）时，其差额就自动成为商业银行对他的贷款。

3.按方式不同分

按方式不同，贷款分为信用贷款和担保贷款。信用贷款是指仅凭借款者的良好信用来发放贷款，而无须提供任何抵押品。担保贷款是以借款人提供的履行债务的担保而发放的贷款，包括保证贷款、抵押贷款和质押贷款三种。

4.按风险程度分

按风险程度，贷款分为正常贷款、关注贷款、次级贷款、可疑贷款和损失贷款，后三类统称为不良贷款。根据《贷款风险分类指引》，五级贷款的定义为：

（1）正常贷款：借款人能够履行合同，没有足够理由怀疑贷款本息不能按时足额偿还。

（2）关注贷款：尽管借款人目前有能力偿还贷款本息，但存在一些可能对偿还产生不利影响的因素。

（3）次级贷款：借款人的还款能力出现明显问题，完全依靠其正常营业收入无法足额偿还贷款本息，即使执行担保，也可能会造成一定损失。

（4）可疑贷款：借款人无法足额偿还贷款本息，即使执行担保，也肯定要造成较大损失。

（5）损失贷款：在采取所有可能的措施或一切必要的法律程序之后，本息仍然无法收回，或只能收回极少部分。

（三）证券投资业务

证券投资业务是指商业银行购买有价证券的业务活动，其目的是获取收益、分散风险和补充流动性。商业银行进行证券投资时，主要投资于政府债券、公司债券和公司股票这几大类。其中，政府债券是商业银行投资的主要对象。由于各国法律对商业银行证券投资业务的管制程度不同，因此证券投资资产占总资产的比重也相差悬殊，低的在10%左右，高的则达到25%～30%。

在商业银行的资产业务中，贷款和投资是营利性资产，并占有绝对比重，构成商业银行的主要资产业务。

三、商业银行的中间业务

中间业务是指商业银行无须动用自己的资金，代理客户承办支付和其他委托事项而收取手续费的业务。

（一）结算业务

结算业务是各经济单位之间因商品交易、劳务供应、资金转移等原因所引起的货币收付行为。按结算方式的不同，其可以分为同城结算与异地结算两种。

（二）信托业务

信托业务是商业银行重要的中间业务之一，是指商业银行以受托人的身份，接受客户委托或授权代客户管理各项财产、资金和遗产（如动产、不动产、存款、有价证券等），或者代客户运用资金投资于各类资产（如房地产等）。商业银行在开展信托业务中，还可以提供一般性的投资或咨询服务。由于信托业务运用和管理的是客户的资产，商业银行仅收取手续费和佣金。

（三）代理业务

代理业务是商业银行在客户指定的委托范围内代客户办理某些特定业务，并收取代理费的一种中间业务。代理业务一般不涉及财产所有权的转移，代理人和被代理人之间是一种建立在法律行为基础上的契约关系。

（四）信用卡业务

信用卡是商业银行发放消费信贷的一种工具。随着社会经济的发展，商业银行信用卡的功能在不断完善和发展，主要功能包括转账结算功能、汇兑功能、储蓄功能和消费贷款功能。

（五）租赁业务

租赁是所有权和使用权分离的一种借贷关系，是财产所有者根据合同规定，将财产出租给承租人使用，后者按期向前者交纳一定的租金，被出租财产的所有权属于出租人，承租人只有使用权。

（六）信息咨询业务

信息咨询业务是指商业银行凭借其广泛的信息来源、资深专家和现代化设备的优势，向政府、企业或个人提供咨询服务，包括财务分析、资信调查等满足客户的需要。

阅读资料7-2 ▬▬▬▬▬▬▬▬▬▬▬▬▬▬▬▬▬▬▬▬▬▬▬▬▬

深化新金融行动　推动信用卡高质量发展

中国建设银行2022年上半年中报业绩显示，截至6月末，信用卡累计发卡1.52亿张，累计客户1.07亿户，实现消费交易额1.44万亿元，贷款余额达9 103亿元，信用卡客户总量、净增客户、净增发卡量、贷款余额、分期贷款余额、分期交易额、分期利息收入等指标同业领先。

建设银行积极践行大行责任，做好疫情特殊时期金融服务，围绕全行"十四五"规划战略重点，持续深化新金融行动，着力数字化经营，创新丰富产品体系，聚焦场景促进消费，持续提升全流程风控，业务核心指标市场竞争优势进一步巩固，全力打造信用卡高质量发展的新标杆。

※纾困解难抗疫情，展现金融担当作为

2022年上半年，面对疫情，建设银行切实做好特殊时期信用卡金融服务，展现了金融力量的担当作为。

建设银行专门制定了《疫情期间特殊客户信用卡服务流程》，对参加疫情防控的医护人员、军人武警、政府工作人员等，受疫情影响暂时失去收入来源、还款困难的客群以及受疫情管控影响的还款客群，提供延期还款以及费用减免相关服务；对参加疫情防控、受疫情影响管控、受疫情影响暂时失去收入来源等客户提供征信保障服务；为参加疫情防控的消防、武警、医护、政府等人员开通信用卡调额绿色通道并加急审批处理；第一时间组织调配专业团队力量，疫情期间持续提供7×24小时不间断信用卡交易监控，监控策略动态精准，确保在疫情期间客户安全顺畅用卡。同时，对餐饮、医疗、百货等民生服务商户推出费率优惠，降低与拼多多、苏宁等头部合作商户的分期合作费率，继续执行超市、加油等民生类商户发卡行手续费优惠，将减费让利落到实处。主动减免个人客户信用卡年费、还款违约金、企业商户收单手续费等费用超过20亿元，为广大客户提供了不断档、有责

任、有温度的金融服务。

※聚焦数字化经营，赋能业务新发展

围绕数字经济战略，建设银行持续聚焦数字化经营，大力推进信用卡产品和服务创新，赋能业务发展。

建行持续推动信用卡的"无卡化"使用，进一步加快在数字信用卡领域的产品布局。2022年上半年新推出的龙卡欢享信用卡可通过手机银行等线上渠道便捷申请，快速启用，产品权益主打微信、支付宝消费笔笔返现，另叠加支付宝天天立减优惠，深度契合当下以移动支付为主的消费需求，进一步夯实了建设银行在返现类产品的行业标杆品牌，推动年轻客群生态圈建设。同时，建行已发行信用卡的数字化迁移进一步加速，配置了数字化功能的产品支持虚实同申、申请资料选填、差异化审批、静默式绑卡等功能，客户申请办卡、激活卡片、绑定卡片、用卡消费等全流程在几分钟内"立等实现"，数字化用卡体验进一步提升。2022年上半年，建行实现数字信用卡新增超过200万张，特别是在疫情期间，数字信用卡进一步受到客户青睐，快速满足特殊时期的线上支付需求。

在加快产品数字化创新的同时，建行持续推进线上消费生态场景建设，在"建行生活"App平台拓展特惠、分期、积分等服务应用。目前，已有近11万高质量特惠商户入驻"建行生活"平台，其中，区域连锁餐饮、购物等百姓日常生活密切相关商户超过六成。2022年来累计为超过3 000万人次提供信用卡特惠服务。

资料来源：童威远. 深化新金融行动 推动信用卡高质量发展［EB/OL］.［2022-10-27］. http:// www.news.cn/money/20221027/403cf18d303d4c36918f8636ffaf771d/c.html.

四、表外业务

表外业务，是指对商业银行的资产负债表没有直接影响，但却能够为其带来额外收益，并使其承受额外风险的经营活动。广义的表外业务泛指所有能给商业银行带来收入而又不在资产负债表中反映的业务。根据这一定义，商业银行的所有中间业务均属于表外业务。狭义的表外业务则仅指涉及承诺和或有债权的活动，即商业银行对客户作出某种承诺或者使客户获得对商业银行的或有债权，当约定的或有事件发生时，商业银行承担提供贷款或支付款项的法律责任。目前商业银行的表外业务主要有以下几类：

（一）担保类表外业务

担保类表外业务是指商业银行为客户的债务清偿能力提供担保，承担客户违约风险的业务，包括履约保证书、投标保证书、贷款担保和备用信用证。

（二）承诺类表外业务

承诺类表外业务是指商业银行在未来某一日期按照事前约定的条件向客户提供约定信用的业务，主要指贷款承诺、票据发行便利。

（三）金融衍生类表外业务

金融衍生类表外业务是指商业银行为满足客户保值或自身风险管理等方面的需要，利用各种金融工具进行的资金交易活动，主要包括远期合约、金融期货、互换、期权等金融衍生业务。

表外业务和中间业务虽然都属于收取手续费的业务，并且都不直接在资产负债表中反映出来，但是商业银行对它们所承担的风险却是不同的。在中间业务中，商业银行仅处在中间人或服务者的地位，不承担任何资产负债方面的风险；而表外业务虽然不直接形成资产或负债，但却是一种潜在的资产或负债，在一定条件下可以转化为表内业务，因此商业银行要承担一定的风险。例如，当商业银行对商业汇票进行承兑后，即负有不可撤销的第一手到期付款责任，即使汇票的付款人无力付款，商业银行也必须向汇票的受益人付款，因此银行承兑汇票是商业银行的一种或有负债。

第三节　商业银行的经营原则

商业银行作为一种特殊的金融企业，它具有一般企业的基本特征，以追求利润最大化为主要目标。合理的盈利水平，不仅是商业银行发展的内在动力，也是商业银行在竞争中立于不败之地的源泉。尽管各国商业银行在制度上存在一定的差异，但在业务经营上，各国商业银行都遵循安全性、流动性和盈利性这三大原则。

一、安全性原则

安全性是指商业银行的资产、收益、信誉以及所有经营生存发展的条件免遭损失的可靠程度。安全性的反面就是风险性，安全性原则就是尽可能地避免和减少风险。商业银行应努力避免各种不确定因素的影响，保证自身的稳健经营和发展。影响商业银行安全性原则的主要因素有客户的平均贷款规模、贷款平均期限、贷款方式、贷款对象的行业和地区分布以及贷款管理体制等。

（一）商业银行坚持安全性原则的现实意义

1.风险管理是商业银行面临的永恒课题

银行业的经营活动可归纳为两个方面：一是对银行的债权人要按期还本付息；二是对银行的债务者要求按期还本付息。这种信用活动的可靠程度是银行经营活动的关键，这种可靠程度就是确定性。与此对应的是风险性，即不确定性。在商业银行的经营活动中，由于确定性和不确定性等种种原因，存在着多种风险，如信用风险、市场风险、政治风险等，这些风险直接影响银行本息的按时收回，必然会削弱银行的清偿能力，危及银行本身的安全。所以，银行在风险管理问题上必须严格遵循安全性原则，尽力避免风险、降低风险和分散风险。

2.商业银行的资本结构决定其是否存在潜伏的危机

与一般工商企业不同，银行自有资本所占比重很小，主要依靠吸收客户存款或对外借款形成运营资本，所以负债经营成为商业银行的基本特点。商业银行的这种资本结构决定了如果经营不善或发生亏损，就要冲销其自有资本来弥补，很有可能面临破产风险。

3.稳定的经营方针是商业银行开展业务的先决条件

首先，稳定的经营方针有助于减少资产的损失，增强预期收益的可靠性。不顾一切地追求利润最大化，其效果往往适得其反。只有在安全的前提下运营资产，才能增加收益。其次，坚持安全稳健经营有助于银行在公众中树立良好的形象。银行的信誉主要来自于银行的安全，所以，维持公众的信心、稳定金融秩序就有赖于银行的安全经营。

由此可见，安全性原则不仅是银行盈利的客观前提，也是银行生存和发展的基础；不仅是银行经营管理本身的要求，也是社会发展和安定的需要。

（二）衡量安全性的指标

1.贷款对存款的比率

贷款对存款的比率越大，风险也就越高；比率越小，风险也就越小。由于贷款的平均周期往往长于存款的平均周期，所以贷款的比重越大，这说明通过贷款收回满足存款变现的余地越小，因而风险也就越大。因此，一般要求贷款小于存款，银行才能留出足够的准备金以应付流动性的要求。

2.资产对资本的比率

资产对资本的比率也叫杠杆乘数，它既反映盈利能力，又表现风险程度，比率越大，风险越大。因为商业银行的自有资本较少，一旦资产出现损失，资本是保障债权人利益的最后一道屏障。

3.负债对流动资产的比率

负债主要指存款、同业存款、短期（一年以内）贷款和证券等。这一比率越高，表示能作为清偿准备的流动资产越显得不足。

4.有问题贷款占全部贷款的比率

有问题贷款一般是指可能逾期的贷款、呆账贷款以及长期难以收回的贷款。此类贷款占全部贷款的比率越大，说明有问题贷款越多，银行风险也就越大，安全性就越低。

上述指标只是提供大致判别风险程度的依据。除此之外，针对特定的政策动向和市场局势，银行资产负债的流动性状况、敏感性状况、受险程度等指标也是衡量风险的重要因素。

作为商业银行的经营管理者，必须关注银行资产运营的安全性。通常情况下，要提高经营管理的安全性，必须做到以下几点：一是要合理安排资产规模和结构，注重资产质量；二是要提高自有资本在全部负债中的比重，保障债权人的利益；三是必须遵纪守法、合法经营。

二、流动性原则

流动性是指商业银行能够随时应付客户提现和满足客户借贷的能力。在这里，流动性有两层意思：即资产的流动性和负债的流动性。资产的流动性是指银行资产在不受损失的前提下随时变现的能力；负债的流动性是指银行能以合理的成本吸收各种存款和其他所需资金的能力。本书中所说的流动性是指前者，即资产的变现能力。银行要满足客户提取存款等方面的要求，既要使其资产具有较高的流动性，也必须力求负债业务结构合理，并保持较强的融资能力。影响商业银行流动性的主要因素有客户的平均存款规模、资金的自给水平、清算资金的变化规律、贷款经营方针、银行资产质量以及资金管理体制等。

（一）商业银行坚持流动性原则的现实意义

流动性是商业银行实现安全性和盈利性的重要保证。作为最为特殊的金融企业，商业银行保持适当的流动性是非常必要的，这是因为：①作为资金来源的客户存款和银行的其他借入资金要求银行能够保证随时提取和按期归还，这主要靠流动性资产的变现能力；②企业、家庭和政府在不同时期产生的多种贷款需求，也需要银行及时组织资金来源加以满足；③银行资金运动的不规则性和不确定性，需要资产的流动性和负债的流动性来保证；④在银行业激烈的竞争中，投资风险难以预料，经营目标不能保证能够完全实现，需要一定的流动性作为预防措施。

适度的流动性有利于商业银行实现安全性和盈利性的平衡。这是因为，过高的资产流动性会使银行失去盈利机会甚至出现亏损；过低的流动性可能导致银行出现信用危机、客户流失、资金来源丧失，甚至会发生挤兑进而面临倒闭风险。"适度的流动性"的"度"正是商业银行业务经营的生命线，是商业银行成败的关键。而这种"度"既没有绝对的数量界限，又要在动态的管理中保持。这就要求银行经营管理者及时果断地把握时机和作出决策。当流动性不足时，要及时补充和提高；在流动性过高时，要尽快安排资金运用，提高资金的盈利能力。

（二）衡量流动性的主要指标

1.现金资产率

现金资产率是指现金资产在流动性资产中所占的比率。现金资产包括现金、同业存款和中央银行的存款，这部分资产流动性强，能随时满足客户提存的需要，是银行预防流动性风险的一级储备。流动性资产又称储备资产，指那些流动性较强、可以预防流动性风险的资产，包括现金资产和短期有价证券。短期有价证券是指期限在一年以内的债券，其流动性仅次于现金资产，变现速度快。现金资产率越高，说明银行的流动性越高，对债权人的保障程度越高，因为现金具有最后清偿债务的特征。

2.贷款对存款的比率

贷款对存款的比率越高，银行流动性越低。因为当存款资金如果过多地被贷款占用，急需提取时就难以收回，银行就会面临流动性风险。该指标的缺点是没有考虑存款和贷款的期限、质量和收付方式，因此，其可靠性需要得到其他指标的认证。

3.流动性资产对全部负债或全部贷款的比率

流动性资产对全部负债或全部贷款的比率越高，说明流动性越充分。因为，银行的负债需要有流动性资产来偿付，这一比率越高，说明银行能够用来偿债的流动性资产越多，也就是银行应付客户提现的能力越强。但该指标存在一定的操作难度，也忽略了负债方面流动性的因素。

4.超额准备金

超额准备金是相对于法定准备金而言的。法定准备金是按中央银行规定的比例上交的那部分准备金，银行总准备金减去法定准备金就是超额准备金。超额准备金的现实保障感极强，它可以随时使用，它的绝对值越高，表示流动性越强。但这一指标的缺陷在于体现银行的流动性范围比较狭窄，往往不能全面正确地说明银行流动性水平。

5.流动性资产减易变性负债

所谓易变性负债，是指季节性存款、波动性存款和其他短期负债。该差额大于零，表明有一定的流动性，而且数值越大，流动性越高；若该差额小于或等于零，表明流动性短缺，银行有流动性风险。该指标最大的优点是同时考虑资产和负债，是理论上比较准确、现实感很强的指标。

6.资产结构比率

资产结构比率反映流动性资产和非流动性资产在数量上的比例关系，说明商业银行整体流动性水平。

7.存款增长率减贷款增长率

存款增长率减贷款增长率是一种动态性指标，该数值大于零时，表明银行流动性在上升；反之，表明银行的流动性在下降。该指标只能大体上反映银行的流动性趋势，管理者可以根据一定时期的数值预测下一阶段的业务重点。但由于该指标没有考虑到具体的存款和贷款在性能上、结构上的差别，因此这一指标仍然有些粗略。

上述指标体系能综合地反映银行的流动性状况，但个别指标的单独使用难以正确、全面反映银行整体的流动性状况，只有对各种指标加以综合分析，才能正确地判断流动性状况，并进行相应的调整。

三、盈利性原则

盈利性是商业银行获得利润的能力。盈利性原则是指商业银行作为一个经营企业，追求最大限度的盈利。盈利性既是评价商业银行经营水平的最核心指标，也是商业银行最终效益的体现。影响商业银行盈利性指标的因素主要有存贷款规模、资产结构、自有资金比例和资金自给率水平以及资金管理体制和经营效率等。

商业银行的盈利是指业务收入减去业务支出的净额。业务收入是指资产收益和服务性收入的总和。资产收益是商业银行最主要的收入来源。此外，商业银行还提供多样化的金融服务，这些服务的收入通常被列入"表外业务"收入，服务性收入也是当代商业银行重要的收入途径。业务支出，包括各项存款的利息支出和费用支出、营业外损失和上缴的税收等。因此，商业银行的利润公式是：

银行利润＝利息收入＋其他收入－利息支出－其他支出－税收

（一）商业银行坚持盈利性原则的现实意义

（1）只有保持理想的盈利水平，商业银行才能充实资本和扩大经营规模，并以此增强银行经营实力，提高银行的竞争能力。

（2）只有保持理想的盈利水平，才能增强银行的信誉。理想的盈利水平代表着银行有效的经营管理，这可以提高客户对银行的信任度，有助于银行吸收更多的存款，增加资金来源，抵御一定的经营风险。

（3）只有保持理想的盈利水平，才能保持和提高商业银行的竞争能力。当今的竞争是人才的竞争，银行盈利不断增加，才有条件利用高薪和优厚的福利待遇吸引更多的优秀人才。同时，只有保持丰厚的盈利水平，银行才有能力经常性地进行技术改造、更新设备、提高工作效率，从而增强竞争能力。

（4）只有保持理想的盈利水平，才能有利于银行本身的发展，还有利于银行宏观经济活动的运行。因为，商业银行旨在提高盈利的各项措施，最终会反映到宏观的经济规模和速度、经济结构以及经济效益上来，也会反映到市场利率总水平和物价总水平上来。

（二）衡量盈利性的主要指标

1.资产收益率

资产收益率即商业银行净收益与总资产的比率，反映了商业银行资产总体盈利水平，也反映了资产的结构状态。这是一个比较综合的指标。

2.资本收益率

资本收益率是商业银行净收益与资本总额的比率，反映了商业银行资本的盈利能力。由于资本收益率直接关系到股东的分红，因此，这是银行股东最关心的指标。

3.利润率

利润率指商业银行净收益与全部业务收入的比率，反映了商业银行的成本费用支出水平。

4.利差收益率

利差收益率是商业银行利息收入减去利息支出而得出的净利息收入与盈利资产的比率。该指标越大，商业银行的盈利水平越高。

四、安全性、流动性、盈利性原则的相互关系

商业银行的安全性、流动性和盈利性原则，既有相互统一的一面，又有相互矛盾的一面。作为商业银行的经营管理者，要协调好三性原则的相互关系，既要达到利润最大化，又要照顾到商业银行的流动性和安全性，这是极为重要的。

一般来说，商业银行的安全性与流动性是正相关的。流动性较大的资产，风险较小，安全性也就较高。而盈利性较高的资产，由于时间较长，风险较高，因此流动性和安全性较差，因此盈利性与安全性和流动性之间的关系，往往呈反方向变动。

安全性、流动性和盈利性原则之间的关系可以概括为：安全性是商业银行稳健经营的重要原则，离开安全性，商业银行的盈利性也就无从谈起。流动性是商业银行正常经营的前提条件，是商业银行资产安全性的重要保证。盈利性原则是商业银行的最终目标，保持盈利性是维持商

业银行流动性和安全性的重要基础。作为商业银行的经营者，要依据商业银行自身条件，从实际出发，统筹兼顾，通过多种金融资产的组合，寻求三性原则的最优组合。

阅读资料 7-3 ━━━━━━━━━━━━━━━━━━━━━━━

巴林银行倒闭事件

1995 年 2 月，具有 230 多年历史、在世界 1 000 家大银行中按核心资本排名第 489 位的英国巴林银行宣布倒闭，这一消息在国际金融界引起了强烈震动。

巴林银行主要从事投资银行业务和证券交易业务，里森于 1989 年 7 月 10 日正式到巴林银行工作，1992 年出任新加坡分行期货与期权交易部门总经理。

里森的主要业务是"套利"，即从日本大阪和新加坡的股票交易所买卖在两地市场上市的日经 225 种股票指数的期货，利用两地不时出现的差价从中牟利；而作为总经理，他既担任前台交易员，又同时负责管理后台清算。交易员的工作是代客户买卖金融衍生产品，风险由客户承担，交易员赚取佣金；而清算员在清算自己的业务时会使其很容易隐瞒其交易风险或亏掉的金钱。

1992 年 7 月，一名刚加入巴林的属下犯了一个错误，亏损 2 万英镑。里森决定利用错误账户"88888"来掩盖这个失误。所谓错误账户，是指总行规定的专门处理交易过程中因疏忽所造成的错误的备用账户。由于总行要求错误记录要通过"99905"账户直接向伦敦报告，因此，"88888"账户刚刚建立就被搁置不用了，成了一个真正的"错误账户"。里森出于自身利益考虑，多次使用"88888"账户。这为里森造假提供了机会。

1993 年下半年的连续几天，日经指数市价破纪录地飞涨 1 000 多点，但用于清算记录的电脑屏幕却故障频繁，无数笔的交易入账工作都积压起来。因为系统无法正常工作，交易记录都靠人力。等到发现各种错误时，里森在一天之内的损失已高达近 170 万美元。从 1993 到 1994 年，巴林银行在 SIMEX 及日本市场投入的资金已超过 11 000 万英镑。

1994 年，"88888"账户的损失继续增大，由 2 000 万、3 000 万到

5 000万英镑。此时巴林银行总部曾派人调查里森的账目。里森谎称花旗银行里有5 000万英镑的存款，但这款项已被挪用来补偿损失了。此时的里森的许多交易都是被市场牵着鼻子走，并非出于自己对市场的预测，目的是弥补账户亏损。

1995年1月18日，日本神户大地震，日经指数大幅下跌，里森一方面遭受更大的损失，另一方面又以每天1 000万英镑的速度调集资金购买日经指数期货，并卖空日本政府债券。所有这些交易，均进入"88888"账户予以隐瞒。2月中旬，巴林银行全部的股份资金只有47 000万英镑。

1995年2月23日是巴林期货的最后一个交易日，日经指数和政府债券走势和里森的预想完全相反，损失高达8.6亿英镑，是巴林银行全部资本和储备金的1.2倍，最终这家百年老店以1英镑的象征性价格被荷兰国际集团收购。

资料来源：李军伟，柏满迎. 由巴林银行倒闭谈商业银行操作风险管理 [J]. 金融经济，2007（12）.

第四节　商业银行的国际化

商业银行的国际化，是指一国商业银行所从事的金融活动超越了国界，由地区性的活动向全球一体化的世界市场演进的过程。在这个过程中，某一商业银行的业务活动开始与其他商业银行的业务进行交叉互补，资金在世界范围内流动，资源在全世界分配，以实现效益最大化和成本最小化。

一、促使商业银行国际化历史进程迅速发展的主要因素

商业银行经营国际业务的历史最早可以追溯到12世纪。18世纪，英国、美国和法国等西方国家纷纷进行工业革命，用资本主义的生产方式代替封建主义的生产方式，极大地提高了全社会的生产力，促进了社会的发展。作为资本主义经济重要组成部分的金融业也得到了大力发展。第二次世界大战前期，资本主义发展到了帝国主义阶段，在侵略和扩张本质的驱使下，帝国主义国家不断加强对外经济的扩张和掠夺，商

品输出和资本输入得到发展。各国间频繁的经济往来和世界范围内的资本流动，以及由此产生的国际结算关系导致资本主义国家的银行逐渐跨出国界，在世界范围内进行活动，商业银行的国际化初现端倪。第二次世界大战以后，商业银行国际化的主要促进因素包括：

（一）跨国公司加强对外扩张

自20世纪70年代以来，跨国公司的对外直接投资迅速增加。美国1970年私人对外投资存量为755亿美元，到1986年就增加到了1 599亿美元。跨国银行的借贷业务主要源于两方面：一是跨国公司的利润留存、折旧基金和其他从再生产过程中游离出来的流动资金成为数额巨大的存款来源，国际资本供应充足；二是跨国公司为了逃避本国对资本输入输出的限制也愿意向境外的银行借款，形成了对国际资金的巨大需求。同时，跨国公司的资金调拨、现金管理、代收代付、外汇交易、咨询和保险业务又为跨国银行的中间业务提供了广阔的发展空间。

（二）国际贸易的发展

自商品出现以来，国际商品交易就一直繁荣不衰，从早期的物物交换到以货币为中介的贸易再到今天的信用贸易，国际贸易的发展带来了国际结算业务和国际信贷业务的激增，并极大地促进了国际资本流动。关贸总协定（GATT）的成立及向世界贸易组织（WTO）的转化为世界各国进行国际商品交易和国际资金流动提供了一个持续发展的有利环境，客观上促进了商业银行国际化的进一步推进。

（三）欧洲市场的迅速崛起

20世纪70年代以来，美国经济的低迷导致许多非美元国家特别是海湾地区的石油输出国把大量石油美元纷纷从美国银行撤出，存放到欧洲一些大银行里。美国和苏联的冷战促使苏联把大量美元也存放在欧洲的大银行里，这两种美元在欧洲银行的存款构成了所谓的"欧洲美元"或"欧洲货币"，也就是指存放在美国以外的银行的美元存款。同时，国际资本的证券化又促进了欧洲证券市场的形成，欧洲货币市场和欧洲证券市场的出现促使欧洲市场的迅速崛起。这一国际性金融市场超脱了任何国家的政府管制，资金的流动完全取决于市场因素。之后"亚洲美元市场"和"美洲美元市场"也相继出现。所有这些离岸金融市场的崛起都为商业银行的国际化提供了一个巨大的操作空间。

二、商业银行国际化的主要内容

（一）市场的国际化

市场国际化主要指国内市场与国际市场的接轨和融合，资金在世界范围内流动、循环和实现优化配置。近20年来，国际金融市场的膨胀速度十分惊人，1973年，世界外汇的交易量为每天100亿美元，1983年为600亿美元，1992年增到880亿美元，到1995年则高达13 000亿美元。全球国际借贷总量也从20世纪80年代的2 560亿美元增加到21世纪初的4.2万亿美元。

（二）业务的国际化

业务国际化指商业银行的业务由单纯的国内转向国际，国际业务占到总业务比重的一定规模，其海外资产和营业收入成为该银行体系总资产和总收入的重要组成部分。据国际货币基金组织统计，美国跨国银行在国际的存款和贷款量占其总量的一半以上，国际利润也超过了总利润的一半；美国跨国证券交易量占美国国内生产总值的比重已由1980年的9%上升到1993年的135%，平均每年翻一倍。

（三）机构的国际化

机构国际化指各商业银行在世界各国广泛设立分支机构和代表处，形成一个在统一的决策体系下进行的经营网络，各实体之间通过股权或其他形式紧密相连。20世纪80年代，世界各国的金融领域掀起了自由化浪潮，各大商业银行争相在国外开设分支行或代表处；到了20世纪90年代，跨国银行在组织体系、市场体系、管理体系和货币体系方面相互交叉融合，形成了一个吸引和辐射全球金融服务的机构。

三、我国的商业银行国际化

我国在改革开放前，一直实行的是大一统的财政政策，商业银行只是国家财政的出纳，没有独立性，更谈不上国际业务。改革开放后，商业银行的独立性得到了极大提高。1984年中国人民银行成立，专门从事中央银行业务，工、农、中、建四大行则专门从事商业银行业务，初步形成了我国的金融体系。但在当时，四大国有银行分工明确，与国际贸易、国际结算和国际投资相关联的国际业务只有中国银行才能操作，而中国银行的国际业务也只是简单地满足我国国际贸易中结算的需要，并没有从自身角度出发考虑在世界范围内融通资金，获取利润。20世纪90年代，随着改革开放的进一步深化，我国的经济和对外贸易迅速发展，金融系统不断完善，四大国有银行正式向商业化迈进，逐步完成了各自的股份制改造。国民经济的蓬勃发展为金融国际化提供了良好的环境，而金融领域的完善又为经济发展注入了巨大的动力，在这个互动过程中，商业银行的发展壮大也迎来了新的契机，商业银行的国际化趋势空前发展。

阅读资料7-4 ————————————————————

爱尔兰联合银行的国际化

随着经济全球化的加速，各国放松了对金融业的管制，国际大银行开始加快在其他国家设立分支机构，或者通过并购迅速占领国际市场，构建全球化的业务网络。爱尔兰联合银行适应全球化的趋势，不断进行国际化业务扩展，跨境业务活动不断增长，跨境银行贷款份额持续增长，境外利润占比越来越高。爱尔兰联合银行的快速发展很大程度上恰恰得益于其国际化经营，该行国际化的成功是建立在合理的动因、丰富的经验、行之有效的扩张策略及比较优势之上的。

爱尔兰联合银行成立于1966年，有员工5万人，其业务已经覆盖到爱尔兰、美国、英国、波兰等多个国家和地区，总部设在都柏林，是爱尔兰最大的金融公司。成立之初，该行的资产总额为3.238亿欧元，继20世纪70年代在英国成立分支机构之后，20世纪80年代又在美国设立了分行。到2005年年底，该行总资产已达1 330亿欧元。

爱尔兰联合银行的国际化进程可追溯到20世纪70年代，从1973年起，爱尔兰联合银行就已经开始在国外经营，主要是扩展其在美国和欧洲的业务。其国际化动因如下：

（1）国内原因：从国内来看，爱尔兰作为一个欧洲小国，人口少，资源缺乏，20世纪60年代以前一直是个以农牧经济为主的穷国。从1966年开始，爱尔兰进行了实质的变革，国民经济有了一定的好转。爱尔兰自1973年加入欧共体后，30多年来一直享受着欧盟的援助。在这种情况下，爱尔兰联合银行面对众多本土和外资银行的激烈竞争，再想取得国内业务持续快速的增长已不现实。因此，到国外谋求新的发展，发展跨国经营，以继续保持盈利的高增长是必然选择。20世纪80

年代初，鉴于欧洲大陆即将发生的变化以及经济全球化的发展趋势，爱尔兰政府认识到银行国际化的重要性，从政策上支持具有实力的爱尔兰联合银行跨国经营。而这一具有战略眼光的规划在之后爱尔兰经济的高速发展中得到了应验。1994—1997年爱尔兰GDP年均增长7.7%，1998—2000年年均增长10%，成为欧盟成员国中经济增长最快的国家，被称为"凯尔特之虎"。

（2）国际原因：从国际上看，欧元区的建立及欧洲一体化计划的推进，使欧洲国家间的资本流动更为便利，欧盟国家对来自欧元区各国的商业银行限制也更少了。这样，爱尔兰联合银行就能相对容易地进行国际化业务的拓展。由于欧洲各国文化、传统、生活习惯的相似性，使爱尔兰联合银行的扩张十分成功。此外，20世纪八九十年代，中国和其他一些发展中国家的经济开放政策，为爱尔兰联合银行的国际化也提供了发展良机。

银行国际化是当今世界银行业改革和发展的一个必然趋势。爱尔兰联合银行国际化最大的动力在于国际化带来的可观收益，赢利是其加强国际化程度的必要条件。从爱尔兰联合银行这一案例来看，有效的国际化经营的确能够为商业银行带来效益，提升总体业绩。通过不断加强国际化，爱尔兰联合银行的经济规模越来越大，国际知名度日益提高，经过近几十年的国际化发展，已经发展成为全球化银行，成为一个越来越国际化的金融机构。

资料来源：根据爱尔兰联合银行官网整理.

思政课堂

我国银行业不良贷款率总体下降　风险抵补能力更强

人民网北京2022年10月11日电，近日，《清华金融评论》发布的"2022中国银行业排行榜200强"分析报告显示，我国银行业不良贷款率逐季下降，金融资产质量持续改善，拨备覆盖率逐季上升，大型银行存在下调空间。同时，金融科技助力商业银行数字化转型提速，多家银行制订和实施数字化或金融科技战略规划；金融科技投入占比提升，头部效应明显，并且国有大行及领先的股份行率先设立金融科技子公司。

清华大学国家金融研究院副院长，清华大学五道口金融学院党委委员、副研究员、金融发展与监管科技研究中心副主任、《清华金融评论》执行主编张伟对此表示，最近十年，甚至是最近二十年，我国银行业总体上也交出了非常令人满意的答卷。同时也要客观、辩证地看待我国银行业发展面临的机遇与挑战，特别是我国银行业的盈利能力与我国经济增速存在背离、信贷资产质量与微观经济主体表现存在背离、资本充足程度与金融体系整体风险存在背离以及上市银行的经营绩效与资本市场估值存在背离的现象，需要重点关注和深入研究。

中国工商银行现代金融研究院副院长、中国金融学会绿色金融专业委员会副秘书长殷红表示，在政策环境方面，银行业监管机构会鼓励银行将更多资产投向低碳领域，要求银行压降并管理其资产结构里的高碳、高污染行业敞口规模，未来将推行环境风险信息的强制性披露等；在产业环境方面，银行业的经营市场由于实施低碳转型的原因，会带来新发展机遇，而传统领域如果不转型，会面临新风险；在市场环境方面，投资人对低碳的诉求、对低碳产品的需求会越来越迫切。下一步银行业金融机构在战略目标、治理架构、产品创新、风险管理、信息披露方面，都要考虑碳中和因素。

中金公司银行业首席分析师张帅帅认为，我国银行业可能进入到了供给侧结构改革的新阶段：一是地产、基建类传统业务需求放缓，二是持续处于强监管周期，三是数字化转型的不断推进需要银行作出改变。

中银证券银行组首席分析师林媛媛提到，近些年来，从监管治理来看，银行整体合规经营及风险防控能力有明显的提升，但在当下复杂多变的经济环境下，银行业经营面临一定的压力，包括来自需求持续提升及息差定价方面的压力。银行在商业可持续和承担社会责任方面需要找到适当的平衡点。

资料来源：黄盛. 报告显示我国银行业不良贷款率总体下降　风险抵补能力更强［EB/OL］.［2022-10-11］. http：//finance. people. com. cn/n1/2022/1011/c1004-32543236.html.

本章小结

1.商业银行是信用经济发展的产物，是在货币经营业的基础上逐步发展形成的。现代意义上的银行首先出现于文艺复兴时期的意大利。以工商业贷款为主要业务的商业银行，是随着资本主义生产关系的产生而出现的。18、19世纪产业革命的成功，资本主义制度得到了基本确立。1694年英格兰银行的成立，标志着现代商业银行的产生。

2.商业银行是以经营工商业存贷款为主要业务，并以获取利润为目的的货币信用经营企业。商业银行的主要职能有：信用中介、支付中介、信用创造和金融服务。

3.商业银行资本是其所有者实际投入银行用于经营活动的各种资金、财产和物资的总和，包括核心资本和附属资本两部分。根据新《巴塞尔协议》的要求，商业银行的核心资本应达到其资本总额的50%以上；资本充足率必须达到8%。

4.商业银行的负债业务是商业银行的资金来源业务，包括自有资本和吸收外来资金，后者才是银行真正的负债业务。具体包括存款负债和借入负债两部分。

5.商业银行的资产业务是指商业银行将通过负债业务所积聚起来的货币资金加以应用的业务，包括现金资产、贷款和证券投资等。商业银行的资产业务是其取得收入的主要途径。

6.商业银行的中间业务是指商业银行不需动用自己的资金，代理客户承办支付和其他委托事项而收取手续费的业务。主要包括结算业务、信托业务、代理业务、信用卡业务、租赁业务和信息咨询业务等。

7.商业银行的表外业务是指对银行的资产负债表没有直接影响，但却能够为银行带来额外收益，同时也使银行承受额外风险的经营活动。主要包括担保类表外业务、承诺类表外业务和金融衍生类表外业务三部分。

8.商业银行的国际化，是指一国商业银行所从事的金融活动超越了国界，由地区性的活动向全球一体化的世界市场演进的过程。

综合训练

7.1 单项选择题

1.根据《巴塞尔协议Ⅲ》的要求，商业银行核心一级资本充足率应达到（　　）以上。

A.3.5%   B.4.5%

C.5.5%   D.6.5%

2.证券投资属于商业银行的（   ）。

A.负债业务   B.资产业务

C.中间业务   D.表外业务

3.在商业银行的全部资产业务中，最主要的部分是（   ）。

A.投资   B.贷款

C.固定资产   D.准备金

4.商业银行的业务主要是资产业务和负债业务两大类，通常称为（   ）。

A.信用业务   B.存贷款业务

C.基本业务   D.盈利业务

5.借款人目前有能力偿还贷款本息，但是存在一些可能对偿还产生不利影响因素的贷款属于（   ）。

A.正常贷款   B.关注贷款

C.次级贷款   D.可疑贷款

7.2 多项选择题

1.商业银行的一级资本包括（   ）。

A.普通股   B.留存收益

C.永久性优先股   D.未公开储备

2.以下属于商业银行负债业务的是（   ）。

A.活期存款   B.定期存款

C.储蓄存款   D.借入负债

3.以下对商业银行中间业务表述正确的是（   ）。

A.商业银行不动用或较少动用自己的资金

B.收入表现为非利息收入

C.商业银行以中间人的身份出现

D.风险较低

4.商业银行的职能是（   ）。

A.信用中介   B.支付中介

C.信用创造   D.金融服务

7.3　思考题

1.什么是商业银行？其性质如何？

2.什么是商业银行的负债业务？具体说明其内容。

3.什么是商业银行的资产业务？具体说明其内容。

4.什么是商业银行的中间业务？具体说明其内容。

5.商业银行的中间业务和表外业务有何区别？它们分别包括哪些项目？

6.阐述商业银行经营管理的基本原则及其相互关系。

〈 第八章 〉

中央银行

学习指南

【学习目标】

中央银行是一个国家最高的金融管理机构，是现代金融体系的重要组成部分，是一国金融体系的核心，对整个国民经济的稳定发展起着重要的宏观调控作用。通过本章的学习，要了解中央银行产生的必然性及发展历程；掌握中央银行的性质与职能；理解中央银行的主要业务；了解美国联邦储备体系的机构组成及发展。

【关键概念】

中央银行　中央银行的职能　发行的银行　银行的银行　国家的银行中央银行的资产负债表　中央银行的负债业务　垄断发行　信用保证弹性发行中央银行的资产业务　中央银行的资金清算业务

> **引例**
>
>
>
> ### 欧洲中央银行
>
>
>
> 欧洲中央银行（European Central Bank，ECB）是根据1992年《马斯特里赫特条约》的规定于1998年7月1日正式成立的，其前身是设在法兰克福的欧洲货币局。欧洲央行的职能是"维护货币的稳定"，

管理主导利率、货币的储备和发行以及制定欧洲货币政策；其职责和结构以德国联邦银行为模板，独立于欧盟机构和各国政府之外。

欧洲中央银行是世界上第一个管理超国家货币的中央银行。独立性是它的一个显著特点，它不接受欧盟领导机构的指令，不受各国政府的监督。它是唯一有资格允许在欧盟内部发行欧元的机构，1999年1月1日欧元正式启动后，11个欧元国政府将失去制定货币政策的权力，而必须实行欧洲中央银行制定的货币政策。

欧洲中央银行的组织机构主要包括执行董事会、欧洲央行委员会和扩大委员会。执行董事会由行长、副行长和4名董事组成，负责欧洲央行的日常工作；由执行董事会和各欧元国的央行行长共同组成的欧洲央行委员会，是负责确定货币政策和保持欧元区内货币稳定的决定性机构；欧洲央行扩大委员会由央行行长、副行长及欧盟所有15国的央行行长组成，其任务是保持欧盟中欧元国家与非欧元国家接触。

欧洲央行委员会的决策采取简单多数表决制，每个委员只有一票。货币政策的权力虽然集中了，但是具体执行仍由各欧元国央行负责。各欧元国央行仍保留自己的外汇储备。欧洲央行只拥有500亿欧元的储备金，由各成员国央行根据本国在欧元区内的人口比例和国内生产总值的比例来提供。

2011年11月1日，意大利人马里奥·德拉吉正式担任欧洲中央银行行长，任期8年。德拉吉曾在世界银行和高盛集团担任要职。2006年年初，他开始担任意大利央行行长。2008年国际金融危机爆发以来，德拉吉一直负责协调二十国集团的国际金融改革事务，并任金融稳定委员会主席。

那么，什么是中央银行？中央银行是如何产生的？它在一国经济中发挥什么作用？它的性质、职能和主要业务又如何？本章将进行相应的阐述。

第一节　中央银行概述

中央银行是指在一国金融机构体系中处于主导地位，负责制定和执行国家的货币金融政策，实行金融管理和监督，控制货币流通与信用活动的金融中心机构。

一、中央银行产生的背景与要求

（一）中央银行产生的客观背景

中央银行产生于17世纪后半期，形成于19世纪初，它的产生有着深刻的经济背景和客观的经济现实。

1.商品经济的迅速发展

18世纪初，西方国家开始了工业革命，落后的手工业和工场手工业被机器大工业所替代，社会生产力快速发展，商品经济也迅速扩大。这就促使货币经营业越来越普遍，而且日益有利可图，由此产生了对货币财富进行控制的欲望。

2.资本主义经济危机的频繁出现

资本主义经济自身的固有矛盾决定了伴随着资本主义经济的空前发展，必然出现连续不断的经济危机。以大不列颠的纺织业为例，从1770年到1815年的45年中只有5年是处于危机和停滞状态，从1815年至1863年的48年中却有28年处于停滞和疲弱时期。面对当时的状况，资产阶级政府开始从货币制度上寻找原因，企图通过发行银行券来控制、避免和挽救频繁的经济危机。

3.银行信用的普遍化和集中化

资本主义产业革命促使生产力空前提高，生产力的提高又促使资本主义银行信用业蓬勃发展。其主要表现在：一是银行经营机构不断增加。以资本主义发展最早的英国为例，1776年有银行150家，1814年则发展到940家，增加了5倍多。二是银行业逐步走向联合、集中和垄断。一些私人银行限于资历，在竞争中不断衰败和改组，被大银行所控制。仍以英国为例，私人银行从1826年的554家减少到1842年的310家。

（二）中央银行产生的客观要求

1.统一银行券发行的要求

银行券是政府允许商业银行为弥补金属货币量的不足而发行的替代商业票据的银行票据，但这些银行券要以发行银行的黄金储备或其他手段作为发行准备。众多商业银行纷纷发行自己的银行券，致使银行券种类过多，市场不断扩大，给银行、企业间的交易与支付带来困难，使得债权债务关系复杂化，一旦某种银行券不能兑现，造成的连锁反应危害极大。小银行由于恶意挤兑而破产倒闭的情况增多，其发行的银行券的兑现已不可能，这些银行券丧失了流通的条件，致使信用纠纷增多，由此引发大范围的信用危机，造成社会秩序混乱。为此，需要银行券的统一发行，以利于市场统一，并且保证全国范围内信用关系的稳定。货币发行的垄断是中央银行的基本特征，当货币发行集中于一家银行时，中央银行就产生了。

2.建立全国统一清算系统的要求

随着商品经济的发展，银行业务相应扩大，每天受理票据的数量不断增多，债权债务关系错综复杂，由各行自行轧差进行当日清算已成问题，支票的计算不仅误时，而且代价昂贵，假支票或透支支票不能被及时发现，容易遭受损失，异地结算和同城结算矛盾突出。虽然当时有些城市已建立了票据交换所，但多数为大银行所控制，不能为所有银行特别是小银行享用。因此，客观上要求建立一个全国统一的有权威的、公正的清算中心，而这个中心只能由中央银行来担当。

3.建立银行最后贷款人的要求

资本主义商品经济的迅猛发展，导致社会各部门对银行贷款的需求总量大大增加。如果银行将吸收的存款过多地用于提供贷款，一旦贷款不能按期偿还或者出现突发性的大量提现，那么就会发生周转不灵、兑现困难的情况。当然，遇到这种问题，可以通过同业拆借、透支等方式来解决，但这些方式极不可靠，特别是普遍的金融危机到来时，银行因支付能力不足而发生破产的可能性极大。因此，就有必要适当集中各家商业银行的一部分现金准备，在某家银行发生支付困难时，通过适当的调节给予支持，从而起到充当一般商业银行的最后贷款人的作用。

4.金融管理、监督的要求

20世纪初期的经济危机使得大批银行倒闭，对社会经济产生了巨大的破坏作用。各国政府认识到，为鼓励银行间的正当竞争，避免银行间的不正当竞争给社会经济带来不利影响，保证经济和金融的稳定，需要有一个代表政府意志的专门机构进行必要的管理，经常检查银行法规的遵守、经营管理、清偿能力等，这一监管的实施，由中央银行来承担最为合适。

二、中央银行的发展

最早具有中央银行名称的是瑞典国家银行。它成立于1656年，最初由私人创办，1668年由政府出面改组为瑞典国家银行。但是，这时的瑞典国家银行并不具备中央银行的关键职能，它直到1897年才独占货币发行权，才成为真正的中央银行。

成立于1694年的英格兰银行，是最早真正执行中央银行职能的金融机构，被资本主义国家称为近代中央银行的先驱。它的建立在中央银行制度的发展史上是一个重要的里程碑，以后各国成立的中央银行大都是仿效英格兰银行而来的。1694年，英国议会通过法案，准许英格兰银行在资本总额限度内发行银行券，并代理国库。但这时的英格兰银行还不算是真正的中央银行。首先，英格兰银行没有独占货币发行权；其次，当时英格兰银行经营的主要业务是商业银行的业务，如吸收存款、办理商业贷款、买卖商业票据等。因此，早期的英格兰银行只是一家拥有一定特权的商业银行，它作为中央银行还处于萌芽阶段。

（一）中央银行的发展阶段

中央银行的发展是一个渐进的过程，其发展历史大体可分为三个阶段：

第一个阶段是从17世纪中叶至1843年，这是中央银行的初创时期。1656年设立的瑞典国家银行是现代中央银行的萌芽，1694年成立的英格兰银行才被视为近代中央银行的先驱。此后，法国、荷兰等西方国家纷纷设立中央银行。这一时期中央银行的特点是尚未完全垄断货币发行权，并非专一行使中央银行职能的商业银行与中央银行结合的私有金融机构。

第二个阶段是从1844年至20世纪30年代，这是中央银行逐步发展完善的时期。标志着这一时期开始的是1844年英国议会通过的《皮尔条例》，赋予了英格兰银行独家垄断货币发行权的地位，使其成为第一家真正意义上的中央银行。随着英格兰银行地位的提高，许多商业银行把自己的现金准备的一部分存入英格兰银行，商业银行之间的债权债务就可以通过英格兰银行划拨清算。1854年，英格兰银行成为英国银行的票据交换中心。1872年，它开始向资金周转困难的其他商业银行提供资金支持，充当"最后贷款人"的角色，并同时具有了全国性金融管理机构的色彩，至此建立起了英国的中央银行体系。英格兰银行的成功使其他国家也纷纷仿效，建立了自己的中央银行制度。在此期间，世界上约有29家中央银行相继成立，大部分在欧洲，这显然和欧洲经济发展较快有关。这进一步说明了中央银行的建立是经济发展的需要，而且这一时期的中央银行大都是由普通银行逐步发展演变而来的。第一次世界大战后，面对世界性的金融恐慌和严重的通货膨胀，为了稳定战后金融，1920年在布鲁塞尔召开的国际金融会议决定，所有尚未成立中央银行的国家，都应尽快建立中央银行，以共同维持国际货币体系和经济稳定。此后，几乎所有独立的国家都先后成立了中央银行，由此推动了又一次中央银行成立的高潮。

第三个阶段是第二次世界大战以后。在这一阶段，一方面一批经济较落后的国家摆脱了殖民统治获得独立，纷纷建立了本国的中央银行；另一方面随着国家干预经济的加强，各国政府利用中央银行推行金融政策，不仅管理金融机构和金融市场，还参与宏观经济的管理，各国纷纷加强了对中央银行的控制，许多国家的中央银行都先后实行了国有化。同时，中央银行不再从事普通商业银行业务，维持货币金融稳定是中央银行的主要职责。至此，中央银行进入了一个新的发展阶段。

（二）中央银行在中国的发展

中央银行在中国的萌芽是20世纪初清政府建立的户部银行，当时主要是为了解决战争赔款所带来的财政困难，统一币制，推行纸币。

中国最早以立法形式成立的中央银行是1928年成立的南京国民政府中央银行。成立之初，中央银行尚未完全独占货币发行权，到1942年7月1日，根据钞票《统一发行办法》，将中国银行、交通银行和中国农民银行3家发行的钞票及准备金全部移交给中央银行，独占货币发行权，并统一管理国家外汇。1945年3月，当时的财政部授权中央银行检查和管理全国金融机构，中央银行的管理职能得到了强化。1949年，国民政府的中央银行体系在大陆崩溃。

中国人民银行作为中央银行，是1948年12月1日在原华北银行的基础上经过合并改组建立起来的，同时开始发行全国统一的人民币。1949年2月，中国人民银行总行迁到北平。1983年9月，国务院决定中国人民银行专门行使中央银行的职能，不再对企业、个人直接办理存贷款业务，中国人民银行成为负责"管理全国金融事业的国家机关"，其三项根本任务是：集中力量研究和做好全国金融的宏观决策、加强信贷资金管理、保持货币稳定。

中国人民银行行使中央银行的职能，标志着我国现代中央银行制度的确立。

三、中央银行制度的类型

不同国家的中央银行采取不同的制度形式，这是由一国的社会制度、经济管理体制、商品经济发展水平、金融业发达程度、历史习惯等因素所决定的。

（一）不同的所有制形式

按所有制形式，各国的中央银行可划分为以下三类：

1.属于国家所有的中央银行

资本属于国家所有是世界上大多数国家的中央银行所采用的所有制形式。西方主要国家中，国有的中央银行包括法、德、荷等国的中央银行。中央银行国有化已成为一种发展趋势。

2.属于半国有性质的中央银行

这些中央银行的资本，部分股份由国家持有，部分股份由私人持有。例如，日本银行55%的股份由政府认购，其余45%由民间认购，其私人股东唯一的权利是按规定每年领取最高为5%的股息。又如，比利时的中央银行国家资本占资本总额的50%，董事由国家任命。

3.属于私人股份资本的中央银行

中央银行的资本全部是由私人股东投入的。例如，意大利中央银行——意大利银行，就是由股份公司转变为按公法管理的中央银行，资本由储蓄银行和全国性银行等金融机构认购。又如，美国中央银行——美国联邦储备系统，资本是由参加联邦储备体系的各个会员银行所认购的股份形成的，实质上是一种属于私人股份资本的中央银行。

（二）不同的组织结构

1.单一中央银行制

单一中央银行制就是一国仅设立一家中央银行，作为中央金融管理机构，国家授权它掌握全国的货币发行，代理国库，制定和实施货币制度，管理和监督各金融机构的业务活动。世界大多数国家都采用这一制度，如英国、法国、日本、意大利和瑞士等国的中央银行。我国的中央银行也采用这一制度。其特点是：权力集中、职能齐全，可根据需要在全国各地建立分支机构。

2.联邦中央银行制

联邦中央银行制是指在实行联邦制的国家中，中央银行的结构也采用联邦制，即中央银行作为一个体系而存在。它由若干相对独立的地区中央银行组成，中央银行的职能由这个体系中的全体成员共同完成。其特点是权力和职能相对分散。采用这种制度的国家有美国、德国等。在美国，联邦中央银行制有向高度集中的单一中央银行制演化的趋势。

（三）不同的管理体制

中央银行监督管理体制主要有：

1.双线多头银行管理体制

实行这种体制的国家不多。美国联邦和各州都有权对银行发放执照、办理注册并进行监督管理，从而形成双线银行管理体制。在联邦这一线有八个管理机构，在州这一线各州都有各自的金融法规和银行监督管理机构。加拿大也是双线多头的银行管理体制。

2.一线多头银行管理体制

一线是相对双线而言的，管理权力集中于中央。但在中央一级又分别由两个或两个以上的机构负责银行体系的监督管理。通常，这种多头管理体制是以财政部和中央银行为主体开展工作的。法国、德国、意大利和日本的中央银行采用这种管理体制。

3.高度集中的单一银行管理体制

世界上大多数国家的银行管理体制是高度集中的单一型管理体系，如英格兰、荷兰、爱尔兰、澳大利亚等国的中央银行都是实行单一管理体制的。

（四）中央银行的独立性

按中央银行对政府的独立性程度，可分为：

1.独立性较强的模式

在这种模式中，中央银行直接对国会负责，直接向国会报告工作，获得国会立法授权后可以独立地制定货币政策及采取相应的措施，政府不得直接对它发布命令、指示，不得干涉货币政策。如果中央银行与政府发生矛盾，可以通过协商解决。美国和德国的中央银行属于这一模式。

2.独立性稍弱的模式

这种模式指中央银行名义上隶属于政府，而实际上保持着一定的独立性。有些国家法律规定，财政部拥有对中央银行发布指令的权力，但事实上并不使用这种权力。政府一般不过问货币政策的制定，中央银行可以独立地制定、执行货币政策。英格兰银行、日本银行属于这一模式。

3.独立性较弱的模式

这一模式的中央银行，接受政府的指令，货币政策的制定及采取的措施要经政府批准，政府有权停止、推迟中央银行决议的执行。这种模式的典型是意大利银行。

第二节　中央银行的性质和职能

一、中央银行的性质

中央银行是国家赋予其制定和执行货币政策、对国民经济进行宏观调控和管理的特殊的金融机构。

1.中央银行是特殊的金融机构

中央银行虽然也称为银行，也办理银行固有的"存、贷、汇业务"，但与普通商业银行和金融机构相比，在经营目标、服务对象和经营内容上都有着本质的区别：

（1）从经营目标来看，商业银行以及其他金融机构作为经营货币业务的机构，一般以追求利润最大化为经营目标；而中央银行不以营利为目的，原则上也不从事普通商业银行的业务，而是以金融调控为己任，以稳定货币、促进经济发展为宗旨。虽然中央银行在业务活动中也会取得利润，但盈利不是初始目的，是附带性的。

（2）从服务对象来看，普通商业银行和其他金融机构一般以企业、社会团体和个人为主要服务对象；而中央银行一般不与这些对象发生直接的业务关系。中央银行只与政府和商业银行等金融机构发生资金往来关系，并通过与这些机构的业务往来，贯彻和执行政府的经济政策，履行金融监管的职责。

（3）从经营内容来看，中央银行独占货币发行权，通过制定和实施货币政策，控制货币供应量，使社会总供给和总需求趋于平衡，商业银行和其他金融机构则没有这种特权；中央银行接受银行等金融机构的准备金存款和政府财政性存款，但其吸收存款的目的不同于商业银行等金融机构，不是扩大信贷业务规模，而是调节货币供应量，因此，中央银行接受的存款具有保管、调节性质，一般不支付利息。中央银行负有调节信用的职能，其资产具有较强的流动性和可清偿性，一般不含有长期投资的成分，可随时兑付清偿，以保证信用调节功能的正常发挥。

2.中央银行是管理金融事业的国家机关

虽然各国中央银行在制度上存在差异，但其本质都是一样的，中央银行都是国家机构的一个组成部分。大多数国家的法律明文规定：中央银行对行政、司法、立法部门负责，是国家管理金融事业的机关。中央银行大多属于国家和政府权力机关。例如，美国联邦储备系统直接对国会负责；我国的中国人民银行直接隶属于国务院，是政府的一个部级单位。无论中央银行隶属于国家权力机关，还是政府的一个部门，它都是国家在金融领域的代理人。

中央银行具有国家机关的性质，但与一般的行政机关又有很大的不同：①中央银行履行职责主要是通过特定金融业务进行的，对金融和经济的调控基本上是采用经济手段（如调整利率和准备金率、在公开市场上买卖有价证券等方式）实现的，这些手段的应用更多地具有银行业务操作的特征，这与主要依靠行政手段进行管理的国家机关有明显不同；②中央银行对宏观经济的调控是分层次实现的，即通过货币政策工具操作调节金融机构的行为和金融市场运作，再通过金融机构和金融市场影响各经济部门，其作用比较平缓，市场的回旋空间较大，这与一般国家机关的行政管理直接作用于各微观主体而又缺乏弹性的方式有较大的不同；③中央银行在政策制定上有一定的独立性。

二、中央银行的职能

中央银行的职能是中央银行的性质在其业务活动中的具体体现。尽管各国的政治与经济制度、社会历史背景、商品经济与信用制度的发展水平各不相同，但是中央银行的基本职能差不多是一致的。根据中央银行的业务活动特征，中央银行的职能主要分为发行的银行、银行的银行和政府的银行三个方面。

（一）发行的银行

所谓发行的银行，是指中央银行垄断货币的发行权而成为全国唯一的货币发行机构。独占货币发行权是设立中央银行最初的原因之一，也是中央银行首要的、基本的职能。垄断货币发行权是中央银行发挥其他职能的基础，它往往与政府筹集财政资金联系在一起，特别是在战争时期，更是如此。享有货币发行独占权是中央银行的一个重要标志，到目前为止，在实行中央银行制度的国家中，除了极少数特殊情况以外，其货币发行权基本由中央银行一家独占，其他银行和金融机构都无权发行货币。

货币必须由中央银行垄断发行的理论依据是：一个国家在一定时期发行多少货币，必须根据经济发展的需要来确定，否则就会造成货币流通的混乱，给经济带来不良影响。中央银行垄断发行货币的意义在于：一是统一票面，方便商品交易；二是防止发钞银行倒闭，引起金融动荡和经济混乱；三是有利于货币流通的正常和稳定；四是有利于加强中央银行的金融宏观调控能力和国家货币政策的贯彻执行。

中央银行作为发行的银行，对调节货币流通量具有重要作用。中央银行的货币发行量要以经济发展的客观要求为依据，保持良好的货币供给弹性，使货币供给与流通中的货币需求相适应。

在金本位制度下，各国对货币的发行均由立法程序确定严格的制度来实施。此时，货币金融稳定与否取决于两个因素：一是银行券能否随时兑换为金币；二是存款货币能否保证顺利地转化为银行券。为保持货币金融的稳定，中央银行集中大量的黄金作为储备。黄金储备增多，银行券及整个货币流通才可能扩大，而黄金储备下降，则必须紧缩货币供给。因此，在金本位制度下，银行券的发行数量由发行银行所掌握的黄金数量来决定。现在，世界各国实行的都是不兑现的纸币本位制度，货币发行是一种信用发行，不再以黄金作为唯一发行准备。货币金融稳定与否的关键并不在于纸币发行数量的大小，而在于较大口径的货币供给状况。信用发行制度使货币发行弹性较大，但无限制的信用发行容易引起通货膨胀。

阅读资料8-1 ————————————————————————————

货币发行机制

货币发行不仅包括现金发行，也包括存款等广义货币的创造。在信用货币体系下，商业银行通过发放贷款等资产扩张创造广义货币，中央银行则通过资产扩张创造基础货币，并通过调节基础货币来调控商业银行创造广义货币的能力。

国际上看，各经济体一般都是根据自身经济发展和货币政策调控需要，主动选择相应的货币发行机制。货币发行机制不是一成不变的，会根据实际需要调整。为应对国际金融危机冲击，2008年以来，美欧日等发达经济体先后实施量化宽松等非常规货币政策，通过购买国债、高等级信用债、交易所指数基金（ETF）等，向市场大量投放基础货币。

我国的货币发行机制亦主要服务于经济发展和宏观调控需要，并根据不同阶段需要适时进行调整。进入21世纪以来十多年的时间里，我国经济运行中的一个显著特征是，国际收支持续大额双顺差和外汇储备大量积累。为适应形势需要，在启动汇率市场化改革、增强人民币汇率弹性的同时，人民银行主要在市场上买入外汇，相应投放基础货币。虽然这个阶段我国主要通过外汇占款投放基础货币，但这并不意味着货币发行和信用扩张受制于美元等其他国家货币。实际上，外汇储备是由我国出口货物等换回来的，随时可用来从国际上购买物资，因此人民币发行的基础本质上是国家掌握的物资。人民银行在买入外汇、投放人民币的同时，还通过提高准备金率、公开市场操作、发行央行票据等方式，进行了大规模的流动性对冲，加上提高人民币汇率灵活性，有效应对了双顺差带来的挑战和问题，保持了物价水平基本稳定和经济的平稳增长，并为经济结构调整创造了较为适宜的货币环境。

总的来看，人民币发行机制安排及调整过程，与我国经济金融发展阶段基本适应，体现了我国货币政策的自主权和主动性。当前，我国金融体系以银行为主导，货币政策传导的中枢在银行，人民银行通过货币政策操作的市场化方式，激励和调节银行贷款创造存款货币的行为是有效的，货币政策仍有很大空间，央行大规模从金融市场上购买国债等资产意义不大，没有必要实施所谓量化宽松（QE）政策。下一阶段，人民银行将继续根据经济金融发展和金融宏观调控需要，不断完善人民币发行机制，疏通货币政策传导渠道，并以此促进金融更好地支持实体经济发展。

（二）银行的银行

所谓银行的银行，是指中央银行以商业银行和其他金融机构为服务对象，而不与工商企业及私人发生直接关系。中央银行只与商业银行和其他金融机构发生业务往来，在业务和政策上起着监督和指导作用，同时也为商业银行和其他金融机构提供各种服务。中央银行行使银行的银行这一职能是为了维护金融秩序，促进整个金融体系的有效运作。

这一职能表现在以下三个方面：

1. 集中保管存款准备金

商业银行吸收的存款不能全部用于投资和放款，必须保留一部分现金作为准备，以备存款人随时提取。起初，商业银行一般将存款准备金存入一些有权威的实力雄厚的大银行，这是存款准备金的萌芽形态。后来，国家用法律形式规定，商业银行必须按法定准备金率提取一定的存款准备金交给中央银行统一保管，这就是现代的集中准备金制度。

集中保管存款准备金的目的在于：一方面保证存款机构的清偿能力，以备客户提现，从而保障存款人的资金安全以及银行等金融机构本身的安全；另一方面有利于调整货币供应量，因为中央银行可以通过调整准备金率来控制商业银行的货币创造能力，进而调节货币供应量。同时，可以增强中央银行的资金实力。中央银行集中保管全国的存款准备金，实际上就拥有了对这部分准备金的支配权，从而可以扩大对商业银行的再贴现和再贷款。

集中保管商业银行存款准备金的制度，是现代中央银行制度的一项极其重要的内容。

2.充当银行的最后贷款人

"最后贷款人"一词，是由巴奈霍特于1837年在《伦巴第街》一书中首先提出的，它是指在无法获得其他资金来源的情况下，作为最后的一种筹款方法。商业银行和其他金融机构在发生资金短缺、周转不灵时，可以以票据（包括国库券）再贴现和再抵押方式，向中央银行要求融通资金。所谓再贴现，是商业银行用它们从工商企业那里以贴现方式收进来的票据向中央银行贴现，取得资金；所谓再抵押，则是商业银行以它们手中的有价证券等作为抵押品向中央银行申请抵押贷款。中央银行为了配合政府的经济政策，也采取降低再贴现率的办法，向商业银行和其他金融机构提供优惠低利贷款，达到融通资金的目的。特别是在发生金融动荡并且其他银行无力或不愿向一些银行等金融机构提供贷款时，只有中央银行能够并且愿意提供这种贷款。这样中央银行就成了商业银行和其他金融机构在资金上的最后贷款人。同时，中央银行的最后贷款人的地位也决定了它可以对再贴现率和再抵押贷款利率进行调整，以扩张或紧缩信用。

3.成为银行的票据清算中心

与集中准备制度相联系，中央银行成为全国的票据清算中心。因为中央银行接受商业银行及其他金融机构的存款，就可以通过在中央银行开立的活期账户进行清算。票据清算这一职能也始于英国。1854年，英格兰银行就采取了对各种银行之间每日清算的差额进行结算的做法，成为伦敦各银行票据清算的总结算银行。票据清算中心不是中央银行的主要职能，但是中央银行应尽的职责。首先，它使银行之间的清算简便易行，从而节约流通费用，加速资金周转；其次，中央银行能及时准确地检查各商业银行的流动性；再次，便于中央银行及时掌握社会资金的运动状况，以便进行信用控制和调节。

（三）国家的银行

所谓国家的银行，是指中央银行代表政府执行金融政策，代为管理财政收支并为政府提供各种金融服务。中央银行作为国家的银行是通过以下五个方面表现出来的：

1.中央银行代理国库

实行中央银行制度的国家，其财政收入与支出的管理一般交由中央银行代理。财政部在中央银行开立各种账户，专门办理政府的收入与支出。中央银行充当国库的总出纳，为政府管理资金，提供服务。具体业务包括：①接受国库存款：政府通常将暂时闲置的货币资金存在中央银行的活期账户上，从而使中央银行成为国库现金的中心；②为国库办理支付和结算：中央银行根据政府签发的支票，办理付款或转账业务，充当国库的出纳。③为国库代收税款，办理公债的认购、推销、还本、付息等业务。

2.中央银行给国家以信用支持

中央银行作为政府的银行，在国家财政出现赤字时，负有向政府提供信用支持、解决政府临时性资金需求的义务。中央银行向政府提供信用支持的方式主要有以下几种：

第一，直接向政府提供贷款。中央银行直接向政府提供的贷款主要是短期贷款，用于弥补政府财政收支的暂时性不平衡。一般来说，中央银行没有向财政提供长期贷款的义务。因为这样做会使中央银行沦为弥补财政赤字的"印钞机器"，它一方面会降低中央银行自身资产的流动性，削弱对货币供应量与金融市场的调控能力；另一方面也有可能因货币的财政性发行而酿成通货膨胀，而所有这些都是与中央银行稳定金融的职责背道而驰的。

第二，购买公债。中央银行在一级市场上直接购进政府公债，资金直接流入国库，这与直接向政府提供贷款虽然在形式上有所不同，但本质上是一样的。中央银行在二级市场上购买政府公债，虽然是向证券持有者提供货币，但资金间接地流向财政，起到了向政府提供间接融资的作用。另外，中央银行通过对商业银行的政府债券抵押贷款，也间接地起到了扩大政府公债销售、向财政融通资金的作用。中央银行无论直接还是间接购买政府公债，都意味着向社会投放了基础货币，必将使货币供应量成倍增加。大多数实行中央银行制度的国家通常以法律的形式规定：中央银行只有向政府提供短期贷款的义务，原则上禁止向政府提供长期贷款，政府需要的款项只能靠在公开市场上发行债券来筹集。

第三，透支。透支是指财政在中央银行开立透支账户，当财政出现赤字时，直接向中央银行透支来取得资金。透支相当于中央银行对财政直接放款，但比直接放款有更大的随意性，因而更容易引起通货膨胀。这种情况一般出现在发展中国家。

3.中央银行管理黄金和外汇储备

黄金和外汇储备对一个国家有重要意义，包括维持本国货币汇率，弥补贸易逆差，一国资信水平的象征以及应付突发事件等。每个国家都有一定数量的黄金和外汇储备，中央银行通过替国家保管和经营黄金与外汇储备，实现黄金与外汇储备的保值和增值；通过黄金与外汇的买卖稳定一国货币的币值与汇率；通过黄金与外汇的管理实现一国的国际收支平衡。

4.充当政府金融顾问

在政府金融决策中，中央银行是以金融顾问的姿态出现的。因为中央银行在国内拥有众多的分支机构，与国外金融机构也有广泛的联系，对货币市场、证券市场和外汇市场的情况非常熟悉，可以为政府进行经济决策提供信息咨询。

5.代表政府加入国际金融组织，参加国际金融活动，处理有关国际金融事务

在国际金融事务中，中央银行往往代表政府参加国际金融组织，包括国际性金融组织（如国际货币基金组织、世界银行等）和区域性金融组织（如亚洲开发银行等），促进各国在国际金融领域的合作与发展。中央银行还代表本国政府与外国中央银行进行金融、贸易事务的谈判、协调和磋商，管理与本国有关的国际资本流动，办理外汇的收支清算、拨付等国际金融业务。

阅读资料8-2

人民银行行长易纲线上出席二十国集团财长和央行行长会议

2022年10月13日，二十国集团（G20）轮值主席国印度尼西亚以线上线下结合的方式，在美国华盛顿主持召开2022年第四次G20财长和央行行长会议，为11月G20领导人巴厘岛峰会做成果准备，会后发布了主席会议总结。会议主要讨论了全球经济、国际金融架构、可持续金融、金融部门改革、基础设施投资、国际税收等议题。人民银行行长

易纲以视频连线方式出席会议。

会议认为，受疫情、通胀、地缘局势以及能源和粮食价格上涨等因素影响，全球经济复苏持续放缓，风险进一步上升。各方同意加强政策协调和沟通，提高财政应对措施的灵活性和精准度，加强对绿色和数字等领域的支持，妥善把握货币政策节奏、稳定通胀预期，合作维护金融稳定，防范溢出效应，推动全球经济共同实现强劲复苏。

各方重申支持推动低收入国家经济复苏。会议肯定了落实转借特别提款权的进展，欢迎国际货币基金组织（IMF）韧性与可持续性信托投入运作，为有需要的国家提供长期资金支持。各方重申将继续落实好关于债务处置的共同框架，强调私人债权人和其他官方债权人应以可比方式共同参与债务处置。会议承诺维护以IMF为中心的全球金融安全网，推动在2023年底如期完成IMF第16次份额总检查。

会议一致通过《2022年G20可持续金融报告》，支持G20可持续金融工作组在制定转型金融框架、完善金融机构净零排放承诺、发展可持续金融工具等领域取得的成果。会议欢迎各方在落实《G20可持续金融路线图》上取得的进展，呼吁进一步加强落实，共同促进金融支持绿色低碳转型。

会议强调，要提高全球金融体系应对风险的能力，同意继续通过政策协调和标准落实维护全球金融稳定。各方支持从数据、披露、评估等角度应对气候变化带来的金融风险，欢迎金融稳定理事会在完善加密资产监管协调方面开展的工作，同意继续推动数字普惠金融在支持经济可持续和包容性发展上发挥积极作用。

易纲在发言中介绍了中国经济形势和货币政策立场，表示中国物价水平基本稳定，人民银行将加大稳健货币政策实施力度，为实体经济提供更有力支持，重点发力支持基础设施建设，支持金融机构发放制造业等重点领域设备更新改造贷款，同时推动"保交楼"专项借款加快落地使用，促进房地产市场平稳健康发展。易纲对G20债务处置共同框架的落实进展表示欢迎，表示中方将继续与各方共同做好落实工作，私人部门债权人应按可比方式参与，并欢迎IMF关于在支付领域建立新的全球公共基础设施、增强国际货币体系韧性的提议。易纲感谢各方支持人民银行牵头制定G20关于金融支持高碳行业有序转型的政策框架以及

《2022年G20可持续金融报告》，期待继续与各方推进G20可持续金融工作。

资料来源：中国人民银行国际司. 人民银行行长易纲线上出席二十国集团财长和央行行长会议［EB/OL］.［2022-10-14］. http://www.pbc.gov.cn/goujisi/144449/144464/4681416/index.html.

第三节　中央银行的主要业务

中央银行的性质与职能要通过其业务活动反映出来，而要了解中央银行的业务，最好的办法就是分析它的资产负债表。资产负债表记录了一个经济单位在某一时点的资产和负债状况，反映了该经济单位的业务活动内容、经营状况以及资产和负债的存量。

一、中央银行的资产负债表

中央银行的资产负债表是其银行性业务中资产负债业务的综合会计记录。中央银行因其性质和职能的特殊性，它的资产负债表也与一般的商业银行有所差别。表8-1摘要列示了2021年1—2月的中国人民银行资产负债表。

表8-1　　　　2021年1—2月中国人民银行资产负债表　　　　单位：亿元

项目	2021.01	2021.02
国外资产	218 073.61	219 328.80
外汇	211 400.06	211 634.89
货币黄金	2 855.63	2 855.63
其他国外资产	3 817.92	4 838.29
对政府债权	15 250.24	15 250.24
其中：中央政府	15 250.24	15 250.24
对其他存款性公司债权	132 072.17	124 384.38
对其他金融性公司债权	4 431.82	4 450.66

项目	2021.01	2021.02
对非金融性部门债权	—	—
其他资产	19 303.62	19 679.08
总资产	**389 131.46**	**383 093.17**
储备货币	316 822.07	321 556.29
货币发行	95 834.60	99 828.72
金融性公司存款	203 006.66	202 351.60
其他存款性公司存款	203 006.66	202 351.60
其他金融性公司存款	—	—
非金融机构存款	17 980.81	19 375.96
不计入储备货币的金融性公司存款	4 643.44	4 907.13
发行债券	900.00	1 000.00
国外负债	1 059.65	1 055.81
政府存款	53 529.47	42 405.69
自有资金	219.75	219.75
其他负债	11 957.07	11 948.50
总负债	**389 131.46**	**383 093.17**

资料来源：中国人民银行网站.

（一）负债项目

1.流通中现金

流通中现金是指中央银行发行的由社会公众持有的以及各金融机构库存的纸币和辅币，其比重是负债项目中最大的。

2.各项存款

各项存款包括国内商业银行存款、政府部门存款、外国存款等，其中商业银行的存款比重最大。

3.其他负债

其他负债是指以上负债项目中未列入的负债，如邮政储蓄存款等。

4.资本项目

资本项目是指中央银行的自有资本，一般包括股本、盈余结存以及财政拨款。

（二）资产项目

1.黄金、外汇储备

黄金、外汇储备包括黄金、外汇以及特别提款权等。管理黄金外汇储备是中央银行应负的责任，储备黄金和外汇要占用中央银行的资金，因而构成中央银行资金运用项目的一部分。

2.放款

在资产项目中，放款所占比重最大。放款既包括中央银行对商业银行的再贴现和再贷款，也包括对财政以及国内外其他金融机构的放款，但主要是对商业银行的放款。

3.各种证券

各种证券主要是指中央银行持有的政府债券，这些政府债券一部分是中央银行在公开市场上买进的，另一部分是商业银行要求放款时的抵押。除本国政府债券外，还包括企业债券以及外国政府债券。

4.其他资产

其他资产是指以上三项未收入的资产，如土地、房屋、设备以及待收款等。其中待收款是指中央银行办理清算业务时形成的应收未收款。

由于各国信用制度和信用方式存在一定的差别，各国中央银行的资产负债表的具体内容和项目也不尽相同。

二、中央银行的负债业务

中央银行的负债业务，是指社会各集团和个人持有的对中央银行的债权。

（一）货币发行业务

货币发行业务是中央银行的主要负债业务。中央银行通过经营货币发行业务，一方面提供了流通手段和支付手段，满足了社会商品经济发展和商品流通扩大的需要；另一方面也相应地筹集了社会资金、满足了中央银行履行其各项职能的需要。

货币发行具有双重含义：一是指货币从中央银行的发行库通过各家银行的业务库流向社会；二是指货币从中央银行流出的数量大于流入的数量。

1.中央银行货币发行原则

（1）**垄断发行原则，即货币发行权高度集中于中央银行**。只有坚持中央银行对货币发行的垄断权，才能做到统一国内的通货形式，避免多头发行所造成的货币流通混乱局面。同时，由于中央银行垄断货币发行，也使得中央银行有了统一制定和执行货币政策、灵活调整流通中货币量的可能。

（2）**信用保证原则，即通过建立一定的发行准备制度（要有一定的黄金或有价证券作为保证），保证中央银行的独立发行**。中央银行发行纸币不能光靠国家信用，而必须建立某种准备金制度。当今各国中央银行发行货币的准备大致有两类：一是现金准备。现金准备包括外汇、黄金等流动性极强的资产。现金准备所发行的货币具有现实的价值基础，有利于货币的稳定，但发行弹性较差。二是证券准备。证券准备包括短期商业票据、国库券、政府公债等。以证券作为货币发行的准备，有利于货币发行具有适应经济运行需要的弹性，但发行货币的稳定性差一些，对中央银行货币发行的管理和调控的要求较高。

（3）**弹性发行原则，即货币发行要具有高度的伸缩性和灵活性，不断适应社会经济状况变化的需要**。只有这样，才能使中央银行的货币发行更好地适应不断变化的社会经济环境，防止通货紧缩或通货膨胀的发生，确保国民经济在正常的轨道上运行。

2.货币发行的程序

有关货币发行与回笼的操作程序和法律程序各国不尽相同，现以我国人民币发行程序为例来加以说明。人民币的具体发行是由中国人民银行设的发行基金保管库（简称发行库）来办理的。所谓发行基金，是指中国人民银行保管的已印好而尚未进入流通的人民币票券。发行库在人民银行总行设总库，下设分库和支库。

各商业银行在对外营业的基层行处设立业务库。业务库保存的人民币，是作为商业银行办理日常收付业务的备用金。为避免业务库过多存放现金，通常由上级银行和同级中国人民银行为业务库核定库存限额。

具体的操作程序是：当商业银行基层行现金不足以支付时，可到当地中国人民银行，在其存款账户余额内提取现金。于是人民币从发行库转移到商业银行基层行的业务库，这意味着这部分人民币进入流通领域，即货币发行。当商业银行基层行收入的现金超过其业务库库存限额时，超过的部分应送交中国人民银行，这部分人民币进入发行库，这意味着退出流通领域，即货币回笼。具体过程如图8-1所示：

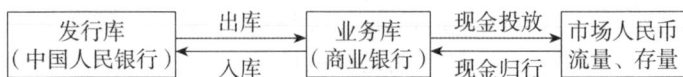

图8-1　货币发行示意图

3.人民币发行制度

（1）人民币发行坚持集中发行、经济发行和计划发行的原则。

（2）人民币的稳定性建立在商品物资的基础上，即必须以商品作为保证，以有效的商品供应为界限。

（3）人民币发行是通过各级发行库和业务库之间的调拨往来而实现的。

4.各国货币发行制度比较

（1）英国的货币发行制度具有如下特点：英格兰银行根据自身持有的黄金数量超额发行货币；英格兰银行只在英格兰和威尔士享有货币发行权，但在苏格兰和北爱尔兰两地发行货币都要以英格兰银行发行的货币作为保证；英格兰银行通过自己的分支机构向商业银行供应货币，并且贷款给贴现所和承兑所，而不直接贷款给商业银行。

（2）日本货币发行制度的特点为：实行最高限额发行制；法律规定的发行保证物包括金银、外汇、3个月内到期的商业票据、银行承兑票据以及特殊的抵押担保放款等；购买黄金、外汇以及对民间、政府提供信用是其货币发行的主要途径。

（3）加拿大货币发行制度的特点为：发行货币的准备金全部为政府债券，因此，其货币发行又被称为"债券货币化"；货币发行的数额取决于公众对钞票的需求量；货币发行的渠道是中央银行向政府购入证券，支付等额的加拿大银行券，从而形成货币发行。

综上所述，各国货币发行制度虽然各具特点，但也存在几点共性：

都实行经济发行；都规定要有十足的资产作保证；规定发行的最高限额。

（二）代理国库业务

国库是国家金库的简称，是专门负责办理国家预算资金的收纳和支出的机关。从世界范围来看，国家财政预算收支保管一般有两种形式：国库制和银行制。世界上经济发达的国家多采用国库制。中央银行的重要职能之一是作为政府的银行，代理国库业务便是中央银行履行该职能的具体体现。中央银行代理国库业务具有诸多优越性：收缴库款方便；库款调拨灵活；资金安全，数字准确；有利于中央银行的宏观调控；有利于发挥央行对财政的监督作用。

中国人民银行代理国库的业务内容主要包括预算收入的吸纳、划分和报解以及预算支出的拨付。根据《中国人民银行法》的规定：中国人民银行依照法律、行政法规的规定经理国库。

中国人民银行作为代理国库的机关，被国家赋予了多项相应的职责：（1）准确、及时地收纳国家预算收入；（2）审查办理财政库款的支拨；（3）对各级财政库款和预算收入进行会计账务核算；（4）协助财政、征收机关组织预算收入及时缴库，监督财政预算收入的退库；（5）组织管理和检查指导下级国库和国库经收处的工作及其他同国库有关的业务，总结交流经验，及时解决存在的问题；（6）协助财政税务机关监督企业单位，同时向国家缴纳款项。

（三）存款业务

存款业务包括集中商业银行和金融机构的存款准备金、其他金融机构存款、外国存款以及特定机构和私人部门存款，其中主要是指集中存款准备金。存款业务是中央银行仅次于货币发行的主要负债业务。

存款准备金是商业银行为应付客户提取存款和划拨清算的需要而设置的专项准备金。其由两部分组成：一部分是支付准备金，即库存现金；另一部分是法定存款准备金。集中存款准备金业务是指中央银行集中商业银行存款准备金的业务，是中央银行履行"银行的银行"职能的客观要求和具体体现。实行存款准备金制度有利于保证商业银行等金融机构的清偿能力；有利于中央银行约束商业银行贷款规模，控制信用规模和货币供应量。

具体而言，存款业务主要包括以下几类：

1.商业银行存款

商业银行存款是指商业银行交纳的存款准备金。存款准备金分为法定准备金和超额准备金两个部分。法定准备金由存款总额和法定准备金率决定，流动性较高的存款法定准备金率较高。当法定准备金不足时，一般都是以商业银行的超额准备金或库存现金来抵补。超额准备金是相对法定准备金而言的，是商业银行在中央银行存款账户上保持的超过法定存款准备的存款，可用于进行票据清算或同业资金往来。

法定准备金和超额准备金都是商业银行在中央银行的存款，不同的是，法定准备金商业银行不能自由运用，而超额准备金属于自由准备金，商业银行有权动用；中央银行对法定准备金往往不支付利息，但对超额准备金支付利息。

2.财政性存款

财政性存款包括财政存款和政府、公共部门在中央银行的存款，其数额仅次于商业银行存款。由于财政金库大都由中央银行代理，因此财政部在中央银行设有专门账户，当财政部征收税款、国有企业利润以及发行政府债券时，收入款项都记在财政部的存款账户上，当财政部拨付政府各项经费和资金给指定部门时，就直接从财政部的存款账户上划拨到有关单位的存款账户。政府和公共部门的资金也是由财政拨付的，所以也属于财政存款。

3.外国存款

外国存款指外国中央银行或外国政府的存款。外国中央银行或外国政府持有这些存款构成本国的外汇，随时可以用于贸易结算和清算业务。

4.其他存款

凡是未列入上面三类存款项目的中央银行的存款都归入这个项目，其内容因各国情况不同而差异较大。在美国，主要是非会员银行为使用联邦储备体系的清算而存入的存款，而在我国则表现为邮政储蓄存款、非银行金融机构存款等。

中央银行在吸收存款时必须遵循这样一条原则：尽量不吸收脱离中央银行控制的存款。因为脱离中央银行控制的存款，其增加或减少有可能与中央银行执行的货币政策目的相悖，结果导致货币政策效果不良甚至失效。因此，中央银行一般不接受个人和工商企业的存款。

三、中央银行的资产业务

中央银行的资产业务，是中央银行运用其资金的业务。中央银行通过资产业务，实现其发行货币及最后贷款人等重要职能，对调节货币供应量、实现货币政策目标具有重要作用。

（一）再贴现和再贷款业务

所谓再贴现，是指商业银行将通过贴现业务持有的尚未到期的商业票据向中央银行申请贴现，借此获得中央银行的资金融通。因此，中央银行再贴现业务也就是中央银行通过贴现票据向商业银行提供资金融通的业务。再贴现主要用于解决一般金融机构由于办理贴现业务引起的暂时性资金困难。中央银行办理再贴现业务时，以真实商业票据作为保证。但中央银行对再贴现的数量要加以限制，限制的手段就是再贴现率，所以再贴现率也是中央银行货币政策的重要工具之一。

所谓再贷款，是指中央银行向商业银行、其他金融机构和政府等发放贷款进行的资金融通。中央银行对商业银行的贷款，主要是解决其短期资金周转的困难。为了加强宏观金融调控的需要，各国中央银行对商业银行的贷款都作了具体的规定。《中国人民银行法》规定，中国人民银行根据执行货币政策的需要，可以决定对商业银行贷款的数额、期限、利率和方式，但贷款期限不得超过一年。在特殊情况下，中央银行也对财政进行贷款或透支，以解决财政收支困难。中央银行对政府的贷款，也要给予限制，否则就会削弱中央银行的宏观金融调控能力。

再贴现和再贷款业务是中央银行的主要资产业务之一，这是中央银行作为最后贷款人职能的具体表现，是中央银行向社会提供基础货币的重要渠道，是中央银行调控货币供应量的重要工具。

（二）证券买卖业务

中央银行拥有证券资产，并不是中央银行证券投资的结果。中央银行买卖证券是为了调节和控制货币供应量，实现货币政策目标，而不是为了营利。

在证券市场比较发达的国家，证券买卖业务是中央银行主要的资产业务之一。中央银行买卖证券一般都是通过公开市场进行的。买卖的证券主要有国库券、公债券以及一些信誉很高的商业票据、公司债券等，但主要还是国库券。因为国库券流动性强、发行数量大、便于市场操作。

买卖证券一般有两种形式：一种是一次性买卖，当中央银行认为需要增加或压缩商业银行的超额准备金时，就会一次性购买或出售某种证券，直到购足或售足为止；另一种是附有回购协议的买卖，即在购买时就定下协议，卖者必须在指定日期按商定价格再购回所卖出的证券；反之，在出售时，中央银行就在指定时间按商定价格收回那些出售的证券。这种形式一般用于对商业银行准备金的临时性调节。

为了避免财政依赖中央银行而滥发国债，造成货币发行失控，很多国家都规定中央银行不得在一级市场购买国债。《中国人民银行法》第二十八条明确规定，中国人民银行不得直接认购、包销国债和其他政府债券。

（三）黄金和外汇等储备资产业务

目前，世界各国实行的是不兑现信用货币制度，而且多数国家实行不同程度的外汇管制。在国际收支发生逆差时，用外汇或出售黄金换取外汇来支付。这样，各国的金银外汇自然就集中到中央银行储存了。集中管理储备资产是中央银行的一项重要职能，这一职能的实现必须通过储备资产的买卖业务来进行。中央银行买卖外汇、黄金等储备资产，可以调节国家的国际储备，促进国际收支平衡，保持汇价与币值的稳定。

中央银行在买卖外汇、黄金储备资产时，一是要确定合理的储备数量，国际储备过多会浪费资源，过少则有可能丧失国际支付能力。因此，确定合理的持有水平十分重要，一般认为一国的外汇储备应至少相当于3个月的进口额。二是要确定合理的储备结构，一般国家都是从安全性、收益性和可兑换性这三个方面来考虑储备资产的构成比例。

四、中央银行的资金清算业务

中央银行的资金清算业务是指中央银行为商业银行和其他金融机构办理资金划拨清算和资金转移的业务。由于中央银行集中了商业银行的存款准备金，因而商业银行之间由于交换各种支付凭证所产生的应收应付款项，就可以通过中央银行的存款账户划拨清算，从而中央银行成为全国的清算中心。主持全国的资金清算，就成为中央银行的职责之一。

中央银行的资金清算业务大体有三类：一是集中票据交换。一般是由中央银行组织票据交换所，各商业银行将本行应付票据参加交换。有些国家（如英国）设有专门独立的票据交换所，但形成的差额还是要通过中央银行转账。二是集中清算交换的差额。各商业银行之间清算的差额，可以通过在中央银行的账户结算。三是组织异地之间资金转移。全国各地区不同商业银行之间的资金转移，需通过中央银行的电子资金划拨系统办理。

中央银行担负资金清算业务，对加速资金周转，提高银行工作效率，掌握资金运动趋势，进行金融管理和监督都有重要的意义。

阅读资料8-3 ━━━━━━━━━━━━━━━━━━━━━━━━━━━━━━━━━

中国现代化支付系统

中国现代化支付系统（CNAPS）是中国人民银行按照我国支付清算需要，并利用现代计算机技术和通信网络自主开发建设的，能够高效、安全处理各银行办理的异地、同城的各种支付业务及其资金清算和货币市场交易的资金清算的应用系统。它是各银行和货币市场的公共支付清算平台，是人民银行发挥其金融服务职能的重要的核心支持系统。

中国人民银行通过建设现代化支付系统，将逐步形成一个以中国现代化支付系统为核心，商业银行行内系统为基础，各地同城票据交换所并存，支持多种支付工具的应用和满足社会各种经济活动支付需要的中国支付清算体系。

中国现代化支付系统建有两级处理中心，即国家处理中心（NPC）和全国省会（首府）及深圳城市处理中心（CCPC）。国家处理中心分别与各城市处理中心连接，其通信网络采用专用网络，以地面通信为主，卫星通信备份。

政策性银行和商业银行是支付系统的重要参与者。各政策性银行、商业银行可利用行内系统通过省会（首府）城市的分支行与所在地的支付系统CCPC连接，也可由其总行与所在地的支付系统CCPC连接。同时，为解决中小金融机构结算和通汇难问题，允许农村信用合作社自建通汇系统，比照商业银行与支付系统的连接方式处理；城市商业银行银行汇票业务的处理，由其按照支付系统的要求自行开发城市商业银行汇票处理中心，依托支付系统办理其银行汇票资金的移存和兑付的资金清算。

为有效支持公开市场操作、债券发行及兑付、债券交易的资金清算，公开市场操作系统、债券发行系统、中央债券簿记系统在物理上通过一个接口与支付系统NPC连接，处理其交易的人民币资金清算。为保障外汇交易资金的及时清算，外汇交易中心与上海支付系统CCPC连接，处理外汇交易与人民币资金清算，并下载全国银行间资金拆借和归还业务数据，供中央银行对同业拆借业务的配对管理。

资料来源：佚名. 中国现代化支付系统［EB/OL］.［2010-09-06］. http://epaper.china tibetnews.com/xzrb/html/2010-09/06/content_209273.htm.

第四节　美国联邦储备体系的组织构成与发展

一、美国联邦储备体系的产生

20世纪以前，美国政治的一个主要特征就是对中央集权的恐惧。这不仅仅体现在宪法的制约与平衡上，也体现在对各州权力的保护上。对中央集权的恐惧，是造成美国人对建立中央银行抱有敌意态度的原因之一。除此以外，传统的美国人对于金融业一向持怀疑态度，而中央银行又正好是金融业的最突出代表，美国公众对中央银行的公开敌视，使得早先旨在建立一个中央银行以管辖银行体系的尝试，先后两次失败：1811年，美国第一银行被迫解散；1832年，美国第二银行延长经营许可证期限的要求遭到否决，随后，因其许可证到期而在1836年停业。

1836年，美国第二银行停业后，不存在能够向银行体系提供准备金并使银行业避免恐慌的最后贷款人，这给美国金融市场带来了麻烦，当时，全国性的银行恐慌屡见不鲜。1837年、1857年、1873年、1884年、1893年和1907年，都曾爆发过银行恐慌，1907年银行恐慌造成了广泛的银行倒闭和存款人的大量损失，这终于使美国公众相信需要有一个中央银行来防止动荡重演了。

不过，美国公众基于对银行和中央银行的敌视态度，对建立类似英格兰银行的单一制中央银行，还是大力反对的。一方面，他们担心华尔街的金融业（包括最大的公司和银行）可能操纵这样一个机构从而对整个经济加以控制；另一方面，他们也担心联邦政府利用中央银行过多干预私人银行的事务。所以，在中央银行应该是一家私人银行还是一个政府机构的问题上，存在着严重的分歧。依据美国传统，国会便把一整套精心设计的带有制约和平衡特点的制度写入了1913年的《联邦储备法》，从而创立了拥有12家地区联邦储备银行的联邦储备体系——美国联邦储备系统（Federal Reserve System，简称 FederalReserve 或 Fed），这就是美国的中央银行体系。

当初建立联邦储备系统，首先是为了防止银行恐慌并促进商业繁荣，其次才是充当政府的银行。但是第一次世界大战结束后，美国取代英国，成为金融世界的中心，联邦储备系统已成为一个能够影响世界货币结构的独立的金融机构。20世纪20年代是联邦储备系统取得重大成功的时代。当经济出现摇摆的迹象时，联邦储备系统就提高货币增长率；当经济开始快速扩张时，联邦储备系统就降低货币增长率。它并没有使经济免于波动，但的确缓和了波动。不仅如此，联邦储备系统避免了通货膨胀，稳定了经济形势，使经济获得了良好发展。

二、美国联邦储备体系的组织构成

美国联邦储备体系的结构属于二元式的单一中央银行制。与许多国家中央银行不同的是，在某种意义上，美联储是一个分散的中央银行。它由12个大区联储银行以及这些银行的分支机构组成，所有这些银行的运作都由位于首都华盛顿的美联储董事局监管。为保护美联储免受短期政治压力的影响，同时又确保它能完成职责，美联储被设立为美国政府中一个独立的部门，根据自己的赢利而不是由国会拨款来运作，其董事局成员的任期期限长，并且任期期限交错，由此可将美联储受短期政治压力的影响降低到最低程度。

美联储的组织结构是根据《联邦储备法》按照不同地区在私营企业和政府部门之间以及在银行、商人和社会公众之间分权的要求而形成的，主要包括联储银行、美联储董事局、联邦公开市场委员会、联邦顾问委员会以及3 000多家商业银行。联邦储备系统内部的正式结构和政策工具关系图如图8-2所示。

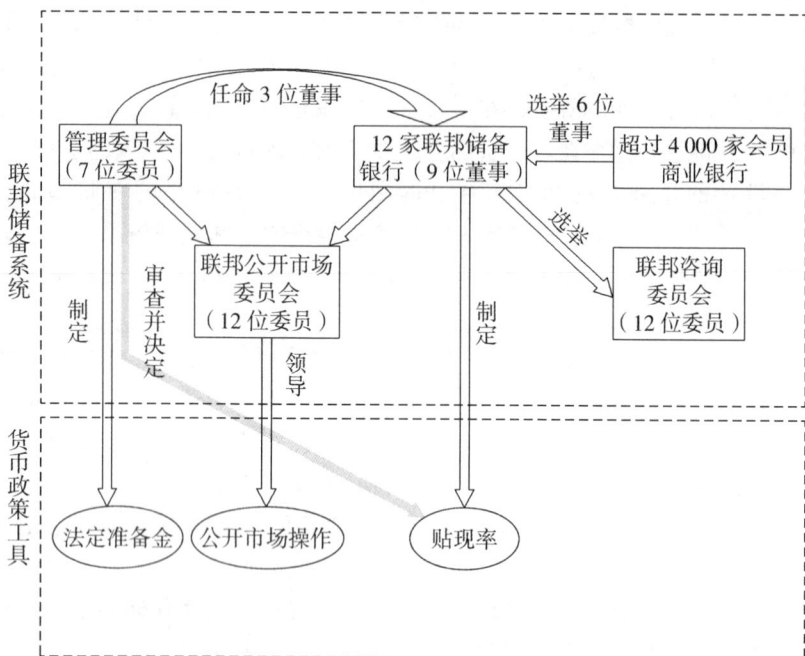

图 8-2　联邦储备系统内部的正式结构和政策工具关系图

（一）联邦储备体系理事会

它是联邦储备体系的最高机构，由美国总统提名并征得参议院同意后任命的7位理事组成。每位理事的任期为14年，各理事任期的起始时间不同，相互交错。理事会主席和副主席也是由总统指定并经参议院同意，但任期只有4年。联邦储备体系理事会负责制定货币政策，控制贴现率，可在规定范围内改变银行的法定准备金率，并和联邦公开市场委员会一起控制公开市场业务。联邦储备体系理事会的主席是总统和国会的主要经济顾问之一，理事们有时可以充任美国代表与外国的中央银行和政府谈判。联邦储备体系理事会还有大量的银行管理职能，如批准银行合并、监督对禁止贷款歧视和不真实报表的法律的实施、监督美国境内的外国银行活动。

联邦储备体系理事会的主要职责如下：（1）每年向国会就美国经济状况和美联储的货币和信用增长目标等进行年度和年中汇报，理事会主席要经常与总统和财政部部长会见，理事们则要经常在国会作证；（2）设定存款准备金比率以及批准由各联储银行理事们提出的贴现率；

（3）制定和执行金融安全、健康的有关规定；（4）检查联储银行的服务、监管和会计程序，批准各联储银行的预算。

（二）联邦储备银行

美联储共有 12 个大区联储银行，分布在波士顿、纽约、费城、克利夫兰、里士满、亚特兰大、芝加哥、圣路易斯、明尼阿波利斯、堪萨斯城、达拉斯、旧金山。这 12 个联储银行共有 25 个分行，分布在其他 25 个城市。每个联储银行都独自以公司形式存在，并且有 9 名董事，这些董事在美联储董事局的监管下监督联储银行的运作，并批准联储银行总裁和第一副总裁的工资。

联储银行 9 名董事中有 3 名 A 类董事、3 名 B 类董事、3 名 C 类董事。A 类董事代表银行界，B 类董事由所有会员银行选出，C 类董事（包括董事局主席和副主席）则由美联储董事局任命。B 类董事和 C 类董事代表着联储银行所在区的农业、商业、工业、劳动界和服务业，但不能是某一商业银行的官员、董事或职员。C 类董事不能是商业银行的股东。联储银行的分支银行一般有 7 名董事，他们大多数由所属联储银行的董事任命，其余则由美联储董事局任命。联储银行的主要职责如下：（1）密切关注国家和世界经济状况并向美联储董事局提供本地区的经济信息，供美联储在制定执行货币政策时参考；（2）控制储备平衡，向储蓄机构贷款，联储银行董事会确定贴现率（要由董事局批准）并向这些贷款收取利息；（3）检查和监督储蓄机构；（4）向储蓄机构和财政部门提供服务；（5）向会员银行支付红利，保持与注册资本相等的盈余并在支付运营开支后将盈利余额上缴财政部。

（三）联邦公开市场委员会

联邦公开市场委员会共有 12 名成员，其中 7 名是联邦银行董事局的董事，加上 5 名联储银行的总裁，其中纽约联储银行的总裁始终占有 1 个席位，而其他 4 个席位按一年任期轮流由其他 11 家联储银行的总裁来担任。联邦公开市场委员会每年在首府华盛顿召开 8 次会议，所有 12 家联储银行的总裁都参加每一次会议。联邦公开市场委员会的职责是指导公开市场操作，这是美联储最重要的货币政策工具。

（四）联邦顾问委员会

联邦顾问委员会负责向美联储提出建议，并向受联储政策影响的各种团体提供参考信息。联邦顾问委员会每年至少要就经济和银行等问题与美联储董事局召开4次会议；并要适时对各种经济、金融问题向联储银行提出顾问建议。

阅读资料8-4

美国货币政策"松油门"，难消通胀压力

新华社华盛顿2021年12月15日电，美国联邦储备委员会15日宣布将加快缩减资产购买规模，同时多数美联储官员预期2022年美联储可能加息3次。分析人士认为，美联储货币政策重点已从促进就业和经济增长转向控制通胀，但受需求强劲、供应链瓶颈持续等因素影响，美国通胀压力不大可能很快缓解。

※加快"缩表"进度

美联储当天结束货币政策会议后发表声明说，得益于新冠疫苗接种取得进展和有力政策支持，美国经济活动和就业指标继续走强，失业率大幅下降。与此同时，供需失衡继续推高通胀。

声明说，美联储决定从2022年1月开始将每月资产购买缩减规模从150亿美元扩大一倍至300亿美元。按照这一速度，美联储预计将于2022年3月中旬结束资产购买举措。

美联储主席鲍威尔当天表示，目前通胀压力高企、就业市场强劲，美国经济不再需要增加宽松货币政策支持，更快结束资产购买计划有助于美联储更好应对各种可能的经济变化。

过去几周，不少美联储官员和经济学家呼吁加速缩减购债，为尽早启动加息做准备。美国劳工部10日公布的数据显示，11月美国消费者价格指数同比上涨6.8%，创近40年来最大同比涨幅。

美联储在当天的政策声明中删掉了以往有关通胀"暂时性"的表述。致同会计师事务所首席经济学家戴安娜·斯旺克认为，对通胀形势的判断从"暂时性"变为"更加持久和有问题的"，显示美联储担心通胀变得更加顽固，希望适度调整货币政策予以抑制，同时避免损害经济复苏。

物价上涨引发民众不满，再加上2022年国会中期选举临近，拜登政府面临抑制通胀的更大压力，某种程度上也推动美联储加速"缩表"。美国总统拜登11月宣布提名鲍威尔连任美联储主席时说，全球普

遍面临疫情带来的供应链瓶颈和物价上涨问题，美联储在应对这些挑战方面发挥着关键作用。

※通胀压力难消

对于美联储最新举措能否将美国通胀率降低至2%的目标水平，美国企业研究所经济学家德斯蒙德·拉赫曼表示质疑。拉赫曼告诉新华社记者，即便宣布加快缩减购债规模，美联储未来几个月货币政策依然宽松，经通胀调整的美国实际利率水平仍为负值。

拉赫曼指出，美国通胀上升受一系列因素驱动，包括宽松的财政和货币政策、严重的供应链瓶颈和物流运输问题，以及国际油价和食品价格上涨等。他认为，通胀压力不大可能很快缓解。

美联储当天发布的季度经济预测显示，到2022年年底，美国核心通胀率仍将达到2.7%，高于美联储2%的目标。美国全国商业经济协会日前发布的调查显示，多数经济学家认为美国高通胀将至少持续到2023年。

令人担忧的是，物价上涨持续时间越长，通胀预期改变的可能性越大，进而推动物价加速上涨。

斯旺克认为，美联储决定更快"缩表"，相当于给美国经济"松油门"，同时在为下一步"踩刹车"即加息做准备。美联储当天发布的利率预测显示，美联储官员预计2022年至少有一次加息，且多数人倾向于2022年加息3次。

拉赫曼指出，鲍威尔已明确表示美联储将在结束购债计划后才考虑加息，意味着加息决定最早将于2022年4月作出。高盛集团经济学家预测，美联储将从2022年6月开始加息，随后在9月和12月继续加息。

值得警惕的是，美联储加息将推动美元走强和全球融资成本上升，给新兴市场造成压力。拉赫曼指出，对于2022年美国利率水平上升的预期已导致流入新兴市场的国际资本逐渐减少，如果美联储加息步伐快于市场预期，国际资本将加速从新兴市场回流美国，那些拥有较高债务水平的新兴经济体将面临严峻挑战。

国际金融协会最新数据显示，阿根廷、巴西和土耳其等一些新兴经济体已遭受资本外流的不利影响。

资料来源：高攀，许缘，熊茂伶. 美国货币政策"松油门"，难消通胀压力[EB/OL]. [2021-12-01]. http://www.news.cn/mrdx/2021/12/17/c_1310379057.htm.

结构性货币政策工具体系

近年来，人民银行认真贯彻落实党中央、国务院决策部署，发挥好货币政策工具的总量和结构双重功能，围绕支持普惠金融、绿色发展、科技创新等国民经济重点领域和薄弱环节，服务经济高质量发展，逐步构建了适合我国国情的结构性货币政策工具体系。

一、发挥总量和结构双重功能，促进信贷总量稳定增长

我国的结构性货币政策工具是人民银行引导金融机构信贷投向，发挥精准滴灌、杠杆撬动作用的工具，通过提供再贷款或资金激励的方式，支持金融机构加大对特定领域和行业的信贷投放，降低企业融资成本。

结构性货币政策工具兼具总量和结构双重功能：一方面，结构性货币政策工具建立激励相容机制，将央行资金与金融机构对特定领域和行业的信贷投放挂钩，发挥精准滴灌实体经济的独特优势；另一方面，结构性货币政策工具具有基础货币投放功能，有助于保持银行体系流动性合理充裕，支持信贷平稳增长。

二、建立多部门联动工作机制，形成政策合力

结构性货币政策工具建立了"金融机构独立放贷、台账管理，人民银行事后报销、总量限额，相关部门明确用途、随机抽查"的机制，联通了金融机构贷款和央行再贷款"两本账"，有利于激励金融机构优化信贷结构，实现向绿色发展、科技创新等领域精准倾斜的效果。

一是人民银行按照"先贷后借"模式向金融机构提供资金，而非直接向企业发放贷款。金融机构按照市场化、法治化原则自主向企业发放贷款、管理台账，之后向人民银行申请再贷款或激励资金，人民银行按贷款发放量或余额增量的一定比例向金融机构发放再贷款或提供激励资金。

二是由行业主管部门确定支持的领域或行业范围。依托国家发改委、科技部、工信部、生态环境部、交通运输部、国家能源局等行业主管部门的产业基础，运用金融部门现有统计制度或建立专门台账，明确贷款支持的领域或行业范围，发挥各自优势、形成政策合力。

三是建立事后核查和纠错机制。行业主管部门联合金融部门事后随机抽查，审计监督和社会监督事后跟进，如果发现金融机构贷款台账超出支持范围，将采取递补台账差额、收回再贷款等措施，避免金融机构违规套取再贷款资金。

三、工具箱丰富，精准滴灌实体经济

目前存续的结构性货币政策工具可从以下三个维度划分：

一是长期性工具和阶段性工具。长期性工具主要服务于普惠金融长效机制建设，包括支农支小再贷款和再贴现。阶段性工具有明确的实施期限或退出安排，除支农支小再贷款和再贴现之外的其他结构性货币政策工具均为阶段性工具。

二是总行管理的工具和分支行管理的工具。人民银行总行管理的主要是阶段性工具，特点是面向全国性金融机构、"快进快出"，确保政策高效落地、及时退出。阶段性工具中除普惠小微贷款支持工具之外均为总行管理的工具。分支行管理的主要是长期性工具，如支农支小再贷款和再贴现，也有阶段性工具，如普惠小微贷款支持工具，特点是面向地方法人金融机构，确保政策贴近基层和普惠性。

三是提供再贷款资金的工具和提供激励资金的工具。提供再贷款资金的工具要求金融机构先对特定领域和行业提供信贷支持，人民银行再根据金融机构的信贷发放量的一定比例予以再贷款资金支持，结构性货币政策工具中除普惠小微贷款支持工具之外均采取这一模式。提供激励资金的工具要求金融机构持续对特定领域和行业提供信贷支持，人民银行再根据金融机构的信贷余额增量的一定比例予以激励资金，目前普惠小微贷款支持工具采取这一模式。

资料来源：中国人民银行. 结构性货币政策工具介绍［EB/OL］.［2022-08-19］. http://www.pbc.gov.cn/goutongjiaoliu/113456/113469/4634812/index.html. 此处为节选.

本章小结

1.中央银行是指在一国金融机构体系中处于主导地位，负责制定和执行国家的货币金融政策，实行金融管理和监督，控制货币流通与信用活动的金融中心机构。

2.中央银行产生于17世纪后半期，形成于19世纪初，它是在商品经济迅速发展、资本主义经济危机频繁出现和银行信用普遍化和集中化的客观背景下产生的。

3.中央银行产生的客观要求包括：统一银行券发行的要求；建立全国统一清算系统的要求；建立银行最后贷款人的要求和金融管理、监督的要求。

4.中央银行是国家赋予其制定和执行货币政策、对国民经济进行宏观调控和管理的特殊的金融机构，是管理金融事业的国家机关。

5.中央银行的职能是中央银行的性质在其业务活动中的具体体现。尽管各国的政治与经济制度、社会历史背景、商品经济与信用制度的发展水平各不相同，但是中央银行的基本职能差不多是一致的。根据中央银行的业务活动特征，中央银行的职能主要分为发行的银行、政府的银行和银行的银行三个方面。

6.中央银行的负债是指中央银行以负债形式所形成的资金来源，负债业务是形成中央银行资产业务的基础，主要有货币发行业务、代理国库、存款业务等。

7.与负债业务相对的是资产业务，中央银行通过资产业务，实现其发行货币及最后贷款人等重要职能，对调节货币供应量，实现货币政策目标具有重要作用。中央银行的资产业务主要有再贴现与再贷款业务，证券买卖业务，黄金和外汇等储备资产业务等。

综合训练

8.1 单项选择题

1.日本中央银行属于（   ）的中央银行。

A.国家所有 　　　　　　　　B.半国家性质

C.民间认购 　　　　　　　　D.私人股份资本

2.美国联邦储备银行在管理体制上属于（   ）。

A.双线多头银行管理体制 　　B.一线多头银行管理体制

C.一线一头银行管理体制 　　D.高度集中的单一银行管理体制

3.以下不属于中央银行货币发行原则的是（   ）。

A.垄断发行 　　　　　　　　B.弹性发行

C.信用发行 D.计划发行

4.再贷款业务属于中央银行的（　　　）业务。

A.负债业务 B.资产业务

C.证券业务 D.资金清算业务

5.以下不属于中央银行的资金清算业务的是（　　　）。

A.集中票据清算业务 B.集中清算交换的差额

C.组织异地之间资金转移 D.集中商业银行存款准备金

8.2 多项选择题

1.中央银行产生的客观要求包括（　　　）。

A.统一银行券发行的要求 B.建立全国统一清算系统的要求

C.建立银行最后贷款人的要求 D.金融管理、监督的要求

2.以下属于中央银行负债业务的是（　　　）。

A.货币发行 B.代理国库

C.存款业务 D.借入负债

3.以下属于中央银行资产业务的是（　　　）。

A.再贴现与再贷款业务 B.证券买卖业务

C.黄金等储备资产业务 D.外汇等储备资产业务

4.中央银行的职能是（　　　）。

A.发行的银行 B.银行的银行

C.政府的银行 D.中央的银行

8.3 思考题

1.中央银行产生的客观原因有哪些？

2.什么是中央银行的负债业务？具体说明其内容。

3.什么是中央银行的资产业务？具体说明其内容。

4.中央银行的制度有哪几种类型？各有何特点？

5.试述中央银行的基本职能的主要内容。

6.试述美国联邦储备体系的组织构成。

第九章

货币需求与货币供给

学习指南

【学习目标】

货币供求规律是货币理论的基石，也是中央银行制定货币政策的理论依据。中央银行运用货币政策调控宏观经济的过程是通过调节货币供求来实现的，而并非直接作用于宏观经济本身。通过本章的学习，要了解货币供求的含义及基本理论；掌握货币供求的影响因素；重点掌握商业银行的货币创造过程；理解商业银行和中央银行在货币供给中的作用。

【关键概念】

货币需求　基础货币　货币乘数　货币均衡　货币失衡

引例

电子支付普及，纸币需求减少

互联网的快速发展，使纸质媒体、纸质书籍等受到巨大冲击，纸币也没能幸免。银行卡的出现，已经让钱包里的现金数量大大减少，随着互联网金融的快速发展，电子支付占比逐渐加大，而智能手机的技术变革更使移动支付业务增长迅猛，人们对纸币的需求量越来越少了。

但纸币交易量的减少，并不代表货币流通速度的减慢，只是省去了去银行排队存取钱的时间，非现金交易更加频繁。

中国人民银行发布的2021年支付体系运行报告显示，全国移动支付业务量保持增长。2021年，银行共处理电子支付业务（指客户通过网上银行、电话银行、手机银行、ATM机、POS机和其他电子渠道，从结算类账户发起的账务变动类业务笔数和金额，包括网上支付、电话支付、移动支付、ATM机业务、POS机业务和其他电子支付等六种业务类型）2 749.69亿笔，金额2 976.22万亿元，同比分别增长16.90%和9.75%。其中，网上支付业务1 022.78亿笔，金额2 353.96万亿元，同比分别增长16.32%和8.25%；移动支付业务1 512.28亿笔，金额526.98万亿元，同比分别增长22.73%和21.94%；电话支付业务2.73亿笔，同比增长16.68%，金额11.65万亿元，同比下降8.48%。

2021年，非银行支付机构处理网络支付业务（包含支付机构发起的涉及银行账户的网络支付业务量，以及支付账户的网络支付业务量，但不包含红包类等娱乐性产品的业务量。自2018年4月1日起，人民银行发布的《条码支付业务规范（试行）》正式实施，自2018年第二季度起，实体商户条码支付业务数据由网络支付调整至银行卡收单进行统计）1 310 283.22亿笔，金额355.46万亿元，同比分别增长24.30%和20.67%。

资料来源：中国人民银行支付结算司. 2021年支付体系运行总体情况［EB/OL］.［2022-04-02］. http://www.pbc.gov.cn/zhifujiesuansi/128525/128545/128643/4523666/index.html.

那么，货币供应量的多少是由什么因素决定的？央行能不能直接控制流通中的货币量？商业银行在货币发行中又会起到何种作用？如果货币发行过多，对经济会产生哪些影响？与货币供给对应的货币需求又会如何作用于实体经济？本章将对这些问题进行相应的阐述。

第一节 货币需求

一、货币需求概述

（一）货币需求的含义

在经济学中，需求是指一种有支付能力的需求，并不仅仅代表着希望得到或拥有某种东西的欲望，而是能力与愿望的统一体。它必须满足两个条件：一是人们希望得到或持有；二是人们有能力得到或持有。因此，**货币需求是指在一定时期内，社会各部门在既定的收入或财富范围内愿意而且能够以货币形式持有财产的需要**。从经济学角度来说，货币需求既是一种货币需求愿望，也是一种货币需求能力。对货币需求含义的理解，还应把握以下几点：

1.货币需求是个存量概念

货币需求是在某个时间和空间里，社会各部门（个人、企业、政府）在其拥有的全部资产中愿意以货币形式持有的数量或份额。相对于流量表示的一段时期内的变化量，可以看出，货币需求是个存量概念。

2.货币需求是能力与愿望的统一

经济学意义上的需求是一种能力和愿望的统一体。货币需求作为一种经济需求，理应是由货币需求能力和货币需求愿望共同决定的有效需求，这是一种客观需求。它是以收入或财富的存在为前提，在具备获得或持有货币的能力范围内愿意持有。

3.货币需求不仅包括对现金的需求，还包括对存款货币的需求

存款货币和现金一样，也能满足对所有商品、劳务的交易以及一切有关货币支付的要求。因此，如果把货币需求仅仅局限于现金，显然是片面的。

4.货币需求不仅源于流通手段和支付手段的要求，也源于价值储藏功能的需要

二者的差别只在于持有货币的动机不同或货币发挥的职能和作用不同，但都在货币需求的范畴之内。

（二）货币需求的分类

1.宏观货币需求和微观货币需求

（1）宏观货币需求是指一个国家在一定时期内的经济发展与商品流通所必需的货币量，这个货币量既能满足社会各方面的需要，又不至于引发通货膨胀。

（2）微观货币需求是指从企业、个人或家庭等微观主体的持币动机、持币行为的角度进行考查，分析微观主体在既定的收入水平、利率水平和其他经济条件下，持有多少货币才能使机会成本最小、所得收益最大。

2.主观货币需求和客观货币需求

（1）主观货币需求是一种主观欲望，具有无限性，不是我们研究的对象。

（2）客观货币需求是各经济主体在一定的约束条件下应该占有和可以占有的货币量。

3.名义货币需求和实际货币需求

在现代经济运行中，价格波动是经常性的，所以以区分名义货币需求与实际货币需求有利于正确理解货币需求理论。

（1）名义货币需求是指各经济单位或整个国家在不考虑价格变动时的货币持有量，是用货币单位表示的货币量。它是按现行价格计算的，与物价水平成正比，即物价水平上涨，名义货币需求也会随之增加。

（2）实际货币需求是指各经济单位或整个国家所持有的货币量在扣除物价变动因素之后的余额。如果名义货币量为 Md，那么用某一具有代表性的物价指数 P 进行平减后，就可以得到实际货币需求量 Md/P。

（三）影响货币需求的因素

货币需求的大小取决于人们持有货币的各种动机，凡是影响或决定人们持有货币动机的因素就是影响或决定货币需求的因素。这些因素主要包括收入水平、信用的发达程度、市场利率、货币流通速度、消费倾向和人们的预期和心理偏好。

1.收入水平

收入水平是决定货币需求最主要的因素，其发挥作用主要表现在两个方面：一是收入水平；二是收入时间间隔。货币需求与收入水平正相关，因为收入越多，支出越多，需要持有的货币量自然也越多；货币需求与收入时间间隔也正相关，收入的时间间隔越长，支出越多，人们需要持有的货币量也越多。

2.信用发达程度

信用发达程度直接影响着作为流通手段和支付手段的货币数量。在信用发达的经济中，人们需要货币时可以容易地获得现金或贷款，需要持有的货币就可以相对少些，同时，相当一部分交易可以通过债权债务的抵销来清算了结，货币转化为债券等金融资产也更为顺畅，这必然会减少基于交易动机和投机动机的货币需求。因此，信用的发达程度与货币需求负相关。

3.市场利率

在市场经济中，利率与货币需求负相关。这是因为，首先，持有货币意味着这部分货币不能转化为其他金融资产，利息在一定程度上可以看作持有货币的机会成本；其次，利率的变化还会影响股票、债券等有价证券的价格，进而影响公众的货币需求；最后，随着世界各国资本项目的逐渐开放，利率的变动也会影响国际资本的流动，从而改变国内的货币需求。

4.货币流通速度

货币流通速度是指一定时期内货币的转手次数。从动态的角度考查，一定时期的货币总需求就是货币的总流量，即货币平均存量与货币流通速度的乘积。在经济体中的物品与劳务总量不变的前提下，货币流通速度越快，货币需求量越少，货币流通速度与货币需求负相关。

5.消费倾向

消费倾向是反映人们花销程度的指标，它分为平均消费倾向和边际消费倾向。平均消费倾向 APC 是指消费总额 C 在收入总额 Y 中所占比例，即 $APC=C/Y$；边际消费倾向 MPC 是指消费增量 ΔC 在收入增量 ΔY 中所占比例，即 $MPC=\Delta C/\Delta Y$。一般而言，消费倾向和货币需求同向变动，即消费倾向越大，货币需求越多；反之亦然。

6.人们的预期和心理偏好

由于货币需求来自于公众，因此不可避免地受到人们的主观意志和心理活动的影响。当人们预期市场利率上升时，就会增加货币需求；当人们预期投资收益率上升时，就会减少货币需求。

此外，人口数量，城乡经济发展程度等因素也会影响货币需求。

阅读资料9-1

信用货币创造与金融脱媒

传统的货币创造理论中，货币供给过程有三个参与者：中央银行、商业银行（即存款机构）及公众（包括个人和非存款机构）。中央银行发行基础货币，公众保留一部分现金并将剩余资金存入银行，银行出于法律规定及清算要求保留一部分准备金后，将剩余存款用于发放贷款，这笔贷款发放到用款企业后会重新存放到银行体系中，由此派生出一笔新的存款。这种存款多次重复下去，整个银行体系将产生数倍于原始存款的派生存款，实现货币的多倍扩张。即使银行并不完全发放贷款，而是投向资金市场（如买入债券或进行同业拆放），债券发行者或资金吸收方最终也会通过投资将这部分资金以存款的形式存入银行，其过程与银行发放贷款是一致的。因此，在信用货币体系下，货币就是指银行的存款负债及公众保留的现金。在这一货币创造的扩张中，货币乘数就是指货币供给量与基础货币的比值，反映了银行体系信用派生的能力。

在信用货币的创造过程中，最关键的是公众资金仅存入银行。如果公众资金并不存入银行，而是投向其他金融产品，那么这部分资金将不体现为银行存款负债，这对信用货币创造过程产生重要影响。因此，从传统信用货币创造的角度出发，金融脱媒即指在利率管制下为追求更高收益通过金融创新使资金并不流向银行体系。随着金融市场的发展，金融脱媒进一步泛指不通过银行中介机构进行的金融交易，并由金融负债方扩展至资产方。而且，在考虑商业银行的债券投资情形后，更符合资产方的广义金融脱媒含义（即融资不通过银行等金融机构而由资金盈余和短缺者以直接融资的方式进行），这也与商业银行是中国债券市场交易主体的实际情况相符。近年来迅猛发展的银行理财和互联网金融就是非常重要的金融脱媒形式。银行理财产品是银行的表外业务，并不体现在其资产负债表中。以余额宝为代表的互联网金融背后的金融产品主要是货币基金，只是余额宝等以T+0的方式极大地增强了货币基金的流动性。因此，金融创新和金融脱媒对信用货币创造会产生一定的影响。

研究发现，金融创新和金融脱媒并不影响基础货币供应，只是使货币乘数形式更加复杂，从而使货币数量的可控性更加困难。法定和超额准备金率及金融机构库存现金准备与货币乘数负相关，金融脱媒比率、存款比率和同业存款的上升则能够提高货币乘数；金融脱媒使传统以银行存款为媒介的信用货币创造机制更为复杂，进一步扩大了存款的货币乘数边际效应。虽然资产方金融脱媒并不影响信用货币创造机制，但融资方式的多元化仍将在很大程度上改变金融机构的行为方式和资产配置，进而对货币乘数和货币创造机制产生重要影响。

资料来源：李宏瑾，苏乃芳. 金融创新、金融脱媒与信用货币创造［J］. 财经问题研究，2017（10）：40-50.

二、货币需求理论

（一）马克思的货币需求理论

马克思的货币需求理论被称为货币必要量公式，是以完全的金币流通为假设来展开分析的。马克思认为：商品价格取决于商品的价值和黄金的价值，而价值取决于生产过程，所以商品是带着价格进入流通的；商品价格总额有多大，就需要多少金币来实现它；商品与货币交换后，商品退出流通，黄金却留在流通中，可使其他的商品得以出售，因此，执行流通手段的货币必要量等于商品价格总额除以货币流通速度。如果用 M 表示货币必要量，PQ 表示商品价格总额，V 表示货币流通速度，公式可以写为：

$M=PQ/V$ (9.1)

式9.1表明，货币需求量与待售商品价格总额成正比，与货币流通速度成反比。

马克思从纸币是金属货币的符号这一定义出发阐述了纸币的需求量。他指出，纸币的发行限于它所代表的金银的实际流通数量。

（二）古典学派的货币需求理论

1.现金交易数量说

美国经济学家欧文·费雪在1911年出版的《货币购买力》一书中对古典货币数量论做了清晰的阐述。费雪在立足货币流通手段的基础上考查了货币总量与整个经济的最终产品和劳务支出总量之间的关系，认为人们需要货币仅仅是因为货币具有购买力，人们手中的货币终将用于购买商品和劳务。因此，社会在一定时期内，货币的支出总量与商品、劳务交易量的总值相等，这就是有名的交易方程式：

$$MV=PT \tag{9.2}$$

式9.2中，M是一定时期内的货币数量；V是货币流通速度；P是商品和劳务价格水平；T是商品和劳务交易量。这是一个恒等式，而不是一种理论。费雪认为，V是由社会习惯、个人习惯、技术发展状况以及人口密度等因素决定的，因此，V在短期内是稳定的，可视为常数。在充分就业下，商品和劳务交易量T取决于资本、劳动力及自然资源的供给状况和技术水平等非货币因素，所以变动极小，也可视为常数。因此，P的大小主要由M决定，M的变化将等比例地作用于P，而这个比例就是$1/V$。

费雪的交易数量说是一种机械的货币数量说，在这一理论中，MV代表货币供给，PT代表货币需求，货币需求职能被动地决定于货币供给。

2.现金余额数量说

现金余额数量说主要讨论在某一时点上，人们出于便利和安全的考虑而保留在手边的现金余额。该理论认为，物价变动的原因就在于人们所保留的现金数量的变化。当人们手边保留的现金余额增加时，整个社会的货币需求量就会增加，货币流通速度就会减慢，物价就会下跌，币值则会上升；当人们手边保留的现金余额减少时，货币需求量就会减少，货币流通速度就会加快，物价就会上涨，币值则会下跌。

现金余额数量说是由剑桥学派创始人马歇尔最先提出的，庇古加以发展并使之公式化。1917年，庇古在英国《经济学家》季刊上发表了《货币的价值》一文，提出了著名的剑桥方程式：

$$M=kPY \tag{9.3}$$

式9.3中，M代表人们手中持有的货币数量，即现金余额；Y代表总产量；P代表物价水平；k代表以货币形式保持的财富在全部财富中所占的比例，又叫作剑桥系数，是个常量。

剑桥学派认为，货币需求量是基于货币的交易媒介功能和储藏价值功能的。他们认为，影响人们希望持有的货币额的因素主要有以下三个方面：（1）个人的财富总额。随着资产增加，人们愿意持有的货币也在增加。（2）货币持有者对未来收入、支出和物价等的预期，也会影响他愿意持有的货币额。如果预期物价上升，消费支出就会增加，从而减少了货币持有量。（3）持有货币的机会成本，也就是除货币外的各种资产的收益。若持有货币，就必然牺牲持有其他金融资产或实物的好处，所以人们必须在持有货币和其他资产之间作出权衡。

3.现金交易数量说与现金余额数量说的比较

现金交易数量说和现金余额数量说作为货币数量学说有许多相似之处。

首先，两种学说具有相同的形式。若令 $1/V=k$，则交易方程式同剑桥方程式具有相同的数学形式。

其次，两种学说具有一致的结论。二者均认为 P 和 M 之间存在着因果关系，货币数量是因，物价水平是果，物价水平随着货币数量的变化同比例变化。

最后，两种学说都属于宏观经济理论。实际上，货币数量论在论述影响货币购买力的各种因素时，涉及了许多宏观经济问题，其理论意义实际上远远超出了价格水平的决定。正如英国经济学家哈里斯指出的那样：在凯恩斯的思想被接受之前，货币数量论是占统治地位的宏观经济理论。

同时，由于研究角度的不同，交易方程式与剑桥方程式也存在着明显的区别：

第一，交易方程式重视货币的购买手段职能，仅仅视货币为交换媒介；剑桥方程式则强调货币的资产功能，把货币看作价值储藏手段。

第二，交易方程式把货币需求与支出流量联系在一起，重视货币支出的数量和速度；剑桥方程式则把货币需求当作以货币形式保有的资产来处理，把货币看作资产存量的一种。

第三，交易方程式强调客观因素，重视影响交易的金融制度，而忽视了人的主观作用；剑桥方程式则重视持有货币的成本与持有货币的满足程度的比较，强调人们的主观意识及对经济形势的判断力。

第四，交易方程式中的 $1/V$ 与剑桥方程式中的 k 虽然在数学形式上相似，但含义不同。1/V决定于制度因素，而k反映的是经济主体的资产选择行为，除了制度和技术条件外，它还取决于经济主体对目前消费和未来消费的偏好程度、人们对于投资报酬和价格变动的预期等等。因此，k相对1/V而言，有更多的不确定性。

（三）凯恩斯的货币需求理论

1936年，凯恩斯出版了《就业、利息和货币通论》一书，发起了"凯恩斯革命"。凯恩斯继承了剑桥学派的分析方法，从资产选择的角度来考查货币需求。凯恩斯认为，人们总是偏好将一定量的货币留在手中，以应付日常、临时和投机的需求，即"流动性偏好"。所以凯恩斯的货币需求理论也被称为流动性偏好理论。所谓流动性偏好，就是人们偏好流动性强的资产，在现金、股票、债券等资产中，尽管现金不能生息，而股票和债券会给人们带来利息收入，但是人们仍然愿意持有现金是因为现金的流动性和灵活性较强。在此基础上，凯恩斯阐述了货币需求的三种动机：

1.交易动机

交易动机指个人或企业为了应付日常交易而愿意持有一部分现金。由于收入的获得和支出存在一定的时间差，为了支付方便，要保留一定的货币余额。影响交易动机的因素主要是收入，其大小与收入高低正相关。由交易动机引起的货币需求为交易性货币需求。

2.预防动机

预防动机指由于未来的不确定性，为了应付经济生活中意外、临时或紧急需要的支出。凯恩斯认为，人们除了在手边留有日常交易需要的货币外，还需要留有部分货币以应付意想不到的、不确定的支出。预防动机引起的货币需求是预防性货币需求。

3.投机动机

投机动机指人们根据市场利率的变化为投机目的而持有的货币余额。利率是投资的机会成本，所以投机动机引起的投机性货币需求与利率水平负相关。在这里，凯恩斯强调了利率对货币需求的影响，这一点是完全不同于古典经济学家的。

根据以上分析，由于交易动机和预防动机的货币需求主要取决于收入，是收入的增函数，若以L_1表示这两种动机的货币需求，y表示收入，则其函数为：

$L_1=L（y），dL/dy>0$ (9.4)

投机性货币需求主要取决于利率，是利率的减函数：

$L_2=L（r），dL/dr<0$ (9.5)

这样，基于三种动机的货币总需求为：

$L=L（y）+L（r）$ (9.6)

图9-1即凯恩斯的货币需求曲线示意图。

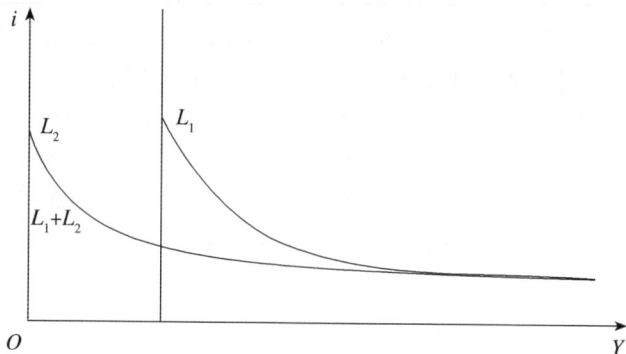

图9-1　凯恩斯的货币需求曲线

凯恩斯货币需求理论的突出特点是注重对各种货币需求动机的分析，尤其是对投机性货币需求动机的分析，将资产性货币需求和利率引入货币需求的观察范围，并且强调利率在货币需求的重要作用，因而又称为货币资产需求论。它的政策意义在于：

首先，凯恩斯的货币需求理论十分重视利率的主导作用。凯恩斯认为，利率的变动直接影响就业和国民收入。在有效需求不足的情况下，扩大货币供应量，降低利率，使其低于资本边际效率，可以鼓励企业家投资，并通过乘数作用，增加有效需求，使就业量与国民收入成倍增长。

其次，由于交易性货币需求是收入的增函数，投机性货币需求是利率的减函数，所以货币需求是有限的。但是，当利率降低到一定程度后，由于利率太低，人们不愿意持有债券，而宁愿以货币形式持有全部资产，即无论增加多少货币，都会被人们以货币形式储存起来，这时的货币需求是无限大的，中央银行通过发行货币来降低利率、刺激经济的意图就会失败，即所谓的"流动性陷阱"。

（四）凯恩斯货币需求理论的发展

20世纪50年代后，一批受凯恩斯影响的经济学家对凯恩斯的货币需求理论进行了更为细致的研究并形成了一些结论，其中最著名的是鲍莫尔模型、惠伦模型和托宾的资产组合理论。

1. 交易性货币需求的发展——鲍莫尔模型或平方根定律

在凯恩斯的流动偏好理论中，交易型货币需求被假定为收入的函数，与利率无关。鲍莫尔认为，任何企业或个人的经济行为都以收益的最大化为目标，因此在货币收入取得和支用之间的时间差内，没有必要让所有用于交易的货币都以现金形式存在。由于现金不会给持有者带来收益，所以应将暂时不用的现金转化为生息资产的形式，待需要支用时再变现，只要利息收入超过变现的手续费就有利可图。一般情况下，利率越高，收益越大，生息资产的吸引力越强，人们就会把现金的持有额压到最低限度。但若利率低下，利息收入不够变现的手续费，那么人们宁愿持有全部的交易性现金。因此，货币的交易需求与利率不但有关，而且关系极大，这一重要发现便是经济学家鲍莫尔的"平方根定律"。

鲍莫尔把存货管理理论运用于货币需求分析，认为持有货币同持有存货一样，也有一个最优规模问题。如果持有货币过多，则不会带来任何收益，反而形成资金的浪费；如果持有货币过少，就不能满足日常交易所需。那么，如何确定一个最佳的货币持有额呢？鲍默尔首先作了如下假设：第一，人们有规律地每隔一段时间获得一定量的收入，支出却是连续、均匀的；第二，人们将与该交易所需金额相等的闲散资金，用于投资债券获利，然后定期将债券变现以应付日常交易；第三，每次变现（即出售债券）与前一次的时间间隔及变现量相等。

根据存货管理理论，最佳的货币持有量应该是持有成本最小的规模。持有货币的成本至少有两类：一是变现成本或交易成本，即每次债券变现所支付的费用；二是持币的机会成本，即持有货币所放弃的债券利息收入。这两种成本都影响货币的需求数量。理性的交易者将计划持有最优的货币量，使持有货币的总成本最小。

设交易者在既定时期内的交易支出总额为 Y，交易者每次变现的债

券量为 C，债券变现的次数则为 Y/C，每次变现的交易成本为 b，则总的交易成本或变现成本为 $b \cdot (Y/C)$。交易者每次把债券转化为货币后将损失利息收入，损失的利息收入等于平均货币持有量（$C/2$）与利率（i）的乘积，则持有货币总的机会成本为 $i \cdot (C/2)$。设持币的总成本为 K，则有：

$$K = b \cdot (Y/C) + i \cdot (C/2) \tag{9.7}$$

交易者将通过选择 C 的大小来使 K 值最小化。为此，求 K 关于 C 的一阶导数，并令其等于零，即：

$$dK/dC = -bY/C^2 + i/2 = 0 \tag{9.8}$$

整理得：

$$C = \sqrt{\frac{2bY}{i}} \tag{9.9}$$

令 $\alpha = \sqrt{2b}$，则式 9.9 可以改写为：

$$C = \alpha Y^{0.5} i^{-0.5} \tag{9.10}$$

这就是著名的"平方根公式"，它将交易性货币需求与利率和规模经济的关系以数学公式形式表达出来，又称为"货币需求的存货管理模型"。该模型表明，交易性货币需求具有规模节约的特点，与收入正相关，与利率负相关，其收入弹性和利率弹性分别为 0.5 和 -0.5。

2.预防性货币需求的发展——惠伦模型或立方根定律

凯恩斯认为，预防性货币需求只与收入有关，而与利率无关，这显然与现实不符。经济学家惠伦按照与鲍莫尔模型大致相同的思路论证了预防性货币需求与利率的负相关关系。

假定出现流动性不足而造成的损失为 b，未来某一时间内的净支出 X（支出减去收入）遵从某一随机分布，方差为 S^2，企业或个人持有的预防性货币余额为 L_{12}，则预防性货币余额的最优持有量为：

$$L_{12}^* = \sqrt[3]{\frac{2S^2 b}{i}} \tag{9.11}$$

b 为流动性不足而造成的损失，最优预防性货币余额与净支出的方差及出现流动性不足时的损失正相关，而与利率负相关。

3.投机性货币需求的发展——托宾的资产组合模型

20世纪50年代，托宾将马科维茨等人所开创的"均值-方差分析"

应用于货币需求的分析当中，从而奠定了资产组合的货币需求理论。

根据对风险和收益效用的主观评价不同，托宾把投资者分为风险中立者、风险规避者和风险偏好者三类。他认为，绝大多数投资者都是风险规避者。收益的正效用随着收益的增加而递减，风险的负效用随风险的增加而增加。若某人的资产构成中只有货币而没有债券，为了获得收益，他会把一部分货币换成债券，收益效用增加。但随着债券比例的增加，收益的边际效用递减而风险的负效用递增，当新增加债券带来的收益正效用与风险负效用之和等于零时，他就会停止将货币换成债券的行为。同理，若某人的全部资产都是债券，为了安全，他就会抛出债券而增加货币持有额，一直到抛出的债券带来的风险负效用与收益正效用之和等于零时为止。只有这样，人们得到的总效用才能达到最大，这就是资产分散原则。这一理论说明了在不确定状态下人们同时持有货币和债券的原因，以及对二者在量上进行选择的依据。

利率越高，预期收益就越高，而货币持有比例越小，这就证实了货币投机需求与利率之间存在着反向变动的关系。资产组合模型还论证了货币投机需求的变动是通过人们调整资产组合实现的，这是由于利率变动引起了预期收益的变动，破坏了原有资产组合中风险负效用与收益正效用的均衡，人们重新调整资产组合的行为导致了货币投机需求的变动。所以，利率和未来的不确定性对于货币投机需求具有同等重要性。

（五）货币主义的现代货币数量论

1956年，弗里德曼发表了《货币数量论的重新表述》一文，奠定了现代货币数量说的基础。伴随这一理论的产生而出现的，还有一个崭新的宏观经济学派——货币主义学派。弗里德曼认为，货币数量论不是关于产量、货币收入或价格水平的理论，而首先是一种货币需求理论。该理论认为，影响货币需求的因素主要有以下四个方面：

1.总财富

弗里德曼把货币看作人们持有财富的一种形式，因此货币持有额不能超过其总财富，受总财富的限制。但由于总财富很难计算，弗里德曼便用"恒久性收入"作为总财富的代表。所谓恒久性收入，是指人们在较长时间内取得的平均收入，以区别于偶然性的不定期收入。

2.财富构成

财富构成是人力财富和非人力财富的比例。人力财富也称人力资本，指个人在将来获得收入的能力，即人的生产能力；非人力财富即物质资本，指生产资料及其他物质财富。人力财富转化成现实的非人力财富，会受到劳动力市场的供求状况等因素的制约，所以在转化过程中，人们必须持有一定量的货币以应付交易需要。这一货币量的多少取决于人力财富与非人力财富的比例。若总财富中人力财富所占比例大，人们为了应急需要，就会持有较多的货币。

3.货币和其他资产的预期收益

人们持有多少货币，在很大程度上取决于人们对持有货币资产与其他资产的利弊权衡。一般情况下，货币的收益为零，而其他资产（如股票、债券等）均有收益，当其他资产的收益率提高时，货币需求就会减少。

4.影响货币需求的其他因素

此外，影响货币需求的因素还有人们对货币的主观偏好、对未来经济稳定性的预期以及各种技术和制度因素等。

在以上分析的基础上，弗里德曼提出了货币需求函数：

$$\frac{M}{P} = f\left\{r_b, \ r_e, \ \frac{1}{p} \times \frac{dp}{dt}, \ w, \ \frac{y}{p}, \ u\right\} \tag{9.12}$$

其中：M 为个人财富持有者保有的货币量，即名义货币需求量；P 为一般物价水平；M/P 为个人财富持有者所持有的货币能够支配的实物量，即实际货币需求量；y 为恒久性收入，即预期的平均长期收入；w 为非人力财富占总财富的比例；r_b 为债券的预期收益率；r_e 为股票的预期收益率；$(1/P) \cdot (dp/dt)$ 为物价水平的预期变动率；u 为影响货币需求的其他因素。

货币需求函数的鲜明特点是强调恒久性收入对货币需求的主导作用。由于恒久性收入是稳定的，所以货币需求量也是稳定和可预测的，造成通货膨胀的主要原因是货币供应量的变动，也就是说，货币供应量的变动是物价水平波动的根本决定因素。要治理通货膨胀并实现经济稳定增长，唯一有效的措施就是使货币供应量始终以一个固定的比率增长，并大致与经济增长率相适应，这就是"单一规则"货币政策的由来。

第二节　货币供给

一、货币供给概述

（一）货币供给的含义

货币供给是相对于货币需求而言的，是指货币供给主体向社会公众供给货币的经济行为。在现代社会中，能够向社会公众提供信用货币（现金货币和存款货币）的主体有中央银行、商业银行以及特定的存款机构，全社会的货币供给都是通过这些金融机构的信贷活动而形成的。

正确理解货币供给的含义，应把握以下两点：

1. 货币供给是一个存量概念

货币供给过程的结果是货币供给量，即银行系统在货币乘数作用下所供应的货币量，具体体现是一国经济在某一时点上被个人、企事业单位和政府部门持有的货币总量，所以是存量。

2. 货币供给既是外生变量，又是内生变量

所谓外生变量，又叫政策性变量，是指在经济体制中受外部因素影响，而非内部因素所决定的变量。这种变量通常能够由政策控制，并作为政府实现其政策目标的变量，如税率。内生变量也叫非政策变量，是在经济体系内部纯粹由经济因素决定的变量，这种变量不为政策所左右，如市场价格、利率等。在20世纪60年代以前，人们较多地认为货币供给是由政策控制的外生变量。但其后，人们发现货币供给也受经济自身的强烈影响。目前，多数经济学家认为，由于货币发行由中央银行掌控，中央银行可以通过货币政策工具对货币供给量进行扩张和收缩，货币供给具有外生性。同时，货币供给量又受其他经济主体行为的影响，具有不可避免的内生性。因此，货币供给既是外生变量也是内生变量。我国2021年9月至2022年8月的货币供应量见表9-1。

表 9-1 我国 2021 年 9 月至 2022 年 8 月的货币供应量 单位: 亿元

月度	M_0	M_1	M_2
2021-09	86 867.09	624 645.68	2 342 829.70
2021-10	86 085.78	626 082.12	2 336 160.48
2021-11	87 433.41	637 482.04	2 356 012.76
2021-12	90 825.15	647 443.35	2 382 899.56
2022-01	106 188.87	613 859.35	2 431 022.72
2022-02	97 227.70	621 612.11	2 441 488.90
2022-03	95 141.92	645 063.80	2 497 688.34
2022-04	95 626.49	636 139.01	2 499 710.90
2022-05	95 546.86	645 107.52	2 527 026.15
2022-06	96 011.17	674 374.81	2 581 451.20
2022-07	96 509.19	661 832.33	2 578 078.57
2022-08	97 231.03	664 604.85	2 595 068.27

资料来源:中国国家统计局网站.

（二）货币供给的分类

1.动态货币供给与静态货币供给

动态货币供给是指一定时期内一国银行系统向经济投入、创造、扩张（或收缩）货币的全过程；静态货币供给是指在一定时点上流通中的货币存量，通常称为货币供给量。

2.名义货币供给与实际货币供给

名义货币供给是指一定时点上不考虑物价因素影响的货币存量；实际货币供给是指一定时点上剔除了物价因素影响之后的货币存量。

二、货币供给过程

在现代经济中，货币供给的主体是中央银行和商业银行，中央银行供给基础货币，商业银行创造存款货币。货币供给的全过程，就是中央供给的基础货币形成商业银行的原始存款，商业银行在此基础上创造派生存款，最终形成货币供给总量的过程。

（一）中央银行与基础货币

1.基础货币的含义

对于中央银行而言，货币供给机制是通过提供基础货币来发挥作用的。**基础货币（base money），又称高能货币（high-powered money），是指具有使货币总量成倍扩张或收缩能力的货币，是商业银行存款创造的基础。**

从基础货币的来源来看，它是货币当局的负债，即由货币当局投放并为货币当局所能直接控制的那部分货币，它只是整个货币供给量的一部分；从基础货币的运用来看，它由流通中社会公众持有的现金和商业银行的准备金两部分构成。计算公式为：

$$B=C+R \tag{9.13}$$

其中：B 为基础货币，C 为流通中的现金，R 为商业银行的准备金。R 由商业银行持有的库存现金和商业银行在中央银行的存款准备金构成。

2.影响基础货币的因素

（1）对政府的债权净值。

发行债券是一国政府融通资金、弥补财政赤字的较为理想的筹资工具。中央银行代理政府发行债券，并通过公开市场操作而持有债券，形成一项资产；另一方面，财政部在中央银行开设一个财政存款账户，形成中央银行的负债。资产和负债差额形成了中央银行对政府的债权净值，其变化直接导致流通中基础货币的变化：当该净值增加时，基础货币也增加；反之，当该净值减少时，基础货币也减少。

（2）对商业银行等金融机构的债权。

中央银行对商业银行等金融机构的债权与其在中央银行的存款准备金的差额，形成债权净额。当中央银行对商业银行的再贴现或再贷款增加时，或当商业银行在中央银行的存款准备金减少时，债权净额增加，流通中的基础货币也增加；反之，债权净额减少，相应的基础货币也将减少。

（3）国外净资产。

国外净资产由外汇、黄金占款和中央银行在国际金融机构的净资产构成。中央银行在出售或购买黄金时，必然伴随着一笔等值数额货币的回收和投放，相应地会改变基础货币的数量。同样，国际收支的变化对一国的基础货币也会产生影响。

（4）其他项目净值。

其他项目净值主要是指固定资产的增减变化，即中央银行在资金清算过程中应收应付款的增减变化，它会在不同程度上影响基础货币量。

（二）商业银行的存款创造

商业银行主要是通过派生存款的方式实现信用货币供给的。这就需要首先了解一下原始存款与派生存款：所谓原始存款，是指某经济主体以现金或活期存款存入银行的，能够增加商业银行准备金的直接存款；而派生存款是指商业银行通过放款、贴现业务转化而来的存款，它是商业银行为社会提供的存款货币，是以非现金形式增加的货币供应量。

1.商业银行存款创造的前提

（1）部分准备金制度。

部分准备金制度是相对于百分百准备金制度而言的，它是指商业银行将存款的一定比率以准备金的形式持有，以应付储户提现等日常经营的需要。准备金可以分为两部分：一是商业银行遵照中央银行的规定持有的准备金，即法定存款准备金；二是商业银行持有的超出法定准备金的部分，即超额存款准备金。在百分百准备金制度下，商业银行吸收的存款必须全部以准备金的形式持有，银行无法发放贷款，存款创造也就无从谈起。

（2）转账结算制度。

转账结算制度，即非现金结算，是指在银行存款的基础上，公众通过开立支票进行货币支付，借助于存款的转移与同业清算来完成货币支付的办法。在这种结算制度下，货币运动形式表现为活期存款从一个账户转移到另一个账户，而用作支付的货币始终停留在银行体系，只是债权人发生了变动。而如果采用现金结算制度，商业银行就无法创造派生存款，自然就丧失了存款货币的创造功能。

2.商业银行存款创造的过程

现做如下假定：法定准备金率为20%；每家银行只保留法定准备金，其余部分全部贷出，即超额准备金为零；银行客户将所有收入都存在银行，而不提取现金。

期初，A企业在第一银行存入1 000元原始存款，第一银行按规定留出200元法定准备金，其余的800元以贷款形式放给B企业，其T型账户为：

第一银行

资产		负债	
准备金	+200	活期存款	+1 000（A企业）
贷款	+800（B企业）		

B企业得到800元贷款后，签发支票向在第二银行开户的C企业支付货款，C企业收到货款后全部存入第二银行，第二银行计提法定准备金后，又将余额贷给D企业。第二银行的T型账户如下：

第二银行

资产		负债	
准备金	+160	活期存款	+800（C企业）
贷款	+640（D企业）		

D企业得到640元贷款后，签发支票向在第三银行开户的E企业支付货款，第三银行计提法定准备金后，又将余额贷给F企业。第三银行的T型账户如下：

第三银行

资产		负债	
准备金	+128	活期存款	+640（E企业）
贷款	+512（F企业）		

以此类推，银行体系的活期存款持续扩张，各家银行T型账户最终变化结果用表9-2进行统计计算。

表9-2　　　　　各家银行T型账户的最终变化结果

银行名称	存款增加额	法定存款准备金	贷款增加额
第一银行	1 000	200	800
第二银行	800	160	640
第三银行	640	128	512
第四银行	512	102.4	409.6
⋮	⋮	⋮	⋮
合计	5 000	1 000	4 000

可见，最初 1 000 元的原始存款，经过商业银行体系运用后，能创造出 4 000 元的派生存款，最终银行体系的总存款为 5 000 元。如果用 R 表示原始存款，r 表示法定存款准备金率，D 表示存款扩张总额，则有：

$$D=R+R\cdot（1-r）+R\cdot（1-r）^2+\cdots+R\cdot（1-r）^{(n-1)} \tag{9.14}$$

当 n 趋近于无穷大时，存款扩张总额为：$D=1\,000/20\%=5\,000$。那么，简单的存款扩张模型为：

$$D = \frac{R}{r} \tag{9.15}$$

存款乘数 m 为：

$$m = \frac{1}{r} \tag{9.16}$$

值得注意的是，商业银行的存款创造功能是双向的：不仅能造成存款货币的扩张，也能造成存款货币的收缩。

3. 商业银行存款创造的主要制约因素

（1）法定存款准备。在简单的存款扩张模型中，根据 $D=R/r$ 可知，若原始存款一定，影响存款扩张总额的主要因素就是法定存款准备金率 r。r 越高，存款扩张总额就越少。

（2）超额准备。为了应付客户存款的提现和机动放款的需要，商业银行除了按要求交纳法定存款准备金之外，还会保留一部分超额准备金。在存款创造过程中，超额准备金与法定准备金所起的作用一样，都代表着资金的漏出。如果各家银行都持有一定的超额准备金，则存款的创造能力下降。如果用 e 表示超额准备金与存款总额之比，即超额准备金率，则存款扩张模型和存款乘数变为：

$$D = \frac{R}{r + e}, \quad m = \frac{1}{r + e} \tag{9.17}$$

（3）现金漏损。在存款创造过程中，难免有部分现金流出银行体系，保留在人们手中而不再流回。现金外流使银行可用于放款的资金减少，因而削弱了银行体系存款创造的能力。现金漏损与存款总额之比称为现金漏损率，用 h 表示，则存款扩张模型和存款乘数为：

$$D = \frac{R}{r + e + h}, \quad m = \frac{1}{r + e + h} \tag{9.18}$$

式 9.18 就是完整的商业银行存款创造模型。

综上所述，商业银行吸收一笔原始存款所能创造出的存款总额，不仅受到法定存款准备金率的影响，还会受到超额存款准备金率和社会公众持有的现金漏损率等因素的影响。

4.货币乘数

（1）货币乘数与货币供给。

货币乘数，也称为基础货币扩张倍数，是货币供应量与基础货币之间的倍数关系，指单位基础货币所生成的货币供应量。 如果用 M 表示货币供应量，B 表示基础货币，m 表示货币乘数，则有：

$$m = \frac{M}{B}$$

（9.19）

基础货币是由流通中的现金 C 和银行准备金 R 所构成。现金虽然能成为创造存款货币的依据，但其本身的量受中央银行发行量的制约，不能成倍地增加，能引起倍数增加的只有存款货币 D，因此货币供给量与基础货币的关系可以直观地用图9-2来表述，其中 $R+C$ 是基础货币，$D+C$ 是狭义货币供给量 $M1$。

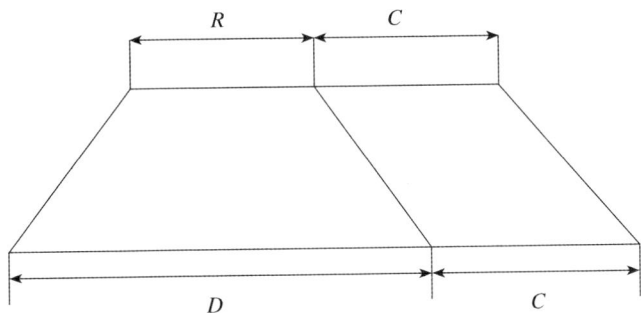

图9-2　货币供应量与基础货币的关系

（2）货币乘数的推导。

首先，给出各种符号及其含义：

$M1$：狭义货币，即商业银行活期存款与流通中现金之和；

$M2$：广义货币，即商业银行全部存款与流通中现金之和；

B：基础货币 = 流通中的现金+总准备金；

R：总准备金 = 法定准备金+超额准备金；

C：流通中的现金；

D：商业银行存款总额；

271

D_d：活期存款；

r：法定准备金率；

e：超额准备金率；

h：现金漏损率；

n：活期存款占总存款的比率；

m_1：狭义货币供给乘数；

m_2：广义货币供给乘数。

根据上述定义可得：

$$m_1 = \frac{M1}{B} = \frac{C + D_d}{C + R} = \frac{C + D_d}{C + D \cdot r + D \cdot e} \tag{9.20}$$

将分子分母同时除以 D，可得：

$$m_1 = \frac{n + h}{r + e + h} \tag{9.21}$$

同理可得：

$$m_2 = \frac{1 + h}{r + e + h} \tag{9.22}$$

货币乘数和存款乘数非常相似，仅仅在分子上多了一个 $h+n$ 和 h，这是因为存款乘数仅包括活期存款，而货币乘数则包括流通中的现金、活期存款和定期存款三部分。

（3）货币乘数的影响因素。

货币乘数在货币供应量的决定中起着非常重要的作用，其大小主要取决于以下因素：

一是法定存款准备金率。如果法定存款准备金率提高，商业银行就必须缩减贷款，以满足法定存款的要求，进而减小了货币乘数，收缩了货币供给。法定存款准备金率是中央银行的政策变量，完全由中央银行决定，它的变动是央行为调节宏观经济而使用货币政策工具的结果。

二是超额存款准备金率。商业银行持有一定的超额准备金，意味着用于创造信用货币的准备金数量相对减少，这是存款扩张过程中的一项漏出。因此，超额准备金率与货币乘数之间也呈负相关关系，超额准备金率越高，货币乘数就越小。商业银行持有的超额准备金的数量，取决于成本与收益的对比关系。成本是商业银行因保留超额准备金而丧失的可能获得的利润；收益则是银行避免要获取更多准备金时所花费的成本。因此，影响商业银行持有超额准备金多少的因素为：商业银行持有超额准备金的机会成本，即生息资本收益率的高低；商业银行借入准备金的成本，主要是中央银行再贴现率的高低；商业银行的经营风险及资产的流动性，若经营风险较大而资产流动性又较差，商业银行持有的超额准备金就比较多。

三是现金漏损率。如果公众持有的现金比率提高，存款扩张过程中的漏出就会增加。因此，现金漏损率越大，货币乘数就越小。现金漏损率的大小主要取决于社会公众的资产偏好。一般来讲，影响现金漏损率的因素有：公众可支配收入水平的高低，可支配收入越高，现金漏损率就越高；公众对通货膨胀的预期，预期通货膨胀率越高，现金漏损率就越高。此外，社会支付习惯、银行业信用工具的发达程度、社会稳定性、利率水平等也会影响现金漏损率的大小。

四是总存款的构成，主要是定期存款与活期存款的比率。一般来讲，在法定准备金不变的情况下，如果人们改变各种存款之间的比率，实际的平均存款准备金比率也会改变。如果定期存款对活期存款的比率上升而其他因素不变，狭义货币 M1 就会下降。影响定期存款与活期存款比率的因素有：①定期存款利率，如果该利率上升，人们会更多地以定期存款方式保留财富，定期存款比率也会上升；②收入和财富，如果收入和财富增长，将导致各项资产同时增加，但若生息资产的增长幅度高于支付工具的增长幅度，定期存款比率就会上升。

第三节　货币均衡

一、货币均衡概述

（一）货币均衡的含义

从理论上定义，**货币均衡是指在一段时期内货币供给量 M_s 与国民经济正常发展所必需的货币需求量 M_d 相适应的货币流通状态，即 $M_s=M_d$。**

货币均衡并非货币供求时时刻刻的、完全的相等，而是一个动态的均衡。首先，货币均衡是货币供求作用的一种状态，是货币供求的大体一致的相等，而不是两者在数量上的完全相等。其次，货币均衡是一个动态过程，它并不要求在某一具体时间上货币供给与货币需求完全相等，它允许短期内货币供求之间有一个可以接受的不一致状态，但在长期内大体一致。

（二）货币均衡与社会总供求平衡的关系

社会总供求是社会总供给和社会总需求的合称。社会总需求是指一定时期内，一国社会的各方面实际占用或使用的全部产品之和，是货币购买力总额，也就是一定时期社会的全部购买支出。社会总供给是指一定时期内，一国生产部门按一定价格供给市场的全部产品和劳务价值之和，以及在市场上出售的其他金融资产的总值，因此，社会总供给也就是一定时期内社会的全部收入或总收入。

从形式上看，货币均衡是货币领域内货币供求相互平衡而导致的一种货币流通状态，但从实质上说，则是社会总供求平衡的一种反映。

在商品经济条件下，社会总需求与社会总供给的矛盾是客观存在的。如果总需求大于总供给，则意味着市场处于供不应求的紧张状态，出现物价上涨和经济过热；如果总需求小于总供给，则意味着市场处于疲软状态，出现企业开工不足和经济萧条，失业率上升。货币均衡与社会总供求平衡之间的关系可用图9-3来说明：

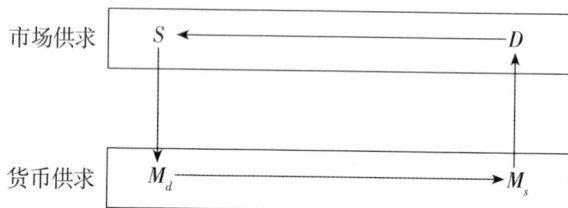

其中：S 表示社会总供给，D 表示社会总需求。

图9-3　货币均衡与社会总供求平衡的关系

图9-3说明，在一般条件下，货币均衡实际上体现了商品和劳务的总供给与以货币表示的商品与劳务的总需求之间的均衡关系，表现为待交易的商品与劳务能够迅速转化为货币，流通中的货币也能够迅速转换为商品和劳务，既不存在由于购买不足而引起的商品积压和企业开工不

足现象，也不存在由于购买力过剩而引起的商品与劳务供给不足和物价上涨现象。具体而言，货币均衡与社会总供求平衡的关系如下：

1.社会总供给决定货币需求

社会总供给和货币需求之间的关系反映了商品流通和货币流通之间的关系。社会总供给表现为商品流通，货币需求则表现为流通中对货币的需求量。经济体到底需要多少货币，取决于有多少实际资源需要用货币实现其流转并完成生产、交换、分配和消费相互联系的再生产过程。

2.货币需求决定货币供给

中央银行控制的货币供给必须以客观经济的货币需求为前提，由客观经济所需的货币量引出中央银行供给的货币量，两者相互匹配。

3.货币供给决定社会总需求

任何需求都是以一定的货币量为载体的，社会总需求也不例外。货币供给增加，社会总需求增大；货币供给减少，社会总需求减少。

4.社会总需求决定社会总供给

社会总需求不足，则社会总供给无法充分实现；而社会总需求过多，在一定条件下又会推动社会总供给增加。

二、货币失衡

（一）货币失衡的含义

在货币流通的过程中，如果货币供给和货币需求不相等，就产生了货币失衡。 在货币失衡下可能出现两种情况：

（1）当货币需求大于货币供给时，就产生了经济过热和通货膨胀。这是因为：一是经济的发展，商品生产和交换规模扩大，货币供给量并未及时增加，从而导致经济运行中货币供给小于货币需求，但这种情况在纸币流通的条件下出现的概率较小；二是在经济运行中，货币供求量大体一致，但由于中央银行为调控经济而实施紧缩性货币政策，减少了货币供给量，引起流通中的货币紧缺，国民经济的正常运行受到抑制，使原本供求均衡的货币运行走向失衡；三是在经济危机阶段，经济运行中的信用链条断裂，正常的信用关系遭到破坏，社会经济主体的货币需求急剧增加，中央银行的货币供给却相对滞后，进而导致货币失衡。

（2）当货币需求小于货币供给时，则会产生经济衰退和通货紧缩。

造成这种现象的原因在于：一是财政透支，当政府为弥补财政赤字而向中央银行透支时，有可能迫使中央银行增加货币发行，导致货币供给增加过量，产生货币失衡；二是信贷失当，即银行信贷规模的不当扩张使货币供给的增速大大超过经济发展的客观需要，从而造成货币供求失衡。

另外，即使货币供求相等，也有可能出现结构性失衡，即货币供求总量大体一致，但货币供给结构与货币需求结构不相适应的状况。结构性货币失衡往往表现为短缺与过剩并存，经济运行中的部分产品和生产要素供过于求，而另一部分产品和生产要素又供不应求。其原因在于经济结构的不合理以及由此导致的结构刚性。无论以上哪种情况发生，都会导致市场价格和币值不稳，对国民经济带来负面影响。

阅读资料9-2

美元成为世界财富"收割机"

美联储近期不断释放加息信号，美股应声而涨。外资大量涌入美股避险，背后大概率是新兴市场的动荡。这意味着，利用美元霸权"割韭菜"的老剧本再度上演——美联储降息，新兴市场大量借贷美元债，经济一片繁荣；一旦加息，则资本外逃，泡沫破裂，新兴市场哀鸿遍野。如果这个新兴市场国家不幸拥有的是贬值的本币、欠下的升值的外币，则随之而来的债务危机几成灭顶之灾……

"美元是我们的货币，但却是你们的难题。"这是美国前财长约翰·康纳利的名言，字里行间透着傲慢。法国前总统戴高乐更是一针见血道出了美元霸权的实质："美国享受着美元所创造的超级特权和不流眼泪的赤字，她用一钱不值的废纸去掠夺其他民族的资源和工厂。"

这是一种独特而扭曲的货币现象：美元既不是黄金，也不是实物，但却可以换来与印刷货币币值等值的商品和服务。美国铸币局"生产"一张百元美钞成本仅区区几美分，但其他国家要获得一张百元美钞，必须提供价值相当于100美元的实实在在的商品和服务。"空手套白狼"，这就是国际货币所谓"铸币税"的好处。

美元回流机制也是美国"收割"世界的法宝之一。中国国际经济交流中心总经济师、学术委员会副主任陈文玲指出，一方面世界贸易结算和储备货币均采用美元，另一方面美国向全世界发行美国国债，使大量美元回流美国，形成美元的国际化大循环，其中既包括美元贬值、货币放水形成的热环流，也包括美元升值、美债缩表形成的冷环流。2008年美国次贷危机爆发后，美国国债发行量首次超过10万亿美元，从而快速转嫁本国金融危机，影响波及全球，自己反倒全身而退。

20世纪70年代末的拉美经济危机，90年代末的东南亚金融危机，2008年从美国引爆的国际金融危机，每一次重大危机背后都有美元的影子。与此同时，美国从全球"最大债权国"转变为"最大债务国"，从国际贸易顺差国转变为逆差国。

"当美元与布雷顿森林体系脱离了关系，可以由国家信用决定货币发行量的时候，美国就变成了靠美元的强大，靠美国经济的强大，靠美国军事的强大，靠创新能力的强大，靠印钞剥夺其他国家财富的掠夺者。"陈文玲表示，美元像一匹脱缰的野马，在美国霸权支撑下，逐步成为收割世界财富的"收割机"。

"美国不仅可以在世界范围内获得铸币税收入，还通过金融市场获得了包括石油在内的主要工业原料的定价权。美国还利用美元的基础货币特性，周期性地利用美元币值的升降以及利率的高低，攫取世界其他国家的经济利益。"中国人民大学习近平新时代中国特色社会主义思想研究院研究员、经济学院教授王孝松说。

自恃拥有美元霸权，美国便骄纵行事，动辄对他国实施金融制裁。俄乌冲突爆发后，美国便对俄罗斯使出"杀招"，将俄罗斯踢出SWIFT系统，试图摧毁其经济。对于威胁美元地位的潜在对手，美国甚至不惜动用军事打击进行削弱。

1999年欧元诞生之初，美国向欧洲腹地科索沃发动战争，打击国际资本对欧元的信心；2003年伊拉克宣布在石油贸易中改用欧元结算，被触动利益的美国以可能有大规模杀伤性武器为由发动伊拉克战争，战后临时政府宣布石油出口改回美元结算。近年来，美国实施"美国优先"战略，滥用美元霸权和金融制裁，使得各国"去美元化"诉求愈发强烈。

资料来源：管筱璞. 收割世界财富的美元霸权［N］. 中国纪检监察报，2022-04-05.此处为节选.

（二）货币失衡的调节

在现实经济中，货币失衡状态不会一直持续下去，这就意味着经济中存在某种调节机制来调节货币失衡。根据这一调节机制是否由经济内生，可把其分为自动调节机制和政府调节机制。

1.自动调节机制

自动调节机制是指经济内部的一些因素（如利率）随着货币供求的变动而变动，进而影响货币供求，并最终导致货币供求走向均衡。例如，当利率为5%时，货币需求为800亿元，而货币供给为1 000亿元，在当前产量和利率水平不变的前提下，货币供给大于货币需求。这时，人们持有货币的动机将减弱，会用货币去购买债券，导致债券需求大于债券供给，债券需求增加意味着货币供给量会大于货币需求量，引起利率下降，货币投机需求因此增加，直到货币需求与货币供给达到均衡。

2.政府调节机制

货币失衡的政府调节机制主要包括三种：

一是供给型调整，即政府根据货币供求的数量对比关系，通过调整货币供给量来实现货币供求重新均衡的行为。例如，当货币需求大于货币供给时，中央银行可以降低法定准备金率以扩张货币供给，进而实现货币均衡。除法定准备金率以外，供给型调整的手段还包括公开市场操作和再贴现等。

二是需求型调整，即政府保持货币供给不变，主要通过改变货币需求来实现货币供求的重新均衡。例如，当货币供给小于货币需求时，政府可以减少市场上的商品供给，由商品市场上的供给引导需求，从而实现货币市场上需求的减少；或者通过降低商品价格进而减少货币需求来适应货币供给量，实现均衡。需要注意的是，货币需求是经济体的内生变量，因此，其具体调节变量更多的是利用中央银行控制之外的变量。

三是混合型调整，即供给型调整和需求型调整的有机结合。例如，当货币供给大于货币需求时，中央银行在提高法定准备金率紧缩货币的同时，在商品市场上也扩大商品供给来增加货币需求，从而实现货币供求重新均衡。

人民币在特别提款权（SDR）货币篮子中的权重上调

2022年5月11日，国际货币基金组织（IMF）执董会完成了五年一次的特别提款权（SDR）定值审查，将人民币在SDR货币篮子中的权重由10.92%上调至12.28%，仍保持第三位。执董会决定，新的SDR货币篮子在2022年8月1日正式生效。

SDR是IMF于1969年创设的一种补充性储备资产，与黄金、外汇等其他储备资产一起构成国际储备，也被IMF和一些国际机构作为记账单位。目前SDR主要用于IMF成员国与IMF以及其他国际金融组织等官方机构之间的交易，包括使用SDR换取可自由使用货币、使用SDR向IMF还款、支付利息或缴纳份额增资等。2016年10月1日，纳入人民币的SDR新货币篮子正式生效，包含美元、欧元、人民币、日元和英镑5种货币，当时人民币权重为10.92%。

IMF对SDR的定值审查指标主要分为两个方面：一是出口，即某个国家或地区在考查期货物和服务出口量位居世界前列；二是该货币可自由使用，即在国际交易支付中被广泛使用和在主要外汇市场上被广泛交易。实践中，主要通过货币在官方储备中占比、在外汇交易中占比以及在国际债务证券和国际银行业负债中的占比来衡量。计算SDR篮子货币相对权重的公式为：

$$\text{篮子货币权重} = 1/2 \times \text{一国出口在全球的占比} + 1/6 \times \text{官方储备中的占比} + 1/6 \times \text{外汇交易中的占比} + 1/6 \times \text{在国际债务证券和国际银行业负债中的占比}$$

本次审查是自2016年人民币成为SDR篮子货币以来的首次审查，在本审查期内，除国际债务证券占比外，人民币其他指标均有所提升。具体来看，出口指标方面，中国出口占比从上一审查期的10.5%上升至本审查期的12%。过去几年，中国克服疫情等影响，出口规模持续保持稳步增长。官方储备占比方面，人民币占比从2017年的1.2%上升至2022年第一季度的2.88%。外汇交易占比方面，人民币外汇交易量的占比从2016年的2.0%上升至2019年的2.2%（依据国际清算银行三年一度的外汇和衍生品市场调查），为全球第八位。国际债务证券和国际银行业负债占比方面，从2017年至今，人民币在国际债务证券中的占比保持在 0.3% 不变，在国际银行业负债中的占比从 0.8% 小幅上升至 1.1%，仍有一定提升空间。

自 2016 年人民币正式加入 SDR 以来，按照党中央、国务院部署，人民银行会同有关部门，勇于担当、攻坚克难，持续推动金融改革开放和人民币跨境使用。人民币利率和汇率市场化改革取得重要进展，金融市场开放力度不断加大，投资渠道不断拓宽，可投资资产种类不断丰富，投资程序不断简化。营商环境持续改善，境外投资者投资人民币资产的便利性进一步提高。目前，境外投资者可通过债券通"北向通"、直接入市、QFII/RQFII 等渠道投资中国债券市场，可通过沪深股通、QFII/RQFII 等渠道投资中国股票市场，还可通过跨境理财通、特定品种交易等方式参与中国理财产品和商品期货交易。截至 2022 年 6 月末，境外主体持有境内人民币金融资产余额为 10.1 万亿元，其中持有股票、债券规模均为 3.6 万亿元，分别是 2016 年末的 5.5 倍和 4.3 倍。与此同时，更多经济体将人民币作为其官方储备货币，境内外主体使用人民币进行跨境结算稳步增长。IMF 官方外汇储备货币构成（COFER）数据显示，2022 年第一季度末，全球人民币储备规模折合 3 363.9 亿美元，占全球官方储备规模的比重为 2.88%。2017 年以来，中国货物贸易和服务贸易项下人民币跨境收付金额年均分别增长 15% 和 17%。

此次人民币权重上调是国际社会对中国改革开放成果的肯定，有助于进一步提升人民币的国际储备货币地位，增强人民币资产的国际吸引力。下一阶段，在党中央、国务院统一部署下，人民银行将和各金融管理部门一道，继续坚定不移推动中国金融改革开放，进一步简化境外投资者进入中国市场投资的程序，丰富可投资的资产种类，完善数据披露，持续改善营商环境，延长银行间外汇市场的交易时间，不断提升投资中国市场的便利性，为境外投资者和国际机构投资中国市场创造更便利的环境。

资料来源：中国人民银行. 中国货币政策执行报告（2022年第二季度）[EB/OL]. [2022-08-10]. http://www.pbc.gov.cn/zhengcehuobisi/125207/125227/125957/4584071/4628805/index.html.

1.货币需求是指在一定时期内,社会各部门在既定的收入或财富范围内愿意而且能够以货币形式持有财产的需要。影响货币需求的因素包括收入水平、信用发达程度、市场利率、货币流通速度、消费倾向以及人们的预期和心理偏好等。

2.货币需求理论的发展经历了马克思的货币需求理论、古典学派的货币需求理论、凯恩斯的货币需求理论及其发展和货币主义的货币需求理论这几个阶段。

3.货币供给是相对于货币需求而言的,是指货币供给主体向社会公众供给货币的经济行为。货币供给是一个存量概念,它既具有外生性,也具有内生性。

4.货币供给的全过程,就是中央供给的基础货币形成商业银行的原始存款,商业银行在此基础上创造派生存款,最终形成货币供给总量的过程。

5.基础货币,又称高能货币,是指具有使货币总量成倍扩张或收缩能力的货币,是商业银行存款创造的基础。基础货币包括流通中的现金和商业银行的准备金两部分。

6.商业银行存款创造的前提是部分准备金制度和转账结算制度。影响商业银行存款创造的因素主要包括法定存款准备金率、超额存款准备金率和现金漏损率。

7.货币乘数,也称为基础货币扩张倍数,是货币供应量与基础货币之间的倍数关系,指单位基础货币所生成的货币供应量。货币乘数的大小主要取决于法定存款准备金率、超额存款准备金率、现金漏损率和定期存款与活期存款比率。

8.货币均衡是指在一段时期内货币供给量与国民经济正常发展所必需的货币需求量相适应的货币流通状态,它是社会总供求平衡的一种反映。在现实经济中,如果货币供求未能达到均衡,可能会产生通货膨胀或通货紧缩,从而抑制经济发展。

9.1 单项选择题

1.以下理论模型中，不属于凯恩斯货币需求理论的发展的是
（　　）。

A.惠伦模型　　　　　　　　　B.托宾模型

C.货币数量论　　　　　　　　D.鲍莫尔模型

2.弗里德曼的货币需求函数强调的是（　　）的影响。

A.人力资本　　　　　　　　　B.恒久性收入

C.利率　　　　　　　　　　　D.汇率

3.在信用发达的国家，货币供应量中占比最大的是（　　）。

A.纸币　　　　　　　　　　　B.硬币

C.存款货币　　　　　　　　　D.外汇

4.以下不属于基础货币的是（　　）。

A.活期存款　　　　　　　　　B.法定准备金

C.超额准备金　　　　　　　　D.流通中的现金

5.以下关于货币均衡描述正确的是（　　）。

A.货币均衡是货币供给与货币需求时时刻刻相等

B.货币均衡是在某一具体时间上货币供给与货币需求完全相等

C.货币供求总量大体一致，但货币供给结构与货币需求结构不相适
　应也属于货币均衡

D.货币供求没有达到均衡时可能会引起通货膨胀或通货紧缩

9.2 多项选择题

1.关于费雪方程式，下列描述正确的是（　　）。

A.物价与货币流通数量成正比

B.物价与货币流通数量成反比

C.物价与商品和劳务数量成反比

D.物价与货币供应量成正比

2.以下属于凯恩斯的货币需求动机的是（　　）。

A.交易动机　　　　　　　　　B.预防动机

C.投机动机　　　　　　　　　D.储藏动机

3.以下能引起基础货币增加的是（　　）。

A.中央银行在公开市场上买债券

B.中央银行提高法定准备金率

C.商业银行增加超额储备金

D.中央银行发行新货币

4.货币乘数的大小取决于（　　）因素。

A.法定准备金率　　　　　　　B.超额准备金率

C.现金漏损率　　　　　　　　D.定期存款和活期存款比率

9.3　思考题

1.什么是货币需求？如何正确理解货币需求的含义？

2.阐述各种货币需求理论的内容及其政策含义。

3.什么是货币供给？如何正确理解货币供给的含义？

4.假设银行体系总准备金增加100亿元，中央银行法定存款准备金率为10%，流通中通货比率为10%，商业银行的超额准备金率为5%。试求货币供给会增加多少？

5.什么是基础货币？它的组成如何？

6.阐述货币均衡的含义及与社会总供求均衡的关系。

第十章

货币政策

学习指南

【学习目标】

现代市场经济的发展离不开政府的宏观调控，宏观调控的重点则是金融调控，金融调控就是中央银行通过制定和实施货币政策来实现对整个经济的调节和控制。通过本章的学习，要了解货币政策目标体系，掌握货币政策的最终目标及其相互关系，掌握货币政策的中间目标、操作目标及选择标准，掌握一般性货币政策工具的运用，了解选择性货币政策工具和其他货币政策工具，理解货币政策的传导机制及实施效果的影响因素。

【关键概念】

货币政策　货币政策目标　最终目标　中间目标　操作目标　一般性货币政策工具　选择性政策工具　货币政策传导机制　货币政策效应

引例

危机中横空出世的货币新政

1933年3月4日，富兰克林·罗斯福正式成为美国第32任总统。当时，美国失业率已逼近25%，人们对政府丧失了信心，暴力事件在多地频现。上千万家庭无力偿还银行贷款，上千家银行纷纷宣告破产。储户对美元价值的信心已经崩塌，不断将手中的纸币兑换成黄金。面对挤兑风潮，美国联邦储备体系已处在崩溃边缘。

为了平复社会恐慌，罗斯福总统在就职演讲中呼吁美国民众重振信心，迅速行动起来应对危机。罗斯福总统承诺银行家将不再干预华盛顿的决策工作，"如今，货币兑换商已从我们文明庙宇的高处落荒而逃。我们要以亘古不变的真理重建这座庙宇"。新一届政府将以"比金钱利益更崇高的社会价值的标准"重建这一文明庙宇。在就职演说临近结尾时，他提到了一项关键的"施政方针"：国家将向市场注入"充足而健康的货币供给"，而这也成为他上任后的第一项工作。为了让"货币兑换商"不再为一己私欲而损害公众利益，罗斯福总统将要打造一种全新的美元。

随后，美国联邦政府发布了"全国银行歇业休假公告"，禁止银行在歇业休假期间对外支付黄金或进行外汇交易。公告发布两天后，罗斯福告诉记者，该公告并非只是一时的应急举措，它为一个崭新的、永久性的货币制度开启了新篇章。在新的货币制度下，政策制定者被授予了调控市场中货币供给量的权限，以期借此带领经济彻底走出大萧条的阴霾。3月12日，罗斯福总统通过广播向民众阐释了他的货币政策："在我们对金融体系进行重新调整的过程中，有一个因素比通货、比黄金更重要，这就是公众的信心。信心和勇气是帮助我们取得成功的必备条件。"

在罗斯福看来，经济复苏的重要性远高于稳定美元币值。至1933年夏末，罗斯福总统已向公众明确解释了他的货币政策方针：市场中的货币供给不再取决于国库中的黄金储备，当局将根据国内的物价水平与就业水平对货币供给进行相应调控。另外，只有当上述这些经济指标回归到了合理区间后，政府才会将视线转向外部均衡，为促进国际贸易的发展而采取稳定美元汇率的举措。

随着金本位制在美国开始走向终结，当局对货币的管控开始突破黄金约束。对于美国民众而言，他们无须再担心国家为了维护金本位制而以牺牲经济发展动力和人民利益为代价。他们应相信，美国政府会为了人民的利益而合理地调控货币供给。

其实，早在1929年股市崩盘之前，消费者就已开始收紧开支，零售商为了刺激市场需求调低产品价格。然而，更低的价格令潜在买家寄望于价格的继续下跌，进而选择推迟消费。持观望态度的人越来越多，消费疲软，市场陷入混乱。美国经济深陷泥潭的问题不在于企业没有能力进行生产，而是价格问题导致市场丧失了活力。通货紧缩导致即便商家一再调低商品价格，总需求也不见起色。人们大多选择持币观望、收紧支出。在当时，虽然工人仍可以生产出高质量的商品、农田里的收成也甚是喜人，但是价格的持续下跌导致生产企业和农户失去了开展生产的动机。即便忍饥挨饿，工人和农民也不愿做这赔本的买卖。

在经济疲软、内需不振的形势下，罗斯福总统打算利用他的美元政策应对通货紧缩。虽然通货紧缩的恶性循环令民众预期价格将进一步下跌。但是，如果可以通过某种方式调整市场对于美元价值的预期，那么这将为价格下跌踩下刹车，甚至扭转乾坤。这样一来，市场活力被唤醒，经济的引擎将被重新发动。

在罗斯福总统任职的12年里，货币政策的主导权被牢牢地掌控在政府手中，而罗斯福对货币政策的灵活运用也极大地促进了美国经济的复苏和发展。历史学家查尔斯·比尔德（Charles A.Beard）在罗斯福总统的第二个总统任期内对其做了如下评价："不论人们如何看待罗斯福总统在执政期间的表现，其政策的一致性一直是为人称道的。这些政策有一个明确的共同目标：首先需要提升国内物价水平，其次才是稳定美元币值。罗斯福总统带领美国人民走出了金本位的桎梏，这看似是一个时代的落幕，实则是一个崭新时代的开篇。"

资料来源：罗威. 货币大师［M］. 余潇潇，译. 北京：中信出版社. 2016.

那么，什么是货币政策？货币政策的目标如何？货币政策又会通过哪些工具对实体经济发挥调控作用？这些问题本章将进行相应的阐述。

第一节 货币政策目标

一、货币政策的含义及特征

货币政策是指中央银行为影响经济活动所采取的措施，尤指是控制货币供给以及调控利率的各项措施。狭义的货币政策是指中央银行为实现其特定的经济目标而采用的各种控制和调节货币供应量的方针和措施的总称，包括信贷政策、利率政策和外汇政策；广义的货币政策则是指中央银行和其他有关部门所有有关货币方面的规定和采取的影响金融变量的一切措施，包括金融体制改革等。

货币政策的特征在于：首先，它是一种宏观经济政策，是央行为了实现其特定目标而采取的反经济周期的政策；其次，它是以需求调控和总量调控为主的政策，央行通过货币政策的实施作用于需求总量；最后，货币政策是目标长期性和措施短期性相统一的政策。

二、货币政策目标体系

货币政策目标是由最终目标、中间目标及操作目标三个层次有机组成的目标体系，其相互关系如图10-1所示。

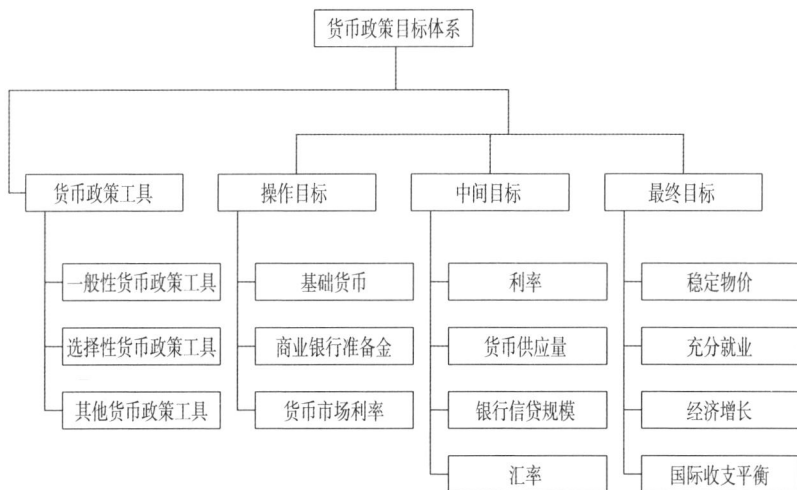

图10-1 货币政策目标体系架构图

（一）货币政策最终目标

货币政策的最终目标是中央银行通过货币政策的操作而最终要达到的宏观经济目标。

1.货币政策最终目标的内容

由于各国经济的主要矛盾不同，各时期的政治经济状况也不相同，因此，各国中央银行的货币政策最终目标在表述和做法上也不尽相同，但总的来说可以归纳为以下四个方面：

（1）稳定物价。

稳定物价是中央银行货币政策的首要目标，而稳定物价的前提是币值稳定。在金本位时代，币值指单位货币的含金量，币值变动就是单位货币的含金量变动，引起币值变动的主要原因就是黄金价格的变动。因此，大多数经济学家以黄金价格的涨跌幅度来测度币值变动程度。自20世纪30年代大萧条之后，各国政府相继放弃金本位制，纸币与黄金脱钩，黄金价格的变动不再是币值稳定的标准，而物价变动是纸币币值变动的指示器，是衡量货币流通正常与否的主要标志，所以世界各国政府和经济学家均以综合物价指数来衡量币值是否稳定。物价指数上涨，表示货币贬值；物价指数下跌，表示货币升值。因此，稳定物价，就是要控制通货膨胀，使一般物价水平在短期内不发生急剧的波动。测度一般物价水平波动的指数主要有三个：消费物价指数、批发物价指数和国内生产总值平减指数。一般情况下，各国中央银行认为物价上涨2%~3%是比较合适的。

（2）充分就业。

充分就业是指一国的所有资源都得到充分合理的运用。由于测度各种经济资源的利用程度非常困难，只有测度劳动力资源的利用程度相对容易，因此，充分就业目标被限定在劳动力资源方面，指任何愿意接受现有工作条件（包括工资水平和福利待遇等等）并有工作能力的人都可以找到工作。充分就业不是社会劳动力全部就业，而是扣除摩擦性失业和结构性失业之后的就业水平。当经济实现充分就业时，失业率等于自然失业率。图10-2显示了我国2002—2021年城镇失业人数及失业率变动趋势。

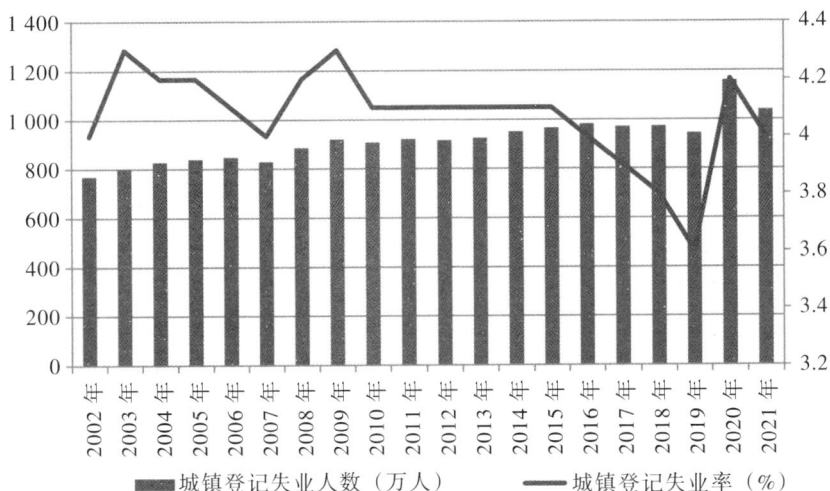

图 10-2　2002—2021年城镇失业人数及失业率变动趋势图

资料来源：根据中华人民共和国国家统计局资料整理.

（3）经济增长。

经济增长是一国在一定时期内所生产的商品和劳务总量的增加。很明显，一国要增加国民的福利必须首先实现经济增长，只有经济增长才能提高国民生活水平，才能实现充分就业。经济增长一般用国内生产总值（GDP）的增长率作为衡量指标，世界上的大部分国家已经建立了比较健全的国内生产总值的统计体系，因此数据比较容易获得。图 10-3 显示了我国 2002—2021 年我国 GDP 增长率趋势。

（4）国际收支平衡。

国际收支平衡是指一国对其他国家全部货币收入和货币支出之间的平衡，这种平衡并不是数量上的绝对相等，而是略有顺差或略有逆差。随着经济全球化进程的不断加快，国际收支状况与一国国内的货币供应量、经济增长等的关系也越来越密切。因此，对于开放条件下的宏观经济而言，国际收支平衡更值得关注。表 10-1 列示了我国 2000 年至 2020 年国际收支差额。

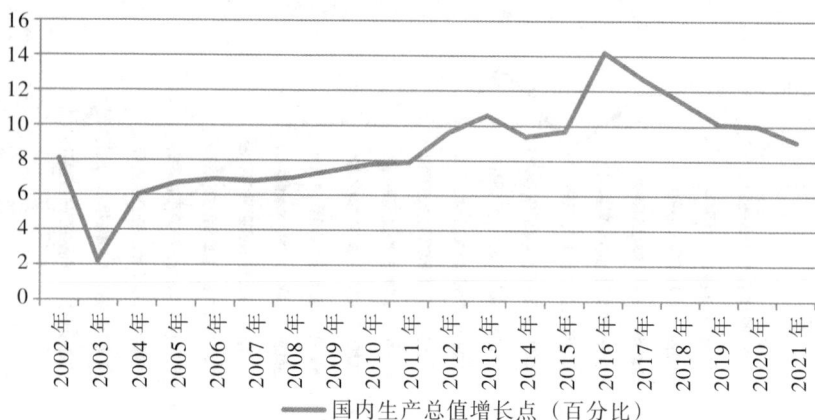

图 10-3　2002—2021 年我国 GDP 增长率趋势图

资料来源：根据中华人民共和国国家统计局资料整理.

表 10-1　　　　　　　　我国 2000 年至 2020 年国际收支差额　　　　　　　单位：万美元

年度	经常项目差额	资本和金融项目差额	储备资产差额
2000	2 051 924.84	192 222.43	-1 054 840.00
2001	1 740 527.50	3 477 542.69	-4 732 512.97
2002	3 542 196.82	3 229 083.71	-7 550 706.03
2003	4 305 158.29	5 487 300.11	-10 614 830.60
2004	6 894 096.07	10 815 218.10	-19 006 000.00
2005	13 237 849.38	9 534 904.78	-25 064 889.70
2006	23 184 304.11	4 930 536.89	-28 477 646.60
2007	35 318 267.72	9 423 153.50	-46 070 420.24
2008	42 056 851.61	4 012 619.91	-47 953 908.86
2009	24 325 656.79	19 847 012.41	-40 034 386.39
2010	23 781 038.96	28 686 462.61	-47 173 902.72
2011	13 609 676.16	26 547 043.78	-38 780 145.16

年度	经常项目差额	资本和金融项目差额	储备资产差额
2012	21 539 174.75	-3 176 581.46	-9 655 156.95
2013	14 820 400.00	34 610 000.00	-43 137 942.70
2014	21 967 700.00	3 824 000.00	-11 778 000.00
2015	30 416 444.56	-9 120 681.68	34 293 923.62
2016	20 220 300.00	2 725 000.00	44 366 500.00
2017	16 488 664.74	5 700 258.56	-9 151 574.33
2018	4 909 159.00	11 111 118.00	-1 888 711.00
2019	14 133 548.00	5 671 824.00	1 929 085.00
2020	27 398 040.00	-10 584 214.00	-2 800 588.00

资料来源：中国国家统计年鉴.

2.最终目标之间的相互关系

（1）稳定物价与充分就业的关系。

澳大利亚经济学家菲利普斯研究了1861年至1957年近100年间英国的失业率和通货膨胀率之间的关系，发现两者存在此消彼长的关系，提出了著名的"菲利普斯曲线"。他认为，要实现充分就业，必然要增加货币供应量以刺激总需求，结果将导致一般物价水平的上升；反之，如果要稳定物价，必然要减少货币供应量以抑制总需求，结果将导致失业率的上升。中央银行既不能选择高失业率的物价稳定，也不能选择高通胀率的充分就业，而只能在两者间找一个适合本国国情的相对均衡点。

（2）稳定物价与经济增长的关系。

关于物价稳定与经济增长的关系，理论界有两种观点：

其一是两者具有统一性，表现为：物价稳定促进经济增长，因为只有物价稳定才能促进资本形成、技术进步，维持经济的长期增长；同时，经济增长也能促进物价稳定，因为经济增长带来劳动生产率的提高、新生产要素的投入和单位产品生产成本的降低。

其二是两者之间存在矛盾，表现为：经济增长总是伴随着物价上涨；稳定物价则会使经济增长放缓。这是因为，央行为了稳定物价，必然会减少货币供给，抑制总需求，从而降低经济增长率。因此，央行为实现经济增长目标，必须考虑如何处理经济增长和物价稳定之间的关系，在两者之间寻找"最佳点"。

（3）稳定物价与国际收支平衡的关系。

稳定物价主要是指稳定货币的对内价值，平衡国际收支则是稳定货币的对外价值，如果国内物价不稳，那么国际收支很难平衡。这是因为，当国内物价高于国外物价时，必然会引起出口下降、进口增加，从而出现贸易逆差；但即使国内物价稳定，国际收支也不一定平衡。当国内物价稳定而国外物价上涨时，国内商品相对便宜，使出口大增、进口减少，引起贸易顺差。因此，在世界经济一体化的大趋势下，一国物价水平与国际收支之间存在着较为复杂的关系。

（4）充分就业与经济增长的关系。

美国经济学家奥肯通过对美国经济的分析，发现充分就业和经济增长之间存在正相关关系：失业率每提高1%，经济的潜在产出与现实产出的缺口就会增大3.2%，这就是"奥肯定律"。一般来说，一国要实现充分就业，必然会采取刺激总需求的政策，而总需求的增加又会带动经济增长，因此，两者存在正相关关系。

（5）经济增长和国际收支平衡的关系。

经济增长会导致国民收入的增加和支付能力的增强，从而增加对进口商品的需求。如果出口贸易的增长不足以抵消这部分需求，必然会导致国际收支失衡。为了平衡国际收支，消除贸易逆差，就要紧缩信用，减少货币供给，以抑制国内的有效需求。但生产规模会随之减小，进而导致经济增长速度放慢。因此，经济增长与国际收支平衡二者之间也相互矛盾，存在一定程度的替代性。

综上所述，除了经济增长与充分就业之间存在正相关以外，各个最终目标之间都存在一定的矛盾。中央银行在进行货币政策目标选择时，就要根据本国具体情况而有所侧重。目前，国际上通用的选择方式主要有两种：一是统筹兼顾，力求取得各目标间的协调一致，如美、法、日等国；二是相机抉择，突出重点，根据宏观经济的具体运行状况和现实中面临的突出问题选择相应的政策目标。

《中国人民银行法》第三条规定：中国人民银行的货币政策目标是保持货币币值稳定，并以此促进经济增长。

（二）货币政策中间目标

货币政策的中间目标是指中央银行在一定时期内和某种特定的经济状况下，能够以一定的精确度达到的目标。

1.中间目标的选择标准

（1）可测性。可测性是指中央银行能够迅速获得相关指标的变化情况和准确的数据资料，能够对这些数据进行有效的分析并作出相应的判断。

（2）可控性。可控性是指中央银行通过各种货币政策工具的运用，能够在较短时间内控制中间目标的变动状况及变动趋势。

（3）相关性。相关性是指中央银行所选择的中间目标必须与货币政策最终目标之间存在密切的联系，中央银行运用货币政策工具对中间目标的调控能够促使最终目标的实现。

2.可供选择的中间目标

（1）利率。

利率作为中间指标的优点在于：①中央银行在任何时候都能观察到市场利率的水平及结构，因此具有可测性；②中央银行可以借助公开市场操作等手段影响银行的准备金供求从而引导利率的变化，因而具有可控性；③利率的变动对储蓄和投资有显著影响，与总需求直接相关，因此具有相关性。

但是，选择利率作为中间目标也存在一些问题：第一，利率数据虽然很容易获取，但如何从大量利率数据中得出一个具有代表性的利率并不容易；第二，名义利率与预期的实际利率之间往往存在差别，能够影响储蓄与投资的利率是预期实际利率，而中央银行无法确知社会公众的预期实际利率；第三，利率对经济活动的影响更多地依赖企业和居民的投资与消费行为对利率的敏感性，即投资与消费的利率弹性，这种利率弹性既受经济体制的影响，又受金融市场发达程度的影响，中央银行很难控制。

由于我国的主要利率都是管制的，所以利率无法作为货币政策的中间指标，而只能作为中央银行的政策工具使用。

（2）货币供应量。

货币供应量作为中间目标的优点在于：①货币供应量具有明确的定义，反映在中央银行、商业银行及其他金融机构的资产负债表内，容易进行测算分析，因而具有可测性；②中央银行可以通过公开市场操作、调整法定准备金率和再贴现率等手段，影响基础货币和货币乘数，进而控制货币供应量，因此具有可控性；③一定时期的货币供应量代表了当期的社会有效需求总量，即代表了整个社会的购买力，对最终目标有着直接影响，因而具有强相关性。

但是，货币供应量作为中间目标也存在一定的不足：首先，中央银行对货币供应量的控制力不是绝对的，货币供应量的大小取决于基础货币和货币乘数两个因素，中央银行能控制基础货币，但货币乘数中的现金漏损率、超额准备金率等主要取决于公众和商业银行，中央银行难以控制；其次，金融创新的发展使各层次货币供应量的界限日益模糊，货币供应量的度量口径也不断发生变化，货币供应量的可测性也有所下降。

（3）银行信贷规模。

银行信贷规模指银行体系对各经济主体的存贷款总额。它作为中间目标的优点在于：①数据较易获得，具有可测性；②中央银行可以直接规定银行贷款规模，具有较好的可控性；③与最终目标有一定的相关性，特别是在金融市场发展落后、商业银行贷款是主要的信用供给渠道的情况下，控制住了信贷规模也就控制住了货币供应量。

但是，银行信贷规模作为中间目标也存在缺点：第一，中央银行对信贷规模的可控性主要通过行政手段，而非经济手段，不利于市场机制作用的发挥；第二，如果金融市场比较发达，融资渠道多样，贷款规模与最终目标的相关性就将减弱。

（4）汇率。

对于实行钉住汇率制的开放小国，一般会将汇率作为中间指标。其优点在于：①将本币与某一强势货币汇率稳定在一定水平上，利于短期内控制物价稳定；②如果公众认为政府的汇率目标是可信的，那么央行就可以将公众的预期通胀率锁定在强势货币国的预期通胀率水平上；

③汇率目标简单清晰，易于公众理解。

但是，用汇率作为货币政策的中间目标会使钉住国货币极易受到投机性攻击而发生货币危机。

（三）货币政策操作目标

货币政策的操作目标是中央银行通过货币政策工具能够准确有效地实现的经济变量。

1.基础货币

基础货币是中央银行经常使用的一个操作目标，也常被称为"强力货币"或"高能货币"，是商业银行准备金和流通中现金之和。基础货币一般被认为是比较理想的操作目标。首先，就可测性而言，基础货币表现为中央银行的负债，其数额随时反映在中央银行的资产负债表上，很容易为中央银行所掌握。其次，基础货币中的现金可以由中央银行直接控制——中央银行可以通过公开市场操作控制银行准备金总量中的非借入准备金；对于借入准备金而言，中央银行虽不能完全控制，但可以通过贴现窗口进行目标设定和预测，有较强的可控性。再次，根据货币乘数理论，货币供应量等于基础货币与货币乘数之积，只要中央银行能够控制基础货币的投放，也就等于间接控制住了货币供应量，从而就能够进一步影响利率、价格及国民收入，实现其最终目标。

2.商业银行准备金

以商业银行准备金作为中央银行货币政策的操作目标，其主要原因是：无论中央银行采用何种政策工具，都会先行改变商业银行的准备金，再对中间目标和最终目标产生影响，变动准备金是货币政策传导的必经之路。就可测性而言，银行准备金可以从有关记录和报表中获得或通过相应的估测得到；就可控性而言，中央银行可以通过公开市场业务任意地改变准备金数额；就相关性而言，中央银行调控准备金可以改变基础货币，从而改变货币供应量。因此，商业银行准备金是中央银行货币政策的操作目标之一。

3.货币市场利率

货币市场利率是反映市场资金的供求状况、影响银行信贷总量的一个关键指标，也是中央银行调节货币供应量、实现货币政策的一个重要的政策性指标。货币市场利率主要包括同业拆借利率和国债回购利率等。其中，同业拆借利率是反映货币市场供求关系的最灵敏的利率，对商业银行的贷款利率和市场的长期利率都有直接的作用。中央银行影响同业拆借利率的方式有两种：一是通过调整再贷款、再贴现利率或改变其可得性来实施影响；二是通过公开市场业务操作加以影响。例如，中央银行在公开市场上卖出政府债券，银行准备金减少，银行为弥补准备金的不足就会增加其在同业拆借市场上的融资，导致同业拆借利率上升。而同业拆借利率作为货币市场的基准利率又会进一步引起金融市场利率的上升，并最终作用于货币供应量及最终目标，达到中央银行通过货币政策实现宏观调控的目的。

但是，货币市场利率作为一个内生经济变量，其波动是顺应经济周期的：经济繁荣时，利率因信贷需求增加而上升；经济停滞时，利率随信贷需求减少而下降。这种顺周期性与货币政策的逆周期性产生了一定的冲突，增加了中央银行宏观调控的困难。同时，由于货币市场利率的变化非常快，其可测性和可控性相对较差。

第二节　货币政策工具

货币政策工具主要包括一般性货币政策工具、选择性货币政策工具和其他货币政策工具三个类别。

一、一般性货币政策工具

一般性货币政策工具是指中央银行对整个社会的货币供应量或信用总量进行控制和调节的常规手段，即中央银行的三大法宝——法定准备金政策、再贴现政策和公开市场操作。一般性货币政策工具的作用对象是整个经济金融活动，而不是个别部门或企业。

1.法定准备金政策

法定准备金政策是指中央银行在法律赋予的权力范围内，规定或调整商业银行缴存中央银行的准备金数额及比率，控制商业银行的信用创造能力，从而间接控制货币供应量的一种政策手段。

法定准备金率的调整可以通过影响货币乘数的大小来引起货币供应量的变化。法定准备金率与货币乘数负相关，与货币供给也负相关。因此，中央银行提高法定准备金率时，商业银行上缴的法定准备金增加，货币乘数减小，货币供应量收缩。

法定准备金率的调整还可以通过改变市场上的资金供求关系来引起利率变化。当中央银行降低法定准备金率时，商业银行的超额准备金增加，银行拆出资金增加而拆入资金减少，同业拆借利率下调；同时，商业银行还会用增加的超额准备金购买国债，从而使作为基准利率的国债收益率下降，进一步引起其他利率下降。另外，法定准备金率下调后，银行可用资金增加，迫使银行下调贷款利率以争取更多客户。

法定准备金政策作为一般性货币政策工具，既有优点也有不足。首先，它对货币供给量具有极强的影响力，力度大、速度快、效果明显。但正因如此，这一政策工具对经济的振动太大，法定准备金率的提高，将使那些超额准备金率较低的商业银行陷入流动性危机。因此，各国中央银行在使用法定准备金率政策时都相当慎重。

阅读资料10-1 ▰▰▰▰▰▰▰▰▰▰▰▰▰▰▰▰▰▰▰▰▰▰▰▰▰▰▰

2018年以来央行降准情况

2018年以来，中国人民银行13次下调存款准备金率，共释放长期资金约10.8万亿元。其中，2018年4次降准释放资金3.65万亿元，2019年3次降准释放资金2.7万亿元，2020年3次降准释放资金1.75万亿元，2021年2次降准释放资金2.2万亿元，2022年1次降准释放资金5 300亿元。普惠金融定向降准考核政策实施以来，普惠金融领域贷款明显增长，普惠金融服务覆盖率和可得性提高，有效实现了政策目标，参加考核金融机构统一执行最优惠档存款准备金率。通过降准政策的实施，优化了金融机构的资金结构，满足了银行体系特殊时点的流动性需求，加大了对中小微企业的支持力度，降低了社会融资成本，推进了市场化、法治化"债转股"，鼓励了广大农村金融机构服务当地、服务实体，有力地支持了疫情防控和企业复工复产，发挥了支持实体经济的积极作用。

截至2022年4月25日，金融机构平均法定存款准备金率为8.1%，较2018年初降低6.8个百分点。降准操作并不改变央行资产负债表规模，只影响负债方的结构，短期内商业银行可能根据经营需要减少对中央银行的负债，因此基础货币可能有所下降。但从长期来看，降准不但不会使货币供应量收紧，反而具有很强的扩张效应。降低法定存款准备金率，意味着商业银行被央行依法锁定的钱减少了，可以自由使用的钱相应增加了，从而提高了货币创造能力，这与美联储等发达经济体央行减少债券持有量的"缩表"是收紧货币正相反。

资料来源：中国人民银行. 存款准备金［EB/OL］.［2022-04-24］. http：//www.pbc.gov.cn/rmyh/4027845/4537000/index.html.

2.再贴现政策

再贴现政策是指中央银行通过制定或调整再贴现率来干预和影响市场利率及货币市场的供求，进而调节货币供给量的一种政策手段。当商业银行发生资金短缺或因扩大规模而需要补充资金时，就可以凭借其贴现业务中取得的未到期的商业票据向中央银行办理再贴现，而办理再贴现的利率就是再贴现率。再贴现率是由中央银行根据当时的经济形势和货币政策的最终目标确定的。

再贴现政策是中央银行最早使用的货币政策工具。早在1873年，英国就开始运用再贴现工具调节货币信用；美国的再贴现制度始于20世纪30年代；再贴现政策在我国的运用则是从1994年开始的。再贴现政策主要包括再贴现率的调整和再贴现票据资格的规定两部分，前者能够影响商业银行的放款成本以及市场利率，进而影响基础货币的投放和货币供应量；后者则会影响商业银行的资金结构。

中央银行运用再贴现政策的目的在于：①通过影响商业银行的借款成本来改变其融资意向。当中央银行提高再贴现率时，商业银行或者减少再贴现借款，或者提高对工商企业的贷款利率，但无论怎么选择，最终都会达到紧缩货币供应量的效果。②利用"告示效应"影响商业银行及社会公众的预期。当中央银行降低再贴现率时，意味着扩张性货币政策的实行，商业银行一般会自觉与中央银行的行动保持一致，相应调整对工商企业的贷款利率。③通过差别对待不同种类的再贴现票据来调整经济结构。例如，政策当局如果想扶持农业的发展，就可以对农业再贴现票据实行较低的再贴现率，以鼓励商业银行的资金多流向农业部门。

但是，再贴现政策也存在一定的局限：首先，中央银行在运用这一工具时处于被动地位，因为中央银行在调整再贴现率后，并不能强制商业银行和社会公众贯彻其政策意图，这会影响政策效果的实现；其次，再贴现政策的"告示效应"可能受到相反的作用；再次，再贴现率不能经常调整，否则会引起市场利率经常变动，使银行和企业无所适从，经济无法平稳运行。

3.公开市场操作

公开市场操作是指中央银行在公开市场上买卖有价债券（主要是政府债券）用以增加或减少货币供应量，进而调节经济活动的一种政策手段。当中央银行认为金融市场资金短缺，需要扩大货币供应量时就买进债券，增加基础货币的投放；反之，则卖出债券，以回笼货币，收缩信贷规模，减少货币供应量。公开市场操作最早源于英国，美国联邦储备系统自20世纪20年代早期开始进行公开市场操作，至今它几乎成为美联储最重要的政策工具。

公开市场操作可以分为防御性操作和动态操作两种。所谓防御性操作，是指中央银行为了防止无法控制的外界因素对商业银行的准备金和流通中的货币产生影响而进行的政府债券买卖，中国人民银行近些年因为外汇储备激增而实行的冲销操作就属于防御性操作。动态操作则是指中央银行为使本国的经济发展符合货币政策目标而进行的政府债券买卖。当国内经济衰退、失业率上升时，中央银行需要增加基础货币以刺激经济，它就会在公开市场上大量买进政府债券，以增加银行体系的准备金和流通中的货币，从而扩大货币供应量。

与法定准备金政策和再贴现政策相比，公开市场操作的优越性显而易见：一是中央银行通过公开市场业务可以直接调控银行体系的准备金总量，使之符合政策目标的要求，以保证货币供应量目标的实现；二是中央银行通过公开市场操作可以"主动出击"，避免了贴现机制的"被动等待"，以确保货币政策具有超前性；三是公开市场操作可以对货币供应量进行微调，从而避免法定准备金政策的震动效应；四是中央银行可以通过公开市场进行连续性、经常性及试探性的操作，还可以进行逆向操作，从而对货币供应量进行灵活调节。

但是，公开市场操作效果的发挥会受到一些条件的制约：首先，中央银行要拥有强大的、足以调控整个金融市场的资金实力；其次，金融市场要相当发达，证券种类齐全并达到一定规模；再次，公开市场操作需要其他政策工具的配合，可以设想，如果没有存款准备金制度，公开市场操作是无法发挥作用的。

二、选择性政策工具

选择性政策工具是指在不影响货币供应总量的情况下，中央银行针对某些特殊的经济领域或特殊用途的信贷采取的信用调节工具。选择性政策工具的采用取决于特定的经济金融形势和条件，一般期限较短，属于补充性政策工具。

1.消费者信用控制

消费者信用控制是指中央银行对不动产以外的各种耐用消费品的销售融资予以控制，主要包括：规定以分期付款方式购买各种耐用消费品时第一次付款的最低金额；规定用消费信贷购买耐用消费品的最长借款期限，并对不同消费品规定不同贷款期限；规定可以使用消费信贷购买的耐用消费品的种类。

消费者信用控制最早始于美国，以后逐渐为许多国家所采用。实践证明，在消费信用膨胀和通货膨胀的情况下，控制消费信用可以起到控制消费需求和抑制物价上涨的作用。

2.证券市场信用控制

证券市场信用控制是指中央银行对有关证券交易的各种贷款进行限制，以抑制用贷款进行证券投机的行为。中央银行通过规定证券保证金比率来控制以信用方式购买股票或证券的交易规模。例如，中央银行规定保证金比率为30%，则交易额为20万元的证券购买者，至少要一次性交付6万元现金，其余资金才可以由金融机构贷款解决。

实践证明，中央银行对证券市场进行信用控制既可以影响证券市场的资金供求，抑制过度投机，稳定金融市场，又可以控制信贷资金流向，改善宏观金融结构。

3.不动产信用控制

不动产信用控制是指中央银行对商业银行及其他金融机构的房地产贷款所采取的限制措施，目的在于控制不动产市场的信贷规模，抑制过度投机，减轻经济波动。具体措施包括：对金融机构的不动产贷款规定最高限额；对金融机构的房地产贷款规定最长期限；规定首次付款的最低金额及分摊还款的最低金额等。

4.优惠利率

优惠利率是指中央银行对国家拟重点发展的某些经济部门、行业或产品制定较低的利率,以刺激其发展,调动其积极性,实现产业结构和产品结构的调整。

阅读资料10-2 ▬▬▬▬▬▬▬▬▬▬▬▬▬▬▬▬▬▬▬▬▬▬▬▬▬

资管新规靴子落地

2018年4月27日,央行正式发布《关于规范金融机构资产管理业务的指导意见》,即资管新规。资管新规主要目的在于统一产品标准、消除监管套利、规范业务发展,以防范系统性金融风险。这是金融工作会议"强化金融监管的专业性统一性穿透性"和十九大报告"健全货币政策和宏观审慎政策双支柱调控框架,深化利率和汇率市场化改革,健全金融监管体系,守住不发生系统性金融风险的底线"精神的贯彻。

1.打破刚兑大方向不变

过渡期截止日为2020年底,且过渡期内允许续发老产品对接存量资产;允许有条件地采用摊余成本法计价;放宽了部分类型私募产品的分级设计;明确了私募基金适用的专门法律法规;更清晰界定了非标资产等。以上几方面正是市场争议最大的几点,这显示监管考虑了市场诉求,意在维稳市场,但打破刚兑、净值管理、消除嵌套等核心原则未改,意味着打破刚兑的大方向未变。

2.信贷回表仍是大势所趋

过渡期延长有利于降低存量非标处置风险,允许摊余成本法估值也有利于提升非标吸引力,但对于非标投资仍要求期限匹配、消除多层嵌套和通道,非标需求仍趋下降,表外转表内仍是大势所趋,但受制于政策限制和银行风险偏好,并非所有表外资产都能顺利回表,因而这一过程仍将拖累社融整体增速。

3.对债市影响:冲击有限,长期利好

第一,靴子落地情绪好转。资管新规一直是债市的悬头之剑,靴子落地后市场观望情绪下降。第二,存量处置风险降低。过渡期、公允价值计量、分级产品设计等条款的放宽本身就是担心新规对市场的冲击,最终设置已充分考虑到了市场的承受能力,债市因存量资产处置而受负面冲击的程度将下降。第三，货币政策呵护延续。表外回表过程中，为了降低对实体经济的流动性冲击，货币政策由中性偏紧回归中性的趋势将更加明朗。第四，长期利好标准化债券。长期来看，新规主要限制资管产品投向非标、非上市公司股权类资产，资金回表后对于标准化债券资产的配置力度将加大，长期对债市是好事！

4.实体去杠杆，债牛确认

新规目的在于规范资管行业发展，约束银行理财规模无序扩张，实体经济去杠杆、融资需求下滑将改善资金供需，推动债券利率趋势性下行，而央行降准意味着货币政策转向，债牛得以确认，若因监管冲击而利率回调则是配置良机。但资金回表后风险偏好下降，利率债和高等级信用债相对更优。理财规模萎缩对中低等级信用债需求不利，净值型产品将更偏好短久期品种，因而中低等级或长久期信用债相对一般。

5.资管行业：靴子落地，返璞归真

新规未落地前，资管机构普遍预期紊乱，很多业务处于暂停状态，新规靴子落地且较征求意见稿明显放宽，利于稳定市场预期，激发机构业务热情。资管新规实施后，理财规模趋降，资管机构短期阵痛难免，资管规模野蛮生长告一段落，但资管行业回归业务本源，有利于资管行业长期健康发展。统一监管下主动管理能力强的机构必将进一步脱颖而出，破而后立。

资料来源：孙海波. 刚刚！资管新规靴子落地！重塑100万亿资管格局. ［EB/OL］. ［2018-04-27］. http：//stock.qq.com/a/20180427/035349.htm.

三、其他政策工具

（一）直接信用控制

直接信用控制是指中央银行以行政命令或其他方式，从总量和结构两方面，直接对金融机构尤其是商业银行的信用活动进行控制，主要包括以下工具：

1.信用分配

信用分配是指中央银行根据金融市场的状况和宏观经济形势，权衡客观经济需要，对银行系统的信用加以合理分配和限制。通过信用分配限制银行系统对某个领域的信贷时，中央银行会用各种理由拒绝银行系统的申请；反过来，在支持银行系统对某个领域的信贷时，中央银行可以设立专门信贷基金以保证其资金需要。

2.利率高限

利率高限是指中央银行规定商业银行对定期存款及储蓄存款所支付的最高利率，目的在于防止商业银行为吸引存款而提高利率，以避免商业银行在资产运用方面承担过高风险。

3.流动性比率

中央银行为保障金融机构的支付能力，除规定法定存款准备金比率外，还规定了金融机构对其资产维持某种程度的流动性，即规定金融机构的流动资产占存款的比重。一般来说，资产的流动性比率与收益率成反比。金融机构为了保持中央银行规定的流动性比率，一方面必须缩减长期性放款所占的比重；另一方面，还必须持有一部分随时应付提现的资产。

（二）间接信用控制

间接信用控制是指中央银行采用行政手段间接影响商业银行的信用创造能力，其优点是较为灵活，主要包括以下工具：

1.道义劝告

道义劝告是指中央银行利用其特殊的地位，对商业银行和其他金融机构说明金融状况和自己的货币政策意向，对金融机构的业务活动提供指导、发表看法或提出某种劝告，引导金融机构采取相应措施，以达到控制和调节信用的目的。道义劝告的优点在于对信贷的质和量的控制并存，具有较大的伸缩性。尽管中央银行对商业银行和其他金融机构没有法律的约束力，但鉴于中央银行的身份，这种劝告或多或少都会产生一定的效力。

2.窗口指导

窗口指导是指中央银行根据产业发展情况、物价趋势和金融市场动向，规定商业银行每季度贷款的增减额，并要求其执行。如果商业银行不按"指导"进行贷款，中央银行就会削减其贷款额度，甚至采取停止提供信用等制裁措施。窗口指导的概念最初来自日本，在第二次世界大战结束后一度成为日本主要的货币政策工具。

第三节 货币政策传导机制

货币政策的传导机制是指中央银行根据货币政策目标，运用货币政策工具，通过金融机构的经营活动和金融市场传导至企业和居民，对其生产、投资和消费等行为产生影响的过程。图 10-4 显示了货币政策传导情况。

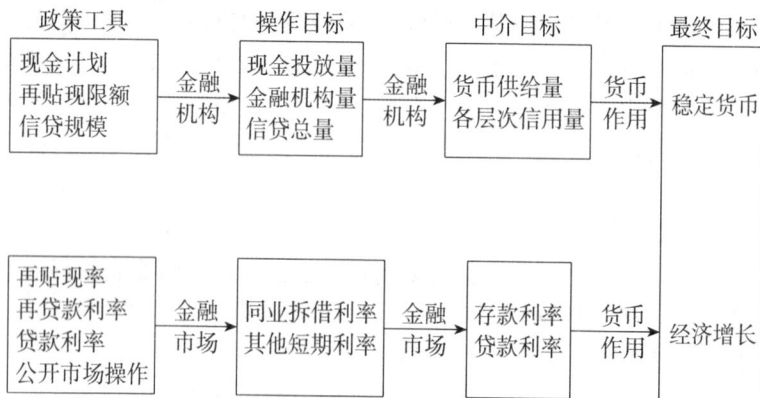

图 10-4 货币政策传导示意图

一、凯恩斯学派的货币政策传导机制理论

凯恩斯认为，中央银行实施货币政策后，商业银行的准备金数量最先发生变动，然后是货币供应量改变，引起市场利率波动，从而导致投资发生相应变动，再通过乘数效应，最终影响社会总需求。如果用 M 表示货币供应量，r 表示市场利率，I 表示投资，E 表示总支出，Y 表示总收入或总产出，则凯恩斯的传导过程可以表示为：

$$M \rightarrow r \rightarrow I \rightarrow E \rightarrow Y \qquad (10.1)$$

当中央银行在公开市场买入债券时，货币供应量增加，使利率降低。利率的降低意味着资本边际效率的提高，导致投资增加，通过乘数效应直接增加了社会的总需求。如果此时社会处于非充分就业状态，那么，货币供应量增加所带来的总需求增加会直接增加产出和就业，而物价的上涨幅度较小；但如果社会已经达到充分就业状态，总需求的增加就无法增加产出，而会导致物价上涨。

可见，中央银行货币政策的作用是间接的，其大小主要取决于三方面因素：一是货币供给的变动能对利率产生多大的影响；二是利率的变化能对投资产生多大的影响；三是投资的变化能对总需求产生多大的影响。在这一传导机制中，利率是核心。如果货币供应量的变化不能对利率产生一定的影响，那么货币政策将失效。

二、货币主义的货币政策传导机制理论

与凯恩斯学派不同，以弗里德曼为代表的货币主义强调货币供应量的变动直接影响总支出与总收入，避开了利率的作用。如果用 P 表示价格，其他符号意义同上，货币主义的传导机制则为：

$$M \rightarrow P \rightarrow I \rightarrow Y \tag{10.2}$$

这一理论认为，当中央银行采取扩张性货币政策时，基础货币增加，银行体系的准备金增加。增加的准备金在货币乘数的作用下，使经济体的货币供应量成倍增长。在其他经济条件不变的前提下，利率下降。但这只是暂时的，利率下降后由于资本边际效率的提高，刺激生产者生产更多产品，获得更多收入。随着收入增加与物价水平上涨，利率开始回升，有可能重新恢复到原先水平。因此，货币政策的传导机制主要是通过货币供应量的变动直接作用于实际资产，进而影响总支出与总收入的。

货币主义认为，从短期来看，货币数量的变化是决定名义收入和实际收入的主要因素，或者说，货币数量的变化是决定经济变动的主要因素；而从长期来看，货币增长率的变化只会引起价格水平的变化，不会对实际产量产生影响。

尽管这两种理论在具体分析时存在分歧，但还是有某些共同之处，即货币数量变动后，会引起市场利率发生变化，正是由于利率的变化，企业家的投资欲望或个人的消费欲望才会改变，当投资和消费发生变化后，社会总支出与总收入会发生相应改变。这也正是货币政策传导机制的一般模式。

三、托宾的 q 理论

以托宾为首的经济学家沿着一般均衡分析的思路，把资本市场上的资产价格，特别是股票价格纳入传导机制，认为货币理论应看作微观经

济主体进行资产结构管理的理论。也就是说，影响沟通金融机构和实体经济的既不是利率也不是货币数量，而是资产价格及与资产价格相关的利率结构等因素，其他符号意义同上，其传导过程为：

$$M \rightarrow r \rightarrow P \rightarrow q \rightarrow I \rightarrow E \rightarrow Y \tag{10.3}$$

当中央银行增加货币供给时，微观经济主体的财富增加，资产需求就会增加，引发预期投资收益增加，这将直接或间接地影响资产价格，资产价格的变化会导致实际投资的变化，最终会影响实体经济和产出。这里的资产价格，主要是指股票与房地产的价格。资产价格影响实际投资的机制在于：股票价格是对现存资本存量价值的评估，是企业市场价值评价的依据。托宾把q定义为企业市场价值与资本重置成本之比，股票价格越高，q值越大；股票价格越低，q值越小。当$q > 1$时，企业的市场价值高于资本的重置成本，即意味着新厂房、新设备的成本要低于企业的市场价值，企业可以通过发行较少的股票而买到较多的新投资品，投资支出就会增加。反之，当$q < 1$时，企业的市场价值低于资本的重置成本，企业就不会购买新的投资品，投资支出就会减少。

四、莫迪利亚尼的生命周期假说

在对新的货币政策传导机制的分析中，莫迪利亚尼利用生命周期假说对消费者的资产负债状况如何影响其支出决策进行了研究。这里的消费是指非耐用品和服务的消费。该理论假定消费者在一生中平均安排消费支出，因此，消费支出的多少取决于消费者一生中可利用的资源，而不是今天的收入。如果用W表示财富、用C表示消费、其他符号意义同上，则生命周期假说描述的传导过程为：

$$M \rightarrow P \rightarrow W \rightarrow C \rightarrow Y \tag{10.4}$$

在消费者可利用的资源中，最重要的是金融财富，主要由普通股构成。当股价上升时，消费者的金融资产升值，消费总资源增加，消费随之增加，进而导致社会总产出增加。

五、信贷配给传导机制

1951年，罗伯特·罗沙博士在其《利率与中央银行》一文中从资金供给者即贷款人的角度对贷款人的利率弹性和贷款行为进行了分析。该理论强调利率变化对信贷配给的影响，并重视制度因素和心理因素的作用。即使投资的利率弹性较小，货币政策仍然能通过影响贷款人即金融机构的信用供应量来影响实际经济活动。因此，货币政策依然是有效的。如果用 L 表示贷款供给，其他符号意义同上，则其传导过程为：

$$M \rightarrow L \rightarrow I \rightarrow Y \tag{10.5}$$

当中央银行运用货币政策时，在影响银行准备金之外，还会通过利率的变动引起银行资产价格的变动，进而改变银行资产的流动性。而这种流动性的变化将迫使银行调整其信贷政策，并通过信贷配给的变化影响实际经济活动。

六、汇率传导机制

货币政策的汇率传导机制是基于购买力平价理论、利率平价理论和蒙代尔-弗莱明模型发展而来的，它强调汇率在货币政策传导过程中的重要作用。如果用 E 表示直接标价法下的本币汇率值，X 表示出口，NX 表示净出口，其他符号意义同上，则汇率传导机制为：

$$M \rightarrow r \rightarrow E \rightarrow X \rightarrow NX \rightarrow Y \tag{10.6}$$

当中央银行增加货币供应量时，利率水平下降，引起国内资本外流，本币贬值，这将促使出口增加、进口减少，因而净出口增加，最终导致社会总产出和总收入增加。

阅读资料 10-3

我国货币政策传导机制更为畅通，传导效率明显提高

近年来，按照党中央、国务院决策部署，人民银行抓住银行作为货币政策传导中枢的关键，采取多项措施缓解银行货币创造面临的流动性、资本、利率"三大约束"，着力疏通货币政策传导机制。2018年至2020年4月，10次降准释放长期流动性8.4万亿元，平均存款准备金率由2018年初的14.9%降至9.4%，2020年春节假期后前两个工作日超预期投放短期流动性1.7万亿元，保持流动性合理充裕；2019年至2020年4月银行已发行永续债7 186亿元，有效补充了一级资本；2019年8月以来贷款市场报价利率（LPR）改革顺利推进，打破了贷款利率隐性下限，激发了贷款需求。随着"三大约束"明显缓解，我国货币政策传导机制更为畅通，传导效率明显提高。

新冠肺炎疫情发生以来，人民银行根据疫情防控和复工复产的阶段性特点，出台了一系列货币政策措施。得益于货币政策传导效率明显提

高，各项货币政策措施向实体经济传导通畅，有效支持了疫情防控和企业复工复产，缓解了实体经济的实际困难。从引导贷款投放看，第一季度人民银行通过降准、再贷款等工具释放长期流动性约2万亿元，新增人民币贷款7.1万亿元，每1元的流动性投放可支持3.5元的贷款增长，是1：3.5的倍数放大效应。存款货币是广义货币的主要组成部分，是由贷款扩张创造的，贷款多增同时表现为企业和居民存款多增，从而有效缓解了企业和居民的现金流压力，有助于缓解企业复工复产面临的债务偿还、资金周转和扩大融资等迫切问题。从降低贷款利率看，3月份企业贷款利率为4.82%，较2019年底下降0.3个百分点，较2018年高点下降0.78个百分点，降幅明显超过同期1年期中期借贷便利（MLF）利率和LPR的降幅。政策利率下降的效果放大传导至实体经济，LPR改革有效发挥了促进贷款利率下行的作用。

3月份以来，为对冲疫情影响，美欧等央行快速降息至零，出台大规模资产购买计划，甚至实施无限量化宽松。从引导贷款投放看，美联储2020年第一季度投放了约1.6万亿美元流动性，贷款增长约5 000亿美元，1美元的流动性投放对应0.3美元的贷款增长。欧洲央行2020年第一季度投放了近5 400亿欧元流动性，贷款增长约2 300亿欧元，1欧元的流动性投放支持0.4欧元的贷款增长，是2.5：1的缩减效应。从降低贷款利率看，美联储2020年以来降息1.5个百分点，美国四家主要银行（花旗银行、美国银行、富国银行、摩根大通）第一季度贷款平均利率为4.96%，较2019年第四季度下降0.17个百分点，明显低于政策利率降幅。运用美联储借贷便利发放的、有财政担保的中小企业贷款利率为4.8%~6.5%。欧洲央行政策利率已降至0，3月份和4月份共下调定向长期再融资操作利率0.5个百分点，最低可达-1%的负利率，但商业银行小微贷款利率为2.17%，较2019年末下降了0.11个百分点。

总体上，评价政策效果关键看能否增加实体经济融资支持总量和降低融资成本。相较而言，无论是从引导贷款投放来看，还是从降低贷款利率来看，我国货币政策向实体经济的传导更为通畅，银行的主体作用发挥充分，市场机制运转良好。下一阶段，稳健的货币政策要更加注重灵活适度，继续根据疫情防控和复工复产的阶段性特点出台有针对性措施，保持货币政策传导效率，进一步缓解实体经济面临的实际困难，对冲新冠肺炎疫情的影响。

资料来源：中国人民银行．我国货币政策传导机制更为畅通，传导效率明显提高［EB/OL］．［2020-05-11］．https：//finance.sina.com.cn/roll/2020-05-11/doc-iirczymk1022998.shtml.

第四节　货币政策效应

货币政策效应是指中央银行在执行一定的货币政策之后，社会经济领域所作出的具体现实反应或货币政策最终目标的实现程度，包括货币政策的数量效应和货币政策的时间效应两部分。货币政策效应不同于货币政策目标，货币政策目标是一种主观变量，而货币政策效应则是一种客观变量，它可能是好的，也可能是坏的。

一、货币政策的数量效应

货币政策的数量效应是指货币政策效应的强弱，它着眼于货币政策实施所取得的效果与预期所要达到的目标之间的差距。我们以评估扩张性货币政策为例，如果通货紧缩是由社会总需求小于社会总供给造成的，而货币政策正是以纠正供求失衡为目标，那么这项扩张性货币政策是否有效以及效应大小，可以从以下几个方面进行分析：

（1）如果货币政策的实施增加了货币供给，抑制了价格水平的过度下跌，刺激了总需求的增加和社会产出的增长，那么，可以说扩张性货币政策取得了预期的效果。

（2）如果货币供应量的扩张在刺激需求的同时，也带动了价格水平的不断上涨，那么货币政策有效性的大小则取决于价格水平变动率与产出、收入变动率的对比。若产出、收入的增加大于价格水平的上涨，货币政策的有效性较强；反之，货币政策的有效性较弱。

（3）如果货币供应量的扩张不能刺激需求和产出的增长，却导致了价格的不断攀升，则可以说货币政策是基本无效的。

二、货币政策的时间效应

货币政策的时间效应是指货币政策从研究、制定到实施后发挥实际效果的全部时间过程，也叫作货币政策时滞。按照货币政策时滞发生性质的不同，可分为内部时滞和外部时滞。

1.内部时滞

货币政策的内部时滞是指从经济形势发生变化需要中央银行采取行动，到中央银行实际制定政策所需要的时间。内部时滞由认识时滞和行动时滞两部分构成。认识时滞是指从确有实际政策行动的需要到认识到这种需要之间所耗费的时间。这种时滞的存在原因在于：信息的收集和形势的判断需要时间；对各种复杂的经济现象进行综合分析，并作出客观、符合实际的判断也需要一定的时间。行动时滞是指从认识到需要制定新的政策，到提出一种新的政策所需耗费的时间。这种时滞的长短取决于中央银行占有的信息资料和对经济形势发展的预见能力。

整个内部时滞是中央银行对经济现象从感性认识到理性认识的过程，它所需要的时间长短取决于中央银行收集资料的能力、对经济与金融形势判断的能力和采取行动的效率。因此，内部时滞是中央银行主观行动的产物。

2.外部时滞

货币政策的外部时滞是指从中央银行采取行动开始到对货币政策目标产生影响为止的时间间隔。外部时滞由操作时滞和市场时滞构成。操作时滞是指从中央银行调整政策工具到对中间目标发生作用所需要的时间；市场时滞则是指从中间目标发生反应到对最终目标产生作用所需要的时间。

与内部时滞相比，外部时滞客观属性更多些。一般来说，它由社会的经济、金融条件决定。外部时滞的长短主要取决于微观经济主体对政策工具的敏感程度，也就是说，弹性的大小是一个由多种因素综合决定的复杂变量。因此，中央银行对外部时滞很难进行实质性的控制。

货币政策各种时滞的相互关系可以用图10-5表示：

图10-5　货币政策时滞分解图

时滞对于货币政策的有效性具有重要的制约作用，如果货币政策时滞能够被预测到，中央银行就可以根据这一时间差距，预先采取相应措施；否则，即使中央银行期初的货币政策非常得当，也有可能在时滞的影响下，发生政策失效。货币政策的时滞越长，变异程度越大，可测度越低，货币政策的运行效果就越难令人满意。

三、货币政策效应的衡量

对货币政策效应的判断，一般是考查实施货币政策所取得的效果与其所要达到的目标之间的差距，其衡量指标主要包括内部效应指标和外部效应指标两部分。

（一）内部效应指标

内部效应指标主要用于检验中间变量对政策工具操作的反应，包括：货币供给量增长率指标——反映一定时期内货币供给量增减变动的情况；货币供给量结构指标——主要是指 $M0$ 占 $M1$ 的比重和 $M1$ 占 $M2$ 的比重。

（二）外部效应指标

外部效应指标主要用于检验目标变量对中间变量的反映，包括：

（1）国内生产总值（GDP）和国民生产总值（GNP）：反映一国在一定时期内的经济增长状况。在考查货币政策对实体经济的作用方面，普遍采用的是 M1 和 M2 两个层次的货币占 GDP 的比重，这是判断货币政策调控宏观经济有效性的重要依据。

（2）通货膨胀率：消费物价指数、GDP平减指数、商品零售价格指数和批发物价指数等。

（3）失业率：在一定程度上可以反映经济增长的潜力。

（4）国际收支状况：可以反映一定时期内的对外经济关系和对外经济的依存度。

阅读资料10-4 ▬▬▬▬▬▬▬▬▬▬▬▬▬▬▬▬▬▬▬▬▬▬▬▬▬▬▬▬▬▬▬▬

滞胀时期美国的货币政策与财政政策搭配
——尼克松的"新经济政策"

面临空前严峻的经济形势，尼克松政府采取了一系列大胆措施，试图扭转经济的下滑局面，确保美国经济平稳发展，保持美国在世界上的优势地位，这些经济措施被统称为"新经济政策"。新经济政策一般是指从1971年8月—1974年4月尼克松政府为克服美国经济滞胀危机采取的刺激经济发展的措施。为扭转美国的经济形势，捍卫美元在国际货币体系中的霸主地位，1971年8月15日尼克松向全国宣布实行新经济政策，其主要内容为：冻结工资、物价、房租、和红利90天，要求国会削减联邦开支，停止外国中央银行用美元向美国兑换黄金，对进口商品增收10%的附加税。其主要内容由尼克松在8月16日通过签署总统行政命令而生效，分四个阶段进行：

第一阶段（1971.8.15—1971.11）冻结工资和物价，禁止外国用美元兑换黄金并征收10%的进口附加税。

第二阶段（1971.11—1972.12）对工资和物价实行管制，把年通货膨胀率控制在2%~3%，工资增长率不得超过5.5%，同意将美元贬值7.89%，并取消10%的进口附加税。

第三、四阶段都以限制工资和物价增长率为目标。1973年又将美元与黄金的比价贬值10%。

新经济政策的实施标志着美元在战后国际金融中的霸主地位的消亡，也是依据凯恩斯经济理论克服经济发展停滞和通货膨胀双重危机的尝试。

资料来源：侯明. 浅谈尼克松政府的新经济政策［J］. 东北师大学报（哲学与社会科学版），2009（6）.

思政课堂

健全现代货币政策框架取得明显成效

健全现代货币政策框架是建设现代中央银行制度的重要内容，是实施好稳健货币政策、做好跨周期设计的制度基础，也是推动高质量发展的内在需要。近年来，人民银行按照党中央、国务院部署，完善货币供应调控机制，健全市场化利率形成和传导机制，创新和丰富货币政策工具体系，完善人民币汇率形成机制，推动健全现代货币政策框架取得明显成效。

一是完善货币供应调控机制。按照中央经济工作会议精神和政府工作报告要求，广义货币（M2）和社会融资规模增速同名义经济增速相匹配。人民银行抓准银行作为货币创造的直接主体，通过完善中央银行调节银行货币创造的流动性、资本和利率三大约束的长效机制来调控货币供应。综合运用多种货币政策工具，保持流动性合理充裕，缓解了流动性约束，2018—2021年我国M2平均增速为9%。以永续债为突破口推动银行多渠道补充资本，缓解了资本约束。2019年1月银行业成功发行首单永续债；截至2022年3月末，银行已累计发行永续债18 915亿元，撬动银行贷款近十万亿元。推动企业综合融资成本稳中有降，缓解了利率约束，企业贷款加权平均利率逐步下行，2022年3月为4.36%，是有统计以来的记录低点。2018—2021年，我国M2平均增速与同期名义GDP8.3%的平均增速大致相当，支持实现了经济增长、物价稳定、充分就业的长期优化组合。

二是健全市场化利率形成和传导机制。按照党中央和国务院决策部署，2019年8月人民银行发布了改革完善贷款市场报价利率（LPR）形成机制的公告，改革后的LPR由报价行综合考虑市场利率走势并在参考中期借贷便利（MLF）利率的基础上市场化报价形成，既提升贷款利率市场化程度，又形成了"市场利率+央行引导报LPR→贷款利率"的传导机制，货币政策传导效率明显提高。目前新发生贷款利率已基本参考LPR定价，2020年8月，存量浮动利率贷款定价基准转换也已顺利完成。同时，人民银行持续优化存款利率监管，2021年6月，指导利率自律机制将存款利率自律上限改为在存款基准利率上加点确定，强化对不规范存款"创新"产品的管理，维护存款市场竞争秩序。2022年4月，指导利率自律机制建立了存款利率市场化调整机制，引导银行根据市场利率变化合理调整存款利率，进一步推进存款利率市场化。从效果看，2019年8月LPR改革以来，企业贷款加权平均利率从2019年7月的5.32%降至2022年3月的4.36%，累计降幅达0.96个百分点，超过同期LPR0.55个百分点的降幅，有力推动了实际贷款利率明显持续降低，在很大程度上缓解了长期困扰小微企业的融资难融资贵问题。

三是创新和完善结构性货币政策工具体系。适应高质量发展的内在需要，注重引入激励相容机制，创新和运用结构性货币政策工具，引导金融机构加大对符合新发展理念相关领域的支持力度。2018年以来，共下调存款准备金率13次，释放长期资金约10.8万亿元。截至2022年

4月末，金融机构平均法定存款准备金率为8.1%，较2018年初降低6.8个百分点。用好再贷款再贴现工具，2021年初，对十个信贷增长缓慢省（自治区）增加再贷款额度2 000亿元，多措并举引导金融机构加大对信贷增长缓慢地区的信贷投放，促进区域协调发展。2021年11月，并行推出碳减排支持工具和支持煤炭清洁高效利用专项再贷款，精准促进绿色减碳。2022年1月1日起，将两项直达实体经济的货币政策工具转换为支持小微企业的市场化工具；"普惠小微企业信用贷款支持计划"并入"支农支小再贷款"管理，原来用于支持普惠小微信用贷款的4 000亿元再贷款额度可以滚动使用。近期，又推动设立科技创新和普惠养老两项专项再贷款，激励金融机构加大对科技创新和普惠养老服务供给的支持力度。2022年3月末，我国普惠小微贷款余额为20.8万亿元，为2018年初的2.5倍；普惠小微贷款支持小微经营主体5 039万户，是2018年末的2.2倍。2021年新发放的普惠小微贷款加权平均利率为4.93%，比2020年下降0.22个百分点，比2018年下降1.38个百分点。

四是深化汇率市场化改革，保持人民币汇率在合理均衡水平上的基本稳定。人民银行退出外汇市场常态化干预，市场供求在人民币汇率形成中发挥决定性作用，在发挥汇率价格信号作用的同时，提高了资源配置效率。坚持市场化改革方向，增强人民币汇率弹性，发挥汇率调节宏观经济和国际收支自动稳定器作用，促进内部均衡和外部均衡的平衡。建立并不断完善跨境融资宏观审慎管理，运用外汇存款准备金率等工具，引导金融机构优化外汇资产管理。引导企业和金融机构树立"风险中性"理念，强化外汇市场预期管理，维护外汇市场平稳运行。2018年以来，人民币汇率经受住了各项重大外部冲击，汇率弹性增强，较好地发挥了调节宏观经济和国际收支自动稳定器作用。人民币汇率有升有贬、双向浮动，保持在合理均衡水平上的基本稳定。2018年至2021年我国外汇市场973个交易日中，人民币对美元汇率中间价有485个交易日升值，有487个交易日贬值，有1个交易日持平。2022年3月末，人民币对美元汇率中间价为6.3482元，比上年末升值0.4%。下一步，人民银行将继续健全现代货币政策框架，支持高质量发展，加快构建以国内大循环为主体、国内国际双循环相互促进的新发展格局。

资料来源：中国人民银行. 中国货币政策执行报告（2022年第一季度）［EB/OL］.［2022-05-09］. http://www.pbc.gov.cn/zhengcehuobisi/125207/125227/125957/index.html.

本章小结

1.货币政策是指中央银行为影响经济活动所采取的措施，尤指控制货币供给以及调控利率的各项措施。

2.货币政策的最终目标是中央银行通过货币政策操作而最终要达到的宏观经济目标，包括稳定物价、充分就业、经济增长和国际收支平衡，其中除了充分就业与经济增长正相关外，其余目标之间都存在着矛盾。中央银行在进行货币政策目标选择时就要根据本国情况而有所侧重。

3.货币政策的中间目标是中央银行在一定时期内和某种特定的经济状况下，能够以一定的精确度达到的目标，其选择标准为可测性、可控性和相关性。基于此，可供选择的中间目标有利率、货币供应量、银行信贷规模和汇率。

4.货币政策的操作目标是中央银行通过货币政策工具能够准确有效地实现的经济变量，包括货币市场利率、商业银行准备金和基础货币。

5.一般性货币政策工具是指中央银行对整个社会的货币供应量或信用总量进行控制和调节的常规手段，即中央银行的三大法宝——法定准备金政策、再贴现政策和公开市场操作。

6.货币政策的传导机制是中央银行根据货币政策目标，运用货币政策工具，通过金融机构的经营活动和金融市场传导至企业和居民，对其生产、投资和消费等行为产生影响的过程。

7.货币政策效应是指中央银行执行一定的货币政策之后，社会经济领域所作出的具体现实反应或货币政策最终目标的实现程度，它包括货币政策的数量效应和时间效应两部分。

10.1 单项选择题

1.下列关于货币政策最终目标之间关系的描述正确的是（　　）。

A.稳定物价与充分就业正相关

B.充分就业与经济增长正相关

C.经济增长与稳定物价正相关

D.国际收支平衡与充分就业正相关

2.当中央银行降低再贴现率时，商业银行（　　）。

A.相应降低企业贷款利率　　　　B.相应提高企业贷款利率

C.不会改变企业贷款利率　　　　D.借款成本增加

3.下列货币政策操作中，能引起货币供应量增加的是（　　）。

A.提高法定准备金率　　　　　　B.提高再贴现率

C.降低再贴现率　　　　　　　　D.中央银行在公开市场上卖出债券

4.以下不属于直接信用控制的是（　　）。

A.信用分配　　　　　　　　　　B.利率高限

C.流动性比率　　　　　　　　　D.窗口指导

5.如果货币政策的外部时滞过长，则（　　）。

A.中央银行无法知道何时采取调整行动

B.中央银行无法制定经济形势需要的货币政策

C.经济活动不能如期得到调整

D.经济主体不能对货币政策产生反应

10.2 多项选择题

1.货币政策中间目标的选取标准是（　　）。

A.适应性　　　　　　　　　　　B.可测性

C.相关性　　　　　　　　　　　D.可控性

2.货币政策的最终目标包括（　　）。

A.稳定物价　　　　　　　　　　B.充分就业

C.经济增长　　　　　　　　　　D.国际收支平衡

3.货币政策的操作目标包括（　　）。

A.货币市场利率　　　　　　　　B.商业银行准备金

C.基础货币　　　　　　　　　　D.货币供应量

4.货币政策时滞包括（　　　）。

A.认识时滞　　　　　　　　　　B.行动时滞

C.操作时滞　　　　　　　　　　D.市场时滞

10.3　思考题

1.什么是货币政策的最终目标？如何理解各目标之间的关系？

2.货币政策中间目标的选择标准如何？请列举几种可供选择的中间目标？

3.什么是货币政策的操作目标？货币市场利率作为操作目标有哪些优缺点？

4.什么是一般性政策工具？它与选择性政策工具和其他政策工具的区别如何？

5.货币政策的传导机制有几种？试述每种机制下货币政策是如何传导到实体经济的。

6.举例说明如何判断货币政策的实施效果？影响货币政策效应的因素都有哪些？

第十一章

金融创新与金融监管

学习指南

【学习目标】

伴随着经济发展的金融发展，以形形色色的金融创新为特征和具体表现。与此同时，金融风险是金融的永恒话题，现代金融更是以风险管理为核心。防范化解金融风险的需求导致了现代金融监管体系的发展。通过本章的学习，了解金融创新和金融监管的基本含义；理解金融创新和金融监管的主要内容；掌握金融创新与金融监管的相互关系；了解我国金融创新与金融监管的发展状况。

【关键概念】

金融创新　金融监管　存款保险制度　紧急救援

引例

建立粤港澳大湾区金融监管协调机制

随着粤港澳大湾区和 CEPA 建设的推进，粤港澳金融合作不断加强，跨境互设的金融机构持续增多，跨境金融创新产品不断丰富，跨境资金流动日益频繁。粤港澳金融合作为扩大区域货物、服务贸易和跨境投融资提供了便利，促进了货物、资本、人员在广东与港澳地区之间的流动。《粤港澳大湾区发展规划纲要》的正式发布，更开创了粤港澳经济社会融合发展的新局面。与此同时，伴随着粤港澳金融合作的深入推进，金融机构跨境监管套利、跨境金融风险交叉传染、跨境资金异常流动等金融风险隐患日益突出。然而，目前粤港澳之间尚未建立紧密的、常态化的监管协调机制，不利于共同防范和应对系统性金融风险。为促进粤港澳大湾区更紧密金融关系的健康发展，宜建立粤港澳大湾区金融监管协调机制，完善粤港澳金融风险防控体系，守住不发生系统性金融风险的底线。

※给现行体制带来新的挑战

一是金融机构跨境监管套利的挑战。随着金融机构跨境互设趋于自由化，粤港澳金融机构跨境互设增多。截至2018年末，粤港澳金融机构互设的分支机构已超过200家，且广东省部分金融机构通过在港澳新设或收购金融机构，获取金融"全牌照"，出现金融混业经营趋势。由于粤港澳之间在监管框架和监管方式上存在较大差别，跨境互设金融机构以及混业经营形成趋势，可能引发监管套利等许多新的问题，增加跨境监管的难度。

二是跨境金融产品风险交叉传染的挑战。近年来，粤港澳地区金融同业业务合作不断加强，内地居民赴港购买保险、开立证券账户参与港股等新型跨境投融资活动进一步活跃。然而，跨境金融产品和金融活动存在监管主体不明、金融消费者权益保护缺失等风险。此外，由于缺乏统一的粤港澳金融风险处置机制，各金融监管部门难以系统地对跨境金融活动交叉性风险进行处置，风险的外溢及逃避监管现象无法得到有效遏制。

三是跨境资金异常流动的挑战。近年来，受国内经济增速下滑、人民币贬值压力加大等因素影响，广东跨境资金流出压力增大，资金异常流动风险上升。由于粤港澳间的贸易往来、资金流通日益频繁，异常资金通过港澳跨境转移的情况增多，异常资金流出渠道更加隐蔽，资金流出形式更加多样，加大了跨境资金流动管理难度。

※协调机制的主要举措

一是开展大湾区金融综合监管机制创新试点。支持在粤港澳大湾区开展金融综合监管机制创新试点，探索金融综合监管创新，国家金融监管部门将部分贴近市场、便利产品创新的监管职能下放至在粤金融监管部门和金融市场组织机构，加强跨部门、跨行业、跨市场的金融业务监管协调和信息共享。

二是建立粤港澳金融监管联席会议制度。建议国务院授权在广东省试点建立粤港澳金融监管联席会议制度，联席会议成员单位由中央驻粤金融监管部门、地方金融监管部门、香港金管局、澳门金管局等组成。联席会议主要职责包括：构建三地金融监管信息交流机制，建立金融机构跨境经营风险、突发性重大风险事件的应急处理机制，建立金融消费者权益保护的合作机制，完善广东与港澳地区跨境资金流动的监测机制，以及完善粤港澳反洗钱、反恐怖融资监管合作机制等。

三是建立粤港澳金融监管信息共享平台。推动大湾区内金融监管信息系统的对接和数据交换，探索建设粤港澳金融监管信息共享平台，实现三地金融监管部门日常金融监管信息的交流和共享，完善区域金融业综合统计体系、经济金融调查统计体系和分析监测及风险预警体系，及时提示金融风险，健全金融突发事件应急处置机制，提高监管效率。

四是强化金融产品和业务创新的监管。借鉴香港的经验，在粤港澳大湾区探索建立适合中国国情的金融创新产品监管制度，确立适合国情的金融创新产品监管模式，试点推行金融"监管沙盒"，试点建立粤港澳跨境金融产品登记备案中心，形成对跨境金融活动的统一监督体系，强化对跨境金融活动的金融消费权益保护，引导跨境投融资需求更加透明化、公开化。

五是完善跨境资金流动的监测分析机制。建立健全跨境资金流动管理的法律法规，完善相关业务数据系统和事中、事后监管的长效机制，探索借助大数据、云计算提高跨境资金监管的针对性和有效性，守住不发生系统性风险的底线，维护大湾区金融市场稳定。

资料来源：中国人民银行广州分行. 央行金融稳定局局长王景武：建立粤港澳大湾区金融监管协调机制［EB/OL］.［2019-03-21］. http：//guangzhou.pbc.gov.cn/guangzhou/129196/134740/ 3778149/3791279/index.html.

那么，什么是金融监管？金融监管是如何产生的？在金融创新日益繁多的情况下，金融监管如何在后危机时代扮演重要的角色？本章将进行相应的阐述。

第一节　金融创新

一、金融创新的概念及理论基础

（一）金融创新的概念

对金融创新，目前国内外尚无统一的解释。有关金融创新的定义，大多是根据美籍奥地利著名经济学家熊彼特（Joseph Alois Schumpeter，1883—1950）的观点衍生而来。熊彼特于1912年在其成名作《经济发展理论》（Theory of Econoforc Development）中对创新所下的定义是：创新是指新的生产函数的建立，也就是企业家对企业要素实行新的组合。

按照这个观点，创新包括技术创新（产品创新与工艺创新）与组织管理上的创新，因为两者均可导致生产函数或供应函数的变化。具体地讲，创新包括五种情形：新产品的出现；新工艺的应用；新资源的开发；新市场的开拓；新的生产组织与管理方式的确立，也称为组织创新。

金融创新是指金融内部通过各种要素的重新组合和创造性变革所创造或引进的新事物。金融创新的定义虽然大多源于熊彼特经济创新的概念，但各个定义的内涵差异较大，总括起来对于金融创新的理解有三个层面。

1.宏观层面的金融创新

宏观层面的金融创新是将金融创新与金融史上的重大历史变革等同起来，认为整个金融业的发展史就是一部不断创新的历史，金融业的每项重大发展都离不开金融创新。

从这个层面上理解，金融创新有如下特点：金融创新的时间跨度长，可将整个货币信用的发展史视为金融创新史，金融发展史上的每一次重大突破都被视为金融创新；金融创新涉及的范围相当广泛，不仅包括金融技术的创新，金融市场的创新；金融服务、产品的创新，金融企业组织和管理方式的创新，金融服务业结构上的创新，而且包括现代银行业产生以来有关银行业务，银行支付和清算体系，银行的资产负债管理乃至金融机构，金融市场，金融体系，国际货币制度等方面的历次变革。如此长的历史跨度和如此广的研究空间使得金融创新研究可望而不可即。

2.中观层面的金融创新

中观层面的金融创新指20世纪50年代末、60年代初以后，金融机构特别是银行中介功能的变化，它可以分为技术创新、产品创新以及制度创新。

技术创新是指制造新产品时，采用新的生产要素或重新组合要素、生产方法、管理系统的过程。产品创新是指产品的供给方生产比传统产品性能更好，质量更优的新产品的过程。制度创新是指一个系统的形成和功能发生了变化，而使系统效率有所提高的过程。从这个层面上，可将金融创新定义为：政府或金融当局和金融机构为适应经济环境的变化和在金融过程中的内部矛盾运动，防止或转移经营风险和降低成本，为更好地实现流动性，安全性和盈利性目标而逐步改变金融中介功能，创造和组合一个新的高效率的资金营运方式或营运体系的过程。中观层次的金融创新概念不仅把研究的时间限制在20世纪60年代以后，而且研究对象也有明确的内涵，因此，大多数关于金融创新理论的研究均采用此概念。

3.微观层面的金融创新

微观层面的金融创新指金融工具的创新。

金融工具的创新大致可分为四种类型：信用创新型，如用短期信用来实现中期信用以及分散投资者独家承担贷款风险的票据发行便利等；风险转移创新型，包括能在各经济机构之间相互转移金融工具内在风险的各种新工具，如货币互换、利率互换等；增加流动创新型，包括能使原有的金融工具提高变现能力和可转换性的新金融工具，如长期贷款的证券化等；股权创造创新型，包括将债权转为股权的各种新金融工具，如附有股权认购书的债券等。

（二）金融创新的理论基础

金融创新的理论是关于金融创新原因和影响的理论。从金融创新形成的原因分析，金融创新大多源于政府严格监管的逆效应、高通货膨胀的压力和高新技术的发展。在金融创新形成浪潮时，西方经济学家对此进行研究，并提出了各种理论。

1.西尔柏的约束诱导型金融创新理论。

西尔柏（W.L.Silber）主要是从供给角度来探索金融创新。西尔柏研究金融创新是从寻求利润最大化的金融公司创新最积极这个表象开始的，由此归纳出金融创新是微观金融组织为了寻求最大的利润，减轻外部对其产生的金融压制而采取的"自卫"行为。西尔柏认为，金融压制来自两个方面：其一是政府的控制管理；其二是内部强加的压制。金融机构的外部制约是金融当局的各种监管和制约，以及金融市场上的一些约束；内部制约是指传统的增长率、流动资产比率、资本率等管理指标。

2.凯恩的规避型金融创新理论

凯恩（E.J.Kane）提出了"规避"的金融创新理论。所谓"规避"，就是指对各种规章制度的限制性措施实行回避。"规避创新"则是回避各种金融控制和管理的行为。它意味着当外在市场力量和市场机制与机构内在要求相结合，回避各种金融控制和规章制度时就产生了金融创新行为。"规避"理论非常重视外部环境对金融创新的影响。从"规避"本身来说，也许能够说明它是一些金融创新行为的源泉，但是"规避"理论似乎太绝对和抽象化地把规避和创新逻辑地联系在一起，而排除了其他一些因素的作用和影响，其中最重要的是制度因素的推动力。

3.希克斯和尼汉斯的交易成本创新理论

希克斯（J.R.Hicks）和尼汉斯（J.Niehans）提出的金融创新理论的基本命题是"金融创新的支配因素是降低交易成本"。这个命题包括两层含义：降低交易成本是金融创新的首要动机，交易成本的高低决定金融业务和金融工具是否具有实际意义；金融创新实质上是对科技进步导致交易成本降低的反应。交易成本理论把金融创新的源泉完全归因于金融微观经济结构变化引起的交易成本下降，是有一定的局限性的。因为它忽视了交易成本降低并非完全由科技进步引起，竞争也会使得交易成本下降，外部经济环境的变化对降低交易成本也有一定的作用。

4.制度学派的金融创新理论

以戴维斯（S.Davies）、塞拉（R.Sylla）和诺斯（North）等为代表的制度学派的金融创新理论认为，作为经济制度的一个组成部分，金融创新应该是一种与经济制度互为影响、互为因果关系的制度改革。该学派还认为，金融创新并不是20世纪电子时代的产物，而是与社会制度紧密相关的。政府的监管与干预行为本身已经包含着金融制度领域的创新。

5.理性预期理论

理性预期学派是从货币学派分离出来的一个新兴经济学流派，最早提出理性预期思想的是美国经济学家约翰·穆斯。20世纪70年代初，卢卡斯正式提出了理性预期理论。理性预期理论认为：人们在看到现实即将发生变化时倾向于从自身利益出发，作出合理的、明智的反应；那些合理的明智的反应能够使政府的财政政策和货币政策不能取得预期的效果。

6.格林和海伍德的财富增长理论

格林（B.Green）和海伍德（J.Haywood）认为财富的增长是决定金融资产和金融创新需求的主要因素。该理论认为，科技的进步会引起财富的增加，随着财富的增加，人们要求规避风险的愿望增加，这促使金融业发展，而金融资产的日益增加又导致了金融创新。

二、金融创新的历史发展

（一）20世纪60年代以规避金融管制为目的的金融创新

20世纪60年代，各国对金融领域实行了严格的管制，因此，这一时间段的金融创新主要以规避金融管制为目的。规避管制式金融创新概览见表11-1。

表11-1 规避管制式金融创新概览

创新时间	创新内容	创新目的	创新者
20世纪50年代末	外币掉期	转嫁风险	国际银行机构
1958年	欧洲债券	突破管制	国际银行机构
1959年	欧洲美元	突破管制	国际银行机构
20世纪60年代初	银团贷款	分散风险	国际银行机构
	出口信用	转嫁风险	国际银行机构
	平行贷款	突破管制	国际银行机构
	可转换债券	转嫁风险	美国
	自动转账	突破管制	英国

创新时间	创新内容	创新目的	创新者
1960年	可赎回债券	增强流动性	英国
1961年	可转让存款单	增强流动性	英国
	负债管理	创造信用	英国
20世纪60年代末	混合账户	突破管制	英国
	出售应收账款	转嫁风险	英国
	福费廷	转嫁风险	国际银行机构

（二）20世纪70年代以转嫁风险为目的的金融创新

进入20世纪70年代，电子计算机技术进步并在金融行业迅速推广，金融当局开始放松管制。在进入中后期以后，西方国家普遍出现"滞胀"及随之而来的高利率；同时，"石油危机"造成全球能源价格大幅上涨，形成金融"脱媒"现象，风险加剧。因此，这一时间段的金融创新主要以转嫁风险为目的。转嫁风险式金融创新概览见表11-2。

表11-2　　　　　　　　　**转嫁风险式金融创新概览**

创新时间	创新内容	创新目的	创新者
1970年	浮动利率票据（FRN）	转嫁利率风险	国际银行机构
	特别提款权（SDR）	创造信用	国际货币基金组织
	联邦住宅抵押贷款	信用风险转嫁	美国
1971年	证券交易商自动报价系统	新技术运用	美国
1972年	外汇期货	转嫁汇率风险	美国
	可转让支付账户命令（NOW）	突破管制	美国
	货币市场互助基金（MMMF）	突破管制	美国

创新时间	创新内容	创新目的	创新者
1973年	外汇远期	转嫁信用风险和利率风险	国际银行机构
1974年	浮动利率债券	转嫁利率风险	美国
20世纪70年代中期	与物价指数挂钩的公债	转嫁通胀风险	美国
1975年	利率期货	转嫁利率风险	美国
1978年	货币市场存款账户（MMDA）	突破管制	美国
1978年	自动转账服务（ATS）	突破管制	美国
20世纪70年代末期	全球性资产负债管理	防范经营风险	国际银行机构

（三）20世纪80年代以防范风险为目的的金融创新

1980年以后，各国普遍放松管制，金融自由化增强，出现了利率自由化、金融机构自由化、金融市场自由化、外汇交易自由化。在此基础上，金融风险大大增强，因此，这一时间段的金融创新主要以防范风险为目的。防范风险式金融创新概览见表11-3。

表11-3　　　　　防范风险式金融创新概览

创新时间	创新内容	创新目的	创新者
1980年	债务保证债券	防范信用风险	瑞士
1980年	货币互换	防范汇率风险	美国
1981年	零息债券	转嫁利率风险	美国
1981年	双重货币债券	防范汇率风险	国际银行机构
1981年	利率互换	防范利率风险	美国
1981年	票据发行便利	创造信用	美国

创新时间	创新内容	创新目的	创新者
1982年	期权交易	防范市场风险	美国
	期指期货	防范市场风险	美国
	可调利率优先股	防范市场风险	美国
1983年	动产抵押债券	防范信用风险	美国
1984年	远期利率协议	转嫁利率风险	美国
	欧洲美元期货期权	转嫁利率风险	美国
1985年	汽车贷款证券化	创造风险	美国
	可变期限债券	创造信用	美国
	保证无损债券	减少风险	美国
1986年	参与抵押债券	分散风险	美国

（四）20世纪90年代以后的各种金融创新并举

进入20世纪90年代以后，世界经济发展的区域化、集团化和国际金融市场的全球一体化、证券化趋势增强，国际债券市场和衍生品市场发展迅猛，新技术广泛使用，金融市场结构发生了很大变化。因此，这一时间段的金融创新层出不穷，花样繁多。从金融创新的宏观生成机理来看，金融创新都是与经济发展阶段和金融环境密切联系在一起的。

三、金融创新的内容

金融创新的种类繁多、范围广泛、速度飞快。一般情况下，金融创新的内容可以分为金融业务的创新、金融市场的创新和金融工具的创新。

（一）金融业务的创新

1.负债业务的创新

负债业务的创新主要发生在20世纪60年代以后。各商业银行通过创新一些新负债工具，一方面规避了政府的管制，另一方面也增加了银行的负债来源。其主要有：大额可转让定期存单、可转让支付命令账户、自动转账服务、货币市场存款账户、协定账户、其他创新业务（如股金汇票账户、个人退休金账户及货币市场存单等）。

2.资产业务的创新

资产业务的创新主要包括：一是消费信用，分为一次偿还的消费信用和分期偿还的消费信用；二是住宅放款，主要有固定利率抵押放款、浮动利率抵押放款和可调整的抵押放款；三是银团贷款；四是其他资产业务的创新，如平行贷款、分享股权贷款、组合性融资等。

3.中间业务的创新

银行中间业务的创新改变了银行传统的业务结构，增强了竞争力。其主要有：信托业务，包括证券投资信托、动产和不动产信托、公益信托等；租赁业务，包括融资性租赁、经营性租赁、杠杆性租赁及双重租赁等。

4.清算系统的创新

清算系统的创新包括信用卡的开发与使用，电子计算机转账系统的应用等。

（二）金融市场的创新

金融市场的创新一方面是指欧洲货币市场上金融工具的创新，另一方面是指衍生金融市场上金融工具的创新及衍生金融工具定价理论的发展。

1.金融工具创新

（1）欧洲货币市场上的金融创新。在欧洲货币市场上，创新的金融工具主要是贷款工具。其主要有：多种货币贷款、平行贷款、背对背贷款、浮动利率债券、票据发行便利和远期利率协议等。

（2）金融衍生市场上的金融创新。金融衍生市场也称为派生市场，是相对于基础市场而言的，基础市场包括商品市场、资金市场、证券市场等。金融衍生市场上的金融工具称为衍生金融工具，它们是一种双边合约，其价值取决于基础市场商品或资产的价格及其变化。按合约买方是否有选择权，分为远期类和期权类衍生工具。远期类合约有两个特征：一是合约涉及的商品或金融资产的交割日是未来的某一天；二是合约签订时的价值为零，这类合约的形式主要有远期合约、期货合约和互换合约。期权类合约的特点是：合约买方在履行合约上具有选择权；合约签订时就已经具有价值。这类合约的形式主要有期权合约、利率上限与下限和互换期权。此外，在衍生金融工具市场上，还存在其他类型的工具，如商品派生债券、指数货币期权凭证、弹性远期合约等。

2. 衍生金融工具的定价模型

伴随衍生金融工具的不断创新和发展，对衍生金融工具定价理论的研究也在不断发展和完善。衍生金融工具的定价模型主要有两类：一是远期类合约定价模型；二是期权类合约定价模型。其中，期权定价模型近年来取得了很大发展。

历史上，期权定价模型有两类：一类是特定模型，是根据实际观测和曲线拟合程度来确定期权价格，这种模型无法反映经济均衡对期权价格的影响；另一类是均衡模型，是根据市场参与者效应最大化来确定期权价格。20世纪60年代以来，这一类期权定价理论模型得到了不断发展和完善，尤其是1973年由美国经济学家默顿和斯科尔斯以及布莱克提出的期权定价模型为期权定价理论的发展作出了巨大的贡献，创立了布莱克-斯科尔斯期权定价模型。默顿和斯科尔斯也因此获得了1997年的诺贝尔经济学奖。布莱克-斯科尔斯期权定价模型与以往期权定价公式的重要区别在于只依赖于可观察到的或可估计出的变量，即可成功指导期权投资。

（三）金融制度的创新

1. 非银行金融机构种类和规模迅速增加

各种保险公司、养老基金、住宅金融机构、金融公司、信用合作社、投资基金等成为非银行金融机构的主要形式。

2. 跨国银行得到发展

二战后，跨国公司的出现和发展壮大为跨国银行的发展提供了可能。各国大银行争相在国际金融中心设立分支机构，同时在业务经营上实现业务的电子化、全能化和专业化。

3. 金融机构之间出现同质化趋势

由于金融机构在业务形式和组织机构上的不断创新，银行与保险、信托、证券等非银行金融机构之间的职能分工界限逐渐变得越来越不清楚，各国的金融机构正由分业经营向综合化方向发展。即使分业经营历史最长久的美国也不例外。

4.金融监管的自由化与国际化

由于金融创新，全球金融监管出现自由化倾向。同样由于金融创新，金融风险在不断加大，各国政府的金融监管更注重国际协调与合作。

四、我国金融创新的现状

随着我国经济体制改革的逐步推进，金融改革的步伐也日益加快。金融创新经过三四十年的发展，取得了巨大的成绩，主要体现在以下几个方面：

（一）组织制度的创新

建立了统一的中央银行体制，形成了四家国有控股商业银行和十多家全国性股份制银行为主体的存款货币银行体系，城市信用社改成城市商业银行。建立了多家非银行金融机构和保险机构，放宽了外资银行分支机构和保险业市场进入条件，初步建立了外汇市场，加快了开放步伐。

（二）管理制度的创新

1.中央银行

中央银行从纯粹的计划金融管制转变为金融宏观调控，调控方式由计划性、行政性手段为主的宏观调控向经济和法律手段转变，调控手段上逐步启用存款准备金、公开市场业务等货币政策工具，加快了外汇改革，实现了人民币经常项目下的可兑换。

2.金融管制

对金融机构业务管制有所放松，各商业银行可以开办城乡人民币、外汇等多种业务，公平竞争；企业和银行可以双向选择。对信贷资金的管理从实行"切块管理，实存实贷，存贷挂钩"等措施，到1980年改为"统一计划，分级管理，存贷挂钩，差额控制"，1985年改为"统一计划，划分资金，实存实贷，相互融通"；1994年改为"总量控制，比例管理，分类指导，市场融通"的管理体制。此外，对国有银行以外的其他金融机构实行全面的资产负债比例管理；1998年对国有商业银行也实行资产负债比例管理。

（三）金融市场的创新

建立了同业拆借，商业票据和短期政府债券为主的货币市场；建立了银行与企业间外汇零售市场、银行与银行间外汇批发市场、中央银行与外汇指定银行间公开操作市场相结合的外汇统一市场。在资本市场方面，建立了以承销商为主的一级市场，以深沪证券市场为核心、以城市证券交易中心为外围、以各地券商营业部为网络的二级市场。

（四）金融业务与工具的创新

从负债业务上看，出现了三、六、九个月的定期存款、保值储蓄存款、住房储蓄存款、委托存款、信托存款等新品种；从资产业务上看，出现了抵押贷款、质押贷款、按揭贷款等品种；在中间业务上出现了多功能的信用卡。从金融工具上看，主要有国库券、商业票据、短期融资债券、回购协议、大额可转让存单等资本市场工具和长期政府债券、企业债券、金融债券、股票、受益债券、股权证、基金证券等。

（五）金融技术的创新

在技术上，我国的金融行业出现了以上海、深圳证券交易所为代表的电子化装备。

从我国的创新历程可以发现，我国金融创新有如下特征：吸纳性创新多，原创性创新少；创新层次低，主要表现为数量扩张；负债类业务创新多，资产类业务创新少；区域特征明显，经济特区和沿海城市金融管制相对较松，市场比较活跃，创新比较集中；金融创新靠外力推动，内部驱动不足，创新主要由体制转换和改革等外因推动；资金滞留在一级市场多，进入实体经济少。

阅读资料11-1

美国次贷危机与金融创新

自1973年美元与黄金脱钩后，国际货币制度成为美元本位，实质上是信用本位。这促进了美元的大量发行，全球流动性过剩成为一个基本态势。2000年以来美国实行了宽松的货币政策，直接促成了2001年至2005年房地产市场的繁荣。随着美国经济的反弹和通胀压力增大，从2004年开始，美联储启动了加息周期，借款人的贷款利息负担大大加重，特别是次级贷款的借款人主要是抗风险能力弱的低收入人群，很多人在此情况下无力还款，房贷违约率上升，刺破了房地产市场的泡沫。住房抵押贷款公司的坏账开始积累，次级住房抵押贷款市场开始萎缩，以次级住房抵押贷款为基础资产的各类金融衍生品的质量开始下降，评级开始下调，而当持有这些金融衍生品的个人和机构开始大量抛售，其他相关金融市场开始受到负面影响时，次贷危机便产生了。

美国次贷危机的爆发，第一次显现出金融创新及其衍生产品所蕴藏的巨大破坏力。资产证券化是近30年来国际金融市场最重要的金融创新之一，已成为全球主要金融机构的重要业务构成和收入来源。在美国，大量的住房市场资产被金融机构证券化，与住房贷款特别是次级抵押贷款相关的证券化产品发展迅速，规模不断壮大，令人眼花缭乱。投资银行通过资产证券化这一金融创新工具，将同类性质的按揭贷款处理成债券形式在次级债券市场出售。最具代表性的金融创新产品是所谓的债务抵押证券（CDO），它是将基于次级按揭的 MBS（按揭支持证券）再打包发行的证券化产品，这一过程被称为二次证券化。在这次证券化过程中，基础资产池中的信用风险不同程度地转移到不同档次的 CDO 投资者手中。此外，以信用违约互换（CD_s）为代表的金融创新产品在风险转移过程中也发挥了重要作用。一方面，CD_s 可以用于高级档 CDO 的信用增强，将信用风险转移给信用保护出售者，进而获得资本市场准入；另一方面，CD_s 也可以被信用保护出售者用于构造高风险的合成 CDO，以承担次级按揭风险来获取高收益。金融创新产品让风险转移进一步市场化，扩散更广。金融创新与危机产生和传导密切相关，金融创新产品使金融体系信用风险承担总量增加，导致了信用风险由信贷领域转移到资本市场，进而传导到更加广泛的投资者。同时，评级机构对于这次危机的爆发负有不可推卸的责任，对于那些高风险的投资产品，评级机构仍然给出了 AAA、AA、A 的评级。一般投资者无法弄清这些金融创新产品的风险，只能通过评级机构的评级作出投资决策和进行投资组合的调整，然而评级机构不负责任的评级给投资者带来了巨大的损失。美国金融监管者对房贷机构的监管不够，美联储一边持续加息，另一边却继续鼓励贷款机构开发并销售可调整利率房贷，让许多具有高风险的衍生工具不断扩散，政府还把对次级房贷债券这种金融衍生品的评估和监督责任完全抛给私人债券评级机构，给这些私人机构留下了太多的操作空间。

因此，金融创新和金融监管是密不可分的，要发挥金融创新的积极作用必须加强金融监管，应从制度创新、业务创新和组织创新这三个层面加强金融监管，构建稳健、高效、持续发展的金融体系。

资料来源：刘冰. 由次贷危机看金融创新 [J]. 市场研究，2011 (11).

第二节　金融监管

金融监管是金融监督和金融管理的复合词。其中，"监"是监督，"管"是管理。金融监督是指一国或一个地区的金融主管当局对该国或该地区金融市场运行状况进行全面系统的检查督促，并以此促进金融机构依法稳健的经营、安全可靠的健康发展。金融管理是金融主管当局依法对辖区金融市场进行管理，包括：市场体系的构建、市场规则的制定和对市场违规行为的处罚；同时，对金融机构及其经营活动实行领导、组织、协调和控制等。金融监管一词在实际使用中，一般都包括了两个词的复合内容，但更偏重于金融监督。

金融监管有狭义和广义之分，**狭义的金融监管是金融监管当局依据国家法律法规对整个金融业（包括金融机构以及金融机构在金融市场上的所有业务活动）实行监督管理，而广义的金融监管是除上述监管之外，还包括金融机构的内部控制与稽核、行业自律性组织的监管及社会中介组织的监管等。**

一、金融监管的目标

金融监管的总体目标是在一定约束条件下追求最优的效果，在稳定、公正、效率三者间寻找均衡，具体而言，主要表现在以下方面：

（一）保护社会公众的利益

银行存款人、证券市场普通投资者及其他金融机构的公众客户作为风险的承受者在信息、资金规模等方面不占优势，而这个庞大的群体同时也是市场的基础，为此金融监管机构对他们的合法权益应加以保护。

（二）保障金融体系的稳定和安全

金融监管机构要建立和维护金融交易秩序，监督金融机构稳健经营，降低和防范金融风险，维护对金融体系的信心，防止系统危机和市场崩溃的发生。

（三）维护金融体系公平而有序的竞争

金融业的过度竞争会引起经营行为扭曲、经营风险增大，造成金融体系的不稳定；相反，竞争不足则会导致行业垄断，使金融体系运行效率低下。金融监管的目的就是创造一个合法、平等的竞争环境，维护金融业在合理、有序的竞争中高效运行发展。

（四）保持金融活动与宏观调控的一致性

个人、企业和金融机构的运营都是以营利为目的的，这使得金融活动经常与国家的金融政策不一致，出现微观金融活动与宏观金融政策相矛盾，抵消甚至破坏国家宏观调控的实施效果。因此，必须通过金融监管，使金融机构的经营活动符合国家的政策导向，保证国家宏观调控的顺利实施。

二、金融监管的原则

要使监管的动机与效果取得一致，实现有效监管，应遵循以下原则：

1.独立原则

金融监管机构或部门应保持相对的独立性，在职责明确的前提下，拥有制定监管条例和日常操作上的自主权，以避免受到某些利益集团或地方政府的影响或干预。

2.适度原则

金融监管机构的职能空间必须得到合理界定。金融监管应以保证金融市场内在调节机制正常发挥作用为前提。监管不应干扰市场的激励-约束机制：一方面，监管机构不能压制富有活力的、正当的市场竞争；另一方面，不应承诺将采取措施拯救竞争中的失败者，因为监管的存在并不排除金融机构倒闭的可能性。监管不是阻碍竞争的优胜劣汰，而是为公平、有序的竞争创造条件。

3.依法原则

金融监管必须有法律依据，并依法实施。金融监管者也应该受到约束和监督，以防止出现监管过度或监管松懈。监管过度是指监管者为了自身的声望或利益而过于强化监管；监管松懈则可能是因为监管者被俘虏，与被监管者达成共谋，或是放松监管，以免与被监管者发生冲突。因此，法律部门对监管者的行为也要予以制约。

4.效率原则

金融监管必须建立"成本–效益"观念，尽可能降低监管成本，减少社会支出。这就要求精简监管体系，提高监管人员的整体素质，在监管工作中讲究实效；对监管方案进行优选，并采用现代化的先进技术手段。

5.动态原则

金融监管应与金融发展保持同步，以免成为限制金融业发展的羁绊。监管机构应尽快对不适应金融发展新形势的规则进行修订，避免压制金融创新的积极性。监管机构还应具备一定的前瞻性，把握金融市场走向和金融结构的演变趋势，提前作出相应的准备，缩短监管时滞，提高监管的事前性和先验性。

三、金融监管的内容

金融监管当局对金融机构监督管理的主要标准和依据是金融法规，如果离开了金融法规，各种金融机构的行为就失去了法律的规范、保障和约束，管理当局也失去了进行金融监管的手段和依据，可以说金融法规是金融监管的前提。各国监管当局对金融机构的监管内容各不相同，但通常可归为两大类：一类是预防性管理，另一类是保护性管理。

（一）预防性管理

1.市场准入管理

市场准入管理是指一国金融监管机构对拟设立的金融机构的资格进行批准审查的管理行为。由于金融机构自身的特点，不管哪个国家，对新设立的金融机构都必须经主管当局批准，只有符合法律法规的要求才能营业。市场准入管理的目的在于防止不合格的成员或素质过低的成员进入金融行业，以保证金融机构对金融风险有较强的抵御能力。

例如，《商业银行法》第十三条规定："设立全国性商业银行的注册资本最低限额为10亿元人民币。设立城市商业银行的注册资本最低限额为1亿元人民币，设立农村商业银行的注册资本最低限额为5 000万元人民币。注册资本应当是实缴资本。国务院银行业监督管理机构根据审慎监管的要求可以调整注册资本最低限额，但不得少于前款规定的限额。"德国则要求，申请开业的银行管理人员必须是在德国一家中等规模以上的银行从事过3年以上银行工作的有经验人员，申请开业银行的经理人员中至少有两人是全日负责工作，即实行"第四眼原则"，否则拒发执照。

2.资本充足性管理

资本状况是金融机构抗风险能力的重要标志。近年来，由于金融危机频繁发生，大量不良贷款出现，许多银行倒闭，因此资本问题越来越受关注。各国金融监管当局纷纷要求对本国金融机构的资本充足性作出一些硬性的规定，以保护存款人的利益和金融体系的安全。其中，1988年，《巴塞尔协议》要求签约国银行的资本对其加权风险资产的比率（即资本充足率）不得小于8%，这一规定为世界上大多数国家所接受。

针对我国银行资本充足率普遍较低的状况，我国银行监管当局发布了一系列决定，包括商业银行一级资本充足率从4%上调至6%，资本充足率保持8%不变等。这些措施有效地增强了我国商业银行的资本充足率，使我国银行业逐步与国际标准接轨。

3.流动性管制

流动性是指金融机构随时能够满足存款人提现需求或贷款人贷款需求的能力。近年来国际上频发的银行危机表明，流动性不足越来越成为导致银行危机的重要原因，因此各国都对本国金融机构资产的流动性进行了一些规定。我国内地规定商业银行的流动性资产（一个月内可变现的负债）比例不得低于25%，而中国香港地区规定，商业银行必须持有占总资产25%以上的流动性较强的资产，这种资产可以在7天之内变现。

4.业务范围的限制

这在实行职能分工型银行制度和全能型银行制度的国家有较大的差别。例如，在德国，商业银行可经营任何金融业务，美国在大危机之后，《格拉斯-斯蒂格尔法案》将商业银行业务与投资银行业务分开，但1999年《金融服务现代化法案》的颁布打破了商业银行与投资银行之间的"金融防火墙"，它们之间的传统界限被取消。在当今经济金融化、金融一体化、金融创新层出不穷的形势下，全球银行业正在朝着混业经营和全能型银行迈进。

由于我国金融市场的发展不健全、金融监管能力低、法规不健全等原因，我国对金融机构一直实行分业经营、分业管理的政策，银行、证券、保险、信托业不准混业经营。按规定，商业银行不得从事信托投资和股票业务，不得投资于非自用不动产，不得向非银行金融机构和企业投资。

5.贷款风险控制

银行类金融机构主要是通过发放贷款来获得利润，由于追求利润最大化是金融机构的目标，因此这类金融机构通常会尽可能地将资金放于高收益的项目。但通常风险与收益是对称的，高收益通常意味着高风险，因此各国监管当局一般都加强对贷款风险的管理。从各国的情况来看，主要是通过分散风险的集中来对金融机构进行监管。如对单个客户的贷款，美国规定不得超过自有资本的10%，日本规定不得超过20%。而德国规定商业银行对任一客户的贷款超过其自有资本的15%应立即向监管当局报告。西方国家对与银行有关的人员的贷款监管也非常严格，美国规定不得以优惠条件向董事成员提供贷款，不得以优惠利率支付它们的存款利息，而德国规定非经所有银行经理的一致同意，银行不得对与银行有关的人员发放贷款。

我国也对控制金融机构贷款风险作了一些规定，如对同一借款人的贷款余额与商业银行资本余额最高比例不得超过10%，对关系人发放贷款加以限制，银行不得对关系人发放信用贷款，对关系人发放担保贷款的条件不得优于其他借款人等。

6.存款经营管理

大部分金融机构经营的基础是对存款人的负债。可以说，存款是金融机构进行正常经营的命脉，存款也是金融机构稳健经营的保障。因此，金融机构对存款经营的管理变得愈发重要。存款经营管理主要包括对存款种类及支付程序的管理，对存款利率的管理以及对存款人的保护。目前，随着我国利率市场化的不断进行，我国逐步放开了存款利率。同时我国也规定了银行办理储蓄存款应当遵循存款自愿、取款自由、存款有息、为存款人保密的原则。

7.准备金要求

金融机构的资本充足性、流动性与其准备金之间有着密切的内在关系，因此金融监管必须考虑准备金因素。监管当局的主要任务是确保金融机构的准备金是在充分考虑、谨慎经营和真实评价业务质量的基础上加以提取的。各国监管当局已经普遍认识到，准备金政策和方法的统一是国际金融体系公平竞争和稳健发展的一个重要因素。

（二）保护性管理

保护性管理包括存款保险制度和紧急救援两个方面。

1.存款保险制度

存款保险制度是指为了保护存款人的利益，维护金融体系的安全与稳定，吸收存款机构定期按照一定比例向存款保险机构交纳的保费，以便在非常之时由存款保险机构负责按照一定的比例赔付存款人，并对有问题机构进行处置的制度。这一制度的基本功能首先是保护存款人的利益。参加存款保险制度的存款机构经营破产不能支付存款时，将由保险机构在一定限度内代为支付。因此，它也具有了抑制存款挤兑、减少金融机构破产的作用。所以，存款保险制度的第二项功能是维护信用秩序，促进金融体系的稳定。

美国是世界上最早正式建立存款保险制度的国家。1933年，美国联邦保险公司的设立确立了现代存款保险制度的模式。20世纪70年代后，世界金融出现动荡不安的形势，一系列金融危机频频爆发，大部分国家和地区逐步认识到存款保险对于维护金融稳定的重要作用，因而根据自身国情相继建立了存款保险制度。目前全世界已有70多个国家和地区建立了存款保险制度。

（1）存款保险机构的组织形式。

各国的存款保险制度具体的组织形式各不相同。一种是政府创办存款保险机构，并提供资本，如美国、英国、加拿大等国。另一种是纯粹由金融机构同业组织建立的存款保险机构，是一种非政府的组织形式，但实际上这种形式的存款保险机构一般都会得到政府的重视和道义上的支持。实行这种组织形式的有法国、德国等。还有一种是由政府和金融机构共同出资组建的存款保险机构。日本、比利时、中国台湾地区采用这种形式。2002年4月1日起，日本正式取消银行存款保险制度。

（2）保险方式。

保险方式主要有强制保险和自愿保险两种。强制保险指凡在规定范围内的保险标的都必须投保。其优点是使所有的金融机构平等竞争，缺点是政府有过度干预之嫌。自愿保险是指保险方式与投保方在平等互利，协议自愿的基础上签订保险合同。其优点是可降低存款保险机构的道德风险，但同时也会造成逆向选择问题，即实力差、经营管理弱的金融机构更愿意加入存款保险体系，而实力强、经营稳健的金融机构则没有加入的动力。

（3）保险限额。

就世界上大多数国家来看，根据对存款人保护程度的不同，可将存款保险制度分为无限额承保制度（完全保护）和有限额承保制度（部分保护）。目前只有少数几个国家，如挪威、委内瑞拉，实行无限额承保制度，即对存款人的存款提供 100% 的保障，而有限承保制度既能向小储户提供全面的保护，又可使大储户承担一定风险，这在一定程度上解决了大储户的逆向选择的问题，因而绝大多数国家都实行有限额承保制度。例如，美国 1934 年存款保险赔付限额仅为 2 500 美元，直到 1980 年才将保险限额提高到了 10 万美元，2008 年金融危机爆发后，美国于 2010 年 7 月通过《多德弗兰克华尔街改革和消费者保护法》，将存款保险额度又由 10 万美元提高到 25 万美元；日本取消银行存款保险制度前的存款保险限额为 1 000 万日元，德国最高保额为每一存款银行自有资金的 30%；印度为 3 万印度卢比；阿根廷则根据存款种类和存户的不同区别对待；我国存款保险的最高偿付限额为 50 万元人民币。

（4）保险费率。

目前世界上大多数国家都采用统一费率制，即无论金融机构经营好坏，均按相同的费率交纳存款保险费。统一费率制简单易行，容易操作，但会增加银行进行高风险投资的道德风险。因为在统一费率制下，实力强、经营稳健的金融机构不愿意加入，而实力弱、经营差的金融机构更愿意加入存款保险体系。面对这样的问题，有些国家开始使用风险差别费率制，即根据该金融机构的经营状况，风险级别来征收保险费。美国从 1991 年开始实行风险差别费率制。风险差别费率制虽有助于减少道德风险问题，但在实际运作中面临着不少问题，如难以完全准确地对银行的风险状况进行辨别、评价和量化，或可能使实力已经较弱的银行再背上沉重的包袱等，这些都在进一步研究改进之中。

人民银行解读《存款保险条例》

2015年3月，《存款保险条例》签署公布，自2015年5月1日起施行。存款保险是市场经济条件下保护存款人利益的重要举措，是金融安全网的重要组成部分，对深化金融改革，维护金融稳定，促进我国金融体系健康发展起重要作用。条例的出台，为建立和规范存款保险制度提供了明确的依据。

存款保险的保费谁来交，按什么标准交？50万元的最高偿付限额是怎么确定的，偿付限额以上的存款是不是就没有安全保障了？在什么情况下存款人有权要求偿付被保险存款？2015年4月3日，人民银行金融稳定局副局长黄晓龙做客中国政府网，就条例与网友在线交流，并回答网友关心的问题。

1. 保障存款人权益促进银行业健康发展

"存款保险就是建立专门的存款保险基金，明确当个别金融机构经营出现问题的时候，可以依照规定对存款人进行及时偿付，保障存款人权益。"人民银行金融稳定局副局长黄晓龙在介绍存款保险制度时这样说。

我国银行业是金融业的主体，存款是老百姓的重要金融资产。切实加强对老百姓存款的保护，对维护金融稳定、促进银行业健康发展非常重要。

在保费问题上，黄晓龙介绍道："存款保险的保费是由银行业金融机构来交纳，存款人不需要交纳。"我国存款保险实行基准费率与风险差别费率相结合的制度，目的主要是为了促进公平竞争，形成正向激励，强化对投保机构的市场约束。

2. 条例推动金融改革

黄晓龙认为，建立存款保险制度，有利于促进银行改革发展，提升银行的竞争力和服务实体经济能力。在推动金融改革的意义上，可以说它是推动金融其他领域改革的一些支持和配套条件。

存款保险制度是金融安全网的重要组成部分。通过保障存款人的利益，可以为银行经营建立稳定的长效机制。

除此之外，存款保险可以通过保障存款人的利益，可以提高中小银行的信用，为大中小银行创造一个公平竞争的市场环境。存款保险制度建立之后，能够及时发现风险，使金融机构优胜劣汰，形成一个竞争性、可持续发展的金融体系。

3.存款保险制度不会引发存款搬家

我国存款保险制度的建立不会引发中小银行的存款搬家，黄晓龙从以下几方面对此进行解答。

第一，我们国家目前银行业经营状况良好，总体运行稳健，无论是资本充足率，还是银行的拨备覆盖都处于比较好的水平。

第二，建立存款保险制度做的是加法，是对现有的金融安全网是一个改善和加强，可以进一步提升银行业的稳健性。

第三，现在设定50万元的偿付限额，可以使99.63%的存款人（包括各类企业）得到全额的保护，能够充分保障存款人的利益和银行业的稳健运行。比如一些大额存款人，实际上跟银行的业务关系比较密切，存款稳定性较强，并且他们风险识别能力较强，不会轻易搬家。

第四，按照条例有关规定，即使个别机构经营出现问题，存款保险大多数情况下也是采取收购与承接等方式，用好的银行来收购出问题的银行，这样使存款人的存款，包括正常的业务都能够继续得到充分保障。

4.我国偿付限额高于国际水平

"确定偿付限额是存款保险制度涉及的一个非常重要的问题。"黄晓龙说。

从国际上看，偿付限额一般是人均国内生产总值（GDP）的2～5倍，考虑到我们国家居民储蓄倾向较高，而且储蓄很大程度上承担着医疗、教育等方面的社会保障功能，"我们国家在确定偿付限额的时候，设计了一个比较高的偿付限额，是50万元，大概是我国人均GDP的12倍，高于国际水平"。

5.超过50万元偿付限额不代表没有安全保障

50万元偿付限额是指同一存款人在同一家银行的多个存款账户合并计算，如果这个银行经营出现问题，最高可以偿付50万元。

50万元之内的款额都可以得到全额偿付。但也不是说50万元以上就没有保障了。黄晓龙这样回答网友的问题，"我国银行业总体来说是稳健的，出现风险的概率是比较低的。即使出现问题，存款保险机构也会采取收购承接等方法，尽量使存款人的存款以及业务得到保障。50万以上可以在清算财产中按照比例受偿"。

资料来源：马路平．人民银行解读《存款保险条例》［EB/OL］．［2015-04-03］．http：//www.gov.cn/xinwen/2015-04/03/content_2842731.htm.

2.紧急救援

紧急救援是当某一个金融机构出现清偿能力危机时，如果金融监管当局无意令其关门，就必须采取最后的援助和抢救行动，也即最后贷款人手段。紧急救援可以维护公众信心，并减少金融体系运作的不确定性，并尽量将金融机构破产倒闭的发生率和破坏性降到最低程度。各国对处于清偿能力危机的金融机构的紧急救援的手段各不相同，但大致可分为以下几种手段：

（1）提供贷款以解决支付能力问题。

这是最普遍、最常见的一种救助方式，具体办法是由金融监管当局直接贷款或与商业银行共同出资建立特别机构贷款，如美国、日本，由中央银行直接提供紧急援助贷款，而在英国，由英格兰银行与清算银行联合提供贷款。一般来说，各国金融监管当局对发生清偿能力危机的金融机构提供的紧急救援贷款的利率不同于日常官方贴现窗口的利率，而是按惩罚性利率直接提供的，所以高于贴现利率。

（2）接管。

财务困难、濒临破产危机的金融机构在继续经营状态下的价值一般大于立即破产清算价值，为保护债权人的利益，避免因金融机构倒闭造成震荡，监管当局可对其予以接管。监管当局成立接管组织强行介入危机的金融机构，行使经营管理权，以防止其资产质量和业务经营进一步恶化，争取恢复该金融机构的正常经营。在一定的接管期限内，被接管金融机构经过整顿、改组后可能恢复正常经营能力，可能被其他金融机构兼并或收购，也可能无法恢复正常经营或无法找到买家而最终破产。

（3）兼并。

由一家健康的金融机构对有问题的金融机构进行兼并不失为一种可取的措施。为了促成兼并，监管当局或存款保险机构将支付现金或以较高价格购买破产金融机构的部分不动产。

（4）破产清算。

当危机金融机构资不抵债、不能支付到期债务时，可向监管当局提出申请，由债权人等向法院提出破产，则被保险的储蓄者可得到被保险存款的赔付，未被保险的资金将被冻结，存款保险机构在破产程序中保留自己的索取权。

阅读资料 11-3 ──────────────────────────────

韩国储蓄银行倒闭事件

2011年1月14日，韩国金融服务委员会（FSC）召开临时会议，将韩国三和互助储蓄银行认定为不良金融机构，命令其停业6个月，进行改善。

韩国金融服务委员会和金融监督院表示，截至2011年7月底，三和互助储蓄银行负债超过资产504亿韩元，国际清算银行自有资本比率为-1.42%，因此作出了上述决定。这家已经成立了40年的韩国储蓄银行突然被叫停，成为整个韩国银行业挤兑停业风波的导火索。储户对银行的信心大大降低，银行挤兑事件扩散。

这次韩国银行停业风波产生的后果是这些银行相继倒闭和停业，银行的信誉降低，公众利益受损、对银行的信心减弱，对韩国金融市场造成一定的冲击，影响了整个韩国国民经济的发展。若群众对银行的不信任加剧，很有可能导致全国范围的挤兑潮，进而转化为金融危机。

此次韩国银行挤兑停业风波本质就是银行信用危机，其是由房地产行业的次级贷款，银行资本流动性不足所引发。然而，银行资本流动性不足是此次银行挤兑事件的直接原因，其深层原因在于韩国储蓄银行在经营上，尤其是在内部控制上存在问题，即内部控制制度失效。中国社会科学院金融研究所银行业研究室主任曾刚也曾表示，韩国储蓄银行的问题表面上虽是流动性不足，但根本原因还是经营上的问题。

资料来源：张瑞德. 商业银行内部控制、声誉风险与银行挤兑——韩国银行挤兑停业风波的深层反思［J］. 浙江金融，2012（8）.

四、我国金融监管的现状

2003 年 3 月 10 日，第十届全国人大一次会议第三次全体会议通过了国务院机构改革方案，中国银行业监督管理委员会获准成立；当年 12 月 27 日，第十届全国人大常务委员会第六次会议通过了《中华人民共和国银行业监督管理法》、《关于修改〈中华人民共和国中国人民银行法〉的决定》和《关于修改〈中华人民共和国商业银行法〉的决定》，并于 2004 年 2 月 1 日起正式施行。三部银行法与《中华人民共和国证券法》、《中华人民共和国保险法》、《中华人民共和国信托法》、《中华人民共和国证券投资基金法》和《中华人民共和国票据法》及有关的金融行政法规、部门规章、地方性法规、行业自律性规范和相关国际惯例中有关金融监管的内容共同组成了我国现行的金融监管制度体系。

三部银行法的颁布和实施，标志着我国现代金融监管框架的基本确立。根据修订后的《中国人民银行法》，中国人民银行的主要职责是："在国务院领导下，制定和执行货币政策，防范和化解金融风险，维护金融稳定。"修订后的《中国人民银行法》强化了中国人民银行在执行货币政策和宏观经济调控上的职能，将对银行业金融机构的监管职能转移给新成立的中国银行业监督管理委员会，保留了与执行中央银行职能有关的部分金融监督管理职能，继续实行对人民币流通、外汇的管理、银行间同业拆借市场和银行间债券市场、银行间外汇市场、黄金市场等金融市场活动的监管。至此，我国金融监管将分别由中国人民银行、中国银行业监督管理委员会、中国证券市场监督管理委员会和中国保险业监督管理委员会四个机构分别执行。为确保四部门间在监管方面的协调一致，《中国人民银行法》第九条授权国务院建立金融监督管理协调机制；《中华人民共和国银行业监督管理法》第六条、《中国人民银行法》第三十五条分别规定了国务院银行业监督管理机构、中国人民银行应当和国务院其他金融监督管理机构建立监督管理信息共享机制。

随着经济改革的进一步深入，机构改革也在逐步推进。2017 年 11 月，国务院金融稳定发展委员会成立，办公室设在央行，这意味着在"一行三会"之上，金融决策和监管有了更高层次的协调机构。2018 年 3 月 13 日，根据党的十九届三中全会审议通过的《国务院机构改革方案》，整合银监会和保监会职责，组建中国银行保险监督管理委员会，同时将其重要法律法规草案和审慎监管基本制度职责划入央行。"一行三会"时代正式宣告落幕，"一委一行两会"格局形成。

第三节　金融创新与金融监管的关系

金融监管与金融创新不仅是现代金融发展的两大永恒主题，还是一对矛盾的两极。金融创新能够提高金融行业的效率，但同时也会带来更多的风险，这就要求有效的金融监管相配合。如何正确处理金融创新与金融监管的关系，便成为世界各国关注的重大课题。金融创新与金融监管相互影响、相互作用、相互促进，构成了金融创新与金融监管的辩证关系。

一、金融监管是金融创新的诱因之一

金融监管是金融创新的障碍，也是金融创新的诱发因素。金融创新的不断发展，又促使金融监管的持续改进。

金融监管源于第二次世界大战之后的西方发达国家，当时的金融监管体系内容主要是对金融机构的业务范围、信贷规模、利率、外汇和市场采取一系列的管制，其目标是控制货币供给，保持竞争以提高金融体系的运作效率，保持金融机构的合理规模和保持金融体系的安全与稳定。但是随着经济的发展和金融环境的变化，许多对金融机构业务活动的限制规定已经过时，成为金融机构开展正常业务的障碍和阻碍金融业效率提高的因素，甚至成为影响金融体系稳定的因素。金融机构为了绕开金融管制而求得自身的发展，千方百计创造了很多新的金融工具和新的服务。比如在美国的银行法中，有两项法规严重制约了银行赢利能力，即对银行存款的法定储备不付息和对银行可支付利率的限制。为逃避这些限制，便产生了一系列的金融创新。例如，金融机构为了逃避对存款利率上限的规定，1974年，纽约和新泽西等州允许储蓄存款和存款单位提供可转让支付命令账户（NOW），打破了储蓄存款和活期存款的界限，从而也就冲破了活期存款不许付利息的限制。

从现在的眼光来看，金融创新的诱因主要来自三个方面：一是利润的诱导，即金融企业为追求利润而进行的金融创新，这是一种拉力，是

金融主体的内在需求；二是经济环境的压力，即金融企业为逃避金融监管、规避风险、满足顾客需求、提高市场竞争力而进行的金融创新，这是一种推力，是金融客体的外在供给；三是高新技术的发展，这是一种提力，是金融主客体的内外适应性供求。但是，当时最初的金融创新的诱因主要是金融监管。约束诱导型金融创新理论就认为金融创新是金融机构要摆脱或减轻加于其上的约束而作出的反应。这一观点强调政府施加的金融监管这一外部约束是诱发金融创新的重要原因。即使是市场经济国家，金融业所受到的政府制定的金融法规的监管也是最严的。由于监管实际上是对金融机构的一种追加成本或隐含的税收。金融监管增加了金融机构潜在的经营成本，限制了金融业的赢利能力，导致这些金融企业"发掘"金融监管的"漏洞"，以回避它们。当金融法规的约束大到回避它们便可以增加利润时，"发掘漏洞"和金融创新自然就产生了。

所以，从一定程度上来讲，金融监管对金融创新具有一定的诱发作用，它包括由于金融监管制度调整滞后所引起的金融企业合理的冲撞和合理的金融监管对金融创新的促进作用，金融创新的产生对金融业的发展有着非常重要的意义：第一，金融创新冲破了传统管制的羁绊，促进了金融市场的一体化和市场竞争，提高了效率。第二，金融创新扩大了企业、家庭和投资者对金融资产的选择范围。第三，金融创新加强了金融资产之间的替代性，降低了融资成本，促进了企业通过金融市场融资从而推动了经济的发展。第四，金融创新提高了企业和金融机构应付风险的能力。第五，金融创新体现了经济决定金融的基本思想。第六，金融创新使金融业永葆活力。

二、金融监管对金融创新起促进作用

金融监管越多、越严，金融创新就越快、越多。金融监管在促使金融创新中不断调整，而金融监管的不断调整又反过来促使金融创新进一步发展。金融创新给金融业带来了革命性的变革，极大地提高了金融业的市场效率，促进了金融改革，使整个金融业的面貌为之一新，使金融业在社会生产和社会生活中的地位日益提高，同时也给传统的金融业提出了不少难题，加大了金融体系的风险，弱化了金融当局的调控能力，使金融监管的有效性降低。

金融创新使中央银行观测本国货币流量结构失去了稳定基准，使传统的两大货币政策工具中的再贴现率、法定存款准备金率都难以发挥作用，利率限制、法定保证金等选择性货币市场的存在，使国内资金可以轻易地转向他国货币市场从而逃避国内的货币管制。具有货币派生能力的经营活期存款的金融机构越来越多，使原来以控制商业银行派生存款为中心的传统货币控制方法难以奏效。货币需求函数变得不可靠，这导致了货币政策的多变；而金融机构面临的利率风险、衍生金融商品交易风险、资产证券化风险等稍有失误就可能造成巨大损失，而且由于支付与信息系统的创新，这些风险瞬息之间就可能变成严酷的现实，使金融监管更加困难。

此时，金融监管当局也被迫进行金融监管的调整，即放松金融监管。例如，美国于1980年通过的《存款机构放松监管法》和1982年通过的《高恩-圣·杰曼存款机构法》确认了不同金融机构业务交叉的合法性。20世纪70、80年代，日本、英国等国家先后取消对利率的管制，实行利率市场化，实际上就是对金融创新的承认和让步，是对现实予以法律上的承认，这无疑会促使金融机构以更大的热情进行创新活动。同时，在对金融创新本身进行全面、慎重的评估基础上采取一些有利于金融体系走向稳定的措施。例如，美国联储当局所采取的措施包括，建立风险度保险费率制，改变以往的统一保险费率制，同时扩大保险范围，实行储蓄保险；改革会计核算体系，改变当时只反映资产的账面价值的做法，采用市场价值会计核算制度，能真实反映金融机构的流动性及其风险；加强资本充足率管制，要求金融机构决算公平，其目的是要求银行反映其真实的资产状况；顺应创新潮流，提出银行改革方案等。但随着金融监管的放松和金融创新的活跃，又出现了不少新问题。例如，金融机构的经营风险因而加大；各国金融监管的视野局限于国内金融业，监管政策难以覆盖金融业全部；国际银行的监管因为各国的监管体制分离，政策、手段不一而屡出漏洞。这一系列的问题都要求重构游戏规则，加强以控制风险为主要内容的金融监管来应对变化。例如，在随着放松直接管制的同时，加强了金融监管的市场导向，把放松对金融机构的直接管制与强化风险监控并重；顺应金融业的发展趋势，由单纯强调安全性的监管向安全与效率并重转变；顺应金融业混业经营的发展趋势，由完全分业监管向综合监管转变；随着金融创新和变革，金融监管的方式从注重合规性监管转向合规性监管与风险性监管并重，由一味强调外部监管向内外监管相结合；顺应金融业的国际化趋势，金融监管由国内走向国际联合监管，等等。总之，微观金融组织机构受利益冲动的驱使会通过创造新的金融工具或经营方式来逃避金融监管；对于这种创新行为，金融监管机构必然要调整监管对策，采取某些新的监管政策以消除微观金融创新可能导致的宏观负效应。其结果必然是：金融创新部分抵消了某些金融监管的预期效果，但随之而来的是另一种内容和结构的金融监管政策。金融监管总是在金融创新中不断地进行调整，这种不断的调整反过来又促进金融创新更快地产生。

三、金融监管与金融创新是对立统一的

博弈论中，有这样一个原理，无论是利己的还是利他的，理性人在最大化偏好时，需要相互合作，而合作中又存在着矛盾。如何做到在矛盾中合作，达到双赢，理性人发明了各种各样的制度来规范他们的行为。例如，市场交易制度就是人类为达到合作和解决冲突所发明的最重要的制度之一。金融创新与金融监管这对既对立又统一的矛盾就是典型的博弈关系。如果单纯强调金融创新，而放弃金融监管，就会产生新的金融风险甚至导致金融危机，金融效益就无法继续；如果单纯强调金融监管，而放弃金融创新，就会抹杀金融的活力甚至遏制金融发展。只有正确处理金融创新与金融监管的关系，掌握好金融创新与金融监管的平衡点，在监管中创新，在创新中监管，才能实现"监管-创新-再监管-再创新"的良性循环发展。

金融监管是金融创新的诱发因素之一，但金融监管制约了金融创新的发展。金融监管规定了金融创新的基本范围、速度，决定了金融创新是否在健康的轨道上进行。

首先，金融监管规定了金融创新的基本范围。例如，在实行分业经营、分业管理的体制下，银行只能在资产业务、负债业务、部分表外业务上进行创新，无论如何，监管当局都不会允许银行的创新涉足保险、证券投资、信托等业务。而在混业经营体制下，各金融机构根据自己的条件可以在更广阔的范围内进行。

其次，金融监管规定了金融创新的速度。由于对金融创新的风险及

后果的认识不同，对金融创新的态度不同，从而金融监管当局规定了金融创新速度的快慢。美、英等国在利率的市场化等方面采取了谨慎的态度，在金融创新的具体业务上却采取了积极的态度，它们的创新活跃、创新速度较快。相比之下，日本对金融创新却有很多限制。一个金融机构要创造一种新的金融工具必须经过大藏省批准。其政策时滞较长，所以金融创新的速度也就较慢。

再次，金融监管规定了金融创新的环境。不公正、不完善的金融监管往往引起金融投机活动的过度或者违规行为的猖獗，使金融业风险加大和金融创新缺乏动力。规范、恰当的金融监管是金融创新的基本条件之一，这种监管鼓励创新、保护创新、使金融创新具有动力和活力的过程，就是"博弈"合作、取得"双赢"的过程。金融创新不断地发展，金融监管不断地调整，形成"监管－创新－再监管－再创新"循环的动态博弈过程，但这不是单纯地回归原点，而是一步步地推动改革，确立新的金融秩序。随着金融创新和监管互动关系的不断深入，金融创新技术的不断提高，金融业所面临的风险不断增加，有效金融监管的问题越来越成为全球关注的重大国际课题。

20世纪80年代以来，西方发达国家比较好地处理了金融创新与金融监管的关系。按照传统观念，市场机制与金融监管之间存在着平行替代的关系，金融监管力量的强化意味着市场机制力量的弱化，市场机制作用的广度和深度被压制。但现在都进行微观经济机制的调整，开始构建了新的市场导向型的监管体系。金融监管当局在放松直接管制的同时，强化了以促进金融企业谨慎经营为目的的风险控制。给予金融机构更广泛的自主权，使市场机制真正取得支配金融机构运行的基础机制的地位，但金融监管并没有退出舞台，而是从新的角度切入金融业的运行，强调各类金融机构建立综合性的风险监管自控机制，加强并扩充金融安全方面的监管措施，强化对金融机构稳健经营方面的事先预防性措施，加强信息披露的监管措施，为金融业的市场机制高效运行提供保障，寻求保证金融业效率和稳定的最佳平衡点，从而达到对金融运行的新控制。同时调整了金融监管策略，采取综合性的监管措施，使监管政策、手段在全球保持同步。

中国金融监管体系与时俱进持续完善

金融是现代经济的核心,是实体经济的血脉。中国共产党历来高度重视对金融工作的领导。在党的坚强领导下,我国金融业实现了一次又一次跨越式发展。革命战争时期,党对金融工作的正确领导活跃了革命根据地和解放区的经济,为中国新民主主义革命全面胜利奠定了基础;新中国成立之初,百废待兴,金融业筹集社会资金,支持国民经济恢复重建;改革开放后,金融业的活力和潜力得到极大释放,迎来大发展大繁荣时期;党的十八大以来,金融系统以习近平新时代中国特色社会主义思想为指导,适应经济高质量发展要求,加快深化金融供给侧结构性改革,金融业综合实力进一步增强。我国经济持续增长、金融市场不断深化也推动了金融监管体制的深刻变迁。从"大一统"到分业监管,再到形成"一委一行两会一局"的金融监管格局,在党的领导下,金融监管体制不断完善,金融监管的专业性和有效性不断提高,系统性金融风险监测、评估和预警体系逐步建立和完善,有力保障了金融体系安全稳健运行。

※从"大一统"到分业监管

从新中国成立一直到1978年,我国社会经济实行了高度集中的计划经济体制。1948年12月,伴随着解放战争的胜利和新中国的诞生,中国人民银行成立。在近30载的漫长岁月里,中国人民银行基本上是我国经济运行中唯一的银行。那时的中国人民银行集货币政策、金融经营和组织管理等多项职能于一身。在那时的经济体制与金融发展条件下,这种集中管理体制有效保证了金融体系的统一和高效运行。

1978年12月,党的十一届三中全会作出了把全党工作重点转移到经济建设上来这一具有划时代意义的战略决策,从此拉开了经济体制改革的序幕。在金融领域,从1979年起,陆续恢复建立农业银行、中国银行、建设银行、工商银行等国有专业银行,开始打破"大一统"的银行体系。1979年,国家外汇局成立,由中国人民银行管理。1983年,中国人民银行开始专门行使中央银行职能,集中力量研究制定和实施金融宏观政策,加强信贷总量的控制和金融机构间的资金调节,以保持货币稳定。

1992年，我国金融监管体系发生了历史性变化，国务院决定成立国务院证券委员会和中国证监会，把监管证券市场业务职责从中国人民银行分离出来，并移交给新成立的中国证监会，至此，我国证券市场开始逐步纳入全国证券业统一监管框架。这次改革把中国人民银行监管范围从原来的"无所不包"缩减到仅对金融机构和货币市场进行监管。

1998年，国务院证券委员会并入中国证监会；同年，中国保监会成立，将保险监管职责从中国人民银行分离出来。从1998年起，我国金融监管体系开始实行"银、证、保"分业经营和分业监管的模式。2003年，中国银监会正式成立，金融分业监管体制得到进一步完善。在这一时期，银行、保险、证券、信托等股份制金融机构迅速发展扩张，分业监管机制较好地适应了金融市场成长期需求，专业化监管分工机制解决了各类业务高速发展期带来的管理挑战，特别是迅速提高了监管的专业化水准。

※"一委一行两会一局"，新金融监管体系确立

2008年国际金融危机发生后，金融监管协调进一步强化。2013年，国务院批复成立金融监管协调部际联席会议制度，中国人民银行、中国银监会、中国证监会、中国保监会、国家外汇管理局密切配合，加强金融信息共享、推动金融业综合统计、促进互联网金融健康发展、稳步扩大金融业对内对外开放。同时，共同加强对金融领域重大问题研究，保证了各大政策之间的有效衔接，提升了金融监管的有效性。

不过，随着我国金融市场的发展，我国金融风险结构越来越复杂，金融监管的不协调甚至监管缺失出现，逐渐不能适应金融发展的形势。党的十八大以来，以习近平同志为核心的党中央坚定不移推动金融改革，优化金融监管体系。2017年11月，经党中央、国务院批准，国务院金融稳定发展委员会成立，负责统筹金融改革发展与监管的重大事项，明显提升了金融监管权威性和有效性。2018年，中国银监会和中国保监会实现职能整合，组建中国银保监会，这是我国金融监管体制的一次重大调整。

目前，我国已经形成了金融委统筹抓总，"一行""两会""一局"和地方分工负责的金融监管架构。业内专家认为，这一全新的金融监管

体系有利于解决跨部门监管协调困难以及监管盲区并存等问题，有利于规范金融创新活动，有利于守住不发生系统性金融风险的底线。

资料来源：马玲. 中国金融监管体系与时俱进不断完善〔N〕. 金融时报，2021-07-13.

本章小结

1.金融创新是指金融内部通过各种要素的重新组合和创造性变革所创造或引进的新事物，包括宏观层面的金融创新，中观层面的金融创新和微观层面的金融创新。

2.金融创新的理论基础包括：西尔柏的约束诱导型金融创新理论、凯恩的规避型金融创新理论、希克斯和尼汉斯的交易成本创新理论、制度学派的金融创新理论、理性预期理论和格林和海伍德的财富增长理论。

3.金融创新的内容包括金融业务的创新、金融市场的创新和金融制度的创新三方面。

4.金融监管有狭义和广义之分，狭义的金融监管是金融监管当局依据国家法律法规对整个金融业（包括金融机构以及金融机构在金融市场上的所有业务活动）实行监督管理，而广义的金融监管是除上述监管之外，还包括金融机构的内部控制与稽核、行业自律性组织的监管及社会中介组织的监管等。

5.金融风险监管的总体目标是在一定约束条件下追求最优的效果，在稳定、公正、效率三者间寻找均衡。具体目标就是：保护社会公众的利益、保障金融体系的稳定和安全、维护金融体系公平而有序的竞争以及保持金融活动与宏观调控的一致性。

6.金融监管机构对金融机构的监督管理主要标准和依据是金融法规，如果离开了金融法规，各种金融机构的行为就失去了法律的规范、保障和约束，管理当局也失去了进行金融监管的手段和依据，可以说金融法规是金融监管的前提。各国监管当局对金融机构的监管内容各不相同，但通常可归为两大类，一类是预防性管理措施，另一类是保护性管理措施。

7.金融监管与金融创新不仅是现代金融发展的两大永恒主题，而且又是一对矛盾的两极。金融创新能够提高金融行业的效率，但同时也会带来更多的风险，这就要求与有效的金融监管相配合。如何正确处理金融创新与金融监管的关系，便成为世界各国关注的重大国际课题。金融创新与金融监管相互影响、相互作用、相互促进，构成了金融创新与金融监管的辩证关系。

综合训练 ━━━━━━━━━━━━━━━━━━━━━━━━━━━━━━

11.1 单项选择题

1.约束诱导型金融创新理论主要是从（　　）来探索金融创新。

A.供给角度　　　　　　　　　B.需求角度

C.利润角度　　　　　　　　　D.成本角度

2.20世纪70年代的金融创新是以（　　）为目的的金融创新。

A.规避风险　　　　　　　　　B.转嫁风险

C.防范风险　　　　　　　　　D.规避金融管制

3.以下不属于负债业务创新的是（　　）。

A.大额可转让定期存单　　　　B.可转让支付命令账户

C.自动转账服务　　　　　　　D.平行贷款

4.我国银保监会规定商业银行一级资本充足率要达到（　　）。

A.4%　　　　　　　　　　　　B.5%

C.6%　　　　　　　　　　　　D.8%

5.以下不属于金融创新与金融监管关系的是（　　）。

A.金融监管是金融创新的诱因

B.金融监管对金融创新起促进作用

C.金融监管和金融创新对立统一

D.金融监管和金融创新无法并存

11.2 多项选择题

1.金融创新包括（　　）。

A.金融业务的创新　　　　　　B.金融市场的创新

C.金融制度的创新　　　　　　D.金融风险的创新

2.保护性管理包括（　　）。

A.接管　　　　　　　　　　　B.紧急救助

C.破产清算　　　　　　　　　　D.存款保险制度

3.以下属于金融监管目标的是（　　　　）。

A.保护社会公众的利益

B.维护金融体系公平而有序的竞争

C.保障金融体系的稳定和安全

D.保持金融活动与宏观调控的一致性

4.金融监管的原则是（　　　　）。

A.独立原则与适度原则　　　　B.依法原则和效率原则

C.公平、公正、公开原则　　　　D.动态原则

11.3　思考题

1.什么是金融创新？金融创新的理论基础都有哪些？

2.简述金融创新的内容。

3.请搜集相关资料谈谈我国金融创新的发展现状。

4.什么是金融监管？其目标和原则如何？

5.结合实际谈谈金融监管的主要内容。

6.试述金融创新和金融监管的相互关系。

第十二章

金融稳定与金融危机

学习指南

【学习目标】

随着经济金融化、金融全球化与自由化的不断发展，金融危机的易发性、联动性和破坏性日益增强明显，这使得金融稳定问题越来越受到关注。通过本章的学习，要了解金融稳定的含义；理解金融危机生成的基本原理；掌握金融危机的传导机制；了解金融危机的防范措施。

【关键概念】

金融稳定　金融危机　羊群行为凯恩斯效应　财富效应

引例

全球金融稳定概况

根据 2020 年 10 月发布的《全球金融稳定报告》（GFSR），IMF 表示，短期全球金融稳定风险暂时得到控制。空前且及时的政策应对帮助维持信贷持续流向实体经济，避免了不利的宏观金融反馈循环，构筑了通往经济复苏的桥梁。但同时，全球非金融企业部门和部分主权国家的脆弱性有所加剧。

※非金融企业的流动性压力可能演变为偿付问题

10月的GFSR称,在新冠肺炎疫情暴发前,非银行金融机构就已存在较大的脆弱性。疫情暴发后,非金融企业承受了严重的流动性压力。虽然它们在政策的支持下成功应对了疫情引发的市场动荡,但依然非常脆弱。

在IMF看来,较脆弱的企业——包括偿付能力和流动性头寸较弱的企业以及较小型的企业——面临更严峻的财务压力,可能成为经济冲击的重要传导渠道。此外,中小企业往往在一些人与人接触最为密集的部门(酒店、餐馆、娱乐行业)中占据主导地位,而这些部门在疫情中遭受了重创。

"为缓解现金短缺,很多企业,特别是盈利不够支付利息费用的企业增加了借款规模,这进一步推升了若干经济体原本高企的企业债务。违约率也持续上升。随着疫情继续发展,尤其是如果可持续的经济复苏被推迟,流动性压力可能演变为偿付问题。"报告称,"在受疫情影响最严重的部门中,企业增长前景更加暗淡,流动性压力也更加严峻,因此其违约和资不抵债的风险也更高。"

IMF进一步警示称,由于非银行金融机构在信贷市场(包括较高风险部门)中的作用日益提升,其与银行部门的关联性增强,脆弱性可能传导至整个金融体系。

※部分新兴和前沿市场经济体或面临融资挑战

除了脆弱的企业,鉴于各国纷纷在疫情后扩大了财政支持力度,IMF认为部分主权国家的脆弱性也进一步加剧。主权国家可能面临负债的激增。多个部门的脆弱性有所加剧,在拥有系统重要性金融部门的29个辖区中,有6个辖区的企业、银行和主权部门显示存在严重的脆弱性。

IMF尤为担忧新兴和前沿市场经济体。IMF认为,受疫情影响,新兴市场的融资需求急剧增加。对新债务供给和国内基本面薄弱的担忧,可能抑制境外投资者对这些经济体本币债券的需求,特别是在境外投资者持有很大比重的债务且国内投资者基础深度不足的情况下尤为突出。为稳定市场形势,一些新兴市场央行在二级市场购买了很大比重的债券。而前沿市场经济体面临的融资挑战更为严峻，因为疫情的冲击使借款成本上升，导致许多国家无法负担，需要国际社会提供支持。

※支持政策对维持经济复苏至关重要

鉴于这些脆弱性，IMF建议，随着各国重启经济，继续实施宽松的货币政策和定向流动性支持将对维持经济复苏至关重要。

报告还称，健全的债务重组框架将在减少债务积压和处置不可持续经营的企业中发挥关键作用。面临融资困难的低收入国家可能需要获得多边支持。同时，尽管疫情影响了企业在环保方面的表现，但也为后者向绿色经济转型提供了机遇。

但IMF也坦言，当疫情完全得到控制后，政策支持可以逐步退出，政策重点应聚焦于重建银行缓冲，加强非银行金融机构监管，强化审慎监管以抑制长期低利率环境下的过度风险承担行为。

资料来源：后歆桐. IMF最新《全球金融稳定报告》划重点，这些风险不容忽视［N］. 第一财经，2020-10-13.

那么，什么是金融稳定？金融危机又是如何产生的？为什么金融危机能够迅速地从一个国家波及周边其他国家？在后危机时代，各国政策当局应如何应对和防范金融危机？对于上述问题，本章将进行相应阐述。

第一节　金融稳定理论

世界银行的研究表明，自20世纪70年代以来，共有93个国家先后爆发117起系统性银行危机，还有45个国家发生了51起局部性银行危机。金融稳定，日益成为各国中央银行的重要课题。

一、金融稳定的含义

迄今为止，金融稳定仍然是一个模糊的概念，并没有一个广泛的可接受的定义。这主要是因为从直观上看，稳定似乎意味着没有波动，但波动对金融市场而言并不是坏事。

欧洲中央银行有关金融稳定的定义具有一定的代表性，其表述为：金融稳定是指金融机构、金融市场和市场基础设施运行良好，抵御各种冲击而不会降低储蓄向投资转化效率的一种状态。美国经济学家米什金（1999）认为，金融稳定缘于建立在稳固的、能有效提供储蓄向投资转化的机会而不会产生大的动荡的金融体系基础之上。如果对金融系统的冲击干扰了信息的流动，致使金融系统无法发挥其给生产性的投资机会提供资金的功能，就会出现金融不稳定。

国际清算银行前总经理克罗克特（1997）认为，金融稳定包括：金融体系中关键性的金融机构保持稳定，因为公众有充分信心认为这些机构能履行合同义务而无需干预或外部支持；关键性的市场保持稳定，因为经济主体能以反映市场基本因素的价格进行交易，并且该价格在基本面没有变化时短期内不会大幅波动。希纳西（2004）从金融稳定的角度将金融稳定定义为当金融体系有能力改善经济变量并能够解决内生的或因重大负面事件而造成的金融失衡时，它即处于稳定区间内。

本书尝试从"制度-功能"的分析视角定义金融稳定，即**金融稳定是指金融体系各组成部分内部及其相互之间的制度安排合理，有效发挥风险配置、资源配置等核心功能的运行状态**。具体而言，金融体系须在一定的条件下被认为处于稳定性的状态：

（1）对金融风险进行评估、定价、分散和管理，将其合理配置到承担风险的市场主体；

（2）促进金融资源跨地域、跨时间的有效配置，并以此促进其他经济金融活动；

（3）在受到经济金融体系的内外部冲击或经济失衡加剧时，金融体系仍然能履行其核心功能。

二、金融稳定的理论内涵

金融稳定是一个具有丰富内涵、动态的概念，它反映的是一种金融运行的状态，体现了资源配置不断优化的要求，服务于金融发展的根本目标。具体而言，金融稳定具有以下内涵：

（一）金融稳定具有"公共品"的性质

金融是一种特殊的公共品，具有消费的非竞争性、供给的非排他性和较强的外部性等特点，容易产生"搭便车"等道德风险问题。金融的公共品性质根源在于信用货币制度。信用货币的计价单位和普遍可接受性等明显地属于公共品特征，与国家维护法治和秩序、加强国防巩固安全等在目标方向上具有一致性。金融稳定具有与金融类似的外部性和其他的公共品特征。社会公众希望保持金融稳定，但个人或单个团体难以采取有效的措施阻止银行破产、系统性银行问题的发生。金融稳定的持续提供会使社会公众受益，且个人从中受益并不妨碍别人获益。在现代经济的条件下，政府提供金融稳定"公共品"，实际上表现为一整套金融体系稳定的制度规则的供给及制度的良好执行。

（二）金融稳定具有全局性

作为金融机构的"最后贷款人"与支付清算体系的提供者和维护者，中央银行应立足于维护整个宏观金融体系的稳定，在密切关注银行业运行态势的同时，将证券、保险等领域的动态及风险纳入视野，重视关键性金融机构及市场的运营状况，注意监测和防范金融风险的跨市场、跨机构乃至跨国境的传递，及时采取有力措施处置可能酿成全局性、系统性风险的不良金融机构，保持金融系统的整体稳定。

（三）金融稳定具有动态性

金融稳定是一个动态的、不断发展的概念，其标准和内涵随着经济金融的发展而发生相应的改变，并非一成不变的金融运行状态。健康的金融机构、稳定的金融市场、充分的监管框架和高效的支付清算体系的内部及其相互之间会进行策略、结构和机制等方面的调整及互动博弈，形成一种调节和控制系统性金融风险的整体的流动性制度架构，以适应不断发展变化的金融形势。

（四）金融稳定具有效益性

金融稳定不是静止的、欠缺福利改进的运行状态，而是增进效益下的稳定。一国金融体系的稳定，要着眼于促进储蓄向投资转化效率的提升，改进和完善资源在全社会范围内的优化配置。建立在效率不断提升、资源优化配置和抵御风险能力增强等基础上的金融稳定，有助于构建具有可持续性、较强竞争力和良好经济效益的金融体系。

（五）金融稳定具有综合性

金融稳定作为金融运行的一种状态，需要采取不同的政策措施及方式（包括货币政策和金融监管的手段等）作用或影响金融机构、市场和实体经济才能实现，从而在客观上要求对金融稳定实施的手段或政策工具兼具综合性的整体考量。

三、金融稳定的目标及主要内容

金融稳定的目标为保持银行业等金融机构和金融市场的基本稳定，防范和化解系统性金融风险。金融稳定的主要内容包括：

（一）价格稳定是金融稳定的重要条件

相对较低且稳定的通货膨胀率可以给市场主体以稳定的预期，保持实体经济的正常运转，为经济的持续增长创造良好的条件。在价格欠缺稳定的经济环境下，市场主体面临的不确定性增加，金融交易及金融制度运行的成本升高，储蓄转化投资的机制易遭遇"梗阻"，从而增加了金融体系的脆弱性，难以保持金融稳定。

当然，价格稳定并非实现金融稳定的充分条件。金融失衡或不稳定的情形在稳定的价格环境下有时也会累积和发生。例如，20世纪80年代后期日本经济的物价水平相当稳定，但其后不久资产市场崩溃，金融机构累积了巨额不良资产以致倒闭，进入长达30多年的衰退期。

（二）银行稳定是金融稳定的核心

商业银行是经营货币的金融企业，银行业是以货币和信用为基础的行业。银行业的重要金融媒介功能、在金融业的规模和分量、与支付清算系统的"天然联系"及防范金融风险的作用，决定了银行业在一国金融体系中占有举足轻重的地位。现代博弈论和信息经济学的分析表明，较之于证券业、保险业，银行业在信息不对称、风险分担和校正纠错机制方面具有更高的风险性和脆弱性，其发生不稳定的情形进而危及金融体系的概率也大大高于证券和保险行业。

（三）金融稳定是金融安全的基础

金融安全是一国经济安全的核心，金融稳定是确保一国金融安全的重要基础。在一国出现金融市场大幅动荡、支付清算体系运行受阻、大量金融机构倒闭破产等金融不稳定的情形时，是不可能有任何金融安全可言的。当然，金融稳定并不必然带来绝对的金融安全。运行稳健、效率良好和结构合理状态下的金融稳定可以为金融安全奠定有力的基础；过度管制、效率低下和结构失衡状态下的稳定状况则会损害金融体系的中介功能，增加其脆弱性，酝酿着金融风险。

四、金融稳定框架

中央银行履行金融稳定的职责能否顺利实施和充分发挥，在很大程度上取决于一整套较为完善的制度框架的确立及良好执行。按照西方经济学家切纳德等人的观点，一国的金融体系要较好地发挥功能，适宜的宏观经济环境、有效的监督和管理体制与健全的金融市场基础设施是必不可少的。上述三项因素已被西方学界视为构成金融稳定的"三根主要支柱"，例如，欧盟新金融稳定框架（如图12-1所示）是这一模型的具体表现。

在我国目前转轨过程中的经济金融格局下，除了上述三项因素应包含于金融稳定的制度框架以外，健全和完善市场主体的适格性、市场交易和秩序的稳健性等制度架构，也具有十分重要的意义。具体而言，金融稳定的基本制度框架主要包括以下五个方面：

（一）市场主体方面

我国已明确要建立资本充足、内控严密、运营安全、服务和效益良好的现代金融企业。从目前的情况看，我国的金融机构仍然存在着产权主体虚置、公司治理欠缺、不良资产偏高、经营效率低下等问题，成为阻碍金融业快速发展的"痼疾"。在这方面，构筑良好的资本结构、完善的公司治理等制度架构至关重要，关键是要建立多重的股权约束机制，形成有效的激励、监督机制，解决好权责对称问题。

（二）市场结构和秩序方面

我国金融业存在着直接融资和间接融资、债券市场和股票市场、银行间市场和交易所市场等结构不均衡以及金融秩序不规范的情况，使金融业隐含着内在不稳定性，极易产生较大的金融波动，进而通过市场间的关联和互动，扩展到整个金融体系，最终酿成金融危机。在这方面，要注意放松金融管制，着力推进金融市场的改革和创新，确保金融秩序的稳定。要逐步建立资本市场与货币市场的良性互动机制，加强深层次的银行与保险业的合作，构建直接金融和间接金融协调发展的制度"平台"。

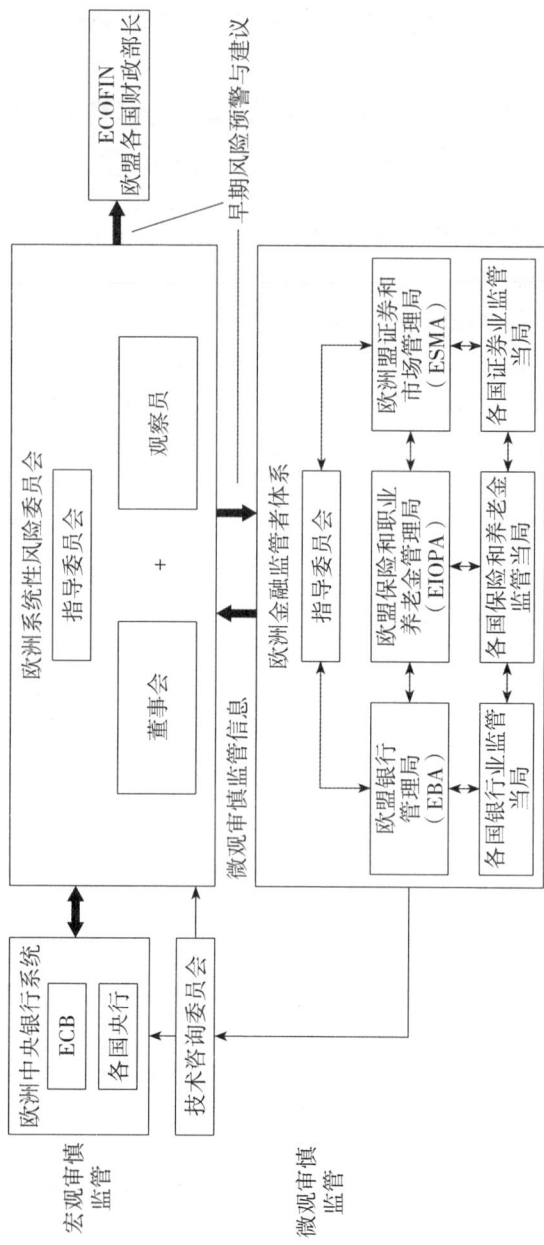

图 12-1 欧盟新金融稳定框架

具体而言，要放松对商业银行进入证券市场、基金业、信托业等的限制，构建合理解决证券公司融资需求的制度框架；推动资产证券化、货币市场基金等新兴金融工具的规范化发展，规范引导金融衍生产品的创新机制；建立和完善债券、外汇市场的做市商制度，改革强制结售汇制度，完善央行干预外汇市场的有关制度；依法严厉打击和惩治破坏金融秩序的违法违规行为。

（三）金融调控和监管方面

要通过确立不同层次的制度安排来协调货币政策和金融监管的政策工具，以促进金融稳定目标的实现。第一，签署备忘录规定中央银行、财政部门和监管部门在维护金融体系稳定中的职责和法律地位，明确中央银行对国家金融体系的总体稳定负责，财政部门和监管部门也承担一定的责任；第二，构建协调宏观金融稳定与微观审慎监管的制度架构，增强中央银行的前瞻性宏观分析能力，提高监管部门的监管水准；第三，加强协商沟通，建立健全各部门之间防范跨市场、跨系统金融风险等方面的信息共享、协调配合的制度框架；第四，运用适宜的货币政策工具来稳定金融体系，可包括短期利率、公开市场操作、窗口指导等；第五，逐步建立功能性监管的框架，运用适当的金融监管手段来维护金融体系的稳定，如审慎的市场准入监管、及时的监督纠正措施等；第六，加快金融稳定指标的设计和评估，构建金融风险的预警机制，加强对跨市场风险和系统性风险的监测和分析。

（四）市场支持保障方面

我国需要将保证支付清算体系的安全提高到维护金融稳定的高度来认识。较好的市场保障制度是保持金融稳定的有力"缓冲器"。要建立和完善金融风险的补偿机制，建立证券投资者补偿制度和寿险投保者补偿制度，并注意防范道德风险，充分发挥市场约束的力量。

（五）金融风险处置方面

要按照依法合规、适度有限、权责对称等原则，构筑一整套较为完善的制度架构来有效处置金融风险，以最大程度降低损失。应建立一套处置金融风险的应急处理与长效治理机制和体系，明确其组织结构、决策部署和执行实施，预备多套风险预案；严格掌握标准，认真履行好最后贷款人的职能，明确提供流动性支持的规则"界限"，切实防范道德风险；完善金融机构市场退出的法律框架，探索建立良好的金融机构破产制度框架，改善现有的对有问题的金融机构进行风险救助的手段和措施；会同监管部门尝试对金融机构进行风险类别划分，逐步确立分类指导、有效监督和及时处置的制度架构。中国金融稳定框架如图12-2所示。

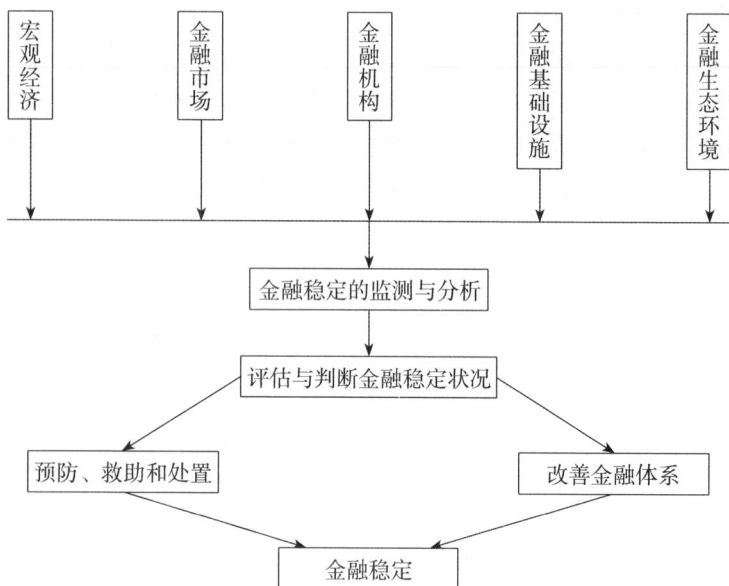

图12-2　中国金融稳定框架

第二节　金融危机的生成机理

一、金融危机的含义与类型

（一）金融危机的含义

《新帕尔格雷夫经济学大辞典》对金融危机作了如下定义：**金融危机是指全部或大部分金融指标——短期利率、资产（证券、房地产、土地）价格、商业破产数和金融机构倒闭数的急剧、短暂和超周期的恶化。**可见，金融危机是金融状况在全部或大部分领域出现恶化，且具有突发性、急剧性、短暂性和超周期性。金融危机往往与金融风险不断累积但并未集中爆发的金融脆弱性紧密联系，二者通常被统称为金融不稳定。

（二）金融危机的类型

根据IMF的分类，金融危机可以分为三种：银行危机、货币危机和债务危机。

1.银行危机

银行危机也称银行业危机，按国际货币基金组织所下的定义，是指实际的或潜在的银行运行障碍或违约导致银行终止偿还负债或终止负债的内部转换，或政府提供大规模帮助进行干预才能阻止这种情况的发生。

阅读资料12-1

日本银行危机

日本银行危机的起源，可追溯至20世纪70年代的两次石油危机。当时国际金融界认为日本经济受石油价格暴涨影响较大，因此日资银行在国际资本市场借款时，要付较高的利率，即高于伦敦同业拆息率，这便是"日本风险溢价"的由来。但当时日本经济活力和适应力还相当强。日本经济因此迅速复苏，外贸顺差不断上升，日元对美元的汇率，从二战后的360∶1一度升至1995年的80∶1。

日本银行业在此环境下，加上大藏省的扶持，扩展急速。日元的长期升值也利于日本银行向外扩展。例如，中国香港于1978年放宽外资银行的执照管制后，日资银行大量涌入，香港成为东京以外日资银行数量最多的金融中心。日资银行在大藏省的默许下，能以较小资本从事各种银行业务。20世纪80年代后期，日资银行在全球最大十家商业银行中，占有六席。与此相反，美资银行和欧资银行，因在20世纪80年代的第三世界债务危机中损失惨重，市场占有率被日资银行夺去不少。美欧资银行因而极感不满。

1987年1月，美英两国的央行，即美国联邦储系统和英格兰银行，达成了衡量资本比率的共识。在当时国际银行界酝酿危机的背景下，美英共同倡议建立一共同的资本充足比率是显然有必要的。但另一面，两国亦有针对日资银行资本比率偏低，以不公平手法竞争的作用。

1988年7月，国际清算银行属下的巴塞尔委员会，在美英两国的推动下，达成了《巴塞尔协议》，建议所有国家的商业银行，都要在1993年1月前，遵守资本充足比率最低为8%的统一标准。长久惯于低资本比率的日本银行，当然受到压力。就在《巴塞尔协议》宣布一年半后，日本的泡沫经济开始破裂，日经指数从1990年的空前高峰38 916跌至13 500左右，即共下跌了65%。长期是全球最昂贵的东京地价和房价，也暴跌了八成以上。日本在1990—1997年的平均国民生产总值实质增长率，仅为1.2%，仅及20世纪80年代4.1%的三成左右，1998年更负增长约-2.5%。银行坏账不断累积，日本银行危机终于表面化，成为严重的国际问题。

资料来源：饶余庆. 日本银行危机的透视［J］. 金融研究，1999（6）.

2.货币危机

货币危机是指货币的大幅度贬值。因货币价值包括对内价值和对外价值，所以货币危机可分为国内货币危机和国际货币危机，现代意义上的货币危机一般是指国际货币危机。国际货币危机又称汇率危机或国际收支危机，按国际货币基金组织的定义，是指对某种货币汇兑价值的投机性冲击导致货币贬值（或币值急剧下降），或当局被迫投放大量国际储备或急剧提高利率来保护本币。

3.债务危机

债务危机一般是指一国不能偿付其债务，包括内债和外债，但通常我们所讲的债务危机实际上是指外债危机，是指一国不能偿付其外债，包括主权债务和企业债务。

二、金融危机的生成原因

金融危机的生成原因具有复杂性和多样性，不同的理论学派从不同角度精练出各具特色的模型，总结出自成体系的理论。各种解释金融危机的理论和模型，都从一定程度上探究了危机发生的原因。

（一）金融危机的第一代模型

金融危机的理论研究始于20世纪70年代后期的拉美国家——墨西哥（1973—1982）和阿根廷（1978—1981）等国所发生的债务危机。克鲁格曼（Krugman）（1978）在萨兰特（Salant）和亨德森（Henderson）

关于商品价格稳定机制研究的基础上提出了货币危机的早期理论模型。在克鲁格曼的开创性理论框架下，许多学者从不同方面改进、修正了这一模型，形成了所谓的第一代危机模型。第一代危机模型强调外汇市场上的投机攻击与宏观经济基础变量之间的联系。

在第一代危机模型中，货币危机的根源在于政府的宏观经济政策（主要是过度扩张的货币政策和财政政策）与稳定汇率政策（如固定汇率制）之间的不协调。当政府所追求的宏观经济政策与稳定汇率政策不协调时，理性的投机攻击就会发生。在政府存在大量财政赤字的情况下，中央银行必然增发货币为财政赤字融资。随着货币供应量的增加，外币的影子价格会逐步上升，引起本币贬值，由于本外币收益率出现差异，公众会调整资产结构，增加对外币的购买。随着政府持续地为财政赤字融资，在理性的投机攻击之下，不管初始的外汇储备有多大，终有一天会被耗尽，固定汇率制度迟早要崩溃。

在克鲁格曼模型的基础上，弗拉德和加尔伯（Flood and Garber）（1984）放弃了模型中的完全预见能力假设，认为国内信贷过程是随机的，投机攻击时间是不确定的，并在此基础上构建了简单的线性模型。泰勒（Taylor）（1984）分析了蠕动钉住汇率体制与投机攻击，强调汇率崩溃前贸易商品的相对价格行为，指出汇率崩溃前存在实际汇率升值和经常项目恶化。爱德华兹（Edwards）（1989）也强调了贬值前货币升值与经常项目恶化的模式。克鲁格曼和罗坦伯格（Rotemberg）（1991）将原来的模型拓展到投机者冲击的目标区域问题上。1994年墨西哥危机后，弗拉德、加尔伯和克雷默（Kramer）（1996）、拉希里和韦德尔（Lahiri and Vedl）（1997）考虑了中和干预政策和利率政策的影响。

第一代危机模型较好地解释了20世纪七八十年代的金融危机，使得外汇市场上看似反复无常的投机攻击变成了可以用基本面因素解释和预测的理性行为，这标志着经济学理解现实能力的提高。它的政策含义也非常明显，那就是执行固定汇率的国家必须严守财政、货币纪律，避免宏观经济的失衡。

（二）金融危机的第二代模型

1992年到1993年爆发的欧洲货币体系危机中诸多现象无法由第一代危机模型给予满意的解释。当金融危机发生时，部分国家拥有大量外汇储备，宏观经济政策并没有表现出与稳定的汇率政策之间的不协调。奥伯斯法尔德（Obstfeld）（1994，1996）、萨克斯（Sachs）、托梅尔（Tomell）和贝拉斯科（Velasco）（1996）等人为了解释欧洲货币体系危机，提出了第二代危机模型。第二代危机模型强调多重均衡和危机的自促成（self-fulfilling）性质——投机者的信念和预期最终可能导致政府捍卫或放弃固定汇率。

第二代危机模型认为，政府维护汇率的过程是个复杂的政策选择过程，也是个成本-收益的权衡过程。政府维护汇率的收益主要体现在三个方面：一是政府相信维护汇率稳定有助于促进贸易和投资；二是该国可能有严重的通货膨胀历史，因而把固定汇率看作控制国内信用的一个手段；三是汇率稳定也可能被看成维护该国荣誉的象征或是遵守国际经济合作的承诺。政府放弃固定汇率的原因在于存在某些因素使得维护固定汇率成本十分高昂：一种可能是政府存在严重的财政赤字，希望通过通货膨胀税来减轻这一负担；另一种可能是国内存在严重的需求不足，经济萧条要求政府采取扩张性政策，而扩张性政策和固定汇率制度相抵触。政府是否捍卫固定汇率取决于成本-收益的权衡，当市场预期汇率贬值时，捍卫固定汇率的成本将大大增加，最终将促使政府放弃固定汇率制度。

第二代危机模型强调危机的自促成性质。当政府内外政策不协调时，投机者预期汇率最终会贬值，就会提前抢购外汇，结果是国内的经济状况提前恶化，政府维护汇率的成本增加，货币危机提前到来，因而预期的作用使货币危机具有自促成的性质。

同第一代模型一样，第二代模型认为政府政策的不一致性是危机发生的原因。然而两者的不一致性是有区别的：第一代模型认为过多的国内信贷扩张造成了中央银行进行调整的压力——货币贬值或汇率浮动；而第二代模型认为在货币危机发生以前并不存在实际政策上的不一致，而是危机本身导致了政策的变化，从而使得危机是自我实现的。因此，在第一代模型中，事前的政策不一致性导致了危机的产生；在第二代模型中，对事后政策不一致性的预期导致了危机的产生。

（三）金融危机的第三代模型

由于第一、二代危机模型不能很好地解释以1997—1998年东南亚金融危机为代表的许多金融危机，许多学者提出了第三代危机模型。亚洲国家的企业和金融机构普遍有强烈的过度投资、过度冒险和过度借债倾向，外国金融机构之所以迎合它们的贷款愿望是因为相信有政府及国际金融机构的拯救行动，从而导致了严重的资产泡沫和大量的无效投资，最终只能以惨痛的危机收场。第三代金融危机理论开始跳出汇率机制、货币政策、财政政策、公共政策等宏观经济分析范围，着眼于金融中介、资产价格波动方面，强调金融中介在金融危机发生过程中的作用。

第三代金融危机模型还没有一个统一的研究框架，大致可以分为以下9个类别。

1.道德风险模型

克鲁格曼（1998）、科尔塞蒂、佩森蒂 和鲁比尼（Corsetti、Pesenti 和 Roubini）（1999）认为，政府对国内银行负债的隐形担保会导致国内银行借贷政策中的道德风险问题。道德风险使得国内银行的不良贷款增加，引发金融危机。基于政府的隐形担保，国外投资者以较低的利率借款给国内银行，资本充足率较低而且缺乏谨慎监管的国内银行由于有政府的担保而投资于高风险领域，导致资产泡沫化。当资产泡沫化破灭时，由于国内银行资产过多地暴露于资本市场而使其资产负债急剧恶化，陷入困境，不良贷款激增。而国内银行所持有的巨额不良贷款是政府将来的消费支出，银行和政府之间的紧密关系使得存款者认为政府会对陷入困境的国内银行进行救助。因此，从本质上来看，国内银行的不良贷款与财政支出是等价的，国外投资者认为政府会对由不良贷款所引起的财政赤字进行融资。所以，即使没有严重的财政赤字问题，东南亚金融危机也会发生。

2.金融恐慌模型

在戴蒙德和迪布维格（Diamond and Dybvig）（1983）的模型中，银行将存款人的存款投资于经济中的长期项目，银行这一功能实现的前提是所有存款人不会在同一时间提取存款。在正常情况下，银行的贷款得以支持长期经济投资，经济运转正常，存款人得到存款利息，经济实现的是一个好的平衡点。但当许多存款人从银行提取存款时，因为流动资金有限，银行不得不将其贷款所支持的长期项目中途下马，这将导致银行贷款的损失。由于银行不能偿还所有存款人的本金和利息，从而最先提取存款的存款人损失最小，而最后提取存款的存款人损失最大。因此，每一个存款人的理性选择是立刻从银行提取存款，结果导致银行发生挤兑，所有存款者都蒙受较大的损失，经济实现的是一个坏的平衡点。

银行挤兑是理性的而且存款者的预期具有自促成性质。如果所有的人都不提取存款，那么所有存款者的福利都将增加。尽管如此，在预期给定的情形下，单个存款者提前提取存款能增加个体的福利。这意味着存款者试图离开即将倒闭银行的行为将使得所有人的利益受到损害，而且每一个存款者都有提前支取的激励。因此，当所有存款者都选择逃离时，银行挤兑和金融危机很快就会发生。

拉德莱特和萨克斯（Radelet and Saches）（1998）、畅和维拉斯科（Chang and Velasco）（1998）的思想基于"协调失败"理论或者银行挤兑理论。由于某种原因，国外投资者预期货币贬值，他们就会出售通货，使得一国无法维持固定汇率制度，导致货币贬值，进而引发危机。东南亚金融危机中许多国家出现的资本大规模外逃现象不能由宏观经济基础变量的变化来解释，而是由市场参与者预期的突变引发的。国际投资者对新兴市场缺乏充分信息，在一定的条件下（如国际贸易冲击、国内经济薄弱等）会突然发生信心逆转，当看到或预期到其他投资者将要撤离资金，投资者最优的理性选择是在其他投资者之前撤离资金，结果导致迅速撤离资金的集体行动。国际投资的这种集体行动使新兴市场产生流动性危机，并最终导致非清偿性危机。

3.金融系统不稳定模型

金融系统不稳定模型强调金融系统的内在不稳定性，认为银行存款者之间的"协调失败"所导致的银行挤兑是金融危机爆发的根本原因。银行资产负债表的重要特征是"期限错配"——银行负债的期限较短而银行资产的期限较长且流动性差。当银行的流动性需求超过银行短期资产的价值时，银行挤兑就会发生。如果整个金融系统出现流动性危机，那么金融危机就会发生。金融系统不稳定模型将存款者之间的"协调失败"视为银行脆弱性的根源。从金融系统的内在不稳定性角度来解释金融危机的模型可以分为以下两类：

（1）协调失败模型。

该模型关注的是金融系统的结构导致金融系统崩溃的机制，当存款者进行银行挤兑时，金融系统就会发生崩溃。基于协调失败的银行挤兑模型可以分为随机危机模型和以经济基础变量为基础的危机模型。协调失败模型的关键在于存款者收益的外部性，单个存款者的收益依赖于其他存款者的行动；以经济基础变量为基础的危机模型除了强调收益的外部性外，还强调某种形式的信息溢出效应，当存款者的资产收益不确定时，存款者的私人信息（白噪声）就能产生这种溢出效应。

（2）流动性市场无效率模型。

短期流动性紧缺的银行可以变卖其长期资产或向其他流动性充足的银行进行拆借，如果流动性市场是有效率的，那么面临短期流动性危机但又具有清偿能力的银行可以在流动性市场获得足够的流动性。然而，由于信息不对称或市场权利，流动性市场也会出现无效率的情形。如果流动性市场缺乏效率，那么在外部冲击下，单个银行的流动性危机就会引起整个金融市场的流动性危机。

4.危机传染模型

危机传染模型强调金融危机的传染性，这类模型大致可以分为以下两类：

（1）银行同业市场中流动性危机的传染。

信息外部性或银行间的信贷关系使得银行破产得以在银行之间进行传染。银行间的信贷关系是由银行同业间的风险分担或共同参与的支付清算系统所导致的，即使银行"经济基础变量"之间相互独立，银行间的信贷关系也会使得银行经营业绩之间有很强的相关性。当存款者观察到银行经营业绩间的强相关性时，信息传染就会发生，一家银行的流动性问题就可以通过银行间资本市场传染给其他银行。

（2）国际金融危机的传染。

信息不对称和跨市场套期保值能力是金融危机传染的根本原因，因为没有关联信息甚至没有直接共同影响因素的不同市场会发生同样的变动。国际货币基金组织认为，大型全球性机构在许多不同市场和国家间经营，产生了不相关市场之间的溢出效应，而这种溢出效应就是金融危机传染的原因。Masson（1999）在简单两国模型的多重均衡基础上讨论了金融危机的传染机理，证明了"季风效应"和"波及效应"的存在。解释国际金融危机传染的另一个模型是多维平衡点传染模型：一国经济中的多维平衡点和投机者的"自促成"性质会导致金融危机，诱发该国投资者重新评价其他类似国家的经济基础，从而引起对类似国家的冲击。Hausken 和 Plampler（2002）则用一个流行病模型来解释金融危机的国际传染，认为金融危机的国际传染与流行病在人群中的传染有相似的机制。

5. 孪生危机模型

研究表明，银行业危机和货币危机往往相伴发生，两者之间固有的内在联系被称为"孪生危机"。Stoker（1995）认为，在固定汇率制下，外部冲击首先会导致货币危机，当货币危机发生后，信用收缩、破产增加，银行业危机发生。Mishkin（1996）认为，货币危机发生时，银行用外币计值的大量债务会使得银行业面临问题。Velasco（1987）认为，银行业危机发生后，政府的救援行动使得财政赤字货币化，从而导致货币危机的发生。Mishkin 和 Pill（1996）认为，金融自由化、外资大量流入、信用扩张和经济衰退是银行业危机和货币危机发生的共同原因。Goldfjin 和 Vades（1995）则认为金融中介对外资波动和商业周期的放大作用最终会导致银行业危机和货币危机。

6. "羊群行为"模型

"羊群行为"是信息连锁反应所导致的一种行为方式，当个体依据其他行为主体的行为而选择采取类似的行为时就会产生羊群行为。当羊群行为发生时，个体趋向于一致行动，社会整体的一个较小冲击会导致群体行为产生巨大偏移，个体甚至可能放弃私人信息而仅仅依靠公共信息来选择自己的行为。在银行挤兑过程中，羊群行为很可能发生，存款者能观察到属于私人的白噪声信号，并根据这些私人信号和公开场合能观察到的其他存款者的行动来采取相应行动。信息是私有的而且不完备，但行动是能公开观察得到的，这就导致了"社会学习"，没有采取行动的存款者试图根据其他存款者的行动信息来作出推断。所有的存款者最终都不考虑自己的私人信息而依赖于公共信息，羊群行为发生，导致银行挤兑。克鲁格曼（1998）认为，金融市场上易于产生羊群行为的原因在于投资的委托–代理问题，因为大部分投资在一些易于发生危机国家的资金通常是由资本的代理人来代为管理的。Calvo 和 Mendoza（1998）认为，即使单个投资者的投资决策不是序列进行的而是同时进行的，投资者之间的羊群行为也可能产生：如果一个投资者收集一个国家信息（或一个存款者收集一家银行的信息）的成本是高昂的，那么投资者（或存款者）就会放弃私人信息而按照公共信息来选择行为，经济（或银行）的不利冲击就可能诱发羊群行为，从而使其从一个没有投机攻击的均衡转移到一个有投机攻击的均衡。

7."外资诱导型"模型

"外资诱导型"模型认为大规模外资的流入、波动和逆转是导致货币危机的重要原因。大规模外资流入对一国的宏观经济状况和银行业的运营产生了重大影响，使得宏观经济稳定性变弱（如经济过热、实际汇率升值、经常项目恶化、资产泡沫化等），导致银行业过度放贷，风险贷款比例、不良贷款比例增加，银行业更加脆弱。当有外部冲击或内部振荡时，投机者将会发起投机冲击，外资逆转，货币危机发生。这种模型强调的是外资通过银行业信用过度扩张的传导机制使本国的宏观经济和金融业脆弱性增强。畅和维拉斯科 Chang 和 Velasco（1999）的有外资冲击的协调失败模型是银行挤兑模型在小型开放经济中的应用，当一国经济有外资输入时，短期外债是国外投资者之间协调失败的根源。资本输入对一国经济而言并不是坏事，资本输入使得输入国可以利用更多经济资源，增加了其经济福利；但资本输入的短期性质对经济却是有害的，因为它使得国外投资者之间会出现协调失败，从而使经济不能实现帕累托最优。国内存款者之间的协调失败消除后，国外投资者之间仍然存在协调失败的可能。在封闭经济中，消除协调失败的有效手段是禁止提前支取或对提前支取征税；在开放经济中，消除协调失败的有效手段依然是禁止撤资或对撤资征税。

8.内生增长模型

Dekle 和 Kletzer（2002，2004）在内生增长模型中引入了金融中介部门，建立了以一般均衡模型为基础的金融危机模型。模型表明，政府对金融部门的经济政策可能会导致银行业危机和持久的经济衰退。当政府为存款提供担保并对银行业监管不充分时，银行中介事实上担当了政府与存款者之间的转移功能角色。银行一方面把优质贷款中获得的收益以红利的形式分配给存款者；另一方面却不断累积最终由政府承担的不良资产。政府对银行中介干预的时间选择会影响干预后的经济增长率。如果政府等待观望的时间过长，即使没有外部冲击，也会发生银行业危机和持久的经济衰退。Dekle 和 Kletzer（2002）在内生增长模型中还讨论了外资输入、国内投资、公司债务、企业价值、银行股票价值之间的动态变化关系。在他们的模型中，危机的根源在于政府对银行监管的不力和政府对银行的担保，而政府过晚的干预是金融危机爆发的直接原因。

9.第二代危机模型的扩展

第二代危机模型忽视了危机与宏观经济基础变量之间的联系，以至于无法很好地解释金融危机的根本原因。对第二代危机模型进行的扩展是将理性预期假设用"适应性学习"来替代，考虑基础变量的不确定性，用"有差异的私人信息"来代替"有关经济基础变量的公共信息"，消除由预期驱动的第二代危机模型均衡的不确定性。但 Prati 和 Sbracia（2002）认为以此得到的唯一均衡仍具有"协调失败"的性质，因为均衡时是否有投机攻击发生是由信仰结构和经济基础变量的行为共同决定的。

阅读资料 12-2

亚洲金融危机、美国金融危机及欧债危机的比较研究

一、亚洲金融危机

亚洲金融危机一般指亚洲货币危机，此危机爆发于 1997 年 7 月，究其原因就在于货币，引爆点则为泰国汇率制度的转变，其由原来的固定汇率制转变为浮动汇率制，导致泰国的货币泰铢贬值。不久之后，包括印度尼西亚、菲律宾、新加坡、马来西亚、日本、韩国及中国等在内的数个国家，逐渐沦为国际金融炒家的攻击对象，打破了经济在亚洲发展迅猛的现象。这场风暴最终导致一系列经济大国处于长期的经济低迷状态，部分国家的政局也受到了严重影响。

一般地，亚洲金融危机的演化历程包括三个阶段：首先，1997 年 7 月，泰国汇率制度的转变直接导致了泰铢的贬值。当时，泰铢兑美元的汇率下降 17%，印度尼西亚、菲律宾、新加坡、马来西亚、日本、韩国

及中国等数国都遭受了严重的影响，这场东南亚金融危机由此逐步发展成了亚洲金融风暴。其次，1998年初，新一轮的印尼金融风暴开始显现，加之国际货币基金组织撤销对印尼风暴的救助，使得这场风暴迅速蔓延至东南亚汇市，如新加坡、马来西亚、泰国、菲律宾等数国的汇率全部处于下跌状态，直到国际货币基金组织重新伸出援手，此场风暴才得以暂时处于平静态势。但此期间，日本汇率持续下跌，经济一直处于萧条状态，国际金融市场仍面临灰暗形势，亚洲金融危机还在不断深化。最后，国际金融炒家对中国香港发起新进攻，由于当时中国实行的国际金融政策比较谨慎，导致国际金融炒家受到重创，损失惨重。同时，金融炒家转向攻击俄罗斯，由于俄罗斯突然改变其金融政策，国际金融炒家更是元气大伤，甚至波及到美欧国家的汇市，导致汇市产生剧烈震荡，直到1999年，亚洲金融风暴才逐渐平息。

二、美国金融危机

美国金融危机一般指美国次贷危机，此危机显现于2006年，究其原因是美国次级抵押贷款机构破产、投资企业基金被迫关闭、股票市场剧烈波动等。这场金融风暴席卷了更多的国家，波及面更广，影响更为严重。

一般地，美国金融危机的演化历程包括三个阶段：首先，2007年4月，美国新世纪金融公司宣布申请破产保护，裁员量高达54%，该公司曾是美国第二大的次级抵押贷款公司。2007年8月，美国住房抵押贷款投资公司宣布申请破产保护，该公司曾是美国第十大的次级抵押贷款机构。种种迹象表明次级抵押贷款市场的信用风险已经存在，并且此风暴开始向亚洲、欧洲等地蔓延。其次，2007年8月以来，美国贝尔斯登投资银行旗下的两只基金倒闭、法国巴黎银行冻结了旗下的三只基金、日本瑞穗银行损失了6亿日元等一系列事件，使得各个经济大国惨遭重创，美国金融危机越演越烈，已经逐渐演化成了全球性的金融危机。最后，2008年9月，美国财政部被迫接手"两房"，即房利美和房地美公司。2008年9月，曾为美国第四大的投资银行雷曼兄弟公司宣布进行破产保护，同一天，美林公司被美国银行收购。2008年9月，美国政府出面接管美国国际集团，向该集团提供了850亿美元的紧急贷款。此场风暴摧毁了华尔街的投资银行，大家纷纷改为商业银行。

三、欧债危机

欧债危机一般指欧洲主权债务危机，由于美国金融危机的延续和深化，2009 年以来，希腊等欧盟国家受其危机的影响引发了一系列的主权债务危机。欧债危机爆发的根本原因在于政府债务远远超过了其自身的承受能力，加上国际评级机构降低其贷款信誉，从而引发主权债务违约风险。

一般地，欧债危机的演化历程包括三个阶段：首先，2008 年美国金融危机最初爆发时，北欧冰岛的主权债务问题就已经存在，随之而来的是中东又爆发了债务危机，因国际方面及时援助，此次事件并未导致全球性的金融震荡。其次，2009 年以来，国际评级机构连连降低希腊主权信誉评级，主权债务问题越发激烈，导致欧债危机率先在希腊引爆。最后，2010 年以来，欧洲央行、国际货币基金组织等伸出援手寻求解决办法，但也产生众多分歧。援助希腊债务危机的方案未能及时出台，造成危机继续恶化，此危机更是向着"欧洲五国"希腊、葡萄牙、爱尔兰、意大利、西班牙延伸。

资料来源：袁雯. 亚洲金融危机、美国金融危机及欧债危机的比较研究［J］. 中国集体经济，2018（26）：165-166.

第三节　金融危机的传导机制

一、金融危机传导的投资渠道——凯恩斯效应

凯恩斯效应是凯恩斯在其著作《就业、利息和货币通论》中最早提出的，用来描述货币供给量变动后对投资产生影响的一系列过程和环节，之后由托宾进一步加以发展。

在凯恩斯的分析中，假定所有金融资产都可以划分为货币资产和非货币资产（用债券来代表）。这种区分的重要依据在于，持有货币不能为所有者带来利息收入，而持有债券则能为所有者直接带来收益，进一步的简化是假设只存在一种永久性债券。由于货币与债券都是金融资产，在财富供给既定的情况下，就存在着如何决定货币与债券持有结构的问题。托宾对凯恩斯货币理论的发展就是运用资产组合理论对消费者

的货币需求作出了分析，并得到了著名的"平方根公式"。

在任何时点，金融资产的社会存量是既定的，由于持有财富的形式只有两种：货币与债券，从而实际财富必然等于每个人的货币存量和债券存量。从全社会来看，所有的金融资产都是"名花有主"的，金融市场的均衡意味着金融资产存量必定等于金融资产需求。

根据瓦尔拉法则，货币市场的均衡必然意味着债券市场也是均衡的，因而对整个金融市场的考查可以简化为对货币市场的考查，凯恩斯正是这样做的。凯恩斯效应的核心有两点：一是在货币市场发生变动时利率会如何变动；二是利率与债券价格之间的关系如何。凯恩斯反复强调，货币的投机需求来自于人们对未来利率变动预期的不确定性，从而不能准确地判断债券的市场价格。通过这种认识，凯恩斯实际上将货币市场利率与债券市场价格联系起来。货币的投机需求与利率呈反向变动，利率又与债券价格负相关。托宾在凯恩斯分析的基础上，运用资产组合理论不仅证明了货币的投机需求与利率呈反向变动，而且与货币的交易需求也呈反向变动，这就为宏观经济学中的货币理论打下了基础。虽然凯恩斯效应主要用于说明货币政策的外部传导机制，但如果把凯恩斯-托宾的分析提升到对资产需求这样一个高度来认识，凯恩斯效应就具有了一般性。它同样说明了金融系统扰动是如何改变人们的金融资产持有结构，从而对整个经济活动产生影响的。

在凯恩斯效应中，冲击发生后，利率和债券价格发生变动，从而导致间接融资和直接融资的改变，但这种社会总投资变动对实体经济部门和社会生产结构的影响仍然是不清楚的。但在研究金融危机的过程中，金融市场的扰动如何对实体经济部门造成影响，是必须考虑的重要问题，对这一点威克塞尔的研究提供了很好的思路。

二、金融危机传导的生产结构渠道——威克塞尔效应

现代市场经济的一个本质特征是劳动分工的网络化和递进化。网络化实际上成为商品交换存在的基础，递进化则直接决定了整个社会的生产结构和产业结构，但两者都离不开投资，劳动分工的深化以投资为媒介，并总是以投资为先导。在一个以信用融资为主、追求利润最大化目标的社会，利率作为衡量投资成功与否的标准必然对国内外投资、不同部门和相同部门不同企业的投资造成根本性的影响。这种影响会改变整个社会生产要素的配置，在各经济部门造成"扭曲"。正是这种"扭曲"实际上决定了一国经济结构的升级、新部门的兴起和旧部门的淘汰。

在经济发展时期，整个社会生产过程处于不断地延伸中，它表现为更多的中间过程和中间产品。当市场利率处于低水平时，由于新资本容易低成本获得，企业主也愿意延长生产过程。然而，企业主在增加资本存量的时候，并不关心市场利率下降是自愿储蓄的增加，还是银行信贷扩张所造成。利率下降会鼓励投资，投资将从消费品生产部门转移到资本品生产部门，并从资本品生产部门的下游行业向上游行业扩散。

因此，市场利率的变动实际上会导致社会生产结构发生根本性变动。但社会生产结构的根本性变动是一个长期缓慢的过程，并和日常的常规性投资混合在一起，也就是说，企业主在进行投资时无法判断这种投资是否符合社会生产结构的变动趋势，这种投资必然带有盲目性，社会生产资源的扭曲就是难以克服的。另一方面，投资扩张导致的生产结构变动并不必然带来社会消费结构的相应变动，投资导致的暂时收入增加并不必然导致消费的相应增加（通常消费的变动要小得多）。此外，收入虽然上升但由于存在时滞，收入上升的速度赶不上生产上升的速度，消费相对社会生产进一步收缩。消费收缩导致社会储蓄在短期内增加，从而在一定程度上维持了社会初期投资扩张所需要的资金。在威克塞尔的理论中，价格水平的持续上升（货币供给量增加）导致实际利率下降，从而造成了一种"强迫性储蓄"，这为社会信用的进一步扩张提供了最初的资金来源，并使资源转移到资本品的生产过程中去。

然而，投资扩张和生产结构变动的过程不可能无限制地进行下去。当市场利率发生逆转（上升）时又会导致完全相反的结果。利率之所以会上升，很可能来自于实际生产领域。当生产结构由于过度投资而日益重型化时，投资的预期收益率下降，进一步投资会变得更加困难；或是通货膨胀压力使得货币当局不得不紧缩银根；或是政府实行财政赤字政策，发生挤出效应；还有可能是由于金融市场发生变动，如金融资产价格泡沫破灭、社会化风险恶化和投机过度等；也有可能是以上这些因素综合作用的结果。利率的上升将会终结投资扩张带来的经济繁荣，导致经济衰退。

对于凯恩斯-威克塞尔效应，可以总结为"金融市场扰动→利率→投资→社会生产结构变动和社会总产出变动"。在这个机制中，金融市场扰动通过凯恩斯效应影响投资支出，通过威克塞尔效应影响实体经济部门的生产结构，因而从总需求和总供给两方面对经济造成影响。但是这种变动对消费的影响仍不清楚，而财富效应对此则给出了一定的说明。

三、金融危机传导的消费渠道——财富效应

传统经济学假定货币供给和财富之间存在因果关系，货币数量增加社会净财富就会随之增加，而财富的增加又导致社会总支出的增加，这个过程就被称为财富效应。 根据传统经济学，财富效应主要通过货币市场、资本市场和商品市场三个途径来影响总体经济。这里的分析主要集中于财富效应的资本市场途径。

20世纪80年代以来，随着金融一体化的发展，各国出现了日益庞大的金融资产。其原因在于：一方面，随着家庭财富的增加，通过有效的资产组合实现更大收益的要求变得越来越急迫，从而产生了对金融资产的大量需求，公共投资机构大量出现；另一方面，企业出于融资成本和分担风险的考虑，客观上也需要更为多样、更为灵活便捷的金融工具，这直接导致了场外交易的巨大发展和 NASDAQ 系统的建立。有需求就有供给，金融资产的迅速扩张实际上带来了明显的信用扩张效应。1987年，美国衍生品市值大致等于 GDP 的 90% 左右，而 2000 年时已是 GDP 的 8 到 10 倍。在 1980 年以前，道琼斯指数低于 1 000 点，到 1990 年上涨到 3 000 点左右，2000 年则上涨到 12 000 点，在 20 年的时间里美国股市的市值翻了 12 倍。其他发达国家和新兴工业市场情况也大致如此，各国金融资产的市值通常在本国 GDP 的数倍之上。资产收益率和市场利率的变动会带来相应的财富效应，由于资产价格是资产收益率与市场利率的比值，因而收益率和利率的变化就会从成本方面影响金融资产的供求。

四、金融危机传导的信用渠道——资产负债表效应

市场经济是以信用融资为主的经济，其不确定性根源于对投资的未来水平和收益的预期以及银行和企业家的主观决策。显然，这种不确定性可能是人为的，如道德风险和逆向选择，也有可能产生于自然因素。

在信用融资领域内，为了对付信贷中的不确定性，一个行之有效的手段就是采取资产抵押。对于企业而言，充当抵押的资产可以是净资产值，也可以是未来的利润流。具体而言，社会信用的资产负债表效应主要体现在三方面：金融部门的资产负债结构，非金融部门的资产负债结构以及利率——息不对称的互动关系。

当金融市场出现不利动荡时，如股市崩溃、国际投机冲击、社会化风险恶化等，首先会使金融部门的资产负债结构恶化。一旦出现这种情况，银行要保证自身的安全性和流动性，不外乎两种选择：要么削减信贷，要么尝试筹集资金。在宏观环境不利、金融部门资产负债表恶化的情况下，金融机构很难获得足够的资金或是以合理的成本筹集到所需资金，结果只能削减信贷，而削减贷款又会导致更加不利的宏观环境，使金融市场的融资功能进一步丧失。金融部门资产负债表的恶化直接导致了利率上升和物价水平下降，这又会进一步恶化资产结构，造成更为严重的信贷收缩。

对于非金融部门，企业的资产负债表状况对整个经济的影响是基础性的。如果企业资产负债表恶化成为一种普遍现象，就会加重金融市场的逆向选择和道德风险，导致信贷收缩。当企业违约时，贷款者对抵押品拥有处置权，通过出售抵押品可以有效减少因借款人违约造成的损失。抵押品质量越高，贷款者获得的赔偿越多，借款人违约遭受的损失也越大，因而非金融部门资产负债表的好坏（抵押品的质量高低）直接关系到银行贷款的安全程度与借款人机会主义动机的强弱。但如果企业经营不善，或是利率上升、股市崩溃，都可能造成抵押品的价值随之下跌，使信息不对称变得更加严重。

在贷款中，企业资产净值通常起着与信贷抵押品一样的作用。如果公司具有较高的净值，即使出现无法偿还债务的情况，贷款者也可以通过出售企业净资产来最大限度地弥补贷款损失。由于股票等金融资产的价值取决于其未来利润流的现值，因而稳定的未来利润流是银行作出贷款决策的重要依据，但企业要获得稳定的未来利润流并不是一件轻松的事，所以企业弄虚作假的动机不是减弱而是加强了。股价的大幅下降会迅速减少企业净资产的市场价值，从而加剧金融市场上的逆向选择和道德风险，进而使借款者更容易从事机会主义行为。另一方面，贷款者面对社会化风险的后果也更加缺少保护。此时，银行的明智之举只能是减少信贷，信贷减少又会进一步导致利率上升，利率上升引起家庭与企业的利息支付增加，现金流减少，直接导致消费和投资支出下降。

在利率-信息不对称的互动关系上，二者呈现一种正反馈效应，彼此相互加强。因银行等金融机构是根据市场上高质量和低质量借款者的平均值来索取贷款利率，所以逆向选择问题越严重，银行索取的市场利率就越高；反之，利率的上升又可能导致更为严重的信息不对称问题（因为高风险的投资计划才愿意支付高利率）。可见，市场利率的上升除了与市场的资金供求有关外，还与市场上的信息不对称紧密联系。

由于贷款者认识到高利率意味着潜在借款者的低质量，银行等金融机构出于安全考虑又会逐步收回贷款和限制贷款的数量，这又会使情况变得更加严重。因此，利率的上升并不像传统经济学所认为的，一方面会增加信贷供给，另一方面会减少贷款需求，恢复供求平衡，相反会导致信贷供给减少，使信贷供求的差距不是缩小而是扩大。可见，利率的迅速上升是促使金融不稳定的一个主要因素。同时，高利率对于银行的资产负债结构也有消极影响。银行的重要功能就是"借进短期款项和贷出长期款项"，银行资产负债结构的典型特点就是资产项目的持续时间比债务项目的持续时间长，而利率上升会减弱长期资产的价值而提高短期债务的成本，进而导致金融机构净资产值的下降。美国20世纪80年代中后期发生的一系列银行、养老基金的破产和拉丁美洲的债务危机以及1987年的纽约股市崩溃，都与里根政府为反通货膨胀而提高利率，最终导致金融机构净资产值下降有关。因此，金融危机对社会信用的不良影响直接造成了社会信贷规模的收缩，利率上升又会进一步恶化这种趋势，最终使金融市场严重丧失融资功能，形成金融危机。

金融危机的传导机制体现了一种综合效应，这种综合效应可以称为凯恩斯-威克塞尔-财富-资产负债表效应，它基本概括了金融危机的主要传导过程。一旦金融市场出现紊乱或冲击，通过凯恩斯效应、威克塞尔效应、财富效应和资产负债表效应，就有可能导致严重后果：投资全面下降，各种生产性或非生产性活动全面收缩，国民经济经历严重衰退。

第四节　金融危机的治理

金融危机治理是在金融危机已经爆发的条件下针对金融危机的扩散、蔓延而采取的反危机手段。金融危机治理应根据一定的原则，针对不同类型的金融危机，采取不同的治理方式。

一、金融危机治理原则

（一）属性原则

在治理金融危机时，应当考虑某种反危机政策适用的内外部条件。任何一种反危机政策的实施都既有有利的一面，也有不利的一面。因此，政策选择究竟在何种条件下才能充分发挥其正面效应，是防范和化解金融危机的焦点。

（二）成本-收益原则

在治理金融危机时，选择任何一种政策必须权衡其成本与收益。一国政府在采用任何一种反危机措施前，应先对其可能产生的成本和收益作出评估，再对是否采用和实施力度作出决定。

（三）综合评判原则

在治理金融危机时，必须要全面考虑多种反危机对策同时使用时的综合效应。由于现代金融危机成因的多重性，其治理措施也不可能是单一的，往往要求多管齐下，共同治理。此时，综合考虑各种措施间的相互影响也十分重要。

二、金融危机的治理方式

（一）对货币危机的治理

对货币体系危机的治理，治理重点应放在控制货币供给量、稳定物价、维护公众对货币的信心等方面。治理方法主要有：

1.控制货币供给量

货币体系危机一般表现为公众对货币币值丧失信心，因此，需要采取紧缩银根的财政政策和货币政策。例如，通过提高存款准备金率、提高再贴现率、发行政府债券、增加税收、减少政府开支等方法来控制货币供给量。

2.稳定物价

面对公众对币值丧失信心，为保值减损而采取的抢购商品行动，政府应采取紧急措施，平抑物价。特别是日常消费品，要动用储备物资或紧急进口，用以应急。

3.稳定股市

中央银行可通过公开市场业务，抛售政府债券，平抑股市。

4.稳定汇率

当局可动用外汇储备，暂时限制某些产品的进口以稳定汇率。

（二）对银行危机的治理

对以银行危机为先导的金融危机，治理重点应放在救助金融机构、维护债权债务关系、保障金融秩序等方面。治理方法主要有：

1.对金融机构的救助

对金融机构的救助，根据不同情况可以采取不同措施：

（1）整顿。

对陷入困境的金融机构可以采取勒令整顿的措施，从组织结构、人事管理、经营制度、资产负债等多方面进行整顿，以达到提高效率、恢复盈利能力的目的。通常包括更换管理层人员、裁员、降低经营成本、增加资本金、增加计提呆账准备金、压缩分支机构等手段。

（2）接管。

对无力进行自救渡过难关的金融机构，可以通过外部力量进行接管。接管后，通过整顿和改组措施，对被接管的金融机构的经营管理、组织结构进行必要的调整，使被接管金融机构在接管期内，改善财务状况度过危机。

（3）购并。

所谓购并，即由一家健康的银行购买陷入困境银行的全部或大部分股权。购并是目前广为接受的挽救银行危机的方式，其优点在于能够用较低的成本稳定金融秩序。由于原有的债权债务由购并方承接，既能保全银行的营运基础，保护存款人的利益，对社会来讲又能避免一场金融恐慌，因而通常被认为是一种损失较小的治理方法。

（4）合并。

健康的金融机构可以实施购并，陷入困境的金融机构也可以通过与同类金融机构合并的方式来调整经营结构，获得规模经济，增强经济实力，避免出现大规模倒闭风潮，摆脱困境。

（5）破产。

这是各国金融监管当局都尽力避免的方式，因为监管机构和存款保险公司要花很长时间来清理和分析倒闭银行的债务记录。存款人和借款人与银行的业务关系被打破，特别是借款人会发现与新银行建立关系相当困难，现有投资项目会因资金链断裂而被搁置，在倒闭中不符合保险条件的债权、债务人将遭受损失。一旦这种情况被广为流传，公众对银行业的信心就会直线下降。尽管如此，破产作为市场优胜劣汰机制的一种表现，对于增强金融机构、投资者的风险意识，调整金融业结构还是具有一定的积极作用。

2.维护债权债务关系

银行业危机最明显的特征是债权债务关系得不到清偿，银行出现大量不良贷款。为了维护债权债务关系，使银行业渡过难关，必须对银行的不良贷款进行果断迅速的处理。对严重影响银行生存的巨额不良贷款的处理方法主要有流量处理法和存量处理法。流量处理法需要增加银行启动性贷款或股东注资，使债权债务关系正常化，并使债务人和债权人都能获得一定程度的流动性支持，从而阻止危机的进一步扩散；存量处理法则是对原有银行的不良贷款进行处理，包括破产冲抵、债务豁免、债券拍卖、债务重组、债转股和资产剥离等方式。

3.保障金融秩序

针对导致银行业危机的制度原因，应立即采取一系列的金融改革措施，如金融监管制度改革、银行体系改革等，以期迅速恢复被危机冲击而遭到破坏的金融秩序。

阅读资料12-3 ━━━━━━━━━━━━━━━━━━━━━━━━━━━━

次贷危机和欧债危机中美联储和欧洲央行的救助

从次贷危机到欧洲债务危机，对美欧各国决策者而言，是否对金融机构施以援手是个艰难抉择。

英国著名经济学家巴杰特曾指出，在金融市场面临压力时，中央银行应扮演提供无限量流动性的"最终贷款人"角色。"巴杰特法则"也因此成为货币当局对危机进行干预的重要理论依据。从19世纪的英国开始，全球主要央行一直在扮演该角色。

美国斯坦福大学教授罗纳德·麦金农认为，如果巴杰特在世，他也会赞同美联储向摇摇欲坠的银行开放贴现窗口，甚至也会同意出手拯救贝尔斯登等金融机构。

据彭博社报道，美国大型银行从2007年至2009年共计从美联储获得7.7万亿美元救援款，超过美国国内生产总值的一半。美联储货币事务部主任威廉·英格利希对新华社记者说，面对极大的市场压力，确保金融市场稳定是央行的核心职责之一，美联储在金融危机期间对金融机构的救助避免了金融体系崩溃。

而且，无论是在次贷危机还是欧债危机中，央行给银行提供的资金的利息均低得惊人。纽约联邦储备银行的数据显示，2008年年底美联储给某些大型银行的贷款利率低至难以想象的0.01%。据彭博社推算，美联储贷款与私人市场贷款之间的息差令受援银行攫取了约130亿美元利润。同时，欧洲央行给欧洲500多家银行的3年期贷款利率也仅有1%。对此，《华尔街日报》等媒体批评欧洲央行是在对欧洲银行业提供变相补贴。可见，对金融危机的治理相当复杂，政府或者中央银行的救助尺度的把握十分关键。

资料来源：蒋旭峰，樊宇. 美欧救助银行引发道德争议［N］. 经济参考报，2012-01-05.

思政课堂

中国金融稳定报告（2021）

2020年以来，国际形势严峻复杂，国内改革发展稳定任务艰巨繁重，特别是新冠肺炎疫情带来前所未有的冲击，全球遭受了第二次世界大战以来最严重的经济衰退。面对重大考验和挑战，中国坚持高质量发展方向不动摇，统筹疫情防控和经济社会发展，"十三五"规划圆满收官，脱贫攻坚战取得全面胜利，全面建成小康社会。2020年中国国内生产总值（GDP）同比增长2.3%，经济总量突破100万亿元，在全球主要经济体中唯一实现经济正增长。

报告指出，按照党中央、国务院决策部署，在国务院金融稳定发展委员会统筹指挥下，金融系统坚持服务实体经济，全力支持稳企业保就业，进一步深化金融改革开放，坚决打好防范化解重大金融风险攻坚战，取得重要阶段性成果。一是宏观杠杆率持续过快上升势头得到有效遏制。2017—2019年宏观杠杆率总体稳定在250%左右，为应对疫情、加大逆周期调节赢得了空间。2020年疫情冲击下GDP名义增速放缓、宏观对冲力度加大，宏观杠杆率阶段性上升，预计将逐步回到基本稳定的轨道。二是各类高风险机构得到有序处置。依法果断接管包商银行，在最大限度保护存款人和客户合法权益的同时，坚决打破了刚性兑付，严肃了市场纪律。锦州银行财务重组、增资扩股工作完成，经营转向正轨。顺利接管"明天系"旗下9家金融机构，维持基本金融服务不中断，有序推进清产核资和改革重组工作。华信集团风险处置主要工作基本完成，安邦集团风险处置进入尾声。三是影子银行风险持续收敛。统一资管业务监管标准，合理设定调整资管新规过渡期，金融脱实向虚、资金空转等情况明显改观。四是重点领域信用风险得到稳妥化解。加强债券发行交易监测，综合施策有效化解企业债务风险。积极制定不良贷款上升应对预案，支持银行尤其是中小银行多渠道补充资本。五是金融秩序得到全面清理整顿。在营P2P网贷机构全部停业，非法集资、跨境赌博及地下钱庄等违法违规金融活动得到有力遏制，私募基金、金融资产类交易场所等风险化解取得积极进展，大型金融科技公司监管得到加强。六是防范化解金融风险制度建设有力推进。建立逆周期资本缓冲机制，出台系统重要性银行评估办法，发布金融控股公司监管办法，统筹金融基础设施监管。完善存款保险制度建设和机构设置，发挥存款保险早期纠正和风险处置平台作用。制定重点房地产企业资金监测和融资管理规则，推出房地产贷款集中度管理制度。总体看，经过治理，金融风险整体收敛、总体可控，金融业平稳健康发展，为有效应对新冠肺炎疫情冲击、全面建成小康社会创造了良好的金融环境。

报告认为，当前百年变局和世纪疫情交织叠加，世界进入动荡变革期，国内外不稳定性不确定性显著上升。国际方面，2020年以来的新冠肺炎疫情全球大流行使大变局加速演进，世界经济低迷，全球产业链、供应链因非经济因素而面临冲击，国际贸易和投资大幅萎缩，发达经济体宽松货币政策溢出效应持续显现，经济全球化遭遇逆流，保护主义、单边主义上升，国际经济、科技、文化、安全、政治等格局都在发生深刻调整。国内方面，我国防控疫情输入压力依然较大，经济恢复不均衡、基础不牢固。同时，金融风险仍然点多面广，区域性金融风险隐患仍然存在，部分企业债务违约风险加大，个别中小银行风险较为突出，这些都对维护金融稳定提出了更高要求。

展望未来，我国经济长期向好、市场空间广阔、发展韧性强大的基本特征没有改变，以国内大循环为主体、国内国际双循环相互促进的新发展格局正在形成。2021年是"十四五"开局之年，也是中国共产党成立100周年，做好经济社会发展工作、迈好"十四五"时期我国发展第一步，至关重要。为此，要辩证认识和把握国内外大势，统筹中华民族伟大复兴战略全局和世界百年未有之大变局，深刻认识我国社会主要矛盾发展变化带来的新特征新要求，深刻认识错综复杂的国际环境带来的新矛盾新挑战，增强机遇意识和风险意识。在继续统筹推进常态化疫情防控和经济社会发展的同时，保持宏观金融政策的连续性、稳定性和可持续性，稳健的货币政策灵活精准、合理适度，增强微观主体活力，大力支持普惠小微、乡村振兴、制造业、科技创新和绿色转型发展，加强对实体经济的金融服务，促进经济平稳健康运行。处理好金融发展、金融稳定和金融安全的关系，健全金融风险预防、预警、处置、问责制度体系，推动中小金融机构改革化险，着力降低信用风险，维护股市、债市、汇市平稳运行，严密防范外部风险冲击。继续深化改革开放，进一步推动利率汇率市场化改革，稳步推进资本市场改革，推动债券市场高质量发展。深化金融机构改革，促其回归本源、专注主业。在有效防范风险的前提下，继续扩大高水平金融开放。

资料来源：中国人民银行金融稳定局. 中国金融稳定报告（2021）［EB/OL］.
［2021-09-03］. http://www.pbc.gov.cn/jinrongwendingju/146766/146772/4332768/index.html.

本章小结

1.金融稳定是指金融体系各组成部分内部及其相互之间的制度安排合理，有效发挥风险配置、资源配置等核心功能的运行状态。金融稳定具有公共性、全局性、动态性、效益性和综合性。

2.金融稳定的目标是保持银行等金融机构和金融市场的基本稳定，防范和化解系统性金融风险。金融稳定的主要内容包括：价格稳定是金融稳定的重要条件；银行稳定是金融稳定的核心；金融稳定是金融安全的基础。

3.金融危机是指全部或大部分金融指标——期利率、资产（证券、房地产、土地）价格、商业破产数和金融机构倒闭数——的急剧、短暂和超周期的恶化。可见，金融危机是金融状况在全部或大部分领域出现恶化，且具有突发性、急剧性、短暂性和超周期性。金融危机可以分为银行危机、货币危机和债务危机三种类型。

4.金融危机的第一代模型认为危机根源在于宏观经济基础变量的恶化——过度扩张的货币与财政政策、实际汇率升值、经常项目恶化等。第二代模型强调危机的"自促成"性质，认为即使在经济基础因素没有明显恶化的情况下，预期因素也会引发金融危机。第三代金融危机理论开始跳出汇率机制、货币政策、财政政策、公共政策等宏观经济分析范围，着眼于金融中介、资产价格变化方面，强调金融中介在金融危机发生过程中的作用。

5.金融危机的传导机制体现了一种综合效应，可以称为凯恩斯-威克塞尔财富资产负债表效应，它基本概括了金融危机的主要传导过程。一旦金融市场出现紊乱或冲击，通过凯恩斯效应、威克塞尔效应、财富效应和资产负债表效应，就有可能导致严重的后果：投资全面下降，各种生产性或非生产性活动全面收缩，国民经济经历严重衰退。

6.金融危机的治理应根据属性原则、成本-收益原则和综合评判原则。针对不同形式的危机，进行灵活多样的综合治理。

综合训练

12.1 单项选择题

1.以下不属于 IMF 定义的金融危机分类的是（　　）。

A.货币危机　　　　　　　　　B.银行危机

C.债务危机　　　　　　　　　D.保险危机

2.1997 年的东南亚金融危机属于（　　）。

A.货币危机　　　　　　　　　B.银行危机

C.债务危机　　　　　　　　D.保险危机

3.金融危机的第一代模型强调的是（　　　）的作用。

A.汇率　　　　　　　　　　B.宏观基本面

C.预期　　　　　　　　　　D.金融中介

4.金融危机的第二代模型强调的是（　　　）的作用。

A.汇率　　　　　　　　　　B.宏观基本面

C.预期　　　　　　　　　　D.金融中介

5.金融危机的第三代模型强调的是（　　　）的作用。

A.汇率　　　　　　　　　　B.宏观基本面

C.预期　　　　　　　　　　D.金融中介

12.2　多项选择题

1.金融稳定的主要内容包括（　　　）。

A.银行稳定是金融稳定的核心

B.价格稳定是金融稳定的重要条件

C.金融稳定是金融安全的基础

D.市场稳定是金融稳定的基础

2.金融稳定的"三根主要支柱"是指（　　　）。

A.适宜的宏观经济环境　　　B.有效的监督和管理体制

C.健全的金融市场基础设施　D.完善的金融法规

3.金融危机的传导机制包括（　　　）。

A.凯恩斯效应　　　　　　　B.威克塞尔效应

C.财富效应　　　　　　　　D.资产负债表效应

4.金融危机的治理原则包括（　　　）。

A.属性原则　　　　　　　　B.成本－收益原则

C.公平、公正、公开原则　　D.综合评判原则

12.3　思考题

1.什么是金融稳定？其理论内涵如何？

2.简述金融稳定的目标及主要内容。

3.根据金融危机的三代模型阐述金融危机的生成机理。

4.简述金融危机的传导机制。

5.结合实际谈谈金融危机的治理。

第十三章

国际金融初步——内外经济均衡

学习指南

【学习目标】

随着经济全球化和金融一体化的推进，国际金融的地位越来越重要。各国政策当局在进行宏观调控时所追求的目标就是内外经济的均衡。通过本章的学习，要了解内部均衡和外部均衡的含义及相互关系；理解丁伯根法则、有效市场分类原则和斯旺图形的基本原理；掌握蒙代尔-弗莱明模型的原理；掌握总需求-总供给分析框架下宏观政策的中长期效应；了解两国蒙代尔-弗莱明模型条件下，一国宏观政策对他国的溢出效应。

【关键概念】

内部均衡　外部均衡　全局均衡　米德冲突　支出变更政策　支出转换政策　丁伯根法则　有效市场分类原则　蒙代尔-弗莱明模型　克鲁格曼"不可能三角"

<hr>

引例

三元约束下的最优政策组合

三元悖论的三个元对央行来说，都只是手段或者表现，而不是目的。央行的政策决策就是在诸多目标项中做一个取舍。在当今大背景下，全球大部分国家的央行的目标是在维持物价稳定、保持较低失业率下实现经济的增长，所以，大部分央行在制定经济政策时，还是会按照经典的理论，在三元悖论的框架下进行政策组合的选择。但是在特定时间点，比如出现金融危机或者局部经济波动时，央行作为最后借款人，必须跳出三元悖论的约束，采取特定行为来控制整体金融风险。比如最近几年，在稳增长、稳汇率、防风险的背景下，汇率不稳定相较于其他两个元，会造成更大的潜在风险，当人民币兑美元汇率仍然保持在6.0到6.9区间内运行时，中国央行选择保持汇率的区间浮动，资本流动较为自由且有较强货币政策独立性，但当人民币贬值加速突破7后，潜在风险出现概率增大，央行选择牺牲一部分资本自由流动和一部分货币政策独立性以稳定汇率。如果人民币汇率进一步贬值，则可能会推出更强力度、更加有效的政策，不排除逆周期因子、资本管制收紧等政策。尽管从长期来看，资本自由流动是主导的元，而汇率稳定理论上无法主动对另外两个元造成影响和约束，但是短期来看，牺牲部分资本的自由流动是相比于牺牲货币政策独立阻力更小、效果更好和更有作用的政策选择。

三元悖论中三个元的发展变化是有其内在逻辑的，长期来看存在较难逆转的历史选择和发展的过程。三元悖论中的资本自由流动是主导和影响货币政策独立性和汇率稳定性的主元，是全球资本不断流动影响了全球各国的汇率制度和全球各国央行货币政策的独立性。汇率制度和货币政策对资本流动也具有一定的反作用。资本流动自由度上升，货币政策独立性下降，汇率稳定性下降是一个长期的发展趋势，而并非三元悖论基础理论中所表达的三个元是独立且平等的任务，三个元可以在满足相加之和等于二的约束下任意变动的任意组合。

综上所述，三元悖论中三个元的重要性并不相等，长期来看，逐步放开资本自由流动和金融管制是各国央行必然需要选择的一个元。在另外两个元中，不同国家应根据本国国情，选择可以实现本国当前整体利益最大化的恰当的发展路径和目标组合。新的历史条件下，三元悖论基础理论提出三个元中三选二的政策约束，并没有把资本自由流动这一元放在更重要的位置上，而资本自由流动是央行必须选择的一元。在剩下的两个元中，不同的国家可以有不同选择，小型经济体或者追求经济快速发展的国家，货币政策独立性优先度较低，经济发展汇率稳定优先度较高，建议选择放弃部分货币独立性从而保持汇率稳定。大国则有地缘政治影响，需要有一定的货币政策独立性来保护本国经济发展和避免出现金融风险，所以，需要保持一定的货币政策独立性并放开部分汇率波动区间。长期看来，各国央行应该顺应三元悖论中三个元的历史发展趋势，建议选择较高的资本自由流动，较低的货币政策独立性和较低的汇率稳定性。

资料来源：王大卫，叶蜀君. 资本自由流动、货币政策独立性、汇率制度稳定性三元发展趋势研究——基于三元悖论理论［J］. 北京交通大学学报（社会科学版），2021（20），2：50-57.此处为节选.

那么，为什么在不同的汇率制度下，宏观经济政策有效性差别如此之大呢？一国既要实现充分就业、经济增长，又要兼顾币值稳定，应采取什么样的政策搭配呢？

第一节　开放经济下的宏观政策目标

一、内部均衡与外部均衡

（一）内部均衡

在封闭经济中，宏观政策调控的目标包括经济增长、物价稳定和充分就业，这三个目标囊括了经济合理运行的主要条件。**当一国同时实现经济增长、物价稳定和充分就业时，就称为内部均衡**。在内部均衡的三个目标中，经济增长属于长期目标，它与充分就业是一致的，而物价稳定则与前两者存在一定的矛盾：当经济增长加快时，总需求增加，势必导致物价水平上升；而稳定物价的经济政策必然以牺牲一定的总需求为代价，导致经济增速放缓。物价稳定与充分就业的矛盾则体现在物价上涨率与失业率之间存在此消彼长的关系（菲利普斯曲线）。因此，封闭经济中政策调控的主要目标是协调这三者的关系，确定一个合适的均衡点。

（二）外部均衡

在开放经济中，一国经济与外界密切相关，除了内部均衡的三个目标之外，宏观政策调控还要保证国际收支平衡，即一国或地区与世界其他国家或地区之间在一定时期内全部经济活动往来的收支基本持平、略有顺差或略有逆差。**当一国实现国际收支平衡时，即为外部均衡。**由于国际收支状况会对经济增长、物价稳定和充分就业产生影响，因此，在开放经济中，宏观政策的调控变得更为复杂。例如，当国际收支逆差时，本币贬值，政府为了稳定汇率，会动用外汇储备进行干预，这将引起货币供给减少、利率上升，从而导致经济增速回落，失业增加；反之，当国际收支顺差时，持续增加的外汇储备存量会引起货币供给增加，从而导致物价上涨、通货膨胀，而且，长期顺差还将导致国际关系恶化，引起经济摩擦。

因此，一国经济的均衡是基于内部平衡和外部平衡基础上实现的总体和全局均衡。

二、内部均衡与外部均衡的关系

英国经济学家詹姆斯·米德于1951年在其名著《国际收支》中首次提出了固定汇率制下宏观经济目标内外均衡的冲突问题。米德用了A、B两国的例子来解释内外均衡的矛盾问题：当A国发生国内支出的自发性收缩时，会对A国和B国都产生紧缩性影响，并使国际收支变得有利于A国而不利于B国。在这种情况下，A国需要使国内支出出现政策性膨胀，一方面阻止国内萧条，另一方面抑制国内对进口商品需求的下降，从而有利于A国贸易差额的变动。就A国而言，这里并不存在内外平衡的矛盾。但如果A国听任贸易差额朝有利于自己的方向变化，B国就将面临严重的政策冲突：为了实现内部平衡，B国必须使国内支出发生政策性膨胀；为了实现外部平衡，B国却需要使国内支出发生政策性紧缩，以在A国对B国出口商品需求下降的情况下限制B国对进口商品的需求。稳定国民收入的膨胀性政策将使国际收支失衡加剧，而恢复国际收支平衡的紧缩性政策又会加剧国民收入的萎缩。

米德认为，在固定汇率制下，政府无法运用汇率政策手段调控国内外需求，只能运用影响国内总需求的政策手段来平衡内外收支，因此，宏观调控出现难以内外均衡兼顾的多重目标，产生内外均衡的冲突。表13-1列举了固定汇率制度下，一国所面临的内外经济状态的组合。

表13-1　　　固定汇率制度下内部均衡与外部均衡的一致与矛盾

组合	内部经济状况	外部经济状况	内外均衡关系
1	通货膨胀	国际收支逆差	一致
2	经济衰退/失业增加	国际收支顺差	一致
3	经济衰退/失业增加	国际收支逆差	冲突
4	通货膨胀	国际收支顺差	冲突

在第1种组合下，要实现内部均衡，应采取减少总需求的政策，这会通过边际进口倾向的作用导致进口减少，在出口不变的情况下使经常账户顺差增加，从而改变原有的国际收支逆差状况，使其趋于均衡。

在第2种组合下，要实现内部均衡，应采取增加总需求的政策，这会通过边际进口倾向的作用导致进口增加，在出口不变的情况下使经常账户逆差增加，从而改变原有的国际收支顺差状况，使其趋于均衡。

因此，这两种组合属于内外均衡的一致，即政府追求内部（或外部）均衡时对总需求的调控措施同时对外部（或内部）均衡产生了积极的影响。

在第3种组合下，要实现内部均衡，应采取增加总需求的政策，这会通过边际进口倾向的作用导致进口增加，在出口不变的情况下使经常账户逆差增加，从而使原有的国际收支逆差状况进一步恶化，使其距离均衡目标越来越远。

在第4种组合下，要实现内部均衡，应采取减少总需求的政策，这会通过边际进口倾向的作用导致进口减少，在出口不变的情况下使经常账户顺差增加，从而使原有的国际收支顺差状况进一步恶化，使其距离均衡目标越来越远。

因此，后两种属于内外均衡的冲突，即**"米德冲突"，指政府在**
追求内部（或外部）均衡时对总需求的调控措施使外部（或内部）均
衡状况恶化，距离目标更远。内外均衡冲突的根源在于经济的开放
性。对于开放经济体而言，既要在经济运行中保持自身的相对稳定，
避免通货膨胀、高失业及经济衰退等现象，又要防范由于经济开放导
致的资源在国家间的自由流动而产生的经济失衡问题。因此，内外均
衡的目标实际上就是开放经济的内在稳定性和合理开放性之间的平
衡。而一般情况下，内在稳定性和合理开放性所要求的政策工具的调
整方向是相反的，实现某一均衡势必会导致另一均衡的恶化，这就形
成了内外均衡的冲突。

米德分析的局限在于固定汇率制，而且也没有考虑资本流动对内外
均衡的影响。20世纪70年代以来，随着浮动汇率制的出现，内外均衡
的关系更为复杂。一方面，汇率的自由浮动以及资本的自由流动可以自
发地调节国际收支；但另一方面，国际收支的失衡也会引起汇率的频繁
波动和资本的大规模流动，这使得各国的经济政策受到更多的制约，内
外均衡之间的相互冲突更加深刻。

阅读资料13-1 ━━━━━━━━━━━━━━━━━━━━━━━━━━━

第三次石油冲击引起的内外均衡的矛盾

2008年7月，国际能源机构（IEA）宣称，世界正处于第三次石
油冲击之中，而且很难看到原油价格在5年内会有所缓和。2011年中
东地区的动荡，使得全球原油市场起伏不定。第四次"石油危机"是
否到来，仍是一个不确定的问题。利比亚战争爆发后，由于市场担心
未来原油供应有可能会出现大规模中断，纽约市场原油价格盘中一度
超过了100美元/桶。这是2008年10月以来的油价峰值。2011年3月
23日，伦敦布伦特油价更是一举突破每桶110美元，收于每桶111.25
美元。

石油冲击属于供给冲击，对不同的国家产生不同的影响。从外部均
衡的角度考虑，石油输出国可以获得巨额的国际收支顺差；石油输入国
则不得不面对严峻的国际收支赤字。从内部均衡的角度考虑，石油输出
国可能面临国内的通胀压力；而石油输入国一方面由于原料价格上涨带

来国内的通胀压力，另一方面由于贸易条件恶化引起珍稀资源从进口国向出口国转移，这又造成国内的通缩压力。显然，石油输出国陷入表13-1中第4种组合的米德冲突，而石油输入国的情况更为复杂。总之，这种供给冲击会产生严重的国际收支失衡，使有关国家被迫为外部平衡的调整付出巨大的代价。

第二节　开放经济下的宏观政策工具及其搭配

一、开放经济条件下的宏观政策工具

（一）支出变更政策

支出变更政策是旨在调控总需求规模的政策，指政府运用货币和财政政策手段，调节消费、投资和政府购买的规模，直接影响总需求，进而调节内部均衡。同时，支出变化通过边际进口倾向影响进口，还可以通过利率来影响资本流动，进而调节外部均衡。

货币政策是一国中央银行通过改变货币供给影响利率进而影响总需求的政策，分为扩张性货币政策和紧缩性货币政策。扩张性货币政策指增加货币供给、降低利率，这会引起投资增加、国民收入提高，进而引起进口增加；同时，由于利率水平的下降，还会导致国际短期资本外流。同理，紧缩性货币政策则指减少货币供给、增加利率，这会引起投资减少、国民收入下降、进口减少和国际短期资本流入。

财政政策是指一国政府通过改变政府支出和税收进而影响总需求的政策，分为扩张性财政政策和紧缩性财政政策。扩张性财政政策是增加政府支出或减少税收的政策，这会通过乘数效应导致国民收入增加，进而引起进口增加；反之，紧缩性财政政策则是减少政府支出或增加税收的政策，这会通过乘数效应导致国民收入减少，进口也随之下降。

（二）支出转换政策

支出转换政策是旨在改变总需求结构的政策，指通过影响本国贸易品的国际竞争力来改变支出构成，进而改变总需求的结构，使本国收入相对于支出增加。其主要包括汇率政策和直接管制政策两种。

汇率政策属于狭义的支出转换政策，指政府通过改变汇率，可以使支出在国内商品和进口商品之间转换，以调节国际收支。例如，当本币升值时，由于本国商品相对于外国商品变得更贵，这会使支出从本国商品转向外国商品，造成进口增加、出口减少，总需求减少，有利于国际收支顺差国实现外部均衡；反之，当本币贬值时，支出从外国商品转向本国商品，该国出口增加，进口减少，总需求增加，有利于国际收支逆差国实现外部均衡。

直接管制政策属于广义的支出转换政策，包括关税政策、进出口配额等贸易管制政策和外汇兑换管制、汇率管制和资本流动管制等金融管制政策。一般来说，直接管制政策作用时间短、见效快，但会在一定程度上损害市场效率，导致资源配置扭曲。

直接管制政策与汇率政策的不同之处在于：直接管制政策是针对特定的国际收支项目的，而汇率政策是同时作用于所有国际收支项目的普遍性控制政策。

二、开放经济条件下的宏观政策工具搭配的基本原理

(一) 丁伯根法则

1969 年的第一届诺贝尔经济学奖得主、荷兰经济学家丁伯根最早提出了将政策目标和政策工具结合在一起的正式模型，并经过推算得出：**要实现 N 种独立的政策目标，至少要有 N 种相互独立的政策工具，这就是丁伯根法则。**

假定经济体有两个政策目标 T_1 和 T_2，它们的理想状态分别是 T_1^* 和 T_2^*，同时还有两种政策工具 I_1 和 I_2。令政策目标是政策工具的线性函数，则有：

$$\begin{cases} T_1 = a_1 I_1 + a_2 I_2 \\ T_2 = b_1 I_1 + b_2 I_2 \end{cases} \tag{13.1}$$

从数学上来看，只要 $a_1/b_1 \neq a_2/b_2$，即两种政策工具线性无关，就可以解出目标最优时对应的 I_1 和 I_2 的水平：

$$\begin{cases} I_1 = (b_2 T_1^* - a_2 T_2^*)/(a_1 b_2 - a_2 b_1) \\ I_2 = (a_1 T_2^* - b_1 T_1^*)/(a_1 b_2 - a_2 b_1) \end{cases} \tag{13.2}$$

如果 $a_1/b_1 = a_2/b_2$，即两种政策工具线性相关，则意味着当局只有一种独立的政策工具，无法实现两个不同的政策目标。

丁伯根法则在 N 种目标下的应用

假定在一个具有线性结构的经济体中存在 N 种目标和 N 种工具，根据丁伯根法则，政策目标和政策工具的方程演变为：

$$\begin{pmatrix} a_{11} & a_{12} & \cdots & a_{1n} \\ a_{21} & a_{22} & \cdots & a_{2n} \\ \vdots & \vdots & \vdots & \vdots \\ a_{n1} & a_{n2} & \cdots & a_{nn} \end{pmatrix} \times \begin{pmatrix} I_1 \\ I_2 \\ \vdots \\ I_n \end{pmatrix} = \begin{pmatrix} T_1 \\ T_2 \\ \vdots \\ T_n \end{pmatrix} \tag{13.3}$$

此时，只要矩阵 A 可逆，就能够解出达到最优目标的政策矩阵 I^*：

$$I^* = A^{-1} \times T^* \tag{13.4}$$

丁伯根法则对于开放经济有明显的政策含义：只运用单一的政策工具想要实现内外均衡的统一是不可能的，必须找到新的政策工具加以配合才能实现全局的均衡。但是，丁伯根法则也存在明显的局限性：一是假定各种政策工具可以被决策者集中控制，从而通过各种政策工具的配合来实现政策目标；二是没有明确指出每种政策工具有无必要在决策中侧重于某一政策目标的实现。这两个特点要么与实际情况不符，要么不能满足实际调控的需要。20 世纪 60 年代，美国经济学家罗伯特·蒙代尔提出了关于政策指派的"有效市场分类原则"，在一定程度上弥补了这一缺陷。

（二）蒙代尔的有效市场分类原则

蒙代尔对于政策协调的研究基于的前提是政策工具的决策机构分散化和信息不完全，例如，财政政策的制定属于财政部，货币政策的制定则由中央银行负责，在这种情况下无法按照丁伯根法则描绘的那样获得最优的选择，只能遵循次优标准。因此，蒙代尔得出的结论是：如果每个政策工具都被合理地指派给某个政策目标，并且在该目标偏离其最佳水平时按一定规则进行调控，那么在分散决策的情况下仍有可能实现理想目标。

进一步地，针对每种工具应指派何种目标，蒙代尔提出了"有效市场分类原则"：每一目标应当指派给对这一目标有着相对最大的影响力，因而在影响政策目标上有相对优势的政策工具，如果政策工具指派不当，经济可能会产生波动并距离均衡目标越来越远。据此，蒙代尔在分析了财政政策和货币政策影响内外均衡的不同效果的基础上，提出了以财政政策实现内部均衡目标、货币政策实现外部均衡目标的指派方案。这一方案的具体内容我们将在"宏观政策工具协调的运用"中具体分析。

蒙代尔的"特定工具实现特定目标"这一思想，解决了固定汇率制度下因政策工具不足而产生的米德冲突问题，确立了开放经济下政策调控的基本思路——针对内外均衡目标，确定不同政策工具的指派对象，并尽可能地进行协调，以实现内外一致均衡。

相对于丁伯根法则而言，蒙代尔的"有效市场分类原则"是一种更为一般化的方法，由于分散决策和不确定性是调控决策中普遍的特征，因此它更适合现实的经济环境。从某种意义上来说，丁伯根法则是蒙代尔方法的一种特例：当不存在信息不完全和不同的决策者之间有一个统一的协调者时，两者的政策含义才是完全相同的。

三、开放经济条件下的宏观政策工具搭配的运用

在搭配运用政策工具以实现内外均衡的方案中，最有影响力的莫过于蒙代尔提出的财政政策与货币政策的搭配模型和斯旺提出的支出变更政策与支出转换政策的搭配模型了。

（一）财政政策与货币政策的搭配

蒙代尔提出的财政政策与货币政策的搭配模型如图 13-1 所示。其中，横轴表示财政政策，以预算为代表，向右表示财政政策扩张、预算增加；向左表示财政政策紧缩、预算减少。纵轴表示货币政策，以货币供给为代表，向上表示货币政策扩张、放松银根；向下表示货币政策紧缩、收紧银根。IB 曲线表示内部均衡，在这条线上国内经济达到均衡。这条线的左边，国内处于经济衰退和失业增加；这条线的右边，国内处于经济过热和通货膨胀。EB 曲线表示外部均衡，在这条线上国际收支达到平衡。这条线的上边，处于国际收支逆差；这条线的下边，处于国际收支顺差。IB 曲线和 EB 曲线的斜率都为负，表示当一种政策扩张时，为达到内外均衡，另一种政策必须紧缩；或当一种政策紧缩时，另一种政策必须扩张。

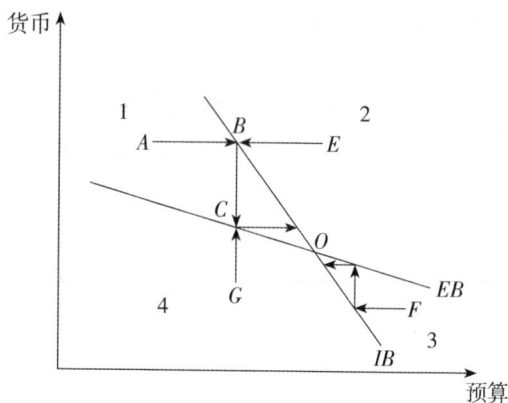

图 13-1　财政政策与货币政策的搭配

　　IB 曲线比 EB 曲线更为陡峭，是因为财政政策对保持内部均衡更有效，而货币政策对保持外部均衡更有效，但这并不是说财政政策只影响内部均衡，而货币政策只影响外部均衡。例如，当政府预算支出缩减时，国民收入减少，导致进口减少，经常账户顺差；同时，在货币政策不变的情况下，利率上升，形成资本账户逆差。显然，初始的预算变动对内外均衡都产生了影响，只不过是对国内经济变量的影响更大而已。同样，由于国际短期资本流动对利率相当敏感，所以货币政策在实现外部均衡时更为有效。只有选择影响力较强的政策工具对相应变量进行调节，才能以最小的代价实现内外均衡，这正是蒙代尔的有效市场分类原则的实践应用。IB 曲线和 EB 曲线的交点 O 表示内外均衡同时实现。

　　根据蒙代尔的分析，如果经济的起点为区间 1 的 A 点，此时国内宏观经济和国际收支双双失衡，应采取扩张性财政政策来抑制经济衰退，使 A 点向 B 点移动。同时，采取紧缩性货币政策来解决国际收支逆差，使 B 点向 C 点移动。扩张性财政政策与紧缩性货币政策的如此反复搭配使用，最终会使 A 点收敛于 O 点，实现国内经济和国际收支同时均衡。如果政策当局使用的政策与之相悖，用紧缩性财政政策来解决外部失衡，再用扩张性货币政策来解决内部失衡，这样调节过程是发散的，离内外均衡的最终目标 O 点越来越远。

　　同样，我们还可以推广到其他三个区间中的 E、F 和 G 三点，调整路径如图 13-1 所示，最终都收敛于内外均衡点 O。政策具体的搭配组合如表13-2所示。

表13-2　　　　　　　　　財政政策与货币政策的搭配

区间	内部经济状况	外部经济状况	财政政策	货币政策
1	经济衰退/失业增加	国际收支逆差	扩张	紧缩
2	通货膨胀	国际收支逆差	紧缩	紧缩
3	通货膨胀	国际收支顺差	紧缩	扩张
4	经济衰退/失业增加	国际收支顺差	扩张	扩张

（二）支出变更政策与支出转换政策的搭配

1955年，澳大利亚经济学家特雷弗·斯旺根据丁伯根法则对开放经济的宏观调控进行了分析，提出用支出变更政策与支出转换政策的搭配来解决内外均衡的冲突，如图13-2所示，即"斯旺图形"。

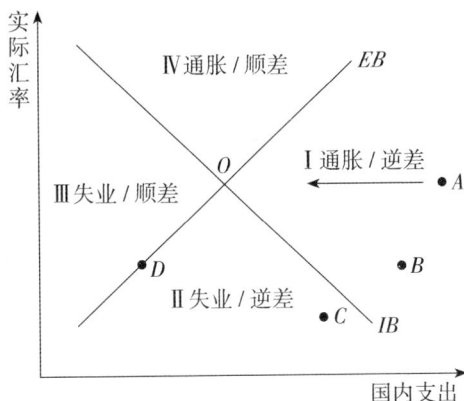

图13-2　支出变更政策与支出转换政策的搭配

图13-2中，横轴表示消费、投资和政府购买所衡量的国内支出，代表支出变更政策；纵轴表示用直接标价法衡量的本国货币实际汇率，代表支出转换政策。实际汇率上升表示本币贬值，实际汇率下降表示本币升值。在斯旺的理论框架中，并未涉及国际资本的流动，因此，外部均衡是指经常账户收支平衡，而非国际收支平衡。

*IB*曲线表示内部均衡，是充分就业和物价稳定时实际汇率与国内支出水平的结合。*IB*曲线的斜率为负，因为当本币贬值时，出口增加，进口减少，要维持内部均衡需要减少支出。在*IB*曲线的左边，有失业

压力，因为对于既定的汇率水平，国内支出水平低于实现内部均衡所需的国内支出；同理，在 IB 曲线的右边，有通货膨胀压力，因为国内支出水平高于实现内部均衡所需的国内支出。EB 曲线表示外部均衡，是经常账户收支均衡时实际汇率与国内支出水平的结合。EB 曲线的斜率为正，因为当本币贬值时，出口增加，进口减少，经常项目顺差，要维持外部均衡需要扩大支出进而增加进口。在 EB 曲线的左边，经常项目顺差，因为国内支出水平低于实现外部均衡所需的国内支出；同理，在 EB 曲线的右边，经常项目逆差，因为国内支出的水平高于实现外部均衡所需的国内支出。IB 曲线和 EB 曲线的交点 O 表示内外均衡同时实现，这是一国的理想状态。

假设一个经济体从内外失衡的 A 点出发，即国内通货膨胀与经常账户收支逆差并存，通过采取支出紧缩性政策削减国内支出，压缩总需求，抵制通货膨胀并改善收支逆差，使 A 点向 O 点方向靠近，实现内外均衡。但是，如果经济失衡点不是对称地处于 IB 和 EB 曲线之间，如点 B 和点 C，政策的搭配变得十分重要。在 B 点，外部失衡程度比内部失衡严重得多，应大幅削减支出，使 B 点向 D 点移动，这样，虽然解决了外部失衡，内部却出现了失业，因此必须辅以本币贬值的支出转换政策。同理，如果经济初始在 C 点运行，也必须采用支出扩张性政策和本币贬值搭配组合，才能使 C 点向 O 点方向靠近，实现内外均衡。表 13-3 列出了在各个区间支出变更政策和支出转换政策实现内外均衡的搭配组合。

表 13-3　　　　　　支出变更政策和支出转换政策的搭配

区间	经济状况	支出变更政策	支出转换政策
I	通胀/逆差	紧缩	贬值
II	失业/逆差	扩张	贬值
III	失业/顺差	扩张	升值
IV	通胀/顺差	紧缩	升值

可见，斯旺图形阐明了这样一个道理：要实现内外均衡的双重目标，只有依赖政策搭配才行，单一的政策工具是无法实现的。但由于斯

旺图形没有考虑到资本流动和汇率制度，因此并不能完全解决米德冲突的问题。

第三节　开放经济下的宏观政策短期效应分析

美国经济学家弗莱明和蒙代尔分别于1962年和1963年发表了《固定和浮动汇率制下的国内金融政策》和《固定和浮动汇率制下的资本流动和稳定政策》，在汉森和希克斯所提出的 *IS-LM* 模型中加入了国际收支均衡的分析，构建了 *IS-LM-BP* 模型，即蒙代尔-弗莱明模型，这也是使蒙代尔获得1999年诺贝尔经济学奖的重要学术成就之一。蒙代尔-弗莱明模型既是分析开放经济偏离均衡时政策搭配的工具，又是分析不同政策手段调节效果的工具，它奠定了开放经济条件下的宏观政策分析的基本框架，在西方文献中被称为开放经济下宏观分析的母机。

一、蒙代尔-弗莱明模型分析框架的基本前提

蒙代尔-弗莱明模型的分析基于以下前提：

1.开放的小国经济

"小国"的含义是说该国的经济情况和政策变动都不足以影响世界经济；另一方面，该国可以从世界金融市场借款而不会影响国际利率水平，是国际利率水平的接受者。

2.总供给曲线具有无限弹性，是水平的

这也就是说，短期总供给可以随着总需求曲线的变化迅速调整，该国均衡的产出水平由总需求决定。

3.资本充分自由流动

资本充分自由流动意味着各国之间不存在利差，任何的利率差异都会被资本自由流动所消除。但我们在后文的分析中，对资本完全不流动和不完全流动这两种情况也进行了比较。

4.静态的汇率预期

静态的汇率预期是指预期的汇率变化率为零，投资者风险中立。

5.国内外价格水平不变

国内价格 P 和国外价格 P^* 均保持不变，这是对凯恩斯"黏性价格"

思想的继承。因此，名义汇率与实际汇率同比例变动。

二、蒙代尔-弗莱明模型的基本内容

模型的基本分析由三条曲线组成：IS曲线、LM曲线和BP曲线，分别表示产品市场均衡、货币市场均衡和国际收支均衡。

（一）产品市场均衡——S曲线

我们用Y来表示由实际GDP衡量的产出水平（国外产出水平为Y^*）；C表示消费，与可支配收入（Y−T）正相关；I表示投资，与国内利率i负相关；G表示政府购买，是由政策制定者决定的外生变量；NX表示净出口，与本币名义汇率e（直接标价法）正相关，与国内产出Y负相关，与国外产出Y^*正相关。IS曲线如式（13.5）所示，左边表示总产出，右边表示总需求。当产品市场均衡时，总产出等于总需求。扩张性财政政策使IS曲线右移；紧缩性财政政策使IS曲线左移。

$$Y = C\ (Y-T) + I\ (i) + G + NX\ (e,\ Y,\ Y^*) \tag{13.5}$$

（二）货币市场均衡——LM曲线

L表示实际货币需求，与国内收入Y正相关，与国内利率i负相关。M表示名义货币供给，是由中央银行决定的外生变量。由于价格水平P不变，所以M也表示实际货币供给。等式左边表示货币需求，右边表示货币供给。当货币市场均衡时，货币需求等于货币供给。LM曲线如式（13.6）所示。扩张性财政政策使LM曲线右移；紧缩性财政政策使LM曲线左移。

$$L\ (Y,\ i) = M \tag{13.6}$$

（三）国际收支均衡——BP曲线

国际收支账户包括经常账户和资本账户两部分。其中，经常账户收支由贸易决定，即净出口，用NX（e，Y，Y^*）表示；资本账户收支由国内外利差决定，用CF（i，i^*）表示。这里，CF衡量的是国际资本流动，与国内利率r正相关，与国外利率r^*负相关。BP表示国际收支，当它大于零时，意味着国际收支盈余或顺差；当它小于零时，意味着国际收支赤字或逆差；当它等于零时，国际收支平衡，即外部均衡。BP曲线如式（13.7）所示。本币汇率贬值会引起经常账户盈余，使BP曲线右移；本币汇率升值会导致经常账户恶化，使BP曲线左移。

$$NX\ (e,\ Y,\ Y^*) + CF\ (i,\ i^*) = BP \tag{13.7}$$

（四）IS-LM-BP模型

IS-LM-BP模型是凯恩斯主义宏观经济模型在开放经济下的拓展。因为在封闭经济下，NX=0，CF=0，BP=0，就是凯恩斯主义的IS-LM模型。

BP曲线的形状是由资本流动性决定的。当资本完全不流动时，即国际资本对国内利率的变动毫无反应，BP曲线代表经常账户平衡，是一条垂线；当资本完全流动时，即国内不存在任何形式的外汇管制，资本流动将弥补任何形式的经常账户失衡，国际收支状况由资本账户状况决定，BP曲线是一条水平线；更一般的情况是，资本不完全流动，BP曲线具有正的斜率，向右上方倾斜，这是因为，随着国内收入增加，进口会增加，导致国际收支恶化，为了实现国际收支平衡，需要提高利率，用资本项目盈余来弥补经常项目赤字。此时，如果国际资本对国内利率变动的反应灵敏，则BP曲线比LM曲线更为平坦；反之，如果国际资本对国内利率变动的反应不太灵敏，则BP曲线比LM曲线更为陡峭。

图13-3和图13-4衡量了当资本完全不流动和资本完全流动时宏观经济的一般均衡；而图13-5和图13-6描述的则是资本不完全流动时宏观经济的一般均衡。

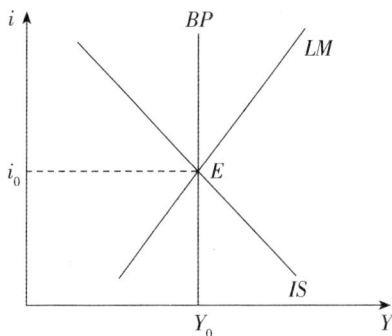

图13-3　资本完全不流动时宏观经济的一般均衡

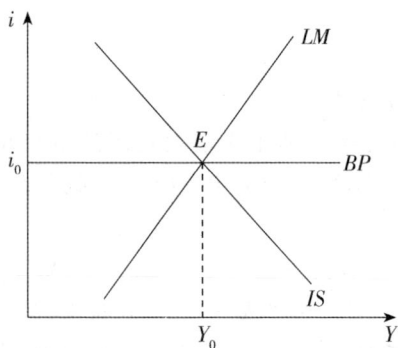

图 13-4　资本完全流动时宏观经济的一般均衡

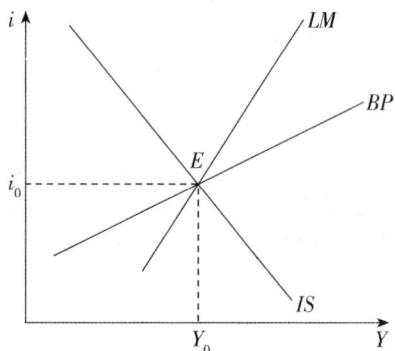

图 13-5　资本不完全流动时宏观经济的一般均衡（BP 斜率小于 LM）

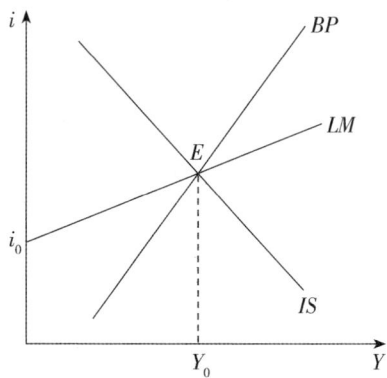

图 13-6　资本不完全流动时宏观经济的一般均衡（BP 斜率大于 LM）

三、浮动汇率制度下的宏观政策效应分析

蒙代尔-弗莱明模型最初是以浮动汇率制为背景展开研究的。在浮动汇率制度下，国际收支失衡会导致汇率自动调整，货币当局不对外汇市场进行任何干预。假定本币贬值可以改善经常账户收支，增加国民收入，即马歇尔-勒纳条件成立。

（一）资本完全不流动时的宏观政策效应分析

1.货币政策效应分析

在浮动汇率制条件下，扩张性货币政策使LM_0右移至LM_1，引起利率下降，国民收入增加，由于资本完全不流动，经常账户赤字，国际收支恶化，导致本币贬值，进而引起BP_0右移至BP_1。同时，货币贬值和国民收入增加导致IS_0向右移动至IS_1，最终在E_2点达到长期均衡。此时，利率有所回升，但仍低于初始水平；国民收入进一步增加。具体过程如图13-7所示。

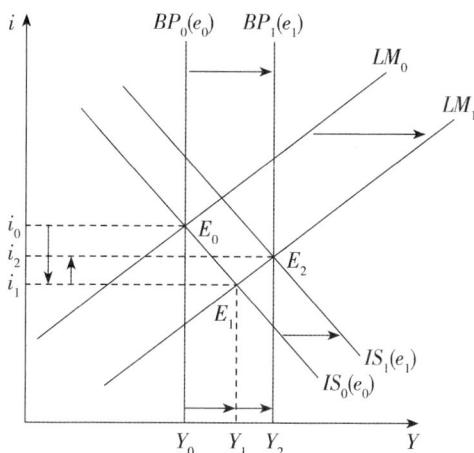

图13-7　浮动汇率制下资本完全不流动时的货币政策效应分析

可见，在浮动汇率制和资本完全不流动的条件下，货币政策扩张会导致本币贬值，利率下降和国民收入增加。因此，货币政策非常有效。

2.财政政策效应分析

在浮动汇率制条件下，扩张性财政政策使IS_0右移至IS_1，引起利

率上升，国民收入增加，由于资本完全不流动，经常账户赤字，国际收支恶化，导致本币贬值，进而引起BP_0右移至BP_1。同时，货币贬值进一步扩大了财政政策的扩张效应，IS_1再向右移至IS_2，最终在E_2点达到长期均衡，利率和国民收入均高于初始均衡。具体过程如图13-8所示。

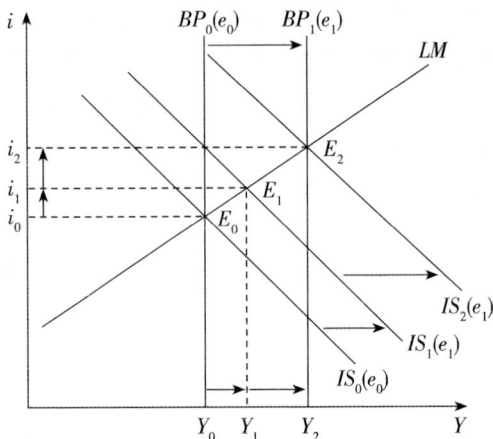

图13-8　浮动汇率制下资本完全不流动时的财政政策效应分析

可见，在浮动汇率制和资本完全不流动的条件下，财政政策扩张会导致本币贬值，利率上升和国民收入增加，财政政策非常有效。

（二）资本完全流动时的宏观政策效应分析

1.货币政策效应分析

在浮动汇率制和资本完全流动的条件下，扩张性货币政策使LM_0右移至LM_1，引起利率下降，国民收入增加，资本账户和经常账户双双恶化，国际收支赤字，导致本币贬值，引起IS_0右移至IS_1，最终在E_1点达到长期均衡。此时，利率回到初始均衡水平，国民收入进一步增加。具体过程如图13-9所示。

可见，在浮动汇率制和资本完全流动的条件下，货币政策扩张会导致本币贬值，利率不变和国民收入增加。因此，货币政策非常有效。

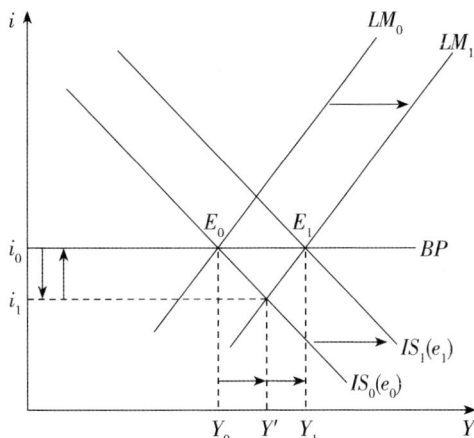

图13-9　浮动汇率制下资本完全流动时的货币政策效应分析

2.财政政策效应分析

在浮动汇率制和资本完全流动的条件下，扩张性财政政策使IS_0右移至IS_1，引起利率上升，国民收入增加，短期均衡E_1在BP之上，说明利率上升引起的资本账户盈余大于收入增加导致的经常账户赤字，国际收支盈余，本币升值。本币升值将导致IS_1移回IS_0，回到初始均衡，利率和国民收入均恢复到初始均衡。具体过程如图13-10所示。

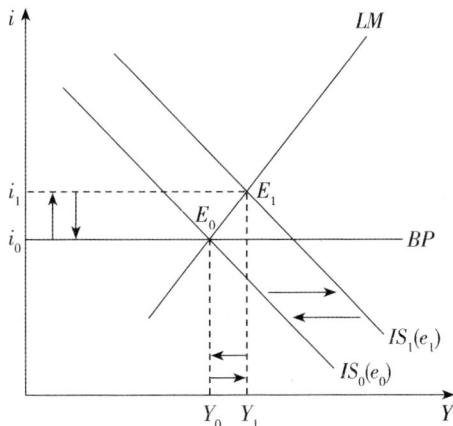

图13-10　浮动汇率制下资本完全流动时的财政政策效应分析

可见，在浮动汇率制和资本完全不流动的条件下，财政政策扩张对利率和国民收入均无影响，仅能造成本币升值。因此，财政政策完全无效。

（三）资本不完全流动时的宏观政策效应分析

1.货币政策效应分析

在浮动汇率制和资本不完全流动的条件下，扩张性货币政策使 LM_0 右移至 LM_1，引起利率下降，国民收入增加，资本账户和经常账户双双恶化，国际收支赤字，本币贬值，导致 BP_0 右移至 BP_1，同时 IS_0 右移至 IS_1，最终在 E_2 点达到长期均衡。此时，利率水平比短期均衡有所回升，但仍低于初始均衡，国民收入进一步增加。具体过程如图 13-11 所示。

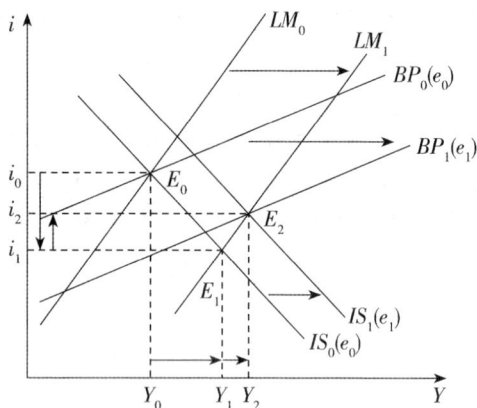

图13-11　浮动汇率制下资本不完全流动时的货币政策效应分析

可见，在浮动汇率制和资本不完全流动的条件下，扩张的货币政策能引起本币贬值，利率和国民收入均增加。因此，货币政策非常有效。

2.财政政策效应分析

当 BP 斜率低于 LM 时：在浮动汇率制和资本不完全流动的条件下，扩张性财政政策使 IS_0 右移至 IS_1，引起利率上升，国民收入增加，短期均衡 E_1 在 BP 之上，说明利率上升引起的资本账户盈余大于收入增加导致的经常账户赤字，国际收支盈余，本币升值。本币升值将导致 BP_0 左移至 BP_1，同时 IS_1 左移至 IS_2，最终在 E_2 点达到均衡。此时，利率和国民收入都比短期均衡的水平有所回落，但均高于初始均衡水平。具体过程如图13-12所示。

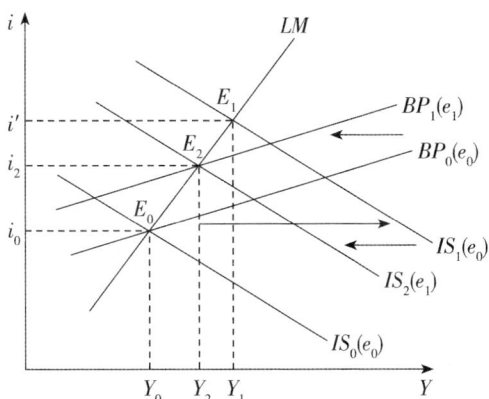

图13-12 浮动汇率制下资本不完全流动时的
财政政策效应分析（BP斜率小于LM）

当BP斜率等于LM时：在浮动汇率制和资本不完全流动的条件下，扩张性财政政策使IS_0右移至IS_1，IS与LM的交点仍然处于BP之上，国际收支均衡。此时，利率和国民收入都比初始均衡水平增加。具体过程如图13-13所示。

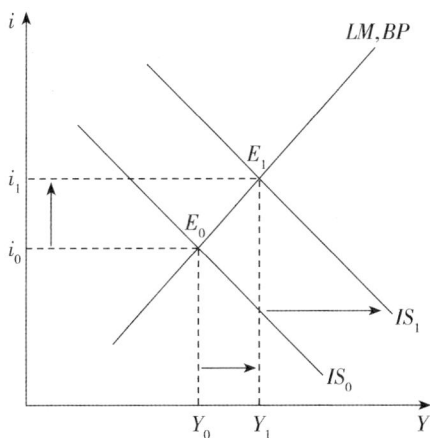

图13-13 浮动汇率制下资本不完全流动时的
财政政策效应分析（BP斜率等于LM）

当 BP 斜率大于 LM 时：在浮动汇率制和资本不完全流动的条件下，扩张性财政政策使 IS_0 右移至 IS_1，利率上升，国民收入增加。IS 与 LM 的交点 E_1 处于 BP 之下，说明收入增加导致的经常账户赤字大于利率上升引起的资本账户盈余，国际收支赤字，本币贬值。本币贬值将导致 BP_0 右移至 BP_1，同时 IS_1 右移至 IS_2，最终在 E_2 点达到均衡。此时，利率和国民收入都进一步提高。具体过程如图 13-14 所示。

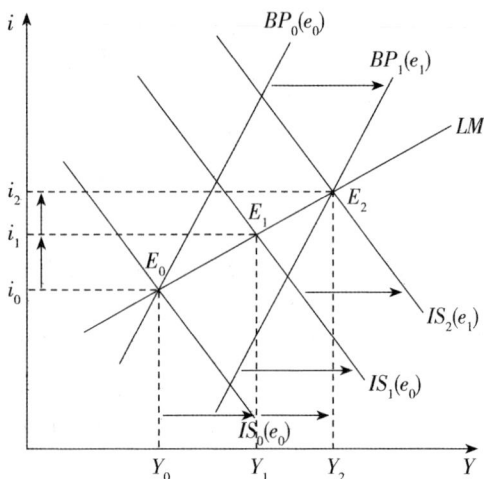

图 13-14　浮动汇率制度下资本不完全流动时的
财政政策效应分析（BP 斜率大于 LM）

可见，在浮动汇率制和资本不完全流动的条件下，扩张的财政政策能引起本币升值，利率和国民收入均有所增加。因此，财政政策比较有效。

四、固定汇率制度下的宏观政策效应分析

在固定汇率制下，货币当局要按照一定的汇率买卖本国货币来调节外汇市场上本币的供求，以稳定汇率。因此，外汇储备受国际收支状况的影响，货币当局不能控制货币供应量。

（一）资本完全不流动时的宏观政策效应分析

1.货币政策效应分析

在固定汇率制和资本完全不流动的情况下，扩张性货币政策使 LM_0 右移至 LM_1，引起利率下降、国民收入增加。但增加的国民收入通过边

际进口倾向的作用引起经常账户赤字。而且，虽然国内利率上升，但由于资本完全不流动，所以国际收支逆差，本币面临贬值压力。货币当局为了维持固定汇率，干预外汇市场，导致货币供应量减小，LM_1曲线又向左移回至LM_0，回到初始均衡E_0，利率和国民收入均恢复到初始均衡。具体过程如图13-15所示。

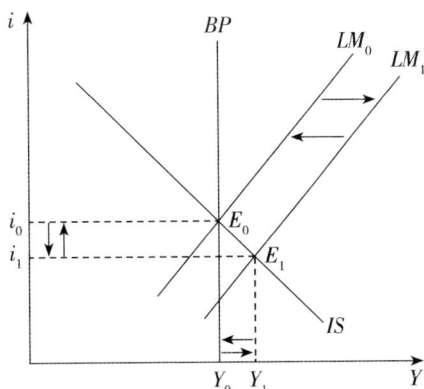

图13-15　固定汇率制下资本完全不流动时的货币政策效应分析

可见，在固定汇率制和资本完全不流动的情况下，政府也无法独立使用货币政策来实现其经济均衡的目标。因此，货币政策在长期条件下无效。

2.财政政策效应分析

在固定汇率制和资本完全不流动的情况下，扩张性财政政策使IS_0右移至IS_1，导致利率上升、国民收入增加。但增加的国民收入通过边际进口倾向的作用引起经常账户赤字。而且，虽然国内利率上升，但由于资本完全不流动，所以国际收支逆差，本币面临贬值压力。货币当局为了维持固定汇率，干预外汇市场，导致货币供应量减小，LM_0左移至LM_1，形成新的均衡E_2，利率进一步升高，国民收入恢复到初始均衡。具体过程如图13-16所示。

可见，在固定汇率制和资本完全不流动的情况下，财政政策只能影响短期的产出水平，而长期上只会对利率水平产生影响。因此，财政政策在长期条件下无效。

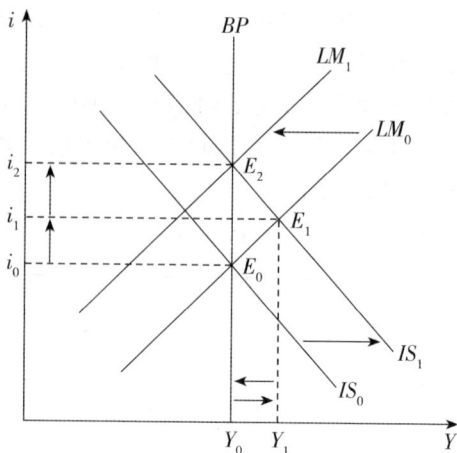

图 13-16　固定汇率制下资本完全不流动时的财政政策效应分析

（二）资本完全流动时的宏观政策效应分析

1.货币政策效应分析

在固定汇率制和资本完全流动的情况下，扩张性货币政策使LM_0右移至LM_1，导致利率下降。由于资本完全流动，利率下降会引起资本迅速外流，本币贬值。为了维持固定汇率，货币当局干预外汇市场，这将导致货币供应量减小，LM_1又向左移回至LM_0，回到初始均衡E_0，利率和国民收入均恢复到初始均衡，抵消了货币政策的扩张效果。具体过程如图13-17所示。

可见，在固定汇率制和资本完全流动的情况下，货币政策即使在短期条件下也不能对经济产生影响，因此，货币政策无效。

2.财政政策效应分析

在固定汇率制和资本完全流动的情况下，扩张性财政政策使IS_0右移至IS_1，国民收入增加，经常账户赤字。同时，国内利率上升，引起资本流入，资本账户得以改善。同时，货币供应量增加，从而使LM_0右移至LM_1，形成新的长期均衡E_2，利率和国民收入均恢复到初始均衡。具体过程如图13-18所示。

可见，在固定汇率制和资本完全流动的情况下，财政政策在长期条件下对利率水平没有影响，但会带来国民收入的大幅增加。因此，财政政策非常有效。

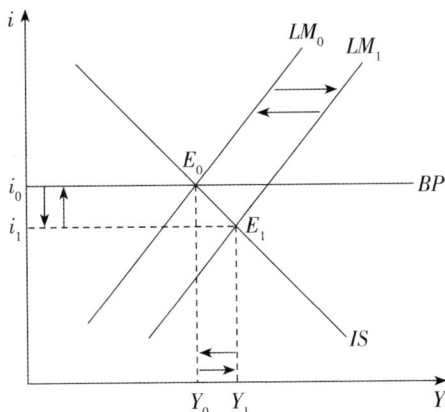

图13-17 固定汇率制下资本完全流动时的货币政策效应分析

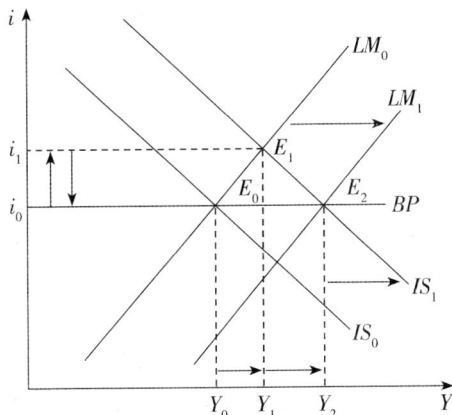

图13-18 固定汇率制下资本完全流动时的财政政策效应分析

（三）资本不完全流动时的宏观政策效应分析。

1.货币政策效应分析

在固定汇率制和资本不完全流动的情况下，扩张性货币政策使LM_0右移至LM_1，短期导致利率下降，产出增加。利率机制引起资本外流，资本账户恶化；收入机制引起进口增加，经常账户恶化。因此，共同导致国际收支逆差。同时，国际收支逆差会减少外汇储备，引起货币供应量下降，从而使LM_1移回至LM_0，回到初始均衡。具体过程如图13-19所示。

·415·

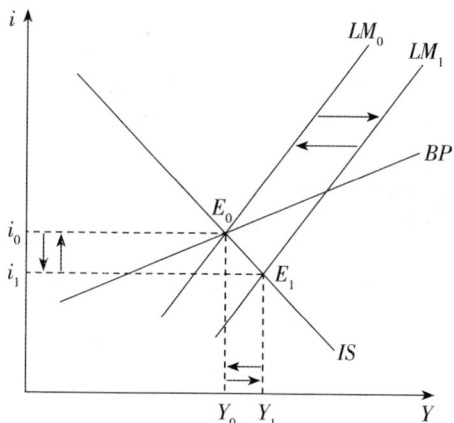

图13-19　固定汇率制下资本不完全流动时的货币政策效应分析

可见，在固定汇率制和资本不完全流动的情况下，货币政策只能在短期条件下影响产出水平，而长期上不能对实际产出有任何影响。因此，货币政策在长期条件下是无效的。

2.财政政策效应分析

如果BP斜率小于LM斜率，在固定汇率制和资本不完全流动的情况下，扩张性财政政策就使IS_0右移至IS_1，国民收入增加，经常账户赤字；国内利率上升引起资本流入，资本账户改善。此时，IS_1与LM_0交于短期均衡E_1。由于E_1在BP上方，因此国际收支顺差，也就是利率上升引起的资本账户改善大于国民收入增加引致的经常账户恶化。同时，国际收支顺差会增加外汇储备，引起货币供应量增加，从而使LM_0右移至LM_1，形成新的长期均衡E_2，国民收入进一步增加；利率回落，但仍高于初始状态。具体过程如图13-20所示。

如果BP斜率和LM斜率相等，即两条曲线重合，利率机制的作用和收入机制的作用刚好互相抵消，则扩张性财政政策的短期效果和长期效果一致：产出增加，利率上升。具体过程如图13-21所示。

如果BP斜率大于LM斜率，利率机制的作用小于收入机制的作用，则扩张性财政政策在短期会引起国际收支逆差，从而使LM_0左移至LM_1，国民收入回落，但仍高于初始状态；利率进一步升高至i_2。具体过程如图13-22所示。

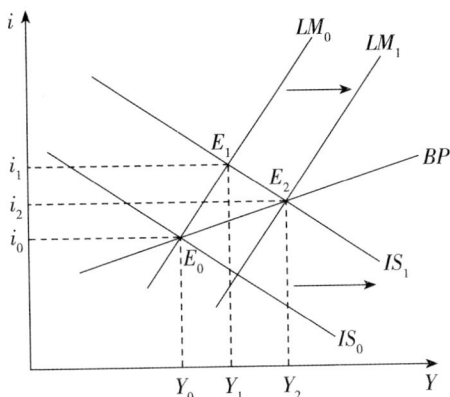

图13-20　固定汇率制下资本不完全流动时的
财政政策效应分析（*BP*斜率小于 *LM*）

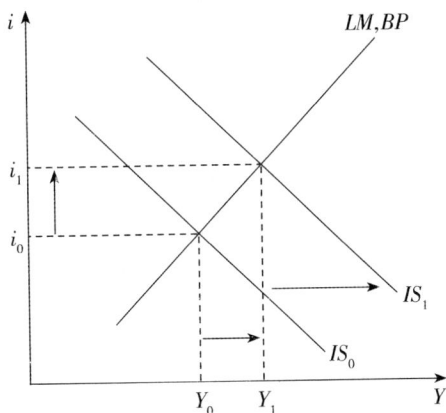

图13-21　固定汇率制下资本不完全流动时的
财政政策效应分析（*BP*斜率等于 *LM*）

可见，在固定汇率制和资本不完全流动的情况下，财政政策在短期和长期都能对实际产出产生影响。因此，财政政策有效。

表13-4对不同汇率制下的货币和财政政策效应的分析结果进行了汇总，说明了在不同情况下宏观经济政策的效果。

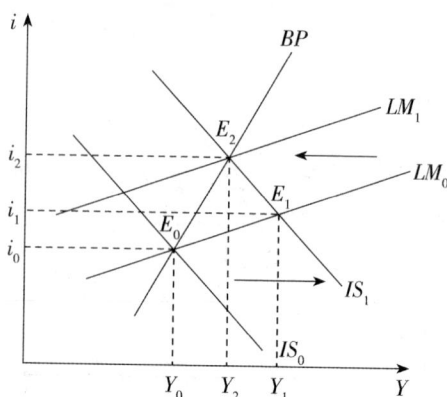

图 13-22　固定汇率制下资本不完全流动时的
财政政策效应分析（BP斜率大于LM）

表 13-4　　　蒙代尔-弗莱明模型中的货币和财政政策效应的比较分析

	资本流动性	货币政策效果	财政政策效果
浮动汇率制	资本完全不流动	非常有效	非常有效
	资本完全流动	非常有效	无效
	资本不完全流动	非常有效	比较有效
固定汇率制	资本完全不流动	无效	无效
	资本完全流动	无效	非常有效
	资本不完全流动	无效	比较有效

　　根据以上分析可知，在资本完全流动时，固定汇率制度下货币政策
失效，而浮动汇率制度下财政政策失效，这正是蒙代尔-弗莱明模型所
孕育的"三元悖论"思想。后来，美国经济学家保罗·克鲁格曼于
1979年进一步将"三元悖论"思想形式化为"不可能三角"模型，如
图 13-23 所示。三角形的三个顶点分别代表各国金融政策的一个基本目
标，即货币政策独立性、汇率稳定性和资本完全流动性。选择三角形的
任意一边，意味着追求其两端的目标而放弃另一个目标，因此这三个目
标无法同时实现。表 13-5 给出了"三元悖论"或"不可能三角"在当
今国际金融体系下的表现。

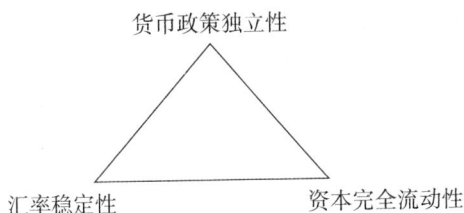

图13-23　克鲁格曼"不可能三角"

表13-5　　　"三元悖论"或"不可能三角"在国际金融体系下的表现

	汇率稳定性	资本完全流动性	货币政策独立性
金本位制度	实现	实现	放弃
布雷顿森林体系	实现	放弃	实现
牙买加体系	放弃	实现	实现
中国香港	放弃	实现	实现
中国内地	实现	放弃	实现
欧盟	实现	实现	放弃

五、蒙代尔-弗莱明模型的评价

蒙代尔-弗莱明模型完整而深刻地分析了在开放经济条件下，财政政策和货币政策在不同的资本流动状况下的作用效果，开创性地把资产市场和资本流动引入宏观经济分析框架中，决定了宏观政策工具的比较静态效果。

但是，该模型也存在一定的局限性：首先，模型的最重要特征是流量模型，认为经常账户失衡可以由资本流动来抵消，而忽略了资本流入引起的外国居民持有的国内资产存量的增加因素。这显然不利于资产市场均衡的处理，因为利差变动的存量效果并没有考虑在内。其次，模型假定马歇尔-勒纳条件成立，而模型本身描述的是短期情况，马歇尔-勒纳条件在短期内很难成立，J曲线效应明确说明从货币贬值到经常账户改善之间存在较长的时滞。再次，模型假定价格水平不变和汇率静态预期，前者表明它是一种非充分就业的均衡分析，没有考虑长期价格的调整；后者在固定汇率制下可以成立，但在浮动汇率制下则是无法成立的。另外，模型还存在忽视长期预算约束以及着眼于总需求而忽略总供给等局限性。蒙代尔本人也展望了模型的未来前景：模型应对真实利率和名义利率的需要进行必要的区分；需要考虑经济增长和预期因素；还应纳入国际转移支付理论的诸多特征以及国际债务问题；在分析税收体系变化引起的财政政策冲击时，模型应将供给方面的激励效果纳入考虑范围等。

尽管如此，蒙代尔-弗莱明模型仍具有重要的理论意义和实际意义，是开放经济下宏观经济分析的重要方法。

第四节　开放经济下的宏观政策中长期效应分析

在蒙代尔-弗莱明模型中，关于价格的假定沿袭了凯恩斯的黏性理论，没有涉及价格调整的问题，因此可以看作短期的情况。而在中长期内，需求变动会带来价格的变化，这必然会导致分析结论有很大的不同。

一、开放经济条件下的宏观政策中长期效应分析框架

在中长期时间内，宏观经济的一般均衡必须同时考虑总供给和总需求两部分，它们同时决定了一国的总产出和一般价格水平，因此，中长期的宏观政策效应分析应在总需求-总供给模型里进行。图13-24描述了 $AD-AS$ 模型中开放经济条件下宏观经济的一般均衡。在均衡状态下，总需求 AD、短期总供给 SAS 和长期总供给 LAS 交于一点，Y_0 表示经济的自然产出或潜在产出水平，P_0 表示均衡状态下的价格水平。

在蒙代尔-弗莱明模型中，所有的分析只考虑了总需求问题（说明任何影响 IS 或 LM 的因素都会对 AD 产生相同的影响），也就是假定了企业的产出对于给定的价格水平具有无限弹性。实际上，蒙代尔-弗莱明模型只是 $AD-AS$ 模型的一个特例，其特殊性就在于 SAS 是一条水平线，即凯恩斯式的供给曲线。

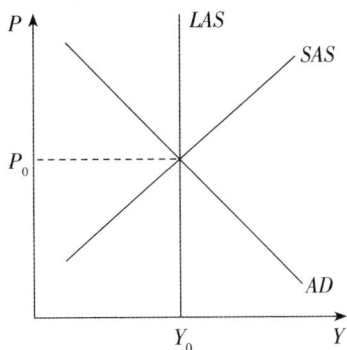

图 13-24　AD-AS 模型下宏观经济的一般均衡

二、浮动汇率制下的宏观政策中长期效应分析

（一）货币政策中长期效应分析

如图 13-25 所示，在浮动汇率制下，扩张性货币政策引起货币供给增加，导致 LM 向右移动，AD_0 也向右移至 AD_1。同时，本币贬值使本国商品的竞争力提高，净出口增加，这会引起 IS 向右移动，AD 再次右移，即从 AD_1 右移至 AD_2。此时，物价上涨、产出增加。随着时间的推移，预期价格水平上升，工人会要求更高的名义工资，企业也会要求更高的价格水平，引起 SAS 向左移动，最终，AD 和 SAS 再次交于 LAS 之上。产出水平与初始均衡相等，物价水平高于初始状态。因此，在浮动汇率制下，扩张性货币政策在中长期并不能影响国内产出水平，是无效的。

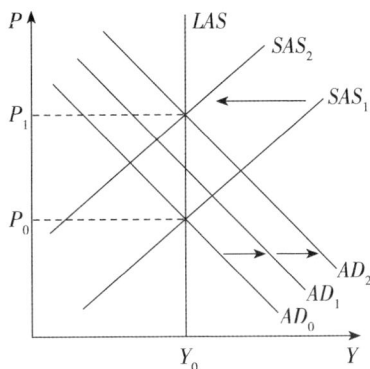

图 13-25　浮动汇率制下扩张性货币政策的中长期效应分析

（二）财政政策中长期效应分析

如图13-26所示，在浮动汇率制下，扩张性财政政策会导致 IS 向右移动，导致利率上升，AD_0 也右移至 AD_1。由于国内利率提高会引起国际资本大量流入，导致本币升值，本国出口商品的竞争力下降，净出口减少，使得 IS 和 AD_1 又移回到原来位置。此时，价格水平和国内产出均回到初始状态。因此，在浮动汇率制度下，扩张性财政政策在中长期并不能影响国内产出水平，是无效的。

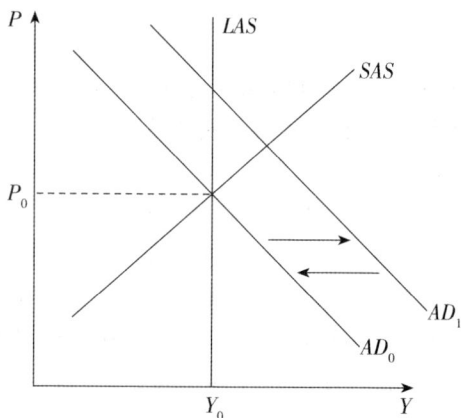

图13-26 浮动汇率制下扩张性财政政策的中长期效应分析

三、固定汇率制下的宏观政策中长期效应分析

（一）货币政策中长期效应分析

如图13-27所示，在固定汇率制度下，扩张性货币政策引起货币供给增加，导致 LM 向右移动，AD_0 也右移至 AD_1。同时，货币供给增加会带来国内利率的降低，这将导致国际资本外流，本币面临贬值压力。为了维持固定汇率，货币当局需要在外汇市场进行干预，使国内货币供给减少，使 LM 和 AD_1 都移回到原来位置，产出和价格均回到初始均衡。因此，在固定汇率制下，扩张性货币政策在中长期并不能影响国内产出水平，是无效的。

（二）财政政策中长期效应分析

如图13-28所示，在固定汇率制度下，扩张性财政政策会导致 IS 向右移动，导致利率上升，AD_0 也右移至 AD_1。由于国内利率提高会引起

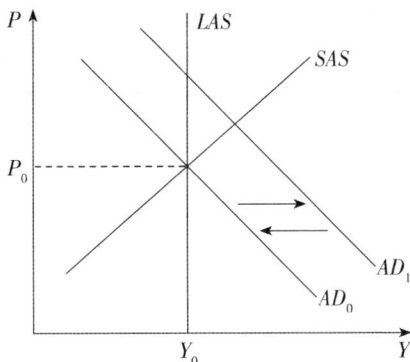

图 13-27　固定汇率制下扩张性货币政策的中长期效应分析

国际资本大量流入，本币面临升值压力。货币当局为了维持固定汇率，需要在外汇市场进行干预，因此，货币供给增加，LM 右移，使得 AD 再次右移，即从 AD_1 向右移动至 AD_2。随着时间的推移，预期价格水平上升，工人会要求更高的名义工资，企业也会要求更高的价格水平，引起 SAS 向左移动，最终，AD 和 SAS 再次交于 LAS 之上。产出水平与初始均衡相等，物价水平高于初始状态。因此，在固定汇率制度下，扩张性财政政策在中长期并不能影响国内产出水平，是无效的。

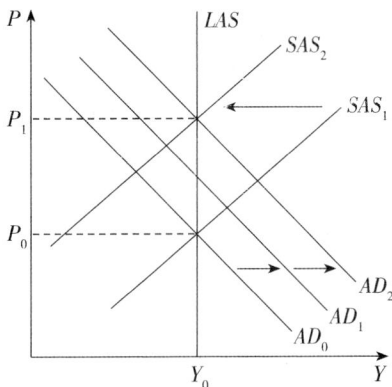

图 13-28　固定汇率制下扩张性财政政策的中长期效应分析

可见，无论是在浮动汇率还是固定汇率下，财政政策和货币政策在中长期对国内产出都没有影响，这与蒙代尔-弗莱明模型所分析的短期效果是不同的。我们把 AD-AS 模型的分析结论与上一节 IS-LM-BP 模型

（原始模型，资本完全流动）的分析结论加以对比，可以得到表13-6。其中，政策是否有效是针对其能否影响国内产出而言的。

表13-6 宏观政策短期效应和中长期效应的比较分析

宏观政策工具	衡量时期	浮动汇率制	固定汇率制
财政政策	短期	无效	有效
	中长期	无效	无效
货币政策	短期	有效	无效
	中长期	无效	无效

第五节 开放经济下宏观政策的国际协调

随着经济一体化的发展和金融全球化的推进，世界各国的相互联系日益增强，各国的宏观经济政策相互影响，"开放小国"模型已经不能满足现实的需要，因此，引入开放经济下相互依存的两国模型，放开小国的假定，来探讨宏观政策的国际协调。

一、两国模型的基本分析框架

假定整个经济体由两个国家组成，两国规模相同，相互影响，本国利率不再是世界利率的接收者，而是可以影响世界利率和外国国民收入。在初始均衡状态下，两国利率相等。其他条件不变，资本完全流动。正如前文介绍，本国模型为：

$$IS: Y = C(Y - T) + I(i) + G + NX(e, Y, Y^*) \tag{13.8}$$

$$LM: L(Y, i) = M \tag{13.9}$$

$$BP: NX(e, Y, Y^*) + CF(i, i^*) = BP \tag{13.10}$$

外国模型为：

$$IS: Y^* = C^*(Y^* - T^*) + I^*(i^*) + G^* + NX^*(e^*, Y^*, Y) \tag{13.11}$$

$$LM: L^*(Y^*, i^*) = M^* \tag{13.12}$$

$$BP: NX^*(e^*, Y^*, Y) + CF^*(i^*, i) = BP^* \tag{13.13}$$

二、浮动汇率制下的两国模型

（一）浮动汇率制下货币政策的国际协调

在浮动汇率制下，当本国进行货币扩张时，LM_0 右移至 LM_1，国民收入增加、利率下降。本国国民收入的增加导致外国出口增加，IS_0^* 向右移动至 IS_1^*（移动幅度较小），外国利率上升。国内外利差会导致本国资本流出至外国，在浮动汇率制下引起本币贬值和外币升值，致使本国出口产品竞争力增加，IS_0 右移至 IS_1，而外国产品出口竞争力下降，IS_1^* 较大幅度向左移至 IS_2^*。最终，两国的相互影响会使国内外利率再次相等，两国重回均衡。此时，利率比初始水平下降，本国国民收入增加而外国国民收入下降。因此，本国的货币扩张对外国经济具有负溢出效应，即以邻为壑效应，即本国产出扩张的一部分是通过外国产出的下降来实现的。具体过程如图 13-29 所示。

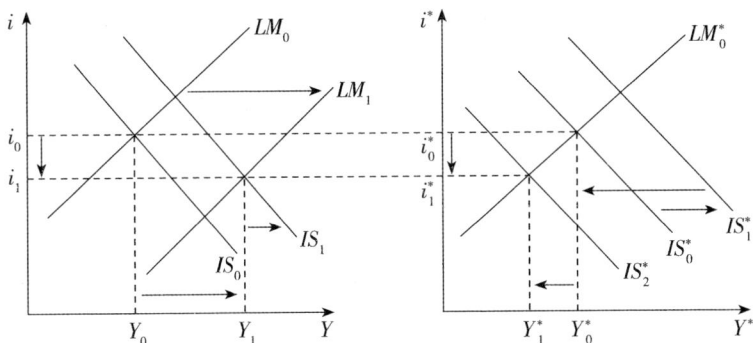

图 13-29　浮动汇率制下本国货币扩张的效应

以邻为壑效应

以邻为壑效应是指一国所实施的政策措施有利于本国经济而恶化了他国经济，属于负溢出效应。

次贷危机爆发后，美国 2010 年前三季度的 GDP 环比增速分别为 3.7%、1.7%、2%，趋于收窄；失业率连续 18 个月停留在 10% 左右，是 26 年来最严重的一次；消费信贷出现超过 26 个月的环比负（零）增长，消费者信心难以恢复。美国政府为了刺激经济、增加就业，提出了"量化宽松政策"，即美联储增加货币供应，向全球经济注水，而政策时间巧妙地安排在中期选举之时，其意图是希望政治经济兼修。

实际上，"量化宽松"表面上是美国"自扫门前雪"，本质却是一种"以邻为壑"的货币贬值政策。其后果是过量的美元将导致流动性泛滥，热钱冲击市场，汇率波动加剧，冲击他国货币政策的独立性，加剧全球范围的"货币战"和"贸易战"，搞乱国际金融秩序，影响全球经济复苏。

（二）浮动汇率制下财政政策的国际协调

在浮动汇率制下，当本国进行财政扩张时，IS_0右移至IS_1，国民收入增加、利率上升。本国国民收入的增加导致外国出口增加，IS_0^*右移至IS_1^*（但移动幅度小于本国），外国利率也会上升。由于本国利率上升幅度高于外国，引起资本流入，在浮动汇率制下会引起本币升值和外币贬值，致使本国出口产品竞争力下降，IS_1左移至IS_2，而外国产品出口竞争力增强，IS_1^*进一步右移至IS_2^*。最终，两国的相互影响会使国内外利率再次相等，重回均衡。此时利率和国民收入均高于初始状态。因此，本国的财政扩张对外国经济产生了正的溢出效应。具体过程如图13-30所示。

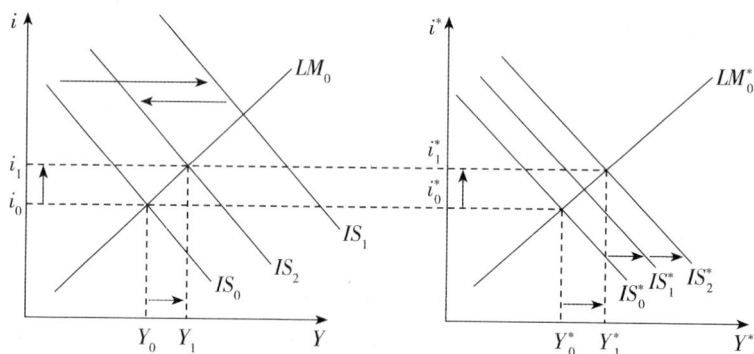

图13-30　浮动汇率制下本国财政扩张的效应

三、固定汇率制下的两国模型

（一）固定汇率制下货币政策的国际协调

在固定汇率制下，当本国进行货币扩张时，LM_0右移至LM_1，国民收入增加、利率下降。本国国民收入的增加导致外国出口增加，IS_0^*右

移至 IS_1^*，外国利率上升。由于本国利率低于外国利率，本国资本流出。在固定汇率制下，为了维持汇率稳定，货币当局的干预会引起本国货币供给减少（LM_1 左移至 LM_2）而外国货币供给增加（LM_0^* 左移至 LM_1^*）。从而本国利率上升、国民收入下降；而外国利率回落、国民收入进一步增加。本国国民收入的下降会引起外国出口的减少，因此 IS_1^* 左移至 IS_2^*。最终，两国的相互影响会使国内外利率再次相等，重回均衡。此时，国内外利率都比初始均衡有所下降，国民收入均增加。可见，本国的货币扩张对外国经济产生了正的溢出效应。具体过程如图 13-31 所示。

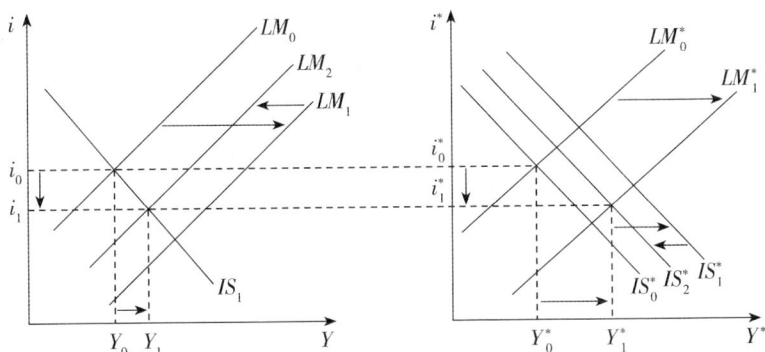

图 13-31　固定汇率制下本国货币扩张的效应

（二）固定汇率制下财政政策的国际协调

在固定汇率制下，当本国进行财政扩张时，IS_0 右移至 IS_1，国民收入增加、利率上升。本国国民收入的增加导致外国出口增加，IS_0^* 右移至 IS_1^*（但移动幅度小于本国），外国利率也会上升。由于本国利率上升幅度高于外国，引起资本流入。在固定汇率制下，为了维持汇率稳定，货币当局的干预会引起本国货币供给增加（LM_0 右移至 LM_1）而外国货币供给减少（LM_0^* 左移至 LM_1^*）。从而本国利率回落、国民收入进一步增加；而外国利率进一步提高、国民收入回落。本国国民收入的进一步增加会继续引起 IS_1^* 再次右移至 IS_2^*。最终，两国的相互影响会使国内外利率再次相等，两国重回均衡。此时利率和国民收入均高于初始状态。因此，本国的财政扩张对外国经济也产生了正的溢出效应。具体过程如图 13-32 所示。

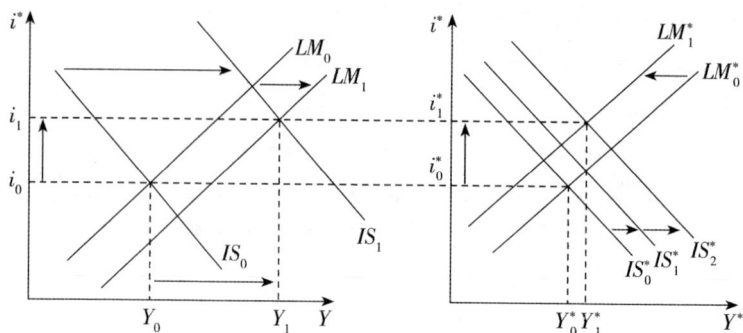

图13-32　固定汇率制下本国财政扩张的效应

比较图13-31和图13-32可以发现，在固定汇率制下，本国财政扩张的正溢出效应要小于货币扩张，这是因为：本国财政扩张引起国民收入增加，通过收入机制导致外国国民收入也增加；而本国利率水平的升高通过资本流动引起外国货币供给减少，利率上升，这又抵消了一部分收入的增加，因此，财政政策的溢出效应小于同等条件下货币政策的溢出。

思政课堂

推动形成国内国际双循环发展新格局

受新冠肺炎疫情影响，全球经济呈明显下行趋势，据国际货币基金组织预测，2020年全球经济有可能萎缩3%。面对这一复杂局面，习近平总书记明确指出，"要坚持用全面、辩证、长远的眼光分析当前经济形势，努力在危机中育新机、于变局中开新局""逐步形成以国内大循环为主体、国内国际双循环相互促进的新发展格局"。

立足国内大循环、畅通国内国际双循环是党中央积极应对世界百年未有之大变局和当前国内外经济形势变化的战略之举，对于推动我国经济行稳致远、实现经济高质量发展具有重大意义：

一、顺应世界经济深度调整态势的战略安排

当前世界经济呈现变局：一是"逆全球化"思潮迭起，导致全球资源配置效率下降。二是疫情造成国际贸易投资骤降，受新冠肺炎疫情影响，国际物流、资金、服务和人员往来受限，全球产业链供应链循环受阻，跨境投资和国际贸易明显放缓。三是经济处于下行区间，全球性经济衰退阴云笼罩。如此情势之下，我们唯有把满足国内需求作为发展的出发点和落脚点，以扩大内需作为促进经济增长、落实"六稳""六保"任务的基本路径。同时，如2020年政府工作报告中所述，还要"坚定不移扩大对外开放，稳定产业链供应链，以开放促改革促发展"。

二、依从全球经济发展潮流的必然选择

一方面，从国际看，经济全球化是不可逆转的大趋势。世界各国都处在全球生产网络中，一国很难生产出满足本国居民需求的全部产品，而一国生产的产品也不可能与本国民众的需要完全匹配，产业链全球配置是市场资源配置的自然选择过程，是全球经济发展规律使然。另一方面，从国内看，中国的发展离不开世界。对外开放是我国的基本国策，"中国开放的大门不会关闭，只会越开越大"。"过去40年中国经济发展是在开放条件下取得的，未来中国经济实现高质量发展也必须在更加开放条件下进行"，这要求我国经济在立足国内大循环的同时，必然要努力实现国内国际双循环相互促进。

三、促进国家经济安全与经济效率相平衡的必要之举

首先，我国握有内需主动权。我国拥有全球规模最大最完整的工业体系，有14亿人口的超大规模内需市场和正处于新型工业化、城镇化、农业现代化、信息化快速发展阶段的巨大投资需求，拥有构建完整的内需体系的突出优势，在中国经济这片大海中，内需发挥着巨大的积极作用。其次，我国拥有稳固的经济压舱石。连续多年来，中国经济增长的第一拉动力是消费，疫情之下互联网新型消费更获得蓬勃发展，消费是保障经济安全的压舱石。再次，中国的发展离不开世界，一国经济只有利用好国内国际两种资源、打通国际国内两个市场，才能尽可能地提升效率。我国立足国内大循环谋篇国内国际双循环，有利于推动国内国际两大循环优势互补、相互促进，有利于分散风险，为经济长期稳定发展保驾护航。

"以国内大循环为主体"，要求我们把经济发展的立足点放在国内；"国内国际双循环相互促进"，则要求我们加强国际经济交往，积极参与国际分工，走好开放合作之路。为此，需要我们多措并举以构建新的经济发展格局：

一是加快构建全国统一大市场。形成国内市场大循环，急需破除阻碍要素自由流动的各方面限制，加快建设统一开放有序的国内大市场。要打破地方保护，消除各类行政限制和非公平竞争；要彻底清理不合理收费，降低全社会交易成本；要完善流通设施建设管理，畅通流通"大动脉"；要创新流通领域市场监管方式，提升监管效能。要通过优化营商环境，激发市场活力和有效需求，充分释放我国超大规模市场优势和内需潜力，推动经济走向高质量发展。

二是加速推进要素市场化改革。按照近期中共中央、国务院发布的《关于构建更加完善的要素市场化配置体制机制的意见》《关于新时代加快完善社会主义市场经济体制的意见》要求，进一步深化改革，加快推进实现要素市场化配置的体制机制创新。要完善土地管理，推进土地要素市场化配置，促进劳动力要素素质提升与合理流动，完善多层次和开放型的资本要素市场，加快发展和完善技术要素市场，培育和发展数据要素市场，促进要素价格市场化改革。通过这一系列改革举措，为国内经济大循环奠定制度基础。

三是积极发展新型消费。在我国消费市场呈现长期稳定增长特征和加快转型升级发展态势下，一方面稳固好传统消费，另一方面鼓励发展以网络购物和网上服务为代表的新型消费。要鼓励发展线上线下融合消费新模式，促进传统销售和服务由线下试水线上，进而实现转型升级；要加快拓展时尚消费、定制消费、信息消费、智能消费等新兴消费领域，增加健康、养老、医疗、文化、教育以及安全等领域消费的有效供给，激发全社会消费活力。通过深入挖掘消费新动能，夯实内需基础。

四是稳步落实区域发展战略。基于我国地域广阔、人口众多、区域差别大的基本国情，推进国内大循环必须建立在统筹国内区域发展的基础之上。要按照客观经济规律调整完善区域政策体系，促进各类要素在不同地区间合理流动和高效集聚；要合理规划布局，提高中心城市和城市群等优势区域的经济承载能力；要深入推进京津冀协同发展、长三角一体化发展和粤港澳大湾区建设，使这些经济增长极充分带动周边区域经济发展，以实现更大范围更宽领域的经济循环。

五是积极推动更高水平的对外开放。推动我国对外开放由商品和要素流动性开放向规则等制度型开放转变，不断优化营商环境，吸引国际投资、人才等资源要素；充分发挥"一带一路"这一全球性公共产品的作用，促进资金、技术、人才、管理等生产要素与发展中国家以及西方发达国家的交融合作。有效发挥自由贸易试验区、自由贸易港、经济特区、开发区、保税区等对外开放前沿高地的作用，聚焦投资与服务贸易便利化改革，不断探索制度创新、先行先试，为国家高水平开放探索新模式新经验，为我国与世界进一步合作畅通道路。通过推进更高水平的对外开放，稳住外贸外资基本盘，稳定产业链供应链，促进我国经济行稳致远发展。

资料来源：李燕. 推动形成国内国际双循环发展新格局［EB/OL］.［2020-06-22］. http://theory.people.com.cn/n1/2020/0622/c40531-31755350.html.

本章小结

1. 在开放经济下，宏观政策的目标包括内部均衡和外部均衡两方面。内部均衡是指经济增长、物价稳定和充分就业；外部均衡是指国际收支平衡。一国经济的理想状态就是同时实现内外均衡。内部均衡和外部均衡是互相影响的，如果政府追求内部（或外部）均衡时对总需求的调控措施同时对外部（或内部）均衡产生了积极的影响，就是内外均衡的一致；如果政府在追求内部（或外部）均衡时对总需求的调控措施使外部（或内部）均衡状况恶化，就是内外均衡的冲突，即米德冲突。

2. 宏观政策工具主要包括支出变更政策和支出转换政策，前者是对总需求的总量进行调节，后者是对总需求的结构进行调节。支出变更政策主要是指财政政策和货币政策，支出转换政策则指汇率政策和直接管制政策。

3. 针对米德冲突，丁伯根提出了著名的"丁伯根法则"：要实现 N 种独立的政策目标，至少要有 N 种相互独立的政策工具。但是，"丁伯根法则"没有明确指出每种政策工具有无必要在决策中侧重于某一政策目标的实现，蒙代尔提出的关于政策指派的"有效市场分类原则"弥补了这一缺陷，提出了以财政政策实现内部均衡目标、货币政策实现外部均衡目标的指派方案。

4. 蒙代尔-弗莱明模型是开放经济条件下宏观政策分析的基本框架，既是分析开放经济偏离均衡时政策搭配的工具，又是分析不同政策手段调节效果的工具。它在凯恩斯主义的 *IS-LM* 模型中加入了国际收支均衡这一外部均衡目标，构建了 *IS-LM-BP* 模型，在资本自由流动的前提下对开放的小国进行了分析。根据蒙代尔-弗莱明模型的分析可知，货币政策在浮动汇率制下有效，在固定汇率制下无效，而财政政策则刚好相反。

5.由于蒙代尔-弗莱明模型的分析是基于不变价格的，只能反映短期的情况；在中长期，宏观政策的分析框架应在总需求-总供给模型中进行。根据分析可知，不论是在浮动汇率下还是在固定汇率下，财政和货币政策在中长期对国内产出都没有影响，因此两者在中长期都是无效的。

6.通过开放经济下两国的蒙代尔-弗莱明模型的分析可知，一国的财政政策和货币政策会对其他国家产生溢出效应，这使得本国在追求内外均衡目标时，还要受到外部经济的制约。一国要想达到全面均衡，必须考虑各国经济之间的相互依存性。

综合训练

13.1 单项选择题

1.罗伯特·蒙代尔提出了关于政策分配的理论，根据"有效市场分类原则"应把内部均衡目标分派给财政政策，外部均衡目标分派给货币政策，才能达到经济的全面均衡。在通货膨胀/国际收支顺差的经济状况下，应采取（　　　）。

A.紧缩的财政政策和紧缩的货币政策

B.扩张的财政政策和紧缩的货币政策

C.紧缩的财政政策和扩张的货币政策

D.扩张的财政政策和扩张的货币政策

2.在运用支出变更政策与支出转换政策的搭配调节国际收支时，根据斯旺的见解，当出现通货膨胀和国际收支逆差的经济状况时，应采用的政策搭配是（　　　）。

A.紧缩国内支出，本币升值　　B.扩张国内支出，本币贬值

C.扩张国内支出，本币升值　　D.紧缩国内支出，本币贬值

3.斯旺模型的基本思路是（　　　）。

A.利用支出变更政策谋求内部均衡，而利用支出转换政策谋求外部均衡

B.财政政策与货币政策的搭配

C.把内部均衡目标分派给财政政策，外部均衡目标分派给货币政策，才能达到经济的全面均衡

D.支出变更政策与支出转换政策的搭配

4.根据蒙代尔-弗莱明模型，在固定汇率制度下，资本完全流动时，财政政策和货币政策的短期效应是（　　）。

A.财政政策和货币政策均有效　B.财政政策有效，货币政策无效

C.财政政策和货币政策均无效　D.财政政策无效，货币政策有效

5.根据蒙代尔-弗莱明模型，针对货币政策的短期效应，以下说法正确的是（　　）。

A.固定汇率制、资本不完全流动下，货币政策有效

B.固定汇率制、资本完全不流动下，货币政策有效

C.浮动汇率制、资本不完全流动下，货币政策有效

D.浮动汇率制、资本完全不流动下，货币政策无效

13.2　多项选择题

1.宏观经济调控的目标包括（　　）。

A.经济增长　　　　　　　　　B.物价稳定

C.充分就业　　　　　　　　　D.国际收支平衡

2.支出变更政策包括（　　）。

A.财政政策　　　　　　　　　B.货币政策

C.汇率政策　　　　　　　　　D.直接管制政策

3.以下关于蒙代尔提出的"有效市场分类原则"，正确的是（　　）。

A.财政政策实现外部均衡目标

B.货币政策实现内部均衡目标

C.财政政策实现内部均衡目标

D.货币政策实现外部均衡目标

4.三元悖论指的是（　　）这三个目标不可能同时实现。

A.货币政策独立性　　　　　　B.资本自由流动

C.固定汇率制　　　　　　　　D.浮动汇率制

13.3 思考题

1.开放经济下的宏观调控目标与封闭经济有何不同？

2.如何理解内外均衡之间的关系？

3.简述"米德冲突"和"丁伯根法则"的含义。

4.根据 *IS-LM-BP* 模型，分别分析不同汇率制度下财政政策和货币政策的短期效应。

5.根据 *AD-AS* 模型分别分析不同汇率制度下财政政策和货币政策的中长期效应。

6.结合两国模型说明什么是"以邻为壑"效应。

参考文献

［1］米什金. 货币金融学［M］. 郑艳文，荆国勇，译. 12版. 北京：中国人民大学出版社，2021.

［2］博迪. 金融学［M］. 曹辉，曹音，译. 2版. 北京：中国人民大学出版社，2018.

［3］尼夫. 金融体系：原理和组织［M］. 曲昭光，赖溟溟，李伟平，译. 北京：中国人民大学出版社，2005.

［4］伊肯思. 金融学：投资・机构・管理［M］. 曹廷贵，译. 成都：西南财经大学出版社，2005.

［5］滑冬玲，孔繁成. 金融学［M］. 北京：清华大学出版社，2022.

［6］李健. 金融学［M］. 4版. 北京：高等教育出版社，2022.

［7］王晓光. 金融学［M］. 3版. 北京：清华大学出版社，2022.

［8］王晓光. 货币银行学［M］. 6版. 北京：清华大学出版社，2022.

［9］冯瑞河，王德河. 金融学［M］. 2版. 北京：中国金融出版社，2021.

［10］高晓燕，郭德友. 金融学［M］. 2版. 北京：中国金融出版社，2020.

［11］黄达，张杰. 金融学［M］. 5版. 北京：中国人民大学出版社，2020.

［12］吴军梅，谢晓娟，杨小红. 金融学［M］. 3版. 厦门：厦门大学出版社，2020.

［13］曹龙骐. 金融学［M］. 6版. 北京：高等教育出版社，2019.

［14］丁志国，赵晶. 金融学［M］. 2版. 北京：机械工业出版社，2019.

［15］马雪峰. 货币银行学［M］. 北京：科学出版社，2019.

［16］杨长江，姜波克. 国际金融学［M］. 5版. 北京：高等教育

出版社，2019.

[17] 蒋远胜，黄思刚，温涛. 金融学 [M]. 3版. 成都：西南财经大学出版社，2018.

[18] 韩玉珍. 金融学基础 [M]. 北京：首都经济贸易大学出版社，2018.

[19] 李成. 金融学 [M]. 2版. 北京：科学出版社，2018.

[20] 刘澄，曹辉，李锋. 金融学教程 [M]. 3版. 北京：中国人民大学出版社，2018.

[21] 孙黎. 金融学基础 [M]. 北京：中国人民大学出版社，2018.

[22] 张红伟. 货币金融学 [M]. 2版. 北京：科学出版社，2018.

[23] 张强，乔海曙. 金融学 [M]. 3版. 北京：高等教育出版社，2018.

[24] 张尚学. 货币银行学 [M]. 2版. 北京：科学出版社，2018.

[25] 艾洪德，范立夫. 货币银行学 [M]. 2版. 大连：东北财经大学出版社，2017.

[26] 陈学彬. 金融学 [M]. 4版. 北京：高等教育出版社，2017.

[27] 戴国强. 货币银行学 [M]. 4版. 上海：上海财经大学出版社，2017.

[28] 蒋先玲. 货币金融学 [M]. 2版. 北京：机械工业出版社，2017.

[29] 金丽娟. 应用金融学 [M]. 2版. 合肥：中国科学技术大学出版社，2016.

[30] 崔满红. 货币银行学原理 [M]. 7版. 北京：中国金融出版社，2015.

[31] 杨宜. 商业银行业务管理 [M]. 2版. 北京：北京大学出版社，2015.

[32] 胡庆康. 现代货币银行学教程 [M]. 5版. 上海：复旦大学出版社，2014.

[33] 刘智英，刘晓宇，何崽，等. 货币银行学 [M]. 2版. 北京：清华大学出版社，2014.

[34] 易纲，吴有昌. 货币银行学 [M]. 上海：格致出版社，2014.